Arbeit und Gesundheit im Konflikt

Nick Kratzer
Wolfgang Dunkel
Karina Becker
Stephan Hinrichs (Hg.)

Arbeit und Gesundheit im Konflikt

Analysen und Ansätze für ein partizipatives Gesundheitsmanagement

Das diesem Bericht zugrundeliegende Vorhaben wurde mit Mitteln des Bundesministeriums für Bildung und Forschung unter den Förderkennzeichen 01FA0607, 01FA0608, 01FA0609, 01FA0610 gefördert. Die Verantwortung für den Inhalt dieser Veröffentlichung liegt bei den AutorInnen.

Bibliografische Information der Deutschen Nationalbibliothek

Die Deutsche Nationalbibliothek verzeichnet diese Publikation in der Deutschen Nationalbibliografie; detaillierte bibliografische Daten sind im Internet über http://dnb.d-nb.de abrufbar.

ISBN 978-3-8360-3580-4

Druck: Rosch-Buch, Scheßlitz

Printed in Germany

Inhalt

Vorwort des Projektträgers

Bei der vorliegenden Publikation handelt es sich um die Dokumentation der Arbeiten des vom Bundesministerium für Bildung und Forschung (BMBF) geförderten Verbundprojekts „Partizipatives Gesundheitsmanagement" (PARGEMA), das vom ISF München, Cogito Berlin, den Universitäten in Jena und Freiburg sowie FBU Satzer Köln und WSI in Verbindung mit acht Unternehmen (Value-Partner) gemeinsam durchgeführt wurde. Das Vorhaben gehörte zu den Gewinnern der vom BMBF unter dem Titel „Präventiver Arbeits- und Gesundheitsschutz" veröffentlichten Förderbekanntmachung. Das Verbundvorhaben hat dabei nicht nur durch die Abschlusstagung „Arbeit und Gesundheit in schwierigen Zeiten" einen wesentlichen Beitrag zur Ausgestaltung des Förderprogramms „Innovationsfähigkeit in einer modernen Arbeitswelt" und der dazu veröffentlichten Ausschreibung geleistet. Mit seinen Zielen nahm der Verbund Bezug insbesondere auf das in der Bekanntmachung formulierte förderpolitische Ziel „Partizipation, Führung und präventive Arbeitsgestaltung", was auch in der Zugehörigkeit zur entsprechenden Fokusgruppe seinen Ausdruck fand.

Die Abschlusskonferenz, die die Veranstalter am 22. und 23. Juni 2009 im Literaturhaus München ausrichteten, fand eine unerwartet große Resonanz. Dies spricht für das Vorhaben und dessen erfolgreiche Arbeit und seine Vernetzung in der Community. Es ist aber auch ein klares Indiz für die Konjunktur der verhandelten Themen. Offenkundig hat der Arbeits- und Gesundheitsschutz auch in der Finanzkrise nicht an Stellenwert verloren, sondern tendenziell noch an Beachtung gewonnen. (Die chinesische Sprache hat denn für die Worte „Krise" und „Chance" auch dasselbe Wort.) Die Krise schaffte offenkundig mit der nötigen Distanz die erforderlichen Räume für viele Arbeitnehmerinnen und Arbeitnehmer, um die Bedingungen ihrer Arbeit reflektieren zu können. Die Forderung, man möge notfalls buchstäblich seine Haut zu Markte tragen – wie Brinkmann es anschaulich-kritisch formuliert –, wie anno 1929 im Zweifel jede Arbeit annehmen, wäre eine sozialdarwinistische Antwort, die mit der sozialstaatlichen Ordnung des Grundgesetzes kaum in Einklang zu bringen ist. Bestimmte Manager mögen nach einigen Jahren Bonuszahlungen gleichsam ausgesorgt haben, der Normalarbeitnehmer muss dagegen seine Arbeitsfähigkeit aufgrund des demografischen Wandels und/oder des späteren Renteneintrittsalters immer länger erhalten. Der „bewussten Gefährdung der eigenen Gesundheit" (Klaus Peters), dem kalkulierten „Schneiden ins eigene Fleisch", kann da objektiv nur eine sehr eingeschränkte Zukunft attestiert werden.

Es ist sicher auch ein seltenes Ereignis, dass einem Instrument aus einem geförderten Kontext beim Projektträger des BMBF ein direkter normativer

Transfererfolg gelingt (so aber PARGEMA mit der Unterstützung einer Betriebsvereinbarung gemäß § 5 Arbeitsschutzgesetz beim Projektträger). Bei den Projektnehmern bedanke ich mich also ganz herzlich im Auftrag des Bundesministeriums für Bildung und Forschung und für den Projektträger „Arbeitsgestaltung und Dienstleistungen“ für die kompetente und passionierte Durchführung des Vorhabens.

Im Juni 2011 *Volker Schütte*

Vorwort der Herausgeber

Das vorliegende Buch enthält Beiträge aus dem Projekt „PARGEMA – Partizipatives Gesundheitsmanagement“, das von August 2006 bis November 2009 vom Bundesministerium für Bildung und Forschung gefördert wurde. Beteiligt waren sechs wissenschaftliche Institutionen: Institut für Sozialwissenschaftliche Forschung e.V. München – ISF München (Koordination); Albert-Ludwigs-Universität Freiburg – Arbeitsgruppe Arbeits- und Organisationspsychologie am Institut für Psychologie; Friedrich-Schiller-Universität Jena, Lehrstuhl Wirtschafts-, Arbeits- und Industriesoziologie; COGITO – Institut für Autonomieforschung (IfA); FBU Satzer/Forschung – Beratung – Umsetzung Rolf Satzer; Wirtschafts- und Sozialwissenschaftliches Institut in der Hans-Böckler-Stiftung. Der Schwerpunkt der Projektarbeiten lag bei empirischen Untersuchungen und Gestaltungsmaßnahmen, die in und zusammen mit acht Unternehmen aus verschiedenen Branchen durchgeführt wurden.

Wir danken an dieser Stelle deshalb auch zunächst den Unternehmen und hier insbesondere denjenigen Unternehmensvertretern, Betriebsräten, Führungskräften und Beschäftigten, die sich mit zum Teil erheblichem zeitlichem Aufwand an den Projektaktivitäten beteiligt haben. Wir danken dem Bundesministerium für Bildung und Forschung für die Förderung und dem Projektträger DLR/ Arbeitsgestaltung und Dienstleistungen, der das Projekt betreut hat. Unser Dank geht dabei besonders an *Volker Schütte,* der das Projekt nicht nur formal betreut, sondern auch inhaltlich begleitet und immer wieder wertvolle Anregungen gegeben hat. Des Weiteren gilt unser Dank den Transferpartnern aus Gewerkschaften (vor allem: dem Projekt Gute Arbeit der IG Metall sowie der Initiative „Faire Arbeit“ von ver.di), die das Projekt unterstützt haben und wesentlich an dessen öffentlicher Wirksamkeit beteiligt waren. Ein wichtiger Diskussionszusammenhang waren auch die anderen Projekte des Förderschwerpunkts „Präventiver Arbeits- und Gesundheitsschutz“. Hier gilt unser Dank ganz besonders den Projekten der Fokusgruppe „Partizipation und Führung“, die nicht nur ein menschlich sehr angenehmer und inhaltlich anregender Kooperationszusammenhang waren, sondern auch ein produktiver: So ist in Kooperation mit ihnen die Broschüre „Partizipation und Prävention“ entstanden, die als Download über die Projekthomepage www.pargema.de verfügbar ist. Kollektiv können wir den vielen anderen Institutionen und Personen danken, die in der einen oder anderen Form das Projekt begleitet haben: Verbänden, Krankenkassen, Medien, Gesundheitsschützern, Wissenschaftler/inne/n, Betriebsräten und vielen anderen. Ein herzlicher Dank geht auch an *Frank Seiß* vom ISF München für die fachkundige Beratung und das umsichtige Lektorat.

Ansatz, Vorgehensweise und Ergebnisse des Projekts sind in zahlreichen Veröffentlichungen dokumentiert und auf Tagungen vorgestellt worden – so unter anderem auf der Abschlusskonferenz des Projekts im Juni 2009. Zwei zentrale Abschlusspublikationen geben einen Überblick über das Projekt als Ganzes: Dies ist zum einen der vorliegende Band, dessen Schwerpunkt die wissenschaftlichen Ansätze und Ergebnisse sind. Ein zweiter Band richtet den Blick stärker auf die praktischen Erträge: Das von Karina Becker, Ulrich Brinkmann, Thomas Engel und Rolf Satzer verfasste „Handbuch Gesundheit und Beteiligung. Neue Instrumente für den Gesundheitsschutz in Betrieben und Behörden" (erschienen 2011 im VSA Verlag) stellt einen Teil der Gestaltungsansätze und der entwickelten Instrumente einer praxisorientierten Öffentlichkeit vor.

Das Projekt ist seit November 2009 beendet – aber noch lange nicht vorbei: Dass auch die Finanz- und Wirtschaftskrise das Thema zunehmender (psychischer) Belastungen nicht aus der Diskussion verdrängt hat, zeigen nicht zuletzt die anhaltenden Anfragen, die an uns von Medienvertretern, Unternehmen, Betriebsräten oder Institutionen aus dem Gesundheitsschutz herangetragen werden. Insofern ist diese Abschlusspublikation des Projekts auch nur ein Zwischenergebnis auf dem Weg zu einem „partizipativen Gesundheitsmanagement".

München, Jena, Duisburg im Juni 2011 *Die Herausgeber*

I.
Einführungen

Arbeit und Gesundheit im Konflikt

Zur Einführung

Nick Kratzer, Wolfgang Dunkel

1. Einleitung

Es ist nicht die Arbeit an sich, die krank macht oder Befriedigung verschafft – keine Arbeit macht unter Umständen ja auch krank (vgl. etwa: Zoike 2010). Es sind die Bedingungen, unter denen gearbeitet wird, die darüber entscheiden, ob Arbeit eher Entfaltung oder eher Belastung und Gefährdung ist. Aber es gab Hoffnung: Die Zunahme von (als weniger belastend eingestuften) Dienstleistungs- und Angestelltentätigkeiten in der Dienstleistungsgesellschaft, staatliche Programme zur „Humanisierung des Arbeitslebens", Fortschritte im Arbeits- und Gesundheitsschutz vor allem bei der Verhütung von Gefährdungen und der Reduzierung körperlicher Belastungen sowie die Verbreitung neuer („partizipativer", „ganzheitlicher" etc.) Produktions- und Managementkonzepte schürten die Hoffnung, dass eine Versöhnung von Rationalisierung und Humanisierung gelingen könne; dass Unternehmen nun erfolgreich sein und erfolgreicher werden könnten nicht trotz, sondern gerade wegen verbesserter Arbeitsbedingungen und „humanerer" Arbeitsgestaltung; dass das Verhältnis von Arbeit und Gesundheit kein Nullsummen-, sondern ein Positivsummenspiel sei; dass wirtschaftlicher Erfolg sogar *durch* gesundheitsförderliche Arbeitsbedingungen (und nicht nur durch weniger krankmachende Arbeit) zustande kommen könne.

Mittlerweile ist allerdings Ernüchterung eingetreten: Körperliche Belastungen sind immer noch – oder wieder – ein Thema (vgl. etwa Lenhardt et al. 2010) und psychische Belastungen nehmen massiv zu. Viele Untersuchungen – so auch die von PARGEMA[1] (vgl. etwa die Beiträge von Ahlers und Satzer in diesem Band) – zeigen, dass der Arbeits-, Zeit- und Leistungsdruck stark angestiegen ist und dass diese Entwicklung Folgen hat: Immer mehr Beschäftigte fühlen sich stark belastet und leiden darunter (vgl. etwa BauA 2008), die Krankenkassen schlagen Alarm (etwa: Zoike 2010). Dazu kommt eine fast schon generalisierte

1 Die Beiträge dieses Buches dokumentieren die wichtigsten Perspektiven, Analysen und Ansätze des Forschungs- und Gestaltungsprojekts „PARGEMA – Partizipatives Gesundheitsmanagement". Eine Zusammenfassung von Ziel, Umfang und Aktivitäten des Projekts bietet der Beitrag „Forschung und Gestaltung für ein Partizipatives Gesundheitsmanagement: Das Projekt PARGEMA" in diesem Band.

Unsicherheit (Stichworte: Hartz IV und „permanente Reorganisation"), die ebenfalls als Belastung wirksam wird. Die Diagnose lautet: Heute stehen die Zeichen nicht auf Versöhnung von Rationalisierung und Humanisierung. Im Gegenteil: Arbeit und Gesundheit stehen im Konflikt.[2]

2. Starke Belastungen, schwacher Gesundheitsschutz

Die neue Qualität, die Dramatik der gegenwärtigen Situation ist die Folge des Zusammentreffens von drei miteinander verbundenen Entwicklungen:

In den Unternehmen setzen sich – *erstens* – neue Organisations- und Steuerungsformen durch, deren zentrales Prinzip darin besteht, dass eine turbokapitalistische Wachstums- und Wettbewerbslogik zum internen Steuerungsprinzip gemacht wird. Die Maßlosigkeit des Marktes wird zum Maßstab ökonomischen Erfolgs, die Unternehmen überlasten sich – nolens volens – durch tendenziell „unerreichbare" Ziele selbst. Es gilt: Was die Mitbewerber schaffen, das müssen wir auch leisten, sonst sind wir weg vom Fenster – auch dann, wenn Unternehmen, Standorte, Filialen etc. kaum vergleichbar, die Bedingungen jeweils unterschiedlich sind. Und es gilt: Alles muss jedes Jahr mehr, besser, billiger oder schneller werden. Permanentes Wachstum und ständige Produktivitätssteigerung sind Pflicht – auch dann, wenn letztes Jahr die Ziele nur mit letzter Kraft erreicht werden konnten. Was letztes Jahr ein Erfolg war, wäre in diesem Jahr ein Rückschritt. Das Problem dabei ist: Die Erreichbarkeit unerreichbarer Ziele lässt sich nur bedingt organisieren, nur begrenzt vom Unternehmen steuern. Eine „Lösung" besteht deshalb darin, aus dem organisationellen Problem der systematischen Überlastung ein individuelles Problem zu machen, oder anders: die Beschäftigten als Mitgestalter und Co-Rationalisierer einzubeziehen, damit sie ihre eigenen Ressourcen und Potenziale umfassender einbringen, effizienter einsetzen und ständig erweitern können – und müssen. Arbeit und Gesundheit stehen also erstens im Konflikt, weil angesichts immer weiter steigender Anforderungen auf der einen und – im doppelten Wortsinne – „natürlich" begrenzter Ressourcen auf der anderen Seite die individuelle Bewältigung systematischer Überlastung fast automatisch Raubbau an den eigenen Ressourcen bedeutet (vgl. dazu auch die Beiträge von Menz et al., Pangert et al., Peters, Schüpbach sowie Bahamondes Pavez/Hinrichs in diesem Band).

Zweitens: Die Transformation des organisationellen Problems in ein individuelles Problem ist nicht die einzige „Lösung" für die Bewältigung systematischer Überlastung. Die Unternehmen versuchen auch, Wachstum und Produkti-

---

2 Eine vergleichbare Perspektive formuliert auch Kerstin Jürgens, die eine umfassende „Reproduktionskrise" konstatiert (vgl. Jürgens 2010).

vität – ganz klassisch – über Rationalisierung zu steigern: über die Optimierung von Prozessen, über die Standardisierung von Abläufen und Produkten, über Einsparungen und Kostensenkungen etc. So weit nichts Neues. Sie nehmen dabei aber mehr und mehr die Wertschöpfungsprozesse und das Unternehmensportfolio als Ganzes ins Visier. Systematische Überlastung als Steuerungsprinzip heißt dann: Auf der Basis abstrakter und dynamischer Zielvorgaben wird ein Fortschritt definiert, den die Organisation erst noch hinbekommen muss. Wie weit die Organisation dabei kommt, wird ständig überwacht und überprüft – deshalb haben Reporting- und Controlling-Prozesse auch so eine Bedeutung erlangt, sind Kennzahlen heute das Maß aller Dinge in den Unternehmen. Und wenn die Organisation auf einem schlechten Weg zu sein scheint oder andere Optionen mehr Erfolg versprechen, dann wird reagiert: Dann werden Führungskräfte umgesetzt, Manager ausgetauscht, neue Managementkonzepte implementiert, Abteilungen zusammengelegt, Bereiche ausgegliedert, Geschäftsfelder verkauft, Standorte geschlossen usw. Was Anfang der 1990er Jahre als (vermeintlich) vorübergehender Modernisierungsschritt begonnen hat, ist längst zu einer „permanenten Reorganisation" geworden, die sich selbst – reflexiv – zum Gegenstand hat (vgl. Kratzer 2003). Arbeit und Gesundheit stehen also zweitens im Konflikt, weil die Rahmenbedingungen instabiler werden, weil die Restrukturierungen, wie etwa Satzer in diesem Band anhand internationaler Untersuchungen zeigt, Restrukturierungsverlierer hinterlassen und weil der permanente Reorganisationsprozess nicht nur Angst macht, sondern auch viel Arbeit: Es sind eben die Beschäftigten, die die Anpassungsarbeit leisten müssen – und das als zusätzliche und zunehmende Anforderung (vgl. dazu die Beiträge von Satzer, Menz et al. und Brinkmann et al. in diesem Band).

Diese Entwicklungstendenzen treffen, *drittens,* auf einen Arbeits- und Gesundheitsschutz, der auf die damit verbundenen neuen und wachsenden Herausforderungen kaum adäquat reagieren kann. Dabei kommt dem Arbeits- und Gesundheitsschutz gerade jetzt eine zentrale Rolle zu: Es müsste – und nicht zuletzt im Interesse der Unternehmen selbst – darum gehen, Fehlbelastungen zu reduzieren, den maßlosen Arbeitsanforderungen (wieder) das Maß des menschlich Möglichen und gesellschaftlich Sinnvollen, der Orientierung an Kurzfristigkeit eine Orientierung an Nachhaltigkeit und Prävention gegenüberzustellen. Und eigentlich wären die Bedingungen ja auch gar nicht so schlecht: Gesundheit ist ein anerkannt hohes Gut und dessen zunehmende Gefährdung ein öffentliches Thema. Mit dem reformierten Arbeitsschutzgesetz besteht eine gesetzliche Grundlage für einen präventiven, beteiligungsorientierten Gesundheitsschutz in den Betrieben. Aber zugleich sind gerade jetzt die Zeiten für den Arbeits- und Gesundheitsschutz äußerst schwierig. Nicht nur erscheint angesichts globalisierter Konkurrenz und wiederkehrender Krisen der Schutz von Gesundheit und Wohlbefinden vielen als Luxus und steht der Gesundheitsschutz selbst unter

Kostendruck und ökonomischen Legitimationszwängen. Die neuen Organisations- und Steuerungsformen von Arbeit und die instabilen Rahmenbedingungen in den Unternehmen (Stichwort: permanente Reorganisation) sorgen auch dafür, dass Orientierungen, Ansätze und Instrumente des betrieblichen Arbeits- und Gesundheitsschutzes in Teilen neu justiert werden müssen: Wie geht Gesundheitsschutz bei instabilen Rahmenbedingungen? Wie begrenzt man psychische Belastungen, wenn es keine Grenzwerte gibt? Wie vor „Selbstausbeutung" schützen, ohne Freiräume einzuengen? Wie Belastung durch Unsicherheit reduzieren, wenn Beschäftigte um ihren Job kämpfen? Wie Gesundheit schützen, wenn die gesetzlichen Grundlagen vorhanden sind, ihre Umsetzung aber blockiert wird (vgl. dazu auch die Beiträge von Ahlers, Brinkmann et al. und Becker/Brinkmann/Engel in diesem Band; vgl. auch Langhoff/Satzer 2010)? Arbeit und Gesundheit stehen auch deshalb im Konflikt, weil den neuen Organisations- und Steuerungsformen (noch?) kein neuer, den wachsenden Belastungen, den veränderten Anforderungen und dynamischen Rahmenbedingungen angepasster Gesundheitsschutz gegenübersteht.

3. Management und Gesundheitsschutz im Konflikt

Auch in den PARGEMA-Betrieben gibt es verschiedene Akteure und Institutionen, die sich mit Fragen des Gesundheitsschutzes und der Gesundheitsförderung beschäftigen, und es mangelt nicht an Maßnahmen: Umfragen, Gesundheitstage, Gesundheitszirkel, Sportangebote, Seminarangebote und vieles mehr. Ganz vereinzelt gibt es auch die Funktion des Gesundheitsmanagements. Aber bei allen Institutionen und Maßnahmen ist doch unübersehbar, dass es ein Gesundheitsmanagement in einem etwas avancierteren Sinne (vgl. etwa Ulich/Wülser 2005) eigentlich nicht gibt: Es mangelt an der Integration der verschiedenen Institutionen und Akteure, es fehlt an einer regelmäßigen Beobachtung, Dokumentation und Wirkungsanalyse von Gefährdungen und Gegenmaßnahmen, die Beschäftigten (aber auch die Führungskräfte) spielen so gut wie keine Rolle als aktiv Beteiligte und für Managemententscheidungen sind Fragen der Gesundheit und des Wohlbefindens der Beschäftigten mehr oder weniger unerheblich. Auch wenn niemand in den Betrieben bestreiten würde, dass Gesundheit und Gesundheitsschutz an sich etwas Gutes sind, müssen Maßnahmen entweder rechtlich als Pflicht begründet sein oder sich über ihren positiven ökonomischen Beitrag legitimieren: Gesundheitsschutz ist dann gut, wenn er hilft, die gesetzten Ziele zu erreichen, und Gesundheitsschutz macht man dann, wenn er was bringt – oder wenn man muss.[3]

Dass man aber auch weniger machen kann, als man eigentlich muss, ist eine zentrale Erkenntnis (nicht nur) dieses Projekts. Besonders gut sichtbar wird das an der Umsetzung der gesetzlich vorgeschriebenen Gefährdungsbeurteilung: Die Unternehmen sind durch das Arbeitsschutzgesetz verpflichtet, regelmäßig eine Analyse der Gefährdungen (und zwar *aller* Gefährdungen, also auch psychischer) durchzuführen, gegebenenfalls Maßnahmen zur Abwehr oder Reduzierung der Gefährdungen einzuleiten, deren Wirksamkeit zu überprüfen und alles zu dokumentieren. Die Ergebnisse der PARGEMA-WSI-Betriebsrätebefragung legen allerdings den Schluss nahe, dass längst nicht alle Betriebe ihrer gesetzlichen Verpflichtung in vollem Umfang nachkommen: Nur knapp 60% der Betriebe haben dieser Befragung zufolge überhaupt eine Gefährdungsbeurteilung durchgeführt und nur eine Minderheit hat dabei auch psychische Belastungen berücksichtigt (vgl. die Beiträge von Ahlers und Satzer in diesem Band).

Wenn die Diagnose richtig ist, dass mit neuen Organisations- und Steuerungsformen ein Prinzip der systematischen Überlastung verbunden ist, dann ist es kein Wunder, dass ein Gesundheitsmanagement nur in Ansätzen sichtbar ist. Denn dann stehen ökonomischer Erfolg und Gesundheit in einem Konfliktverhältnis. Weil aber die meisten Akteure – und das schließt explizit auch das Management und die Führungskräfte ein – natürlich nichts gegen Gesundheit haben und sich der Gefahren (oft aus eigenem Erleben) durchaus bewusst sind, haben sich zwei institutionelle Praxen etabliert, die den Widerspruch zwischen dem ganz ernst gemeinten Ziel, die Gesundheit der Beschäftigten nicht zu gefährden, und dem Ziel, die Erfolgsvorgaben zu erfüllen (bzw. der Befürchtung, diese bei zu viel Rücksichtnahme auf die Gesundheit nicht erreichen zu können), scheinbar versöhnen:

Die erste institutionelle Praxis besteht darin, die betriebliche Leistungspolitik und den betrieblichen Gesundheitsschutz in möglichst gegeneinander abgeschotteten Politikfeldern zu verhandeln. Leistungs- und Gesundheitspolitik werden mehr oder weniger strikt voneinander entkoppelt. Diese Entkoppelung entschärft fürs Erste den gegebenen Konflikt und erlaubt es gleichzeitig, sozusagen störungsfrei in der Logik des jeweiligen Politikfeldes zu agieren. Anders ausgedrückt: Im Gesundheitsschutz lässt sich viel machen – und passiert ja auch durchaus viel –, wenn (und weil!) es „reine“ Gesundheitsschutzaktivitäten sind, die

3 Dass es vor allem institutioneller Druck ist, der Unternehmen dazu bringt, sich mit psychischen Risiken auseinanderzusetzen, bestätigen Lenhardt et al. mit Daten eines Management-Surveys: Gesetzliche Verpflichtungen und Initiativen von Arbeitnehmer und Betriebsräten sind die Hauptgründe – gefolgt vom „Druck durch die Arbeitsschutzaufsicht“ (Lenhardt et al. 2010, S. 341).

nicht mit Fragen nach – zum Beispiel – der Personalbemessung oder der Kennzahlengestaltung verbunden sind. Und andersherum: In der betrieblichen Leistungspolitik lässt sich viel machen und passiert auch viel, wenn (und weil) die Fragen nach den Folgen für die Beschäftigten zweitrangig sind.

Eine zweite institutionelle Praxis besteht darin, Gesundheitsschutz vor allem verhaltensbezogen auszulegen. Dies funktioniert dort am besten, wo der Gesundheitsschutz ohnehin schon zu einer falsch verstandenen Gesundheitsförderung (vgl. kritisch dazu Ulich/Wülser 2005) verniedlicht wurde: Die institutionellen Akteure sehen ihre Aufgabe im Gesundheitsschutz dann primär darin, den Beschäftigten Angebote zu machen, mit denen diese selbst (besser) verhaltenspräventiv tätig werden können. Der organisationelle Konflikt zwischen Leistungspolitik und Gesundheitsschutz wird hier dadurch entschärft, dass er auf die individuelle Ebene verschoben wird. Die Individuen haben dann nicht nur das Problem, systematische Überlastung bewältigen zu müssen, sondern auch das Problem, die Folgen ihrer eigenen Bewältigungsarbeit selbst bearbeiten zu müssen. Und in beiden Fällen liegt das Scheiternsproblem bei ihnen: Wenn sie mit den Anforderungen nicht klar kommen, dann sind sie nicht leistungsfähig genug – und wenn sie daran krank werden, dann sind sie selber schuld (vgl. dazu auch die Beiträge von Menz et al. sowie Peters in diesem Band).

Jeder Versuch, gegen solche Praxen die Logiken oder Verfahren von Leistungs- und Gesundheitspolitik aufeinander zu beziehen oder sogar zu integrieren, stößt nicht nur auf die immanenten Widersprüche der neuen Organisations- und Steuerungsformen, sondern auch auf den realen Widerstand betrieblicher Akteure. Wenn wirtschaftlicher Erfolg und Gesundheit zumindest auf Dauer unvereinbar erscheinen, dann wird ernst gemeinter Gesundheitsschutz fast automatisch zu einem Konfliktthema. Und das ist auch genau die Erfahrung von PARGEMA: Gesundheit ist ohne Konflikt nicht zu haben und ein Projekt wie PARGEMA gerät fast automatisch in die Schusslinien der damit verbundenen politischen Auseinandersetzungen in den Betrieben.

Konflikt – das heißt nicht, dass auf der einen Seite die „Guten“, Gesundheitsbewussten stünden und auf der anderen Seite „Böse“ am Werk wären, die nur zu gerne gesundheitliche Risiken ihrer Mitarbeiter in Kauf nähmen. Aus der (scheinbaren) Unausweichlichkeit der ökonomischen Logik neuer Steuerungsformen erwächst für Management und Führungskräfte ein Zielkonflikt, den sie praktisch nicht bewältigen können (vgl. den Beitrag von Pangert et al. in diesem Band). Deshalb ist die Sensibilität für Fragen der Gesundheit bei den Führungskräften und im Management eine notwendige, aber eben noch keine hinreichende Bedingung für einen besseren Gesundheitsschutz. Die überwiegende Mehrheit der an unseren Untersuchungen beteiligten Manager und Führungskräfte war sich (wie gesagt: oft aus eigener negativer Erfahrung) der zunehmenden Gefährdung ihrer Gesundheit und der ihrer Mitarbeiter durchaus bewusst.

Aber die Manager und Führungskräfte sehen schlicht keine Handlungsoptionen. Wenn ihnen jemand sagen würde, wie sie ihre ständig steigenden Ziele erreichen können und dabei ihre Mitarbeiter schonen – sie wären mit Freude dabei.

4. Überlastung als Normalität: Die Praxis der Beschäftigten

Unabhängig davon, ob die Beschäftigten in unserer Untersuchung ihre Arbeit gerne machen, stolz auf „ihr" Unternehmen sind, mit dem Umfeld zufrieden sind oder sich Entwicklungschancen ausrechnen: Sie haben ein Problem. Sie müssen mehr arbeiten, das Arbeitsvolumen wächst, sie müssen besser werden – das ist der steigende Leistungsdruck. Und sie müssen schneller sein – das ist der zunehmende Zeit- und Termindruck. Hinzu kommen die permanente Reorganisation, die damit verbundene Unsicherheit und Mehrarbeit und eine Arbeitsorganisation, die sie oft nicht entlastet, sondern belastet: Viele klagen darüber, dass sie andauernd unterbrochen werden, dass ständig das Telefon klingelt, dass sie in E-Mails ertrinken. Die Beschäftigten sind *neben* ihrer eigentlichen Arbeit in wachsendem Maße mit Kooperation und Kommunikation beschäftigt, aber auch mit Reporting- und Controlling-Aufgaben (vgl. Kratzer/Nies 2009).

Das Ergebnis ist eine neue *Normalität von Überlastung.* „Normalität" bedeutet nicht, dass alle gleichermaßen belastet sind, und schon gar nicht, dass alle in gleicher Weise damit umgehen. Normalität bedeutet *erstens,* dass viele schon negative Erfahrungen gemacht haben und bereits mindestens einmal gesundheitliche Probleme aufgrund von Arbeitsüberlastung hatten. Und das sind oft gerade nicht die üblichen Verdächtigen, die „Minderleister" oder die „Älteren", sondern im Gegenteil: Es sind die Leistungsträger, die Engagierten und Motivierten (und nicht zuletzt auch Führungskräfte; vgl. den Beitrag von Pangert et al. in diesem Band). Normalität bedeutet *zweitens: Alle* müssen sich mit Überlastung auseinandersetzen. Dass Arbeit und Gesundheit systematisch in Konflikt geraten, heißt nicht, dass es für Individuen keine Lösungen gibt, aber Lösungen müssen aktiv gestaltet werden und haben oft einen Preis: Man muss die eigenen Ansprüche reduzieren, die Unzufriedenheit von Vorgesetzten oder Kollegen in Kauf nehmen, auf Karriere verzichten, man gefährdet im Extremfall vielleicht sogar seinen Arbeitsplatz (vgl. den Beitrag von Menz et al. in diesem Band).

Alle müssen sich mit ihren Arbeitsbedingungen auseinandersetzen und entsprechend vielfältig sind die Praxen des individuellen Umgangs mit überlastenden Anforderungen. In einer vorläufigen Unterscheidung differenzieren wir in eher defensive bzw. passive und eher aktive Verhaltensweisen und Strategien: Zu den eher *defensiven* Praxen gehören der Verzicht auf den nächsten Karriereschritt oder der Rückzug in eine Nische, die innere Distanzierung, die oft illusionäre Verschiebung der „Lösung" auf einen späteren Zeitpunkt (nach dem Jahresabschluss, nach Projektende, wenn wieder alle „an Bord“ sind usw.), aber auch die Verleugnung von Gesundheitsgefährdungen. Zu den *aktiveren* Verhaltensweisen zählen wir etwa die ausdrücklich durch Arbeitsüberlastung begründete aktive Erholung in der Freizeit (nach dem Motto: „wenn ich nicht mindestens einmal die Woche Sport machen würde, dann würde ich durchdrehen“), den Versuch, sich und die eigene Arbeit effizienter zu gestalten und besser zu organisieren, Formen der Selbstregulation („zweimal die Woche erlaube ich mir den späteren Bus, aber nicht mehr als dreimal“), aber auch die „interessierte Selbstgefährdung“ (vgl. zu diesen Formen die Beiträge von Menz et al. sowie, vor allem zur „interessierten Selbstgefährdung“, Peters in diesem Band).

Die aktive Gestaltung des Verhältnisses von Überlastung und Gesundheit bzw. Wohlbefinden wird dabei selbst zu einer Leistung, die für die Erhaltung des eigenen Wohlbefindens, des Arbeitsvermögens und damit letztlich natürlich auch für die Leistungsfähigkeit des Unternehmens unabdingbar ist. Und diese Leistung ist anstrengend (und zwar umso anstrengender, je „fordernder“ auch die Lebenswelt ist); man braucht dafür Kompetenzen, die man sich aneignen muss (und die sich die Beschäftigten oft aktiv aneignen: Bücher lesen, Seminare besuchen etc.), und man wird meistens mit wachsender Erfahrung auch „besser“.

Die institutionellen Angebote des Unternehmens werden dabei als wenig hilfreich eingeschätzt: Die Angebote zur Gesundheitsförderung sind entweder zu pauschal (Sportangebote etc.) oder bergen, wenn sie spezifischer sind, die Gefahr, sich als jemand zu outen, der ein Problem hat (etwa Stressmanagement, Burn-out-Prophylaxe); der Gesundheitsschutz wird nicht als zuständig für Fragen von Stress, Überlastung etc. verstanden, sondern vor allem als Institution des klassischen Arbeitsschutzes (Unfallverhütung). Der betriebsärztliche Dienst ist in aller Regel mittlerweile outgesourct und nicht zuletzt deshalb nicht mehr sehr präsent: Hier holt man sich eine Grippeimpfung, aber nur selten Rat bei psychischen Problemen. Die Führungskräfte reagieren oft durchaus verständnisvoll, haben aber kaum Lösungsvorschläge parat. Dem Betriebsrat wird durchaus eine generelle Schutzfunktion zugeschrieben, die auch als positiv anerkannt wird, allerdings werden ihm nur selten explizite Kompetenzen im Gesundheitsschutz zugesprochen und auch die Handlungsfähigkeit wird als eingeschränkt wahrgenommen („an meinem Leistungsdruck kann der doch auch nichts ändern“).

Die Folge ist: Beschäftigte fühlen sich weitgehend allein gelassen und gerade bei akuten Problemen auch isoliert, weil psychische Belastungen nach wie vor tabuisiert sind und schnell mit Leistungsschwäche in Verbindung gebracht werden. Vorschriften und Regelungen zum Schutz der Gesundheit werden als unwirksam empfunden oder im – gestressten – Arbeitsalltag als Behinderung und Einschränkung wahrgenommen, teilweise sogar von den Beschäftigten selbst unterlaufen (vgl. die Beiträge von Menz et al. sowie Peters in diesem Band).

5. Das „partizipative Gesundheitsmanagement“: Re-Integration von Leistungs- und Gesundheitspolitik

Unsere oben formulierte These lautete: Die neuen Steuerungsformen mit ihrem Prinzip der „systematischen Überlastung“ führen dazu, dass der Raubbau an den Potenzialen und Ressourcen der Beschäftigten über kurz oder lang die unhintergehbare Voraussetzung für den unbedingt auf Wachstum ausgerichteten wirtschaftlichen Erfolg ist. Wenn diese These stimmt, dann müssen auch die Erwartungen an Gesundheitsschutz und Gesundheitsmanagement etwas bescheidener sein; dann gibt es nämlich keine einfachen, schnell wirksamen Lösungen: Gesundheitsschutz lohnt sich, da sind sich im Grunde alle einig – aber wohl nicht in einer Quartalsperspektive.

Die Waffen zu strecken und sich einem ökonomischen „Realismus“ hinzugeben ist aber eben auch keine Lösung. Nicht nur nehmen dann (psychomentale) Belastungen weiter zu und leiden (noch) mehr Beschäftigte (und Führungskräfte) an den Folgen von Überlastung und Überforderung, auch für die Unternehmen dürfte sich das bloße „Weiter-so“ nicht auszahlen. Schon jetzt sind die Unternehmen damit konfrontiert, dass die individuellen Probleme mit Überlastung und Überforderung verstärkt auf den Betrieb zurückwirken, (wieder) zu *betrieblichen* Problemen werden: wenn das „permanente Ungenügen“ angesichts dynamisierter Leistungsanforderungen (vgl. dazu den Beitrag von Menz et al. in diesem Band) in Demotivierung und Zynismus mündet, wenn Burn-out oder Depressionen zu längeren Ausfallzeiten führen. Je schwächer die Puffer werden, die eine Organisation bereithalten kann, und je begrenzter die Ressourcen sind, die die Beschäftigten noch zusätzlich in die Waagschale werfen können (und möglicherweise auch: je älter im Durchschnitt die Belegschaften werden), desto drängender werden die damit verbundenen Probleme werden. Antworten sind gefragt und die Unternehmen tun gut daran, die Bearbeitung des Überlastungsproblems nicht alleine den Beschäftigten (per Gesundheitsförderung), überforderten Führungskräften („Auch das noch“) oder den Arbeitnehmervertretern und Gewerkschaften zu überlassen – schon gar nicht dann, wenn sie verhindern wollen, dass Fragen von Belastungen und Gesundheitsschutz (weiter) politisiert werden.

Die systematische Überlastung ist Ausdruck einer unternehmerischen Strategie, die zuerst fragt, was geleistet werden muss, und dann erst fragt, ob das auch leistbar ist. Der „Trick“, wenn man so will, besteht eben genau darin, im ersten Schritt gerade keine systematische Beziehung zwischen Anforderungen und Ressourcen herzustellen – und so aus der Organisation insgesamt, den Führungskräften und den Beschäftigten die notwendige Eigeninitiative und noch unerschlossene Potenziale „herauszukitzeln“. Deshalb besteht die wesentliche Herausforderung darin, Anforderungen und Ressourcen wieder (und immer wieder) in ein systematisches Verhältnis zu bringen. Eine *nur* anforderungsorientierte Leistungspolitik wird langfristig scheitern, eine *nur* ressourcenorientierte Gesundheitspolitik scheitert jetzt schon. Ein wirklich „moderner", nachhaltig wirksamer, psychische Belastungen einbeziehender und präventiv ausgerichteter Gesundheitsschutz muss Gesundheits*management* sein, weil er vor allem eine zentrale Zielstellung hat: die *Re-Integration von Leistungs- und Gesundheitspolitik.*

Ein solches Gesundheitsmanagement ist aber nur unter – zumindest – drei Bedingungen erfolgreich (vgl. auch Becker et al. 2011):

Gesundheitsschutz geht – anders vielleicht als früher – nicht mehr ohne die Beschäftigten. Ein modernes Gesundheitsmanagement kann keine reine Expertenveranstaltung mehr sein. Es muss – *erstens* – ein beteiligungsorientierter Prozess, muss vor allem „partizipatives Gesundheitsmanagement" sein. Wenn Leistungspolitik „subjektivierte" Leistungspolitik ist (vgl. Matuschek 2010), dann muss Gesundheitspolitik auch „subjektivierte" Gesundheitspolitik" sein, d.h. eine Gesundheitspolitik, die an den Erfahrungen und Erwartungen der Beschäftigten ansetzt und mit ihnen zusammen nach Problemdefinitionen und Lösungen sucht. Ohne Beteiligung lassen sich neue Ansätze kaum gegen Widerstände durchsetzen, ohne Beteiligung können psychomentale Gefährdungen nicht umfassend ermittelt werden; nur mit den Beschäftigten lässt sich „Leistbarkeit" richtig einschätzen, können wirklich passende Maßnahmen entwickelt, wirksam umgesetzt und „gelebt" werden. Die Beteiligung von Beschäftigten in einem „partizipativen Gesundheitsmanagement" unterscheidet sich aber in zweierlei Hinsicht ganz dezidiert von derzeit gängigen Formen der Beteiligung von Beschäftigten am Gesundheitsschutz. Auch im Rahmen der betrieblichen Gesundheitsförderung werden die Beschäftigten ja einbezogen, indem sie in die (Mit-)Verantwortung für ihre Gesundheit genommen werden und sich z.B. an Maßnahmen zur Stressbewältigung beteiligen können. Demgegenüber zielt das „partizipative Gesundheitsmanagement" gerade nicht darauf ab, Beschäftigte (oder auch Führungskräfte) zu den Hauptakteuren des betrieblichen Gesundheitsschutzes zu machen – das wäre eine nochmalige Überforderung. Vielmehr sind sie hier Teil neuer Akteurskonstellationen aus Experten, institutionellen Akteuren (Management, Gesundheitsschutz, Betriebsrat), Führungskräften und – eben auch – Beschäftigten. Und Beteiligung im Rahmen eines partizipativen Gesundheitsmanagements bedeutet eben nicht nur Beteiligung an Maßnahmen zur Gesundheitsförderung, sondern weit darüber hinaus auch Beteiligung an der Auseinandersetzung über Leistungsanforderungen und Leistbarkeit, kurz: an der Re-Integration von Leistungs- und Gesundheitspolitik. Wer könnte das besser als die Beschäftigten, die nicht nur über das „Expertenwissen" über ihre Arbeit *und* ihre Gesundheit verfügen, sondern auch der „Ort" sind, an dem die ansonsten getrennten Politikfelder Leistung und Gesundheit unabweisbar – und oft als schmerzliche Erfahrung – zusammenkommen?

Angesichts dynamischer bzw. instabiler Rahmenbedingungen kann sich, *zweitens,* der betriebliche Gesundheitsschutz heute nicht in einer einmal getroffenen Regelung erschöpfen. Er kann kein Projekt, sondern muss *Prozess* sein. Es geht zum einen um Antworten auf die wachsende Dynamik der Organisationsentwicklung und der Leistungsanforderungen sowie die zunehmende Instabilität der betrieblichen Rahmenbedingungen (vgl. den Beitrag von Satzer in diesem Band). Und zum anderen ist Gesundheitsschutz notwendigerweise auch ein politischer Prozess, in dessen Rahmen – immer wieder – darum gerungen werden muss, was „Erfolg“ ist, was vertretbare Ziele sind und was zumutbare Anforderungen. Gesundheitsmanagement heute heißt deshalb – erst recht angesichts dynamischer bzw. instabiler Rahmenbedingungen – zunächst, dass es darum geht, einen Prozess zu organisieren, in dessen Rahmen der Konflikt zwischen Arbeit und Gesundheit überhaupt verhandelbar wird.

Die Re-Integration von Leistungs- und Gesundheitspolitik braucht *drittens* gesetzliche Grundlagen. Diese sind nicht nur ein selbstverständlich weiterhin wichtiger Schutzwall. Sie können auch der „Hebel“ sein, um überhaupt in eine Auseinandersetzung um die Leistbarkeit betrieblicher Anforderungen einzutreten. Und zugleich bilden sie eine „Gelegenheitsstruktur“ für die Verstetigung dieser Auseinandersetzung. Das trifft etwa auf die Gefährdungsbeurteilung nach dem Arbeitsschutzgesetz zu. Hier ist, wie wohl in keinem anderen Instrument, beides angelegt: Integration von leistungs- und gesundheitspolitischen Fragen und Prozessorientierung (vgl. den Beitrag von Satzer in diesem Band). Dass die Gefährdungsbeurteilung oft gar nicht und noch öfter nicht in einem ganzheitlichen, umfassenden Sinne durchgeführt wird, macht auf eine zweite wichtige Aufgabe aufmerksam: Dass rechtliche Regelungen vorhanden sind, garantiert noch nicht deren Umsetzung und bestimmt noch nicht deren konkrete Ausgestaltung. Deshalb gilt es, die institutionellen Grundlagen des Gesundheitsschutzes zu stärken und deren Umsetzung zu unterstützen, zu fordern und zu überwachen (vgl. den Beitrag „Forschung und Gestaltung für ein Partizipatives Gesundheitsmanagement: Das Projekt PARGEMA“ sowie die Beiträge von Satzer und Becker/Brinkmann/Engel/Satzer in diesem Band).

5.1 PARGEMA: Gesundheitsschutz als Prozess

PARGEMA als (betriebs-)politischer Prozess

Der politische Prozess der Verständigung über Stellenwert (gegenüber anderen „Werten“ und betrieblichen Themen) und Ausrichtung des betrieblichen Arbeits-

und Gesundheitsschutzes sowie die Kompetenzen der verschiedenen beteiligten Akteure ist der *erste* PARGEMA-Prozess. Dieser Prozess hat einerseits eine primär politische Ausrichtung – hier ist der Arbeits- und Gesundheitsschutz vor allem ein politisches Werkzeug im Instrumentenkasten der Akteure. Andererseits konkretisieren sich hier gesellschaftliche Konflikte und Themen auf der betrieblichen Ebene: Ökonomie versus Soziales; ökonomischer „Realismus" und Kurzfristorientierung versus soziale Normativität und Nachhaltigkeit. Das sind auch die grundlegenden Positionen, die sich in den wesentlichen Rahmenbedingungen der betrieblichen Auseinandersetzung manifestieren: Auf der einen Seite stehen die Reorganisationsprozesse auf der Unternehmensebene, die oft „drängendere" Fragen nach wirtschaftlichem Erfolg oder Standorterhalt und Beschäftigungssicherheit in den Vordergrund schieben (und allein schon deshalb eher der Position des ökonomischen Realismus zuzurechnen sind). Auf der anderen Seite stehen die institutionellen und gesetzlichen Grundlagen, für die ein Stück soziale Normativität konstitutiv ist und die deshalb auch vor allem von Betriebsräten oder anderen Akteuren des Gesundheitsschutzes in Stellung gebracht werden. Beide Rahmenbedingungen stehen im Widerstreit, dominanter scheint aber der ökonomische Realismus zu sein, der immer wieder zu dem eigentlich verblüffenden Phänomen führt, dass gesetzliche Regelungen und Vorschriften – unter Duldung von Betriebsräten, Sicherheitsfachkräften, Betriebsärzten etc. – schlicht ignoriert werden. Diese Auseinandersetzung, an der PARGEMA nur mehr oder weniger indirekt beteiligt war, bildete aber wiederum für den PARGEMA-Prozess die entscheidende Rahmenbedingung.

PARGEMA als Sensibilisierungs- und Thematisierungsprozess

Eine spezifische, aber nach unseren Befunden ganz zentrale Form des Umgangs mit dem zuvor geschilderten Konflikt besteht in der Konstruktion institutioneller und kognitiver Grenzen bzw. der Rekonstruktion von Ökonomie und Sozialem als mehr oder weniger strikt getrennten Parallelwelten. Der *zweite* PARGEMA-Prozess besteht daher in der Beteiligung an betrieblichen Aktivitäten, die auf die (Wieder-)Verknüpfung solcher Parallelwelten zielen. Darunter fallen alle Maßnahmen und Aktivitäten der Sensibilisierung. „Sensibilisierung" zielt in diesem Zusammenhang vorrangig gerade auf die Wiederherstellung einer Beziehung zwischen Reorganisation/Leistungspolitik auf der einen und Gesundheitspolitik/Lebenswelt auf der anderen Seite. Aber auch wenn manche Gesundheitsschutzprojekte und Aktivitäten der Gesundheitsförderung in Betrieben das suggerieren: Erfolgreiche Sensibilisierung bedeutet keineswegs, dass damit das Ziel einer Reintegration des Sozialen in die Ökonomie erreicht wäre. Die Sensibilisierung aller Beteiligten ist nicht mehr – aber auch nicht weniger – als die Voraussetzung für alle weiteren Prozesse.

Reintegration von Experten- und Betroffenenwissen: PARGEMA als beteiligungsorientierter Forschungsprozess

Der *dritte* PARGEMA-Prozess besteht in der Herstellung einer systematischen Beziehung zwischen Analyse und Praxis sowie zwischen Experten und „Betroffenen“. Der Kern ist die (Experten-)Analyse der Wahrnehmung der Betroffenen und die Rückvermittlung der Resultate an die Betroffenen und in die betriebliche Diskussion. Insofern ist dieser dritte PARGEMA-Prozess reflexiv auf die beiden ersten Prozesse bezogen: Er ist zugleich Ergebnis der beiden ersten Prozesse wie deren Grundlage.

Beteiligungsorientierte Ausgestaltung institutioneller Gelegenheitsstrukturen: PARGEMA als beteiligungsorientierter Gestaltungsprozess

Der *vierte* PARGEMA-Prozess schließlich zielt auf die Institutionalisierung des zweiten und dritten PARGEMA-Prozesses – und auf die Entkoppelung vom Projekt PARGEMA. Das Ziel besteht hier darin, gesetzliche Vorlagen als Hebel anzusetzen und die vorhandenen gesundheits- und leistungspolitischen Institutionen als Gelegenheitsstruktur zu nutzen – als Gelegenheit für eine regelmäßige, beteiligungsorientierte Verknüpfung von reorganisations- oder leistungspolitischen mit gesundheitspolitischen Fragen *und* als Gelegenheit für die Verknüpfung von Expertenwissen und externer Regulierung mit der eigenen Wahrnehmung und internen Verfahren. Eine zentrale Rolle spielen dabei die Vorgaben des Arbeitsschutzgesetzes (insbesondere die Gefährdungsbeurteilung), weil diese beides zugleich sind bzw. – durch entsprechende Ausgestaltung – werden können: ein „Hebel“, um dem Gesundheitsschutz im Betrieb eine neue Basis zu verschaffen; eine „Gelegenheitsstruktur“, um den Gesundheitsschutz auf Dauer präventiv und beteiligungsorientiert auszugestalten.

6. Die Beiträge dieses Buchs: Perspektiven, Analysen und Ansätze für ein partizipatives Gesundheitsmanagement

Die Antworten, die im Projekt PARGEMA entwickelt wurden, erstrecken sich auf den Weg wie auf das Ziel: Es ging im Projekt erstens darum, die Zusammenhänge zwischen neuen Organisations- und Steuerungsformen und gesundheitlichen Folgen wissenschaftlich auszuleuchten. Zweitens ging es darum, die betriebliche Auseinandersetzung mit den neuen Organisations- und Steuerungsformen zu unterstützen und so die Grundlage für eine institutionelle Neuausrichtung des betrieblichen Gesundheitsschutzes zu schaffen. Und drittens ging es darum – und das ist dann die Zielperspektive –, wesentliche Bausteine eines Gesundheitsmanagements weiterzuentwickeln, dessen Daueraufgabe darin besteht,

Gesundheits- und Leistungspolitik (wieder) zu integrieren, d.h. Leistungsanforderungen und „Leistbarkeit" systematisch(er) aufeinander zu beziehen (vgl. dazu den Beitrag „Forschung und Gestaltung für ein partizipatives Gesundheitsmanagement: Das Projekt PARGEMA" in diesem Band).

Das Projekt PARGEMA war – und zwar ganz explizit – Forschungs- *und* Gestaltungsprojekt. Das bedeutet nicht nur, dass im Projekt sowohl empirische Untersuchungen durchgeführt als auch Gestaltungsmaßnahmen erprobt wurden. Es bedeutet auch, dass Forschung und Gestaltung als integriertes Konzept verstanden wurden. Dieses Verständnis durchzieht auch das Buch und seine Artikel: Das Buch als Ganzes, aber auch die einzelnen Beiträge beinhalten – allerdings mit jeweils unterschiedlicher Gewichtung – sowohl Forschungsergebnisse als auch Folgerungen für die Praxis.

Gegliedert ist das Buch in drei Abschnitte: Der *erste Abschnitt* umfasst zwei einleitende Texte. Der Einführung, die hier vorliegt, folgt ein Überblicksbeitrag von Elke Ahlers, der auf der Basis eines repräsentativen Datensatzes und mit statistischen Methoden die ansonsten vor allem qualitative Indikatorik des Projekts quantitativ flankiert.

In den Beiträgen des *zweiten Abschnitts* wird zunächst ein Überblick über Struktur und Gesamtausrichtung des Verbundvorhabens PARGEMA gegeben. Die drei anschließenden Beiträge repräsentieren die Bandbreite des Partizipationsansatzes des Projekts bzw. des „partizipativen Gesundheitsmanagements": Einen Pol (Schüpbach) bildet eine immanent funktionale Begründung, die nicht nur die Gesundheit von Beschäftigten, sondern auch den wirtschaftlichen Erfolg des Unternehmens im Visier hat. Die Stoßrichtung ist in erster Linie eine gesundheitspolitisch begründete Beteiligung von Beschäftigten an der betrieblichen Leistungspolitik. Der Konflikt von Arbeit und Gesundheit wird hier primär als dysfunktionales Verhältnis gesehen. Die erweiterte Beteiligung von Beschäftigten im Rahmen eines partizipativen Gesundheitsmanagements ist der Schlüssel zur Entschärfung dieses Konflikts. Aus einer Lose-lose-Beziehung soll – per Partizipation – eine Win-win-Situation werden. Den anderen Pol (Brinkmann et al.) bildet die Forderung nach Beteiligung von Beschäftigten als einem zentralen Element eines demokratischen Koordinations- und Steuerungsmechanismus. Das partizipative Gesundheitsmanagement ist hier Baustein einer demokratisch legitimierten Konfliktstrategie, deren Ziel eine Verschiebung der Kräfteverhältnisse ist: Das Konfliktverhältnis von Arbeit und Gesundheit wird im Erfolgsfall dadurch in die richtige Richtung bewegt, dass es über beteiligungsorientierte Politikansätze gelingt, die Grenzen marktlicher Steuerungsformen (wieder) zurückzuschieben und den ökonomischen Imperativ in Schranken zu weisen. Hier steht nicht die Beteiligung von Beschäftigten an der betrieblichen Leistungspolitik, sondern ihre Beteiligung an der Gesundheitspolitik im Mittelpunkt. Während Schüpbach primär aus leistungspolitischer Perspektive argumentiert und

Brinkmann et al. primär eine gesundheitspolitische Perspektive einnehmen, steht im dritten Beitrag dieses Abschnitts (Peters) gerade der Zusammenhang von (neuer) Leistungspolitik und Gesundheitsschutz im Zentrum. Ähnlich wie Schüpbach geht Peters von der Diagnose individueller (Selbst-)Überlastung aus, Peters sieht darin aber keinen Fehler im System, sondern einen wichtigen Mechanismus des Systems selbst. Ähnlich wie bei Brinkmann et al. sind daher systemimmanenten Gegenmaßnahmen Grenzen gesetzt, aber anders als bei ihnen spielen die Hauptrolle im politischen Konflikt hier nicht in erster Linie Institutionen, sondern „aufgeklärte" Individuen.

Mit den im *dritten Abschnitt* versammelten sieben Beiträgen verlässt das Buch die übergreifende und vor allem die überbetriebliche Ebene. Die Beiträge fassen die wichtigsten Ergebnisse der betrieblichen Analysen und wesentliche Gestaltungsmaßnahmen zusammen. Ihre Reihung folgt dabei den Beteiligungsperspektiven, die im zweiten Abschnitt vorgestellt wurden: Nach einem Überblick über die PARGEMA-Fallbetriebe kommen drei Beiträge, in deren Mittelpunkt die Auseinandersetzung mit neuen – indirekten und erfolgsorientierten – Steuerungsformen bzw. die Frage nach einer partizipativ ausgestalteten Leistungspolitik steht. Die drei abschließenden Beiträge legen ihren Schwerpunkt dagegen stärker auf die (Weiter-)Entwicklung eines beteiligungsorientierten Gesundheitsschutzes.

Zu den Beiträgen im Einzelnen:

Elke Ahlers zeigt mit den Daten der PARGEMA-WSI-Betriebsrätebefragung 2008/2009 unter anderem eine fatale Gleichzeitigkeit: Einerseits haben in den Augen der befragten Betriebsräte insbesondere die psychischen Belastungen (Termin- und Zeitdruck, hohe Verantwortung, Überlastung, Unsicherheit u.a.) ganz eindeutig zugenommen, andererseits führt nach wie vor nur eine Minderheit der Unternehmen die (gesetzlich vorgeschriebene!) Gefährdungsbeurteilung psychischer Belastungen durch. Anders ausgedrückt: Die Leistungsanforderungen sind „turbomodern", der Gesundheitsschutz ist es nicht. Ein zweites wichtiges Ergebnis liegt in der Ursachenanalyse: Der wahrgenommene Zeit- und Leistungsdruck hängt offensichtlich mit bestimmten Formen der Unternehmensausrichtung und Leistungssteuerung zusammen. Der Zeit- und Leistungsdruck ist dann am größten, wenn sich Unternehmen zunehmend am Kunden orientieren und wenn die Arbeit über Zielvorgaben gesteuert und projektförmig organisiert ist. Auch Profit-Center, Benchmarking oder ein ausgeprägtes Controlling sind eindeutig Stressverursacher.

Nick Kratzer, Wolfgang Dunkel, Karina Becker und *Stephan Hinrichs* geben zu Beginn des zweiten Abschnitts einen Überblick über den Projektansatz „Partizipatives Gesundheitsmanagement". Ziel dieses Beitrags ist es einerseits, Basisinformationen zum Projekt PARGEMA zu liefern; andererseits darzulegen, dass (und wie) Partizipation nicht nur Ziel, sondern auch Mittel des Projekts ist.

Forschung und Gestaltung für ein partizipatives Gesundheitsmanagement, das bedeutet eben nicht nur die Erprobung und möglichst Verstetigung von partizipativen und präventiven Ansätzen im betrieblichen Gesundheitsschutz. Es bedeutet auch, dass die Analyse der neuen Herausforderungen und die Entwicklung neuer Ansätze selbst unter Beteiligung aller betrieblichen Akteure – ganz besonders der Beschäftigten – erfolgt.

Ausgehend von einer handlungspsychologischen Perspektive befasst sich *Heinz Schüpbach* mit der widersprüchlichen Beobachtung, dass die „indirekte Steuerung" von Arbeitssystemen wesentliche Elemente einer gesundheitsförderlichen Arbeitsgestaltung beinhaltet, die Empirie aber zugleich zeigt, dass Beschäftigte in solchen Arbeitssystemen oft unter enormem Stress stehen und psychisch hoch belastet sind. Seine Erklärung lautet: Ob indirekt gesteuerte Arbeitssysteme belastend oder gesundheitsförderlich wirken und in welchem Maße das der Fall ist, hängt entscheidend davon ab, ob die Beschäftigten über genügend Ressourcen und Puffer verfügen und ob in bzw. mit partizipativen Zielvereinbarungsprozessen sichergestellt wurde, dass Ziele realistisch formuliert, als erreichbar wahrgenommen und erlebt und deshalb auch akzeptiert werden. Der empirisch beobachtbare Zusammenhang von psychischem Stress und indirekter Steuerung macht einsichtig, dass korrektive, personen- und verhaltensbezogene Maßnahmen im Gesundheitsschutz alleine nicht ausreichen. Partizipatives Gesundheitsmanagement heißt deshalb aus handlungspsychologischer Perspektive: Einem partizipativen Gesundheitsmanagement kommt ganz zentral die Funktion zu, „echte" Selbstverantwortung (im Sinne einer erfolgreichen und gesundheitsförderlichen oder zumindest nicht gesundheitsschädigenden Arbeitsgestaltung) zu ermöglichen. Das bedeutet zum einen, dass über Partizipation die Vereinbarung leb- und leistbarer Ziele sicherzustellen ist. Zum anderen kommt dem partizipativen Gesundheitsschutz nicht nur die Aufgabe zu, die Ressourcen der Arbeitskräfte vor „Über-Nutzung" zu schützen, sondern auch, den Beschäftigten überhaupt erst die Ressourcen verfügbar zu machen, die für die Funktionsfähigkeit indirekter Steuerungssysteme unabdingbar sind.

Eine politikorientierte Perspektive vertritt der Beitrag von *Ulrich Brinkmann, Klaus Pickshaus* und *Rolf Satzer,* die den beteiligungsorientierten Ansatz des Projekts in den Kontext des breiteren Konzepts einer „Demokratiepolitik" stellen. Sie stimmen dabei zunächst der bekannten These von Colin Crouch zu, dass die fortschreitende Ökonomisierung zu einer Aushöhlung demokratischer Institutionen und einer Erosion institutioneller Machtressourcen geführt hat und weiterhin führt. Aber ihre Antwort auf die damit verbundene Krise gesellschaftlicher und betrieblicher Koordinations- und Steuerungsmechanismen ist eben nicht die Abkehr vom Prinzip demokratischer Legitimierung und der Forderung nach Teilhabe und Beteiligung – ganz im Gegenteil: Demokratisch legitimierte Konfliktstrategien sind eine Chance zur Überwindung der krisenhaften Entwicklungstendenzen der gegenwärtigen Ökonomie. Nicht zuletzt im Arbeits- und Gesundheitsschutz erweisen sich, so die Autoren, demokratiepolitische Ansätze als chancenreich.

Für *Klaus Peters* ist das zentrale Problem, das es zu erklären und zu bearbeiten gilt, das der „interessierten Selbstgefährdung“ von Beschäftigten. Mit diesem Terminus wird die Beobachtung auf den Punkt gebracht, dass Beschäftigte aus eigenem Interesse ihre Gesundheit gefährden und dabei unter Umständen Regelungen, die eigentlich zu ihrem Schutz getroffen wurden, ignorieren oder sogar gezielt unterlaufen (also etwa: ausstempeln und wieder zurück an die Arbeit gehen). Die Erklärung für Phänomene wie diese sieht Peters in einem Paradigmenwechsel in der Organisation von Arbeit, dem Wandel von direkten Steuerungsformen („Kommandosystem“) zur „indirekten Steuerung“ von Arbeit. Dieser Paradigmenwechsel erzeugt nicht nur qualitativ neue und systematisch zunehmende (psychomentale) Belastungen, sondern stellt auch den Arbeits- und Gesundheitsschutz vor gänzlich neue Herausforderungen: Unter den umrissenen Bedingungen indirekter Steuerung funktioniert weder der klassische Ansatz, die Beschäftigten durch institutionelle Regelungen vor Überlastung zu schützen, noch der gegenwärtig populäre Ansatz, Gesundheitsschutz und Gesundheitsförderung völlig den Beschäftigten zu überlassen. Der erste Ansatz stößt häufig auf aktiven oder passiven Widerstand von Beschäftigten, der zweite Ansatz lässt die Beschäftigten alleine und geht am Problem der arbeitsbedingten Überlastung vorbei. Benötigt werden daher neue Interventionsmethoden. Der Beitrag schließt mit einer Skizze der Folgerungen für den betrieblichen Gesundheitsschutz.

Als Auftakt zum dritten Abschnitt werden im Beitrag von *Nick Kratzer, Wolfgang Dunkel, Karina Becker* und *Stephan Hinrichs* zunächst die Fallbetriebe des Projekts und die PARGEMA-Aktivitäten in diesen Fallbetrieben in komprimierter Form vorgestellt. Der Beitrag beschreibt acht Kurzfallstudien und gibt jeweils einen kurzen Überblick über das Unternehmen, den Schwerpunkt der Projektarbeiten im jeweiligen Fallbetrieb und den Projektverlauf. Dabei wird nicht nur die Bandbreite der einbezogenen Unternehmen sichtbar, die vom großen Dienstleistungsunternehmen bis zum kleinen Mittelständler aus der Metall- und Elektroindustrie reicht, sondern auch, dass es zwar eine Art Standardvorgehen des Projekts bzw. Basismerkmale eines „partizipativen Gesundheitsmanagements“ gibt, diese aber an unterschiedliche betriebliche Gegebenheiten angepasst werden müssen.

Wolfgang Menz, Wolfgang Dunkel und *Nick Kratzer* stellen in ihrem Beitrag die Zunahme (und Veränderung) psychischer Belastungen in den Kontext eines Umbruchs in der betrieblichen Leistungssteuerung. Ausgehend von einer Analytik der Prinzipien und Instrumente wird daher zunächst die Entwicklung von der fordistischen zur „postfordistischen“ Leistungssteuerung beschrieben und in einem zweiten Schritt anhand von zwei betrieblichen Fallbeispielen dargestellt, welche (Neben-)Folgen und Implikationen dieser Umbruch für die psychische Gesundheit der Beschäftigten hat – und für den Arbeits- und Gesundheitsschutz haben müsste. Zwei Bausteine eines partizipativen Gesundheitsmanagements werden skizziert: Zum einen geht es um die Organisation kollektiver Diskussions- und Reflexionsprozesse, die der Auseinandersetzung mit den neuen Steuerungsformen und ihren Folgen dienen und dabei insbesondere das Problem der Individualisierung von Gefährdungen adressieren sollten. Das partizipative Gesundheitsmanagement braucht eine kollektive Basis – und diese kann nur über Beteiligung hergestellt und stabilisiert werden. Zum zweiten geht es um die Re-Integration von gesundheitspolitischen Fragen in Leistungspolitik und Leistungssteuerung. Die tendenziell maßlosen markt- und ergebnisbezogenen Erfolgsziele müssen immer wieder auf ihre „Leistbarkeit“, ihre Verhältnismäßigkeit zum Leistungsvermögen der Beschäftigten überprüft werden. Dies gelingt nur über Rückkopplungsprozesse von „unten“ nach „oben“, eben: über Partizipation.

Carolina Bahamondes Pavez und *Stephan Hinrichs* entwickeln in ihrem Beitrag auf der Basis einer arbeits- und organisationspsychologischen Analyse einen spezifischen Ansatz des partizipativen Gesundheitsmanagements. Dieser setzt wiederum an den veränderten Formen der Leistungssteuerung und hier insbesondere an der verbreiteten Praxis von ergebnisorientierten Zielvorgaben an. Sie weisen nach, dass „unrealistische“ Ziele einen deutlich negativen Einfluss auf das Befinden der Beschäftigten haben. Unrealistische Zielvorgaben sind negative Stressoren, die Beschäftigten werden hier nicht in einem positiven Sinne gefordert, sondern schlicht überfordert. Ihr Plädoyer lautet daher: Ein wichtiger leistungspolitischer Beitrag zum Gesundheitsschutz besteht darin, die „Zielqualität“ zu erhöhen, d.h. Ziele zu formulieren, die tatsächlich erreichbar sind. Und der Weg zu einer besseren Zielqualität führt über die Beteiligung von Beschäftigten an der Zieldefinition. Kurz: „Echte“ Zielvereinbarungen, in denen Ziele tatsächlich mit den Beschäftigten verhandelt werden – wenn man so will: eine partizipativ ausgerichtete Leistungssteuerung –, erhöhen eindeutig die Zielqualität und tragen so wesentlich zur Reduzierung von psychischen Fehlbelastungen bei. Davon profitieren nicht nur die Beschäftigten, sondern letztlich auch die Unternehmen, weil so die Funktionalität ergebnisorientierter Steuerungssysteme langfristig gesichert werden kann.

Führungskräfte stehen im Beitrag von *Barbara Pangert, Wolfgang Dunkel* und *Wolfgang Menz* in zweifacher Weise im Mittelpunkt: Zum einen geht es um ihre Rolle im Gesundheitsschutz und die Chancen und Grenzen „gesundheitsförderlichen Führungshandelns“ – hier werden Führungskräfte als eine oft übersehene Akteursgruppe im Gesundheitsschutz adressiert. Zum anderen geht es aber auch um ihre eigene Arbeitssituation in ergebnisorientiert gesteuerten Arbeitssystemen – hier sind Führungskräfte nicht mehr nur Akteure, sondern auch selbst „Betroffene“. Die Basis der Ausführungen bilden quantitative und qualitative Befragungen von Führungskräften in mehreren PARGEMA-Betrieben. Ein zentrales Ergebnis: Gesundheitsförderliches Führungshandeln braucht entsprechende Rahmenbedingungen. Gesundheitsförderliches Führen muss kulturell, aber auch strukturell in der Organisation verankert sein – der verbreitete Ansatz, auf Kompetenzerweiterung und Sensibilität für Gesundheitsfragen bei Führungskräften zu setzen, ist richtig, aber nicht ausreichend. Führungskräfte sind häufig mit widersprüchlichen Anforderungen und „unrealistischen" Zielvorgaben konfrontiert, ihr eigener Spielraum ist somit kulturell und strukturell eingeschränkt. Dies macht sich auch in ihrer Belastungs- und Beanspruchungssituation bemerkbar: Als Belastung werden fehlende Ressourcen, ungeplante Zusatzaufgaben – oder anders: Zeitdruck und Arbeitsunterbrechungen – erlebt, aber auch kognitive Widersprüche zwischen eigenen Vorstellungen und Vorgaben „von oben". Viele Führungskräfte gerade der untersten Ebene können oft nicht umsetzen, was sie selber für wichtig halten. „Gesundheitsförderliches Führen" muss deshalb in zwei Richtungen gehen: „Nach oben" geht es nicht nur um ein verändertes Leitbild, das Gesundheit als Führungsaufgabe ernst nimmt und strukturell und kulturell rahmt, sondern auch um die Erweiterung von Handlungsspielräumen und die Beteiligung der Führungskräfte an der Definition von Zielen und Vorgaben. „Nach unten" geht es nicht nur um Gesundheitskompetenz und Sensibilisierung, sondern auch darum, gemeinsam mit den Beschäftigten die Arbeitsbedingungen zu verbessern, und das heißt: die Handlungsspielräume der Beschäftigten zu erhöhen, in einem partizipativen Prozess Zielvorgaben auf „Leistbarkeit" zu prüfen und gemeinsam mit den Beschäftigten Ansätze zur Reduktion von Belastungen zu erarbeiten und umzusetzen.

Im Beitrag von *Karina Becker, Ulrich Brinkmann* und *Thomas Engel* steht die Konkretisierung und beispielhafte Ausführung der im zweiten Abschnitt umrissenen „demokratiepolitischen" Perspektive im Mittelpunkt. Der demokratische Steuerungsmodus, so die Autor/inn/en, ist eine notwendige Alternative: Hierarchie, Markt und Netzwerke als etablierte Steuerungsformen sind entweder schon lange (Hierarchie) oder ganz aktuell (Markt und Netzwerk) in der Krise bzw. Ursache krisenhafter Entwicklungstendenzen. Der Arbeits- und Gesundheitsschutz eignet sich besonders gut als „Teststrecke" für einen demokratischen Steuerungsmodus, weil hier die Beschäftigten unmittelbar betroffen sind und so auch unmittelbar von Veränderungen profitieren können. Aber dies ist voraussetzungsvoll: Nicht nur müssen die bisherigen Akteure umdenken – eine reine Stellvertreter- oder Expertenpolitik funktioniert nicht (mehr) –, demokratische Steuerung bedarf auch einer starken und stabilen institutionellen Basis und der (Weiter-)Entwicklung neuer („hybrider") Beteiligungsformen.

Der Ausgangspunkt des Beitrags von *Karina Becker, Ulrich Brinkmann, Thomas Engel* und *Rolf Satzer* ist das eklatante Defizit bei der Umsetzung der durch das Arbeitsschutzgesetz vorgeschriebenen Gefährdungsbeurteilung. Gefährdungsbeurteilungen werden noch viel zu selten durchgeführt – und wenn, dann häufig ohne Einbeziehung psychischer Belastungsfaktoren. Diesem Defizit mit einem beteiligungsorientierten Ansatz zu begegnen ist das erklärte Ziel eines partizipativen Gesundheitsmanagements. Die partizipativ durchgeführte Gefährdungsbeurteilung ist ein Schlüssel zur Etablierung von „Präventionsspiralen", d.h. eines nachhaltigen, auf Dauer gestellten Gesundheitsschutz-Prozesses. Am Beispiel von vier Fallbetrieben des PARGEMA-Projekts berichten die Autor/inn/en über die Arbeit des Projekts und zeigen, dass die Beteiligung der Beschäftigten der Schlüssel für die Nachhaltigkeit von Maßnahmen und damit für den Gesamterfolg ist. Deutlich wird dabei zum einen, dass gesetzliche Grundlagen eine notwendige Voraussetzung sind, alleine aber nicht ausreichen. Ob und wie avancierte Ansätze des Gesundheitsschutzes sich in den Betrieben durchsetzen können bzw. durchgesetzt werden können, hängt zentral von betriebspolitischen Konstellationen ab. Zum anderen wird ersichtlich, dass den Betriebsräten eine wichtige Rolle als Treiber für ein partizipatives Gesundheitsmanagement zukommt. Beteiligung der Beschäftigten erhält in dreifacher Weise für einen präventiv und partizipativ ausgerichteten Gesundheitsschutz zentrale Bedeutung: Erstens sind Betriebsräte als institutioneller Beteiligungsakteur in den betrieblichen Gestaltungsprozess einzubinden. Dass Betriebsräte diese Rolle einnehmen – oder durchsetzen – können, setzt wiederum – zweitens – voraus, dass sie die Beschäftigten einbeziehen. Dies sichert nicht nur die Akzeptanz des Prozesses und von Maßnahmen, sondern ist auch die Voraussetzung für die Konflikt- und Durchsetzungsfähigkeit des Betriebsrats. Und drittens sind die Beschäftigten an der Analyse und Maßnahmenentwicklung zu beteiligen.

Eine mögliche Antwort auf die Gesundheitsbelastungen durch die „permanente Reorganisation" (Kratzer 2003), die ständigen Restrukturierungsprozesse in den Unternehmen, stellt *Rolf Satzer* vor: Ausgehend von den Befunden einer Reihe internationaler Studien, die den Zusammenhang von Restrukturierung, Gesundheit und Krise behandeln, wird in diesem Beitrag das Konzept einer „vorausschauenden Gefährdungsbeurteilung" vorgestellt und am Beispiel eines PARGEMA-Fallbetriebs konkretisiert. Damit wird ein wichtiger zukunftsweisender Baustein eines partizipativen Gesundheitsmanagements formuliert: Der Arbeits- und Gesundheitsschutz setzt zumindest implizit stabile Rahmenbedingungen voraus – und hinkt damit der Praxis deutlich hinterher. Mittlerweile befinden sich Unternehmen in ständiger Bewegung, die die Organisationsstrukturen insgesamt, aber auch einzelne Bereiche oder Arbeitsplätze und deren Tätigkeitsanforderungen erfasst. Dass daraus beträchtliche Belastungen – von der Überlastung durch die Zusatzaufgabe der Bewältigung von Restrukturierungsmaßnahmen bis hin zum Umgang mit der damit verbundenen Unsicherheit – resultieren, haben auch die PARGEMA-Analysen deutlich gezeigt (so etwa das Fallbeispiel im Beitrag von Menz et al. in diesem Band). Der Gesundheitsschutz steht bislang dieser Dynamisierung der Organisationen weitgehend hilflos gegenüber. Dem Ziel, den Gesundheitsschutz selbst zu dynamisieren und ihn zu einem Instrument des Managements von Restrukturierungsprozessen auszubauen, kommt das Konzept der vorausschauenden Gefährdungsbeurteilung ein Stück näher. Die wesentlichen Elemente dieses Konzepts sind zum einen die vorausschauende Beurteilung der Belastungssituation an den *zukünftigen* Arbeitsplätzen und zum anderen die frühzeitige Information und Einbeziehung der Beschäftigten.

Literatur

BauA – Bundesanstalt für Arbeitsschutz und Arbeitsmedizin (2008): Arbeitswelt im Wandel. Zahlen – Daten – Fakten, Ausgabe 2008 (Internet: http://www.baua.de/de/Publikationen/Broschueren/A59.html;jsessionid=5466ABCEFC52C2896491F105D6D7C0E6.2_cid135)

Becker, K./Brinkmann, U./Engel, T./Satzer, R. (2011): Handbuch Gesundheit & Beteiligung. Neue Instrumente für den Arbeitsschutz in Betrieben und Behörden. Hamburg

Jürgens, K. (2010): Deutschland in der Reproduktionskrise. In: Leviathan, Nr. 38, S. 559–587

Kratzer, N. (2003): Arbeitskraft in Entgrenzung. Grenzenlose Anforderungen, erweiterte Spielräume, begrenzte Ressourcen. Berlin

Kratzer, N./Nies, S. (2009): Neue Leistungspolitik bei Angestellten. ERA, Leistungssteuerung, Leistungsentgelt. Berlin

Langhoff, T./Satzer, R. (2010): Erfahrungen zur Umsetzung von Gefährdungsbeurteilungen bei psychischen Belastungen. In: Arbeit, Jg. 19/Heft 4, S. 267–282

Lenhardt, U./Ertel, M./Morschhäuser, M. (2010): Psychische Arbeitsbelastungen in Deutschland: Schwerpunkte – Trends – betriebliche Umgangsweisen. In: WSI-Mitteilungen, Schwerpunktheft „Arbeit und Gesundheit in schwierigen Zeiten“, Jg. 63/Heft 7, S. 335–342

Matuschek, I. (2010): Konfliktfeld Leistung. Eine Literaturstudie zur betrieblichen Leistungspolitik. Berlin

Ulich, E./Wülser, M. (2005): Gesundheitsmanagement in Unternehmen. Arbeitspsychologische Perspektiven. Wiesbaden

Zoike, E. (2010): Zunahme der psychischen Erkrankungen bei Beschäftigten. Statistische Ergebnisse und Präventionsansätze der Krankenkassen. In: Keupp, H./Dill, H. (Hg.): Erschöpfende Arbeit. Gesundheit und Prävention in der flexiblen Arbeitswelt. Bielefeld, S. 61–75

Wachsender Arbeitsdruck in den Betrieben

Ergebnisse der bundesweiten PARGEMA-WSI-Betriebsrätebefragung 2008/2009

Elke Ahlers

In diesem Beitrag werden repräsentative Ergebnisse einer bundesweiten Betriebsrätebefragung vorgestellt, die das Projekt PARGEMA im Herbst/Winter 2008/2009 unter 1.700 Betriebsräten zu Arbeitsbedingungen und Gesundheit in den Betrieben durchgeführt hat. Der Zusammenhang zwischen ansteigenden psychischen Belastungen in den Betrieben und betrieblichen Rahmenbedingungen, vor allem neuen Steuerungsformen, wurde anhand quantitativer Daten untersucht.

Nun ist die Thematik der psychischen Belastungen in der Arbeit nicht mehr völlig unerforscht – und es gibt hinsichtlich des Anstiegs, des Ausmaßes, der Kosten und der Bedeutung psychischer Arbeitsbelastungen mittlerweile eine Reihe von empirischen Daten (etwa BiBB/BAuA-Erwerbstätigenbefragung 2005/2006 [in Siefer/Behrmann 2010]; DGB-Index Gute Arbeit 2009; Europäische Stiftung zur Verbesserung der Arbeits- und Lebensbedingungen 2006; BKK Gesundheitsreport 2008), die alle auf einen unmittelbaren Handlungsbedarf hinweisen. Es gibt allerdings kaum (quantitativ-)empirisches Datenmaterial, das den Zusammenhang zwischen der Verbreitung psychischer Arbeitsbelastungen und den dazugehörigen Rahmenbedingungen im Betrieb beleuchtet. So ist etwa zu vermuten, dass die vielen betrieblichen Reorganisationen in den letzten Jahren bei den Beschäftigten zu Ängsten und Verunsicherungen geführt haben, die das Ausmaß psychischer Belastungen noch deutlich erhöhen können (vgl. unter anderem Kieselbach/Beelmann 2006). Auch die immer dünner werdende Personaldecke in den Betrieben wird mitverantwortlich sein für wachsenden Zeit- und Leistungsdruck der Beschäftigten. Dass sogar die Einführung betrieblicher Innovationen die Belastungssituation in Belegschaften verschärfen kann, zeigten jüngst Ziegler et al. (2010): Unabhängig von der betrieblichen Innovationsform wachsen der Arbeitsstress und die Leistungsanforderungen an die Beschäftigten deutlich, während sich die Arbeitszufriedenheit, der Handlungsspielraum und/oder die Arbeitsplatzsicherheit verschlechtern. Solche und weitere Kontextsituationen und Rahmenbedingungen wurden bisher in Untersuchungen zu den wachsenden Arbeitsbelastungen kaum betrachtet. Diese empirische Lücke galt es bei PARGEMA mit repräsentativen betrieblichen Daten zu schließen.

Im Zuge dieser Fragestellung standen bei PARGEMA – neben wirtschaftlichen und organisatorischen Rahmenbedingungen – vor allem die sich vermeintlich verbreitenden neuen Steuerungs- und Organisationsformen im Fokus des Interesses. Nicht wenige qualitative Studien verweisen auf einen Zusammenhang zwischen steigenden Arbeitsanforderungen und neuen Arbeitsformen (vgl. unter anderem Kratzer 2003; Gerlmaier 2004; Moldaschl 2001); von daher erschien ein entsprechender quantitativ-empirischer Blick auf die breite Betriebslandschaft lohnenswert. Um gestaltungsbezogen zu forschen, sollten aber auch faktische Möglichkeiten und Grenzen der Gestaltung, sowohl für die betriebliche Interessenvertretung als auch für den Arbeits- und Gesundheitsschutz, betrachtet werden. Es galt also herauszufinden, wie sich die Rahmenbedingungen in den Betrieben derzeit faktisch darstellen, um hinsichtlich der Bewältigung zunehmender psychischer Arbeitsbelastungen in den Belegschaften Schwachstellen und gestalterische Anknüpfungspunke zu finden.

Um die Ergebnisse der von PARGEMA durchgeführten Betriebsrätebefragung vorstellen zu können, werden zunächst einige Details zur Methodik der Befragung dargelegt (1). Die im Anschluss vorgestellten Befunde beginnen mit einigen grundsätzlichen Rahmenbedingungen in den Betrieben (2.1), die es im Vorfeld zu erwähnen gilt. Diese werden dann ergänzt mit branchenübergreifenden Fakten zur Entwicklung der Arbeitsbelastungen in den Betrieben (2.2). Die Betriebsräte äußern sich zum Ausmaß und den Ursachen der Belastungen (2.3) in der Belegschaft. Den Belastungen in den Betrieben wird der faktische Umsetzungsstand des Arbeits- und Gesundheitsschutzes gegenübergestellt, um so (erneut) den Handlungsbedarf sichtbar zu machen (2.4). Aufgrund der These, dass neue Arbeits- und Organisationsformen die Belastungssituation der Beschäftigten noch verschärfen könnten, werden zunächst erste Daten zur Verbreitung dieser Arbeitsmodalitäten in der Betriebslandschaft geliefert. Darauf aufbauend können erste Schlüsse über den Zusammenhang zwischen betrieblichen Rahmenbedingungen und der Belastungssituation der Beschäftigten in diesen Betrieben gezogen (2.5) und anhand einer multivariaten statistischen Analyse getestet werden (2.6). Auch Auswirkungen neuer Steuerungsformen auf die Arbeit der betrieblichen Interessenvertretung werden anhand empirischer Daten erörtert (2.7). Abschließend werden die mittels Betriebsrätebefragung ermittelten Befunde zusammengefasst und in die Forschungsarbeiten von PARGEMA eingebettet (3).

1. Die PARGEMA-WSI-Betriebsrätebefragung

Für PARGEMA war es in dieser Befragung wichtig, nicht die Arbeitsbedingungen und -belastungen einzelner Beschäftigter zu analysieren (schon gar nicht den Gesundheitszustand einzelner Beschäftigter), sondern die Arbeitsbedingungen der Beschäftigten im betrieblichen Kontext zu betrachten. Dazu gehören Rahmenbedingungen wie die Arbeitsorganisation, die Leistungssteuerung, das Führungsverhalten, häufige Umstrukturierungen oder die wirtschaftliche Situation eines Betriebs – aber auch Umsetzungsaspekte der jeweiligen betrieblichen Gesundheitspolitik. Eine solch umfassende (und kritische Sicht) auf betriebliche Gegebenheiten und auf die Belastungssituation der Belegschaft hat in erster Linie nur eine Institution, der Betriebsrat. Daher wurde im Gegensatz zu anderen Untersuchungen nicht der Beschäftigte selbst – oder das Management –, sondern der Betriebsrat als Adressat der Befragung gewählt. Der Betriebsrat fungiert als Bindeglied zwischen Management und Belegschaft – und verfügt damit (im Hinblick auf die Fragestellung von PARGEMA von hoher Bedeutung) sowohl über Kenntnisse aus dem Management als auch über die Nöte und Belastungen der Beschäftigten. Aufgrund des Partizipationsansatzes von PARGEMA waren für das Projekt auch Einblicke in so genannte interne Strukturen der betrieblichen Interessenvertretungspolitik wichtig (wie z.B. das Selbstverständnis in der Betriebsratsarbeit).

Das Projekt PARGEMA hat daher im Rahmen einer Sonderbefragung (im Zusammenhang mit der regelmäßig stattfindenden WSI-Betriebsrätebefragung[1]) im Herbst/Winter 2008/2009 telefonisch 1.700 Betriebsräte interviewt (CATI-Befragung durch das Befragungsinstitut infas in Bonn). Die etablierte Befragung des WSI hat den Vorteil, dass sie einen großen Teil der Beschäftigtenlandschaft abdeckt. Denn ungefähr die Hälfte aller Beschäftigten in Deutschland ist in Betrieben mit Betriebsratsvertretung tätig (Ellguth/Kohaut 2008).

Die erfragten Themenblöcke gliedern sich wie folgt:

- Arbeitszeit, Entgelt und Organisation der Beschäftigten;
- Zielvereinbarungen und Kennziffern;
- Arbeitsbelastungen und positive Arbeitsbedingungen;
- Gestaltung des Gesundheitsschutzes im Betrieb;
- Umsetzungsstand von Gefährdungsbeurteilungen nach § 5 ArbSchG als Instrument zur Erfassung psychischer Arbeitsbelastungen;
- Selbstverständnis im Betriebsratsgremium, interne Konflikte bzw. Beobachtungen aus der Betriebsratsarbeit.

Die interviewten Betriebsräte wurden im Vorfeld anhand einer geschichteten Zufallsstichprobe ermittelt. Grundlage für die Stichprobenziehung waren übermittelte Rahmendaten des IAB-Betriebspanels. Diese gaben auch Auskunft zur Verteilung von Betrieben mit Betriebsräten innerhalb bestimmter Branchen und Größenklassen, so dass als Endprodukt ein repräsentativer Datensatz entstehen

1 Ziel der WSI-Betriebsrätebefragungen ist es generell, Daten zu Entwicklungen im Betrieb aus Sicht der Betriebsräte zu erhalten (Schäfer 2008).

konnte. Die auf dieser Basis durchgeführten Interviews wurden anschließend nach Branche und Betriebsgrößenklasse gewichtet, so dass die hier vorgestellten Forschungsergebnisse repräsentativ für Betriebe ab 20 Beschäftigten mit Betriebsratsvertretung sind. Damit lassen sich erstmalig branchen- und betriebsgrößenübergreifende quantitativ-empirische Befunde zu Arbeit und Gesundheit im Kontext betrieblicher Rahmenbedingungen, wie der Existenz neuer Arbeits- und Organisationsformen, darlegen.

Das vorliegende Sample unterteilt sich hinsichtlich Lage, Branche und Größenklasse wie folgt: Es sind 281 Betriebsräte aus ostdeutschen und 1.419 Betriebsräte aus westdeutschen Betrieben enthalten. Die Verteilung der befragten Betriebsräte nach Branchen ist in Tabelle 1 abzulesen. Sie zeigt die mittlerweile hohe Verbreitung von Dienstleistungsbetrieben und damit die große Bedeutung des Dienstleistungssektors in der deutschen Betriebslandschaft.

Tabelle 2 zeigt die Größenverteilung der im Sample enthaltenen Betriebe. Es wird deutlich, dass es sich bei jedem zweiten Betrieb im Sample (49,5%) um einen Kleinbetrieb (in der Größenordnung 20 bis 49 Beschäftigte) handelt – hierin spiegelt sich die Verteilung von Betrieben mit Betriebsratsvertretung in Deutschland generell wider.

Tab. 1: Verteilung nach Branchen

Branche	Anzahl	Prozent
Grundstoffe/Produktionsgüter	158	9,3
Investitions- und Gebrauchsgüter	271	15,9
Verbrauchsgüter	198	11,6
Baugewerbe	89	5,2
Handel (und Reparatur)	274	16,1
Verkehr und Nachrichten	123	7,2
Kredit und Versicherungen	95	5,6
Sonstige private und öffentliche Dienstleistungen	417	24,5
Sonstige Branchen	75	4,4
Gesamt	*1.700*	*100,0*

Quelle: PARGEMA-WSI-Betriebsrätebefragung 2008/2009 zu Arbeitsbedingungen und Gesundheit im Betrieb

Tab. 2: Verteilung nach Größenklassen

Größenklasse (Beschäftigte)	Anzahl	Prozent
20 bis 49	841	49,5
50 bis 99	248	14,6
100 bis 199	173	10,2
200 bis 499	161	9,5
500 bis 999	139	8,2
1.000 bis 1.999	95	5,6
2.000 und mehr	43	2,5
Gesamt	1.700	100,0

Quelle: PARGEMA-WSI-Betriebsrätebefragung 2008/2009 zu Arbeitsbedingungen und Gesundheit im Betrieb

2. Die Befunde

Bevor die zentralen Ergebnisse aus den Betrieben vorgestellt werden, wird ein allgemeiner Blick auf die Kontextsituation aller befragten Betriebe gerichtet. Denn es lässt sich denken, dass sich sowohl die wirtschaftliche Situation eines Betriebs als auch anstehende oder abgeschlossene betriebliche Umstrukturierungen auf die Arbeitsbelastungen der Beschäftigten auswirken können.

2.1 Wirtschaftliche und organisatorische Rahmenbedingungen

Die Feldphase der Befragung lief vom 15. September 2008 bis zum 31. Januar 2009 und fiel damit in die Hochphase der weltweiten Finanzkrise. Vermutungen, dass sich diese wirtschaftliche Ausnahmesituation massiv (und damit irreführend) auf die Verhältnisse in den von PARGEMA befragten Betrieben auswirken würde, bestätigten sich ersten Analysen zufolge nicht. Die wirtschaftliche Situation stellte sich in den befragten Betrieben trotz des mitten in der Krise liegenden Befragungszeitraums überraschend positiv dar. Die Befunde zeigen, dass die Auswirkungen der Krise zum Zeitpunkt der Befragung offenbar noch nicht bis in die Betriebe durchgedrungen waren: 49% der Betriebsräte sprachen von einer guten bis sehr guten Auftragslage, 45% schätzten sie als „mittel" ein – und nur 5% beurteilten die Auftragslage als schlecht. Gleichwohl werden branchenspezifische Unterschiede deutlich. So fällt etwa die exportorientierte Investitionsgüterindustrie durch eine vergleichsweise schlechte wirtschaftliche Auftragslage aus dem Rahmen. Denn dort zeigte sich, wie später berichtet wurde, die Krise unmittelbarer und damit früher und schärfer als in anderen Branchen. Andere

Branchen, wie der gesamte Dienstleistungssektor, waren erst zeitverzögert von der Krise betroffen. Insgesamt aber war die wirtschaftliche Situation zum Zeitpunkt der Befragung überraschend gut – ein Umstand also, der eher Arbeitsbedingungen rechtfertigt, wie sie aufgrund voller Auftragsbücher und eines dadurch bedingten hohen Arbeitsvolumens der Beschäftigten zustande kommen.

Dass auch die Androhung von Standortverlagerungen bzw. Betriebsschließungen zu massiven Ängsten bei den Beschäftigten führen kann, ist hinlänglich bekannt (vgl. Haupt 2010; Kölbach/Zapf 2008; Ahlers/Ziegler 2009). Auffallend ist in diesem Zusammenhang auch die Häufigkeit der stattgefundenen Umstrukturierungen in den 1.700 befragten Unternehmen (42%). Dabei wurde am häufigsten unternehmensintern umstrukturiert (54%), vermutlich, wie so oft, mit dem Ziel der Effizienzsteigerung. Es wurden z.B. Hierarchien und Abteilungen aufgelöst bzw. mit neuen Organisationsgedanken wieder aufgebaut. Auch Ausgliederungen von Abteilungen oder Funktionsbereichen aus dem Betrieb haben eine zentrale Rolle gespielt (48%). Die hohe Dynamik in den Betrieben lässt erahnen, dass die im Folgenden dargelegten Arbeitsbedingungen vieler Beschäftigter zusätzlich durch Instabilität und Arbeitsplatzunsicherheiten geprägt sein könnten, die zur Belastungssituation in den Betrieben beigetragen haben dürften.

2.2 Psychische und physische Arbeitsbelastungen

Wie sich die Arbeitsbedingungen der Beschäftigten in den Betrieben im Herbst/Winter 2008/2009 konkret darstellten, wird im Folgenden geschildert. Gefragt nach den Arbeitsbedingungen, äußerten sich die Betriebsräte zunächst eher positiv, zum Teil sogar optimistisch. Knapp die Hälfte aller befragten Betriebsräte beurteilte die allgemeinen Arbeitsbedingungen des Betriebes mit gut bis sehr gut (47%).[2] Anschließend wurden detaillierte Fragen zu den positiven und belastenden Arbeitsbedingungen gestellt. Unter den positiven Arbeitsbedingungen (Mehrfachantworten) wurde von den Betriebsräten das „eigenverantwortliche Arbeiten" am häufigsten genannt (55%). Auch ein gutes Betriebsklima trug in 40% der Fälle zu eher guten Arbeitsbedingungen bei. Interessante Herausforderungen durch Projekt- und Teamarbeit waren für 29% der Befragten eine positive Rahmenbedingung im Betrieb. Offenbar weniger stark verbreitet waren demnach gute Aufstiegs- und Qualifizierungsmaßnahmen (lediglich 21% würden dies für ihren Betrieb bekräftigen), Familienfreundlichkeit (20%), Anerkennung durch den Arbeitgeber (19%) und gutes Führungsverhalten (18%).

Die Betriebsräte wurden befragt, wie sich die körperlichen und psychischen Arbeitsbelastungen in den Betrieben in den letzten drei Jahren (von 2006 bis

2 Ein großer Teil (41%) stufte die Arbeitsbedingungen als „befriedigend" ein. 9% werteten die Arbeitsbedingungen als „ausreichend" und 3% als „schlecht" bis „sehr schlecht".

Ende 2008) verändert haben. 26% der Betriebsräte gaben an, dass die körperlichen Belastungen erneut angestiegen seien – überdurchschnittlich oft in der Verkehrs- und Nachrichtenbranche (38%), vermutlich bedingt durch die sich zuspitzenden Arbeitsbedingungen im Transportgewerbe (Speditionen, aber auch öffentlicher Nahverkehr). Aber auch im Handel sind die körperlichen Belastungen wieder gewachsen (28%). Der größte Teil der befragten Betriebsräte ging jedoch davon aus, dass sich das Ausmaß der körperlichen Belastungen der Beschäftigten nicht verändert habe. 16% der Betriebsräte sprachen von einem Rückgang der körperlichen Belastungen.

In der Wahrnehmung der meisten Betriebsräte (79%) sind die psychischen Belastungen der Beschäftigten seit 2006 weiter angestiegen (Abb. 1). Im Jahr 2004[3] hatten 91% aller befragten Betriebsräte einen Anstieg der psychischen Belastungen in den letzten fünf Jahren betont. Die psychischen Belastungen wurden von den Betriebsräten also deutlich wahrgenommen. Zwar zeigt sich der Trend recht einheitlich in allen Branchen, überdurchschnittlich oft jedoch im Dienstleistungsbereich. Darin heben sich besonders die „Banken und Versicherungen" ab, hier stellten sogar 89% der befragten Betriebsräte eine Erhöhung der psychischen Belastung fest.

Abb. 1: Entwicklung der Arbeitsbelastungen von 2006 bis 2008 aus Sicht der Betriebsräte

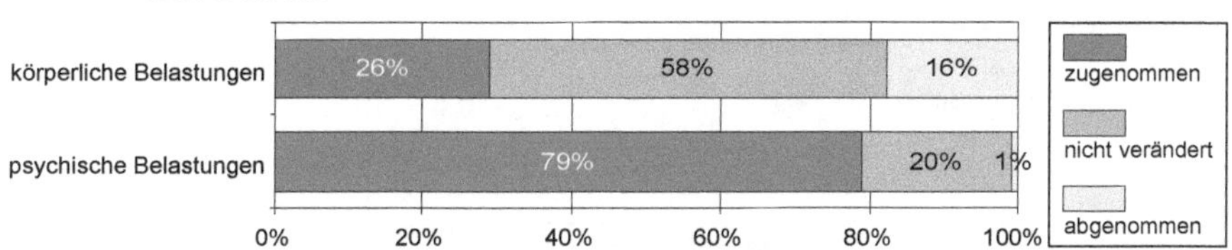

Quelle: PARGEMA-WSI-Betriebsrätebefragung 2008/2009 zu Arbeitsbedingungen und Gesundheit im Betrieb

2.3 Ursachen und Ausmaß der Belastungen

Nun können psychische Belastungen vielfältig sein. Oft betont und des öfteren untersucht worden ist der Termin- und Zeitdruck von Beschäftigten (Siefer/Behrmann 2010; DGB-Index Gute Arbeit 2009). Konkret hat sich in der BiBB/BAuA-Befragung 2005/2006 gezeigt, dass jeder zweite Befragte häufig unter Termin- und Zeitdruck arbeitet. Ein weiterer großer Teil der Befragten (46%) wird bei der Arbeit häufig gestört und unterbrochen, 60% fühlen sich dadurch explizit

3 Das WSI hat auch im Jahr 2004 Betriebs- und Personalräte im Rahmen einer Sonderbefragung zu den Arbeitsbelastungen und dem Umsetzungsstand des Arbeits- und Gesundheitsschutzes in den Betrieben befragt (vgl. Ahlers/Brussig 2004).

belastet. Das Ausmaß der körperlichen Belastungen stellt sich den Befragungsergebnissen zufolge in etwa auf gleichbleibend hohem Niveau dar. Auch laut DGB-Index Gute Arbeit sind 36% der Arbeitnehmer in hohem/sehr hohem Maße Zeitdruck und Arbeitshetze ausgesetzt (vgl. DGB-Index Gute Arbeit 2009). Die Ergebnisse der PARGEMA-Betriebsrätebefragung belegen den ansteigenden Arbeitsdruck in den Betrieben. Die Befunde (Abb. 2) zeigen, dass es in 84% der deutschen Betriebe Mitarbeiter gibt, die ständig[4] unter hohem Zeit- und Leistungsdruck arbeiten. Betroffen sind in diesen Unternehmen nicht nur einzelne Beschäftigte mit speziellen Aufgaben, sondern mit durchschnittlich 43% große Teile der Belegschaft. Besonders stark unter Zeit- und Leistungsdruck leiden demnach Beschäftigte in Dienstleistungsberufen, allen voran in Kreditinstituten und Versicherungen, sowie Beschäftigte in den Branchen Verkehr, Nachrichten und Telekommunikation. Hier ist nach Einschätzung der Betriebsräte sogar jeder zweite betroffen. Aber auch in den übrigen Branchen sind Zeit- und Leistungsdruck in den Belegschaften weit verbreitet.

Abb. 2: Anteil der Betriebe, in denen auf Dauer unter hohem Zeit- und Leistungsdruck gearbeitet wird. Angaben der befragten Betriebsräte

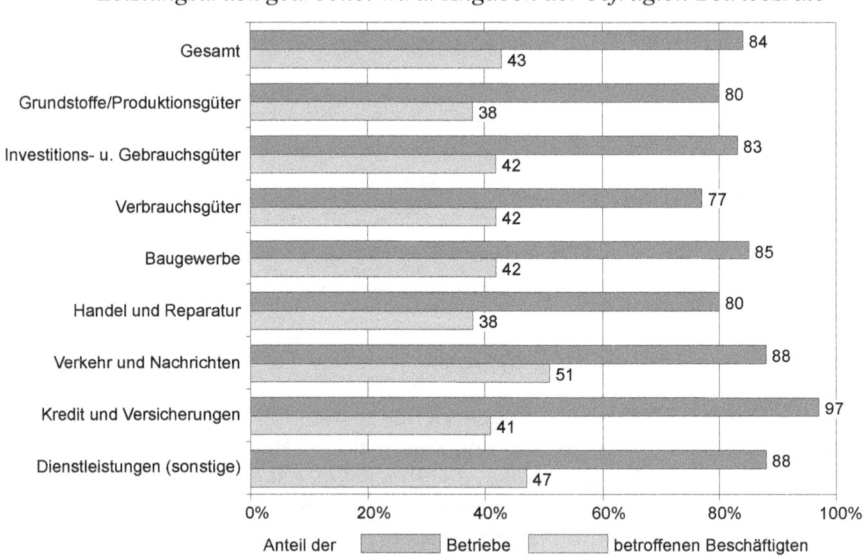

Quelle: PARGEMA-WSI-Betriebsrätebefragung 2008/2009 zu Arbeitsbedingungen und Gesundheit im Betrieb

4 Die Interviewer wurden beauftragt, die Betonung auf das Wort „ständig“ zu legen.

Der hohe Anteil der betroffenen Beschäftigten lässt schon vermuten, dass nicht nur bestimmte Beschäftigtengruppen, wie etwa Führungskräfte oder Vertriebsmitarbeiter, dauerhaft unter Zeitnot und hohem Arbeitsdruck stehen. Gefragt nach den betroffenen Beschäftigtengruppen, verwies die Mehrzahl der Betriebsräte (76%) auf die mittleren Angestellten mit Fachausbildung. Erst an zweiter und dritter Stelle wurden Führungskräfte (67%) und Facharbeiter (60%) als Leidtragende des permanenten Arbeitsdrucks gesehen. Der dauerhafte Arbeitsdruck hat also mittlerweile den Kern der Belegschaften erreicht.

Warum dies so ist, wird aus den von den Betriebsräten erfragten Ursachen verständlich. Am häufigsten wurde eine zu enge Personaldecke für die hohe Arbeitsbelastung verantwortlich gemacht (84%). Auch in der oftmals „hohen Eigenverantwortlichkeit der Beschäftigten in der Arbeit“ sahen viele Betriebsräte einen Auslöser (79%) und drei von vier Betriebsräten gingen davon aus, dass die hohe Abhängigkeit von Kundenvorgaben bei den Beschäftigten auf Dauer Stress verursacht (75%).

Nun umfasst die Bandbreite von Arbeitsbelastungen in einem Betrieb mehr als Termin- und Zeitdruck der Beschäftigten – wenngleich dieser von den 1.700 Betriebsräten als die häufigste und am weitesten verbreitete Arbeitsbelastung angegeben wurde (67%). Abbildung 3 zeigt eine Palette an erfragten Arbeitsbedingungen/-belastungen, deren Ausmaß der Betriebsrat für seine Belegschaft auf einer Skala zwischen 1 „sehr stark“ und 6 „überhaupt nicht“ einschätzen sollte. Die prozentualen Angaben in der Abbildung beziehen sich auf die zwei höchsten Nennungen auf der Skala, also auf Belastungen der Beschäftigten, die von den Betriebsräten nicht nur genannt, sondern explizit als „sehr stark“ oder „stark“ angegeben wurden. Die Abbildung zeigt somit, welche Belastungen die Betriebsräte als herausragend wahrnehmen.

Die Notwendigkeit, „eigenverantwortlich zu arbeiten“ (60%), und der „hohe Verantwortungsdruck“ (50%) der Beschäftigten sind – den Angaben der Betriebsräte zufolge – ebenfalls sehr verbreitete Belastungen in den Betrieben. Auffallend ist, dass das eigenverantwortliche Arbeiten sowohl bei den positiven Rahmenbedingungen im Betrieb – 55% der Betriebsräte gaben die Möglichkeit des eigenverantwortlichen Arbeitens als positive Rahmenbedingung im Betrieb an – als auch bei den Belastungen der Beschäftigten genannt wurde. In diesen Zahlen kommt die mit der Eigenverantwortung verbundene Ambivalenz zum Ausdruck. Die für viele Beschäftigte zunächst positiv empfundene Eigenverantwortung bedeutet im Kontext von Ergebnis- und Profitorientierung eben oft auch (belastenden) Verantwortungsdruck. Es liegt daher nahe, dass sich der von 50% der Befragten genannte „hohe Verantwortungsdruck“ aus dem eigenverantwortlichen Arbeiten ergibt.

Abb. 3: Die Verbreitung unterschiedlicher Arbeitsbelastungen in den Betrieben (folgende Belastungen in der Belegschaft werden von den befragten Betriebsräten als „stark bis sehr stark“ wahrgenommen, in %)

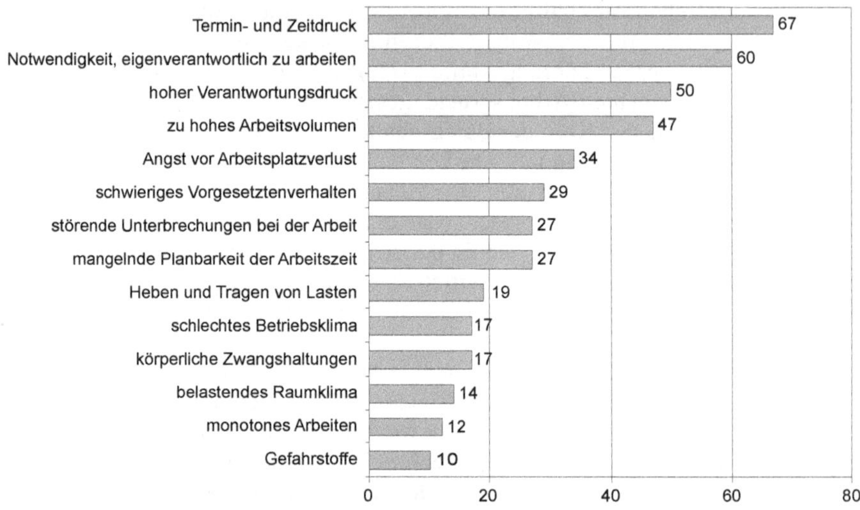

Quelle: PARGEMA-WSI-Betriebsrätebefragung 2008/2009 zu Arbeitsbedingungen und Gesundheit im Betrieb

An den weiteren in Abbildung 3 genannten Belastungen – hohes Arbeitsvolumen (47%), Angst vor Arbeitsplatzverlust (34%), Vorgesetztenverhalten (29%) – fällt auf, dass die meisten Nennungen dem Bereich der psychischen Arbeitsbelastungen zuzurechnen sind – genauer gesagt, sich dem Bereich „Arbeitsdruck“ zuordnen lassen. Die Angst vor Arbeitsplatzverlust scheint in vielen Betrieben eine nicht zu unterschätzende Rolle zu spielen – zumal die damit verbundene (oft existenzgefährdende) Unsicherheit eine bestehende Belastungssituation noch verstärken kann.

In der Breite der 1.700 branchenübergreifend befragten Betriebe scheinen körperliche Arbeitsbelastungen zumindest keine herausragende Rolle mehr zu spielen – wenngleich diese für einzelne Betriebe natürlich von hoher Bedeutung sein können. Durch Arbeitsdruck entstehende psychische Belastungen dominieren das Belastungsgeschehen. Auch bei gesonderter Betrachtung von Betrieben mit einem hohen Anteil gewerblicher Arbeitnehmer (mehr als 40% gewerbliche Arbeitnehmer, n = 559) dominieren Belastungen, die sich aus dem Arbeitsdruck ergeben. Termin- und Zeitdruck spielen hier ebenfalls eine dominante Rolle. Gleichwohl nehmen körperliche Belastungen in Betrieben mit hohem Arbeiteranteil eine überdurchschnittlich hohe Position ein. So gaben hier 48% (gegenüber 19% des gesamten Samples) der Betriebsräte an, dass das Heben und Tragen von Lasten eine starke bis sehr starke Belastung für die Beschäftigten darstellt. Auch körperliche Zwangshaltungen der Beschäftigten wurden von 32% der befragten Betriebsräte in Betrieben mit hohem Arbeiteranteil als sehr belastend eingeschätzt (gegenüber 17% bei allen Betrieben) – und das belastende Raumklima weist hier mit 24% ebenfalls überdurchschnittlich hohe Zahlen auf.

2.4 Psychische Arbeitsbelastungen in den Betrieben und der gesetzliche Arbeitsschutz

Zusammenfassend betrachtet, spielen in den Betrieben also psychische Belastungen, vor allem solche, die sich aufgrund des Arbeitsdrucks ergeben, eine dominante Rolle. Diese dominante Rolle spiegelt sich jedoch keinesfalls im derzeitigen Arbeits- und Gesundheitsschutz wider. Bekanntlich zeigt der gesetzliche Arbeitsschutz hinsichtlich der psychischen Arbeitsbelastung deutliche Umsetzungsdefizite (vgl. Ahlers/Brussig 2004). Dabei stellt gerade der Arbeitsschutz das einzige verbindliche gesetzliche Instrumentarium dar, welches solche psychischen Belastungen aufdecken und senken könnte. Konkret geschieht dies mit den nach § 5 des Arbeitsschutzgesetzes vorgeschriebenen Gefährdungsbeurteilungen. Die Gesetzgeber hatten mit ihrer Einführung im Jahre 1996 eine hehre Zielsetzung verfolgt: Unternehmen sollten dazu bewegt werden, sich aktiv mit den jeweiligen Arbeitsbedingungen ihrer Beschäftigten auseinanderzusetzen. Mittels Analyse und Betrachtung der konkreten Arbeitsbelastungen an den Arbeitsplätzen sollten die körperlichen und psychischen Belastungen im Betrieb reduziert – und mittels eines dauerhaften und prozessualen Ansatzes auf Dauer so gering wie möglich gehalten werden. So weit der theoretische und gesetzliche Anspruch. Wie die Empirie jedoch beweist, sind die meisten Unternehmen – vor allem hinsichtlich der psychischen Belastungen – nach wie vor damit überfordert (zu den Gründen vgl. Ahlers/Brussig 2005). Ganzheitliche Gefährdungsbeurteilungen, d.h. solche, in denen sowohl körperliche als auch psychische Arbeitsbelastungen (z.B. Belastungen durch schlechtes Führungsverhalten, zu knappe Zeitvorgaben oder häufige störende Unterbrechungen) berücksichtigt werden, sind in den Betrieben kaum vorzufinden. Damit wird der Zweck der Gefährdungsbeurteilungen, nämlich auch die „modernen" – durch zunehmenden Zeit- und Leistungsdruck entstehenden – Arbeitsbelastungen ins Blickfeld zu nehmen, verfehlt. Auch die Befunde der PARGEMA-WSI-Betriebsrätebefragung (Abb. 4) zeigen wieder einmal, dass nur in 56% der 1.700 befragten Betriebe überhaupt eine Gefährdungsbeurteilung durchgeführt wurde. 26% der Betriebsräte gaben an, dass garantiert keine stattgefunden hat – und 18% waren sich dessen nicht sicher. Zu ähnlichen Befunden kam auch der DGB-Index Gute Arbeit 2008: 41% der dort befragten Beschäftigten gaben an, noch keine Gefährdungsbeurteilung erlebt zu haben, 29% waren sich nicht sicher. 70% der Beschäftigten konnten demnach nichts von einer Gefährdungsbeurteilung am Arbeitsplatz berichten (vgl. Lenhardt et al. 2010).

Nun sagt die bloße Betrachtung, ob Gefährdungsbeurteilungen durchgeführt wurden (ja/nein), noch nichts aus über deren Qualität aus. Tatsächlich haben nur 29% der Betriebe, in denen überhaupt Gefährdungsbeurteilungen durchgeführt wurden, psychische Belastungen berücksichtigt. In der Befragung des WSI aus dem Jahre 2004 hatte dieser Anteil mit 23,3% nur knapp darunter gelegen. Damit hat sich der Umsetzungsstand von Gefährdungsbeurteilungen in den Betrieben trotz vielfältiger Bemühungen diverser Organisationen leider kaum verbessert. Vor dem Hintergrund, dass es sich bei den untersuchten Betrieben der Betriebsrätebefragung (im Vergleich zu den Betrieben ohne betriebliche Interessenvertretung) vermutlich um eine „privilegierte" Gruppe handelt, sind die hier ermittelten Zahlen sogar eher zu optimistisch.

Abb. 4: Werden in Ihrem Betrieb Gefährdungsbeurteilungen durchgeführt? Angaben der 1.700 von PARGEMA befragten Betriebsräte

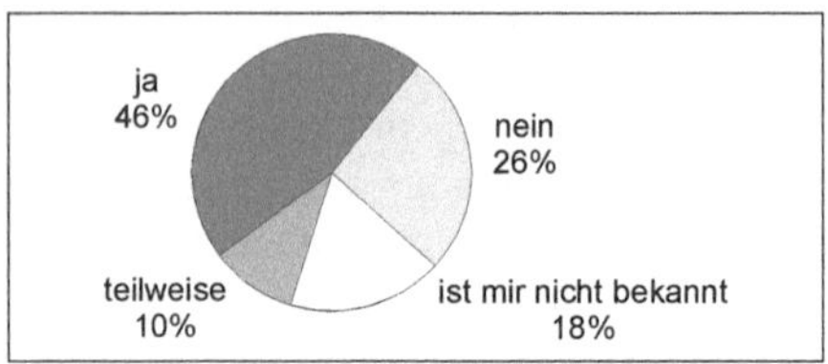

Quelle: PARGEMA-WSI-Betriebsrätebefragung 2008/2009 zu Arbeitsbedingungen und Gesundheit im Betrieb

Auch zu den Ursachen des Umsetzungsdefizits wollte PARGEMA mehr erfahren. Dazu wurden die Betriebsräte, die angaben, keine oder nur lückenhafte Gefährdungsbeurteilungen erlebt zu haben, zu den Gründen befragt. Wie Abbildung 5 zeigt, ist die schwierige Handhabbarkeit von Gefährdungsbeurteilungen generell (69%), aber besonders auch des Themas „psychische Arbeitsbelastungen" (89%) mit Abstand die häufigste genannte Erklärung. Ein großer Teil der Befragten gibt zu bedenken, dass das Thema Gesundheit immer wieder hinter andere betriebliche Erfordernisse zurückfällt (64%) – ein Argument, das angesichts der Vielzahl der hier ermittelten betrieblichen Umstrukturierungen leicht nachzuvollziehen ist. Aber auch auf der Ebene der Betriebsräte zeigen sich Blockaden: 43% der Betriebsräte, bei denen keine ganzheitlichen Gefährdungsbeurteilungen durchgeführt wurden, sehen deren Nutzen als fraglich an.

Abb. 5: Warum wurde bisher keine (ganzheitliche) Gefährdungsbeurteilung durchgeführt? Angaben der befragten Betriebsräte in %

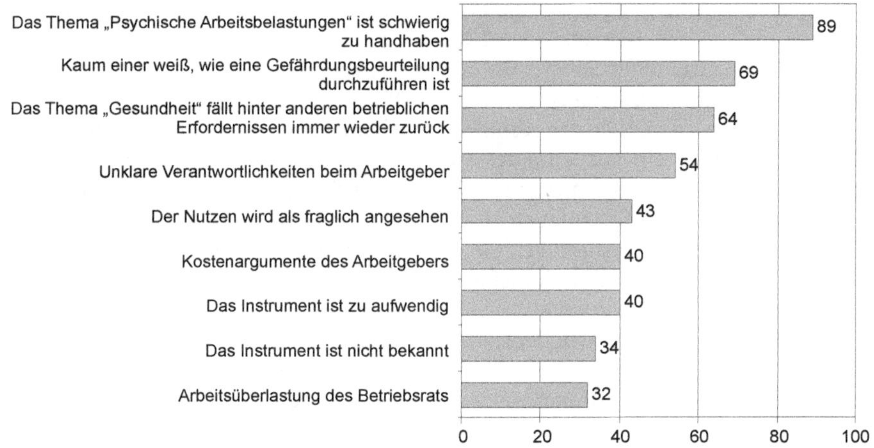

Quelle: PARGEMA-WSI-Betriebsrätebefragung 2008/2009 zu Arbeitsbedingungen und Gesundheit im Betrieb

2.5 Gibt es einen Zusammenhang zwischen neuen Arbeits- und Steuerungsformen und den Arbeitsbelastungen im Betrieb?

Nun stellt sich die Frage, wie sich betriebliche Akteure hinsichtlich einer weiter zunehmenden Bedeutung von psychischen Arbeitsbelastungen verhalten sollen – zumal vermutet werden kann, dass neue ergebnisorientierte Arbeits- und Steuerungsformen in den Unternehmen (Projektarbeit, Zielvereinbarungen) das Ausmaß psychischer Belastungen noch erhöhen können (vgl. unter anderem Moldaschl 2001; Gerlmaier 2004; Sauer 2007). Bevor diese Überlegungen diskutiert werden, wird anhand der Ergebnisse der PARGEMA-WSI-Betriebsrätebefragung ein erster Blick auf die Verbreitung neuer Arbeits- und Steuerungsformen in den Betrieben geworfen. Bisher gab es dazu kaum Daten, so dass ungewiss war, ob man es mit einem Phänomen einzelner Unternehmen oder Branchen zu tun hat oder ob es eine flächendeckende Tendenz hin zu neuen Steuerungsformen gibt. Im Rahmen der Betriebsrätebefragung wurde zunächst recht breit nach unterschiedlichen Arbeits- und Organisationsformen, aber auch nach einer sich ändernden Unternehmenskultur mit ausgeprägter Kundenorientierung gefragt. Dabei war zunächst unerheblich, ob diese neuen Arbeits- und Organisationsformen alle Beschäftigten oder nur einzelne Abteilungen betreffen. Zentraler Aspekt bei den erfragten Arbeitsmodalitäten war für PARGEMA der Hinweis auf eine ergebnisorientierte Leistungspolitik in den Unternehmen.

Wie Abbildung 6 zeigt, werden Tendenzen hin zu einer stärker ausgeprägten Kundenorientierung[5] von den Betriebsräten am häufigsten genannt (73%). Damit wird deutlich, dass das unternehmenskulturelle Leitbild der „Kundenorientierung“ in die Betriebe und bei den Beschäftigten Einzug gefunden hat und damit die Grundlage schafft für eine Internalisierung des Marktes in die Arbeitsorganisation (vgl. auch Sauer et al. 2005). Darüber hinaus zeigen sich Entwicklungen hin zu verstärkter Kennziffernorientierung. So wenden mittlerweile 63% der Betriebe ein ausgeprägtes Controlling der Betriebsabläufe an. Sechs von zehn Betrieben arbeiten intensiv mit Kennziffern oder anderen betrieblichen Zielgrößen, um Ziele festzulegen. In 53% der Betriebe werden die Mitarbeiter über Zielvereinbarungen geführt. In 46% der Betriebe werden die Ergebnisse der Abteilungen oder Teams im Sinne eines Benchmarking miteinander verglichen. Zudem setzt jeder zweite Betrieb Projektarbeit ein, also eine weitere Form des ergebnisorientierten Arbeitens. Alles in allem wird deutlich, dass neue Arbeits- und Steuerungsformen die Betriebslandschaft mittlerweile zu großen Teilen erreicht haben. Im Branchenvergleich heben sich die Kreditinstitute und

Abb. 6: Verbreitung von leistungsorientierten Arbeitsbedingungen in den 1.700 befragten Betrieben (in %)

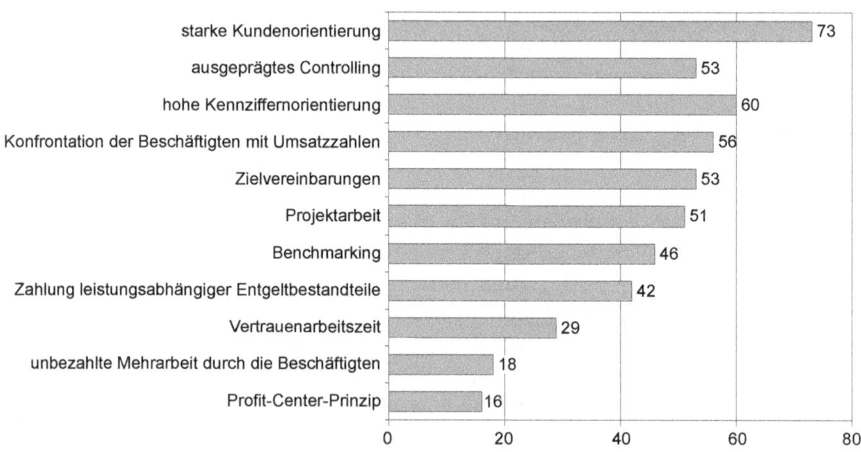

Quelle: PARGEMA-WSI-Betriebsrätebefragung 2008/2009 zu Arbeitsbedingungen und Gesundheit im Betrieb

5 Die Frage wurde vom Interviewer wie folgt gestellt: „Wie sehr ist die Arbeit in Ihrem Betrieb geprägt durch zunehmende Kundenorientierung? Bewerten Sie bitte auf einer Skala von 1 ‚sehr stark’ bis 6 ‚überhaupt nicht’.“ 73% der Betriebsräte antworteten daraufhin mit „stark“ bis „sehr stark“.

Versicherungen in ihrem überdurchschnittlich hohen Einsatz dieser Steuerungsformen deutlich ab.

Nun sagen Daten über die Verbreitung neuer Arbeitsmodalitäten noch nichts über die Arbeitsbedingungen der Beschäftigten in diesen Betrieben aus. Weil lediglich die Existenz der obigen Arbeitsmodalitäten im Betrieb erfragt wurde, können die obigen Zahlen auch nichts über die Anzahl der davon betroffenen Beschäftigten aussagen. Die Daten vermitteln aber einen Eindruck davon, wie hoch der Anteil der Betriebe ist, die (in welcher Weise auch immer) mit neuen Arbeits- und Steuerungsformen arbeiten. Dies könnte Hinweise auf eine veränderte Leistungspolitik in den Unternehmen geben.

Arbeitsbelastungen in der Belegschaft bei Zielvorgaben

Ob sich die Arbeitsbelastungen der Beschäftigten durch eine hohe Ergebnisorientierung in der Leistungspolitik verändern, wird im Folgenden exemplarisch am Beispiel der Zielvereinbarungen analysiert. Zielvereinbarungen – vor allem Zielvorgaben – sind ein typisches Instrument, um die Beschäftigten leistungs- und ergebnisorientiert zu steuern. Wie Abbildung 6 zu entnehmen ist, werden in 53% aller befragten Betriebe Zielvereinbarungen eingesetzt. Im Branchenvergleich zeigen sich allerdings deutliche Unterschiede, auch hinsichtlich des Einsatzes in der Belegschaft: Während in 81% aller befragten Kreditinstitute und Versicherungen nahezu für alle Beschäftigten[6] Zielvereinbarungen eingesetzt werden, liegt der vergleichbare prozentuale Anteil im Industriesektor mit knapp 30% deutlich darunter. Betrachtet man alle von PARGEMA befragten 1.700 Betriebe, dann führen 39% der Betriebe *alle* Beschäftigten oder *alle Beschäftigten der mittleren Angestelltenebene* über Zielvereinbarungen.

Das Führen mit Zielen ist grundsätzlich nicht negativ zu bewerten. Eine Zielvereinbarung abzuschließen bedeutet lediglich, dass sich Arbeitgeber und Beschäftigte zum Quartals- oder Jahresabschluss auf bestimmte zu erreichende Ziele einigen. Inhaltlich stehen dabei laut Befragungsergebnissen der wirtschaftliche Erfolg (92%), die Qualität der Arbeitsergebnisse (86%) oder die Kundenzufriedenheit (88%) im Vordergrund. Fragwürdig werden die Ziele dann, wenn sie einseitig vom Arbeitgeber festgelegt werden – was in jedem dritten Betrieb, der mit Zielvereinbarungen arbeitet, der Fall ist (32%). Dieser Anteil erscheint hoch, relativiert sich allerdings, wenn man berücksichtigt, dass auch solche Betriebe darunter fallen, die nur bestimmte Beschäftigtengruppen anhand von Zielen führen, z.B. Führungskräfte. Betrachtet man anhand der Befragungsergebnisse nur die Betriebe, die alle Beschäftigten (oder alle Angestellten der mitt-

6 Erfragt wurde, für welche Beschäftigtengruppen Zielvereinbarungen eingesetzt werden. Die hier angegebenen Prozentsätze umfassen die Antwortkategorien „für alle Beschäftigten“ sowie „für alle Angestellten ohne Führungsaufgaben“.

leren Ebene) mit einseitigen Zielvorgaben führen, dann reduziert sich der Anteil der betroffenen Betriebe auf 9%. In nahezu allen dieser Betriebe steht bei den Zielvorgaben ein konkreter wirtschaftlicher Erfolg im Vordergrund. Die Vermutung, dass die Arbeitsbelastungen in diesen durch einseitige Zielvorgaben gekennzeichneten Betrieben besonders hoch sein könnten, wird durch die Befragungsergebnisse bestätigt. Die Betriebsräte der „Zielvorgaben-Betriebe" schätzten die Arbeitsbelastungen ihrer Belegschaften signifikant höher ein als der Durchschnitt. So sagten (statt der durchschnittlichen 67%) 79% der Betriebsräte aus den mit Zielvorgaben arbeitenden Betrieben, dass der Zeitdruck die Beschäftigten stark bis sehr stark belaste. Auch Belastungen, die durch das Arbeitsvolumen und eine damit einhergehende mangelnde Planbarkeit der Arbeitszeit entstehen, wurden um zehn Prozentpunkte häufiger als stark bis sehr stark eingeschätzt als im Durchschnitt aller Betriebe (Abb. 7).

Betrachtungen der Arbeitsbelastungen können auch für die anderen neuen Arbeits- und Steuerungsformen durchgeführt werden. In diesen Fällen ist die Aussagekraft aufgrund des Befragungsdesigns allerdings eingeschränkt. Denn im Gegensatz zu den detailliert erfragten Angaben über Zielvereinbarungen und -vorgaben sagen die aus methodischen Gründen[7] knapp gehaltenen Informationen über die Existenz von Profit-Centern, Projektarbeit, Benchmarking oder ausgeprägtem Controlling wenig über den Anteil der Belegschaft aus, der davon betroffen sein könnte. Gleichwohl ist auffällig, dass die befragten Betriebsräte

Abb. 7: Der Einsatz von Zielvorgaben im Betrieb und psychische Belastungen am Arbeitsplatz. Angaben der Betriebsräte in %

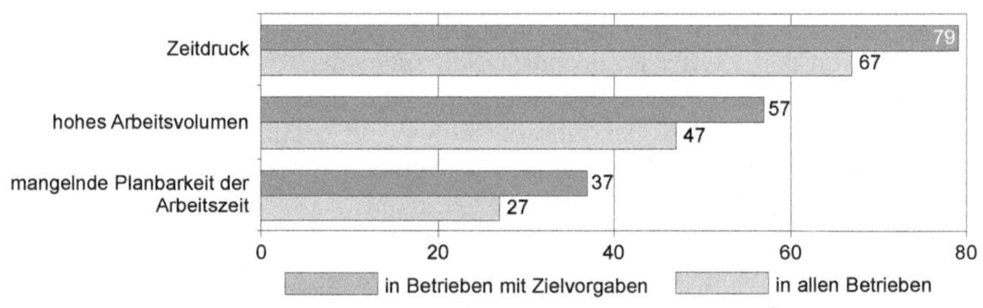

Quelle: PARGEMA-WSI-Betriebsrätebefragung 2008/2009 zu Arbeitsbedingungen und Gesundheit im Betrieb

7 Projektinterne methodische Diskussionen und auch Pretest-Ergebnisse haben zu dem Entschluss geführt, hinsichtlich des Anteils der von neuen Arbeits- und Steuerungsformen betroffenen Beschäftigtengruppen keine differenzierten Angaben abzufragen. Die Einschätzung des Anteils fiel den Betriebsräten schwer, war zeitaufwändig und fehleranfällig.

das Ausmaß der Belastungen der Beschäftigten (Zeitdruck, Arbeitsvolumen, mangelnde Planbarkeit der Arbeitszeiten) überdurchschnittlich hoch einschätzten, sobald ein Betrieb eine dieser neuen Steuerungsformen einsetzte (Abb. 8). Meinten 67% der Gesamtheit aller 1.700 befragten Betriebsräte, dass Zeit- und Leistungsdruck an den Arbeitsplätzen die Beschäftigten stark bis sehr stark belasten, so behaupteten dies in Betrieben, die mit Profit-Centern ausgestattet sind, 75%. In Betrieben, in denen Projektarbeit gängig ist, waren es 72%. Ein anderes Beispiel: Das hohe Arbeitsvolumen belastet nach Ansicht von 47% aller befragten Betriebsräte die Belegschaften stark bis sehr stark. Bei Betrieben, die mit Profit-Centern arbeiten, trafen 60% der Betriebsräte entsprechende Aussagen. Warum die psychischen Arbeitsbelastungen bei Einsatz dieser Steuerungsformen so hoch ausfallen, bleibt zu diskutieren. Branchenphänomene, wie sie etwa für die Banken und Kreditinstitute aufgrund des dortigen hohen Leistungsdrucks und des massiven Einsatzes ergebnisorientierter Arbeitsformen auf der Hand lägen, können aufgrund multivariater Analysen ausgeschlossen werden.

Abb. 8: Arbeitsbelastungen der Beschäftigten beim betrieblichen Einsatz neuer Arbeits- und Steuerungsformen im Vergleich (in %)

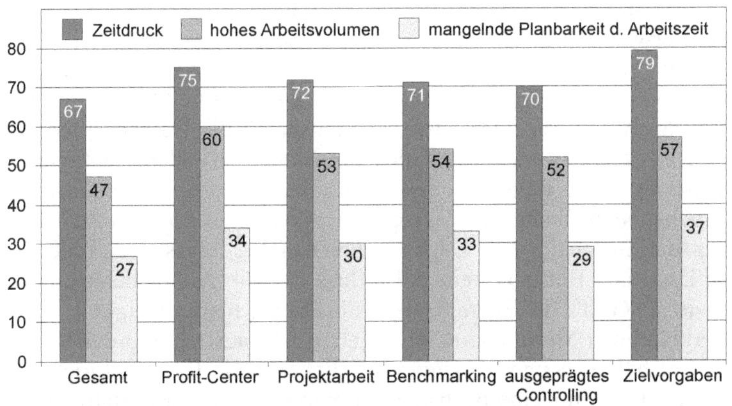

Quelle: PARGEMA-WSI-Betriebsrätebefragung 2008/2009 zu Arbeitsbedingungen und Gesundheit im Betrieb

2.6 Multivariate Erklärungsfaktoren für erhöhten Zeit- und Leistungsdruck in den Belegschaften

Nun kann hoher Zeit- und Leistungsdruck in den Belegschaften vielfältige Ursachen haben und ist sicherlich nicht nur durch neue Organisations- und Steuerungsformen zu erklären. Wie bereits erwähnt, können auch Brancheneigenarten, die wirtschaftliche Situation oder erfolgte Umstrukturierungen den Arbeitsdruck der Beschäftigten erhöhen. Mithilfe multivariater Analysen (hier: Logit-Regressionen) werden daher im Folgenden mehrere in Frage kommende Faktoren gleichzeitig betrachtet. Mit den von PARGEMA erhobenen quantitativen Daten wurde die Stärke unterschiedlicher Einflussfaktoren geschätzt, die die statistische Wahrscheinlichkeit dafür erhöhen, dass ein Betriebsrat den Zeit- und Leistungsdruck seiner Beschäftigten als stark bis sehr stark einschätzt. In die Schätzung wurden folgende Erklärungsfaktoren eingebaut: Zunächst wurde das Vorhandensein von einzelnen neuen Steuerungsformen (Projektarbeit, Zielvereinbarungen, Profit-Center, Benchmarking oder ein ausgeprägtes Controlling) in seiner Wirkung auf den von den Betriebsräten wahrgenommenen Zeit- und Leistungsdruck statistisch geschätzt. Auch Einflüsse seitens der wirtschaftlichen Situation des Betriebs sowie stattgefundener Umstrukturierungen wurden in diesem statistischen Modell berücksichtigt. Schließlich kann auch eine von den Betriebsräten wahrgenommene starke bis sehr starke Neuausrichtung auf Kundenorientierung in der Unternehmenspolitik den zunehmenden Zeitdruck der Beschäftigten erklären. Um branchen- oder betriebsgrößenspezifische Einflüsse auszuschließen, wurden diese als so genannte Dummies ins Modell aufgenommen. Die Güte der so entstandenen Schätzmodelle ist aufgrund der hohen Komplexität des Themas erwartungsgemäß mäßig (Nagelkerkes $r^2 = 0{,}09$). Gleichwohl lohnt ein Blick auf die Ergebnisse: In Tabelle 3 wird deutlich, dass die beiden neuen Steuerungsformen „Zielvereinbarungen“ und „Projektarbeit“ einen signifikanten Erklärungsanteil für den steigenden Leistungsdruck der Beschäftigten liefern. Der höchste Erklärungswert fällt auf die „zunehmende Kundenorientierung“ als unternehmenspolitische Neuausrichtung. Aber auch „stattgefundene Umstrukturierungen“ erhöhen signifikant die Wahrscheinlichkeit eines höheren Zeit- und Leistungsdrucks der Beschäftigten. Dagegen hat den Ergebnissen zufolge die wirtschaftliche Lage des Betriebs keinen Einfluss auf die Arbeitsbelastungen, ebenso wenig wie die Größe des Betriebs bzw. die Branchenzugehörigkeit.

Alle drei erklärenden Merkmale (Zielvorgaben, Neuausrichtung der Unternehmenspolitik auf höhere Kundenorientierung, betriebliche Umstrukturierung) sind zugleich Indikatoren für eine beabsichtigte wirtschaftliche Effizienzsteigerung im Unternehmen. Diese, so etwa Sauer et al. (2005), wird z.B. über Auflösung von Abteilungen und Hierarchien, neue, moderne Unternehmensleitbilder (Service- und Kundenorientierung) sowie neue Arbeits- und Steuerungsformen erreicht. Appelliert wird an die Eigenverantwortung der Beschäftigten (Zielvorgaben). Die Beschäftigten wären damit über eine höhere Ergebnis- und Profitorientierung in der Arbeit anders und stärker gefordert als bisher. Gerade eine zunehmende Kundenorientierung des Unternehmens kann für den einzelnen Beschäftigten zu widersprüchlichen Anforderungen führen. Auf der einen Seite sollen teilweise höchst individuelle Kundenwünsche erfüllt werden, auf der anderen Seite führen diese zu höheren Kosten des Unternehmens. Diese (belastenden) Widersprüche hat oft der betroffene Mitarbeiter auszutarieren. Nicht selten kommt es zu Mehrarbeit und damit im Sinne einer ergebnisorientierten Arbeitsausrichtung zu belastendem Zeit- und Leistungsdruck.

Tab. 3: Multivariate Erklärungsfaktoren für Zeit- und Leistungsdruck

Ergebnisse der logistischen Regression, abhängige Variable ‚1'= starker bis sehr starker Zeitdruck bei den Beschäftigten, ‚0' = trifft nicht zu

Unabhängige Variablen	Koeffizient (Exp B)	[z]
Neue Arbeits- und Steuerungsformen		
Zielvereinbarungen	1,473**	0,122
Projektarbeit	1,295**	0,124
Ausgeprägtes Controlling	1,226	0,132
Profit-Center	1,154	0,155
Benchmarking	1,018	0,122
Weitere betriebliche Rahmenbedingungen		
Stattgefundene Umstrukturierungen	1.399**	0,116
Zunehmende Kundenorientierung	1,729***	0,122
Gute Auftragslage	1,045	0,113
Umfeld/Struktur des Betriebs		
Betriebsgrößendummies	Ja	
Branchendummies	Ja	
Fallzahl	1.674	
Pseudo-r^2 (Nagelkerke)	0,009	

*** bzw. ** bezeichnen ein Signifikanzniveau von 99% bzw. 95%

Quelle: Eigene Berechnungen; PARGEMA-WSI-Betriebsrätebefragung 2008/09

2.7 Auswirkungen neuer Steuerungsformen auf die Arbeit der betrieblichen Interessenvertretung

Der Druck, der auf die Beschäftigten ausgeübt wird, ist vermutlich bis in die Betriebsratsarbeit zu spüren. Wenn dies so ist, müsste sich die betriebliche Interessenvertretungsarbeit auf veränderte Herausforderungen einstellen. Die von PARGEMA befragten Betriebsräte wurden zu ihren Beobachtungen und Erfahrungen in der Interessenvertretungspraxis befragt. Auch zum Leistungsdenken und -bewusstsein in der Belegschaft sollten Eindrücke der Betriebsräte in Erfahrung gebracht werden. Denn wenn sich aufgrund einer veränderten Leistungspolitik im Unternehmen (ergebnis- und profitorientierte Arbeitsformen) ein deutlich stärkeres individuelles Leistungsdenken durchsetzt und die betriebliche Solidarität in den Hintergrund drängt, dann steht auch die betriebliche Interessenvertretungspolitik vor neuen Aufgaben.

In 28% aller von PARGEMA befragten Betriebe werden Begriffe verwendet, die eine Charakterisierung der Beschäftigten anhand ihrer Leistungsfähigkeit zulassen – als Beispiele seien High-Performer, Low-Performer oder aber Minderleister genannt. Verbreitet sind solche Kategorisierungen in den Kreditinstituten und Versicherungen (42%), dem Bau (37%), dem Verkehrs- und Nachrichtengewerbe (33%) und dem Handel (28%). Arbeitet ein Betrieb (egal welcher Branche) mit Zielvereinbarungen für alle Beschäftigten, dann erhöht sich der Anteil statistisch signifikant von 28% auf 39%. Ähnliche Einflüsse (ebenfalls alle signifikant) zeigen sich bei Projektarbeit, Benchmarking-Systemen und Profit-Centern.

Nun könnte man erwarten, dass eine Tendenz hin zur individuellen Leistungsorientierung der Beschäftigten zweierlei mit sich bringt: einmal eine Art Ellbogenorientierung, die solidarisches Handeln im Betrieb erschweren könnte; zum anderen aber auch eine Art Rücksichtslosigkeit gegen sich selbst, um der Ergebnis- und Profitorientierung am Arbeitsplatz gerecht zu werden.

Die Beobachtungen der Betriebsräte aus ihrer täglichen Interessenvertretungsarbeit können beide Überlegungen bestätigen. Zunächst belegen die Ergebnisse, dass (teilweise lang erkämpfte) Regelungen zum Schutze des Arbeitnehmers und seiner Gesundheit in einem beachtlichen Teil der Betriebe unterlaufen werden. So berichteten insgesamt 37% der befragten Betriebsräte davon, dass Beschäftigte „ihres" Betriebs überlang (mehr als zehn Stunden am Tag) arbeiten. 34% der Betriebräte gaben an, dass Beschäftigte Regelungen zum Schutz ihrer Gesundheit (z.B. Pausenregelungen) unterlaufen. Und 22% der Betriebsräte äußerten, dass Beschäftigte bei Krankheit nicht zu Hause bleiben (Abb. 9). Schon dieser Gesamteindruck ist alarmierend. Daraufhin wurden als Vergleichsgröße exemplarisch die Antworten der Betriebsräte hinzugezogen, deren Belegschaften unter Zielvorgaben, d.h. sehr ergebnisorientiert arbeiten.[8] Die Ergebnisse dieser beiden Vergleichsgruppen unterscheiden sich signifikant. 47% der Betriebsräte aus den Zielvorgaben-Betrieben beobachteten, dass überlang gearbeitet wird (gegenüber 37% aller Betriebsräte). Ein weitaus höherer Teil der Betriebsräte aus der Vergleichsgruppe (13 Prozentpunkte mehr) gab an, dass Beschäftigte Regelungen zum Schutz der Gesundheit missachten. Und auch der

8 Als Kontrastgruppe wurden wiederum solche Betriebe gewählt, die mit effizienzorientierten Zielvorgaben für alle Beschäftigten arbeiten. Für die Teilgruppe der Betriebe, die mit effizienzorientierten Zielvorgaben für alle Beschäftigten arbeiten, liegen hinsichtlich profitorientierter Arbeit innerhalb der gesamten Belegschaft die differenziertesten Angaben vor.

Anteil der Betriebsräte, die davon berichteten, dass Beschäftigte bei Krankheit nicht zu Hause bleiben, ist höher (drei Prozentpunkte). Signifikant sind die Ergebnisse zum überlangen Arbeiten und zum Unterlaufen von Schutzregelungen. Das heißt: Betriebliche Mechanismen, die seinerzeit zum Schutz der Beschäftigten eingeführt worden waren, werden von den Beschäftigten aus „eigenem Interesse" unterlaufen. Und dies deutlich häufiger – so belegen es die Zahlen –, wenn anhand von Zielvorgaben ergebnisorientiert gearbeitet wird.

Abb. 9: Beobachtungen aus der Betriebsratsarbeit 2008/2009 ... – „trifft voll zu". Antworten der Betriebsräte in %

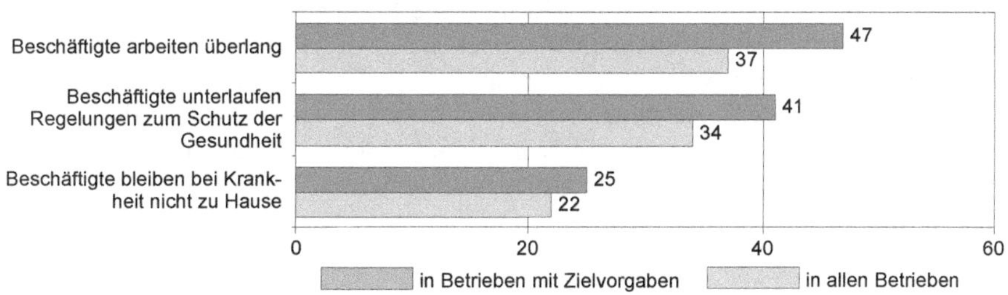

Quelle: PARGEMA-WSI-Betriebsrätebefragung 2008/2009 zu Arbeitsbedingungen und Gesundheit im Betrieb

Dass es vor diesem Hintergrund zu Spannungen zwischen Betriebsrat und Belegschaft kommen kann, liegt auf der Hand. Zwar haben die Betriebsräte ihre Belegschaften nie vollständig auf ihrer Seite gehabt. Möglicherweise betrifft dies heute aber nicht mehr nur einzelne Beschäftigtengruppen, wie die traditionell betriebsratsferneren Angestellten, sondern größere Teile der Belegschaft, die durch ein verändertes Leistungsdenken geprägt sind. Bei fast der Hälfte der Betriebsräte in Betrieben, wo es Zielvorgaben für die Beschäftigten gibt, kommt es zu Konflikten mit der Belegschaft, weil Arbeitszeitregelungen missachtet werden. Und bei 41% der betroffenen Betriebsräte kommt es zu Konflikten, weil Regelungen zum Schutz der Gesundheit nicht eingehalten werden. Die herkömmliche Rolle der Betriebsräte als Stellvertreter der Belegschaft scheint hiermit empirisch in Frage gestellt zu sein – und damit sind die Betriebsräte vor neue Herausforderungen gestellt (vgl. Glißmann 2001, 2005).

3. Fazit

Die PARGEMA-WSI-Betriebsrätebefragung 2008/2009 hatte zum Ziel, den Anstieg psychischer Arbeitsbelastungen im Kontext betrieblicher Rahmenbedingungen zu untersuchen. Sie hat erstmals quantitative Daten aus den Betrieben zur

Verfügung gestellt, die die Arbeitsbelastungen der Belegschaften mit betrieblichen Rahmenbedingungen, vor allem mit neuen Steuerungsformen, in Beziehung setzen können. Außerdem sollten die Auswirkungen der sich wandelnden Fehlbelastungen und des wachsenden Arbeitsdrucks auf den institutionellen Arbeits- und Gesundheitsschutz sowie die Arbeit der betrieblichen Interessenvertretung dargestellt werden.

Zunächst bestätigen die Ergebnisse der Befragung aktuelle Studien zum branchenübergreifenden Anstieg psychischer Arbeitsbelastungen und zum ansteigenden Arbeitsdruck in den Betrieben. Betriebliche Rahmenbedingungen und neue Steuerungsformen spielen den Analysen zufolge hinsichtlich des steigenden Leistungsdrucks ernst zu nehmende Rollen. Die Befunde belegen, dass neue Arbeits- und Organisationsformen flächendeckend in den Betrieben Einzug gehalten haben und kein Branchenphänomen sind.

Die Auswirkungen der neuen Arbeits- und Organisationsformen sind durchaus ambivalent. Diese Ambivalenz wird unter anderem durch die doppeldeutigen Beobachtungen der Betriebsräte zum eigenverantwortlichen Arbeiten der Beschäftigten deutlich. Eigenverantwortliches Arbeiten wird als positive Rahmenbedingung im Betrieb wahrgenommen – zugleich aber auch als Auslöser für den Arbeitsdruck eingestuft. Zudem stellt sich der von den Betriebsräten wahrgenommene Leistungsdruck höher dar, wenn im Betrieb neue Steuerungsformen eingesetzt werden. So lassen sich z.B. signifikante Zusammenhänge zwischen dem Einsatz von Zielvorgaben in den Betrieben (für alle Beschäftigten oder für die Beschäftigten der mittleren Angestelltenebene) bzw. von Projektarbeit einerseits und hohem Termin- und Zeitdruck der Beschäftigten andererseits nachweisen. Mit Blick auf den höheren Arbeits- und Leistungsdruck und die überlangen Arbeitszeiten der Beschäftigten lässt sich erahnen, dass die den ergebnisorientierten Arbeitssystemen innewohnenden Potenziale und Chancen oft vergeben werden. Das liegt vermutlich auch daran, dass personelle Ressourcen zu gering bemessen sind.

Diese und weitere Befunde erwecken den Eindruck, dass sich in den Betrieben eine veränderte Leistungspolitik durchsetzt. Arbeitszeitregelungen und Regelungen zum Schutz der Gesundheit verlieren bei vielen Beschäftigten – vor allem wenn sie im Kontext von neuen Arbeits- und Organisationsformen arbeiten – an Bedeutung. Damit liegen Indizien vor, dass die traditionellen „Gegenmittel“ bei sich verschlechternden Arbeitsbedingungen, wie der institutionelle Arbeits- und Gesundheitsschutz sowie die betriebliche Interessenvertretung, an ihre Grenzen stoßen. Trotz der ansteigenden psychischen Fehlbelastungen bei den Beschäftigten werden die – theoretisch an Bedeutung gewinnenden – Gefährdungsbeurteilungen (welche ein geeignetes Instrument wären, solche Fehlbelastungen der Beschäftigten aufzuspüren und diese betrieblich zu thematisieren) in den Betrieben nach wie vor kaum umgesetzt. Und wenn doch, dann werden psychische Arbeitsbelastungen meistens ausgespart. Viele Akteure des betrieblichen Gesundheitsschutzes sind mit der Thematik der psychischen Belastungen überfordert.

Nach den hier vorgestellten Befunden sind Akteure des betrieblichen Gesundheitsschutzes gut beraten, wenn sie das Vorhandensein von ergebnisorientierten Arbeitsformen und gegebenenfalls deren Konsequenzen für die Beschäftigten in ihren Gestaltungsansätzen mitberücksichtigen.

Literatur

Ahlers, E./Brussig, M. (2004): Gesundheitsbelastungen und Prävention am Arbeitsplatz – WSI-Betriebsrätebefragung 2004. In: WSI-Mitteilungen, Jg. 57/Heft 11, S. 617–624

Ahlers, E./Brussig, M. (2005): Gefährdungsbeurteilungen in der betrieblichen Praxis. In: WSI-Mitteilungen, Jg. 58/Heft 9, S. 517–523

Ahlers, E./Ziegler, A. (2009): Ein Dammbruch. Zu Umfang und Auswirkungen von Standortverlagerungen in Deutschland. In: Ahlers, E./Kraemer, B./Ziegler, A. (Hg.): Beschäftigte in der Globalisierungsfalle? Baden-Baden, S. 19–36

Antonovsky, A. (1987): Unraveling the mystery of health. How people manage stress and stay well. San Francisco

BKK Gesundheitsreport 2008. Essen

Cernavin, O./Luczak, H./Scheuch, K./Sonntag, K. (2001): Arbeitsschutzforschung als Innovation – eine Bilanzierung von 20 Jahren Arbeitsschutzforschung. In: Luczak, H./Rötting, M. (Hg.): forum arbeitsschutz. Bilanz und Zukunftsperspektiven des Forschungsfeldes. Bremerhaven, S. 9–74

DGB-Index Gute Arbeit (2009): Der Report 2009. Wie die Beschäftigten die Arbeitswelt in Deutschland beurteilen. Berlin

Ellguth, P./Kohaut, S. (2008): Tarifbindung und betriebliche Interessenvertretung. Aktuelle Ergebnisse aus dem IAB-Betriebspanel 2007. In: WSI-Mitteilungen, Jg. 61/Heft 7, S. 515–519

Europäische Stiftung zur Verbesserung der Arbeits- und Lebensbedingungen (2006): Vierte europäische Erhebung über die Arbeitsbedingungen (Internet: http://www.eurofound.europa.eu/pubdocs/2006/78/de/1/ef0678de.pdf; letzter Zugriff am 18.04.2011)

Gerlmaier, N. (2004): Projektarbeit in der Wissensökonomie und ihre Auswirkungen auf die Work Life Balance. In: Kastner, M. (Hg.): Die Zukunft der Work Life Balance. Kröning, S. 282–304

Glißmann, W. (2001): Betriebliche Interessenvertretung. In: Glißmann, W./Peters, K. (Hg.): Mehr Druck durch mehr Freiheit. Die neue Autonomie in der Arbeit und ihre paradoxen Folgen. Hamburg, S. 112–128

Glißmann, W. (2005): Neue Selbständigkeit in der Arbeit und die Frage der Gesundheit. In: Kuhn, J./Göbel, E./Busch, R. (Hg.): Leben um zu arbeiten? Betriebliche Gesundheitsförderung unter biografischem Blickwinkel. Frankfurt/M., S. 63–89

Haupt, C. M. (2010): Der Zusammenhang von Arbeitsplatzunsicherheit und Gesundheitsverhalten in einer bevölkerungsrepräsentativen epidemiologischen Studie. In: Badura, B./Schellschmidt, H./Vetter, C. (Hg.): Fehlzeitenreport 2009. Arbeit und Psyche: Belastungen reduzieren, Wohlbefinden fördern. Berlin u.a.O., S. 101–107

Kieselbach, T./Beelmann, G. (2006): Unternehmensverantwortung bei Entlassungen: Berufliche Transitionsberatung zur Sicherung von Beschäftigungsfähigkeit. In: Bandura, B./Schellschmidt, H./Vetter, C. (Hg.): Fehlzeiten-Report 2005. Arbeitsplatzunsicherheit und Gesundheit. Berlin, S. 185–204

Kölbach, M./Zapf, D. (2008): Psychische Belastungen in der Arbeitswelt. Von Stress, Mobbing, Angst bis Burnout. Mainz

Kratzer, N. (2003): Arbeitskraft in Entgrenzung. Grenzenlose Anforderungen, erweiterte Spielräume, begrenzte Ressourcen. Berlin

Lenhardt, U. (2001): Neue Arbeitsformen zwischen Gesundheitsrisiken und -ressourcen. In: Pickshaus, K./Schmitthenner, H./Urban, H.J. (Hg.): Arbeiten ohne Ende – Neue Arbeitsverhältnisse und gewerkschaftliche Arbeitspolitik. Hamburg, S. 51–68

Lenhardt, U./Kuhn, J./Reusch, J. (2010): Die Arbeitswelt von heute. Daten, Schwerpunkte, Trends. In: Schröder, L./Urban, H.J. (Hg.): Gute Arbeit. Handlungsfelder für Betriebe, Politik und Gewerkschaften. Frankfurt/M., S. 432–489

Moldaschl, M. (2001): Herrschaft durch Autonomie – Dezentralisierung und widersprüchliche Arbeitsanforderungen. In: Lutz, B. (Hg.): Entwicklungsperspektiven von Arbeit. Berlin, S. 132–164

Moldaschl, M./Sauer, D. (2000): Internalisierung des Marktes – Zur neuen Dialektik von Kooperation und Herrschaft. In: Minssen, H. (Hg.): Begrenzte Entgrenzungen. Berlin, S. 205–224

Sauer, D. (2007): Vermarktlichung und Politik – Arbeitspolitik unter den Bedingungen Indirekter Steuerung. In: Peter, G. (Hg.): Grenzkonflikte der Arbeit. Hamburg, S. 202–217

Sauer, D./Boes, A./Kratzer, N. (2005): Reorganisation des Unternehmens. In: SOFI/ISF/INIFES (Hg.): Berichterstattung zur sozioökonomischen Entwicklung in Deutschland – Arbeit und Lebensweisen. Erster Bericht. Wiesbaden, S. 323–350

Schäfer, C. (2008): Die WSI-Betriebsrätebefragung 2007 – Methoden und ausgewählte Ergebnisse. In: WSI-Mitteilungen, Jg. 61/Heft 6, S. 291–296

Siefer, A./Beermann, B. (2010): Grundauswertung der BIBB/BAuA-Erwerbstätigenbefragung 2005/2006. Dortmund u.a.O. (Internet: http://www.baua.de/de/Publikationen/Fachbeitraege/Gd58.pdf?__blob=publicationFile&v=3; letzter Zugriff am 18.04.2011)

Siegrist, J./Dragano, N. (2008): Psychosoziale Belastungen und Erkrankungsrisiken im Erwerbsleben. In: Bundesgesundheitsblatt – Gesundheitsforschung – Gesundheitsschutz, Jg. 51/Heft 3, S. 305–312

Ulich, E./Wülser, M. (2004): Gesundheitsmanagement in Unternehmen. Arbeitspsychologische Perspektiven. Wiesbaden

Ziegler, A./Kriegesmann, B./Kley, T./Kublik, S. (2010): Betriebliche Innovationsfähigkeit: Die Perspektive der Betriebsräte. Empirische Ergebnisse aus der WSI-Betriebsrätebefragung 2008/09. Marburg

II.

Partizipation als Schlüssel: Perspektiven eines partizipativen Gesundheitsmanagements

Forschung und Gestaltung für ein Partizipatives Gesundheitsmanagement

Das Projekt PARGEMA

Nick Kratzer, Wolfgang Dunkel, Karina Becker, Stephan Hinrichs

1. Fragestellungen und Ziele des Projekts

PARGEMA suchte nach neuen Ansätzen für einen wirksamen und nachhaltigen Arbeits- und Gesundheitsschutz. Im Mittelpunkt der Forschungs- und Gestaltungsaktivitäten des Projekts standen die Entwicklung der Organisations- und Steuerungsformen in den Unternehmen und die daraus resultierenden Konsequenzen für den Arbeits- und Gesundheitsschutz. Dabei wurde vor allem zwei Fragestellungen nachgegangen:

- Welches sind die wesentlichen Entwicklungstendenzen der Organisation und Steuerung von Unternehmen und Arbeit und mit welchen Konsequenzen für die Arbeits- und Belastungssituation der Beschäftigten sind sie verbunden?
- Mit welchen neuen oder veränderten Herausforderungen ist der Arbeits- und Gesundheitsschutz dadurch konfrontiert? Was sind geeignete Ansätze, mit denen der Arbeits- und Gesundheitsschutz diesen Herausforderungen begegnen kann? Welche Rolle können gesetzliche Vorgaben wie zum Beispiel das Arbeitsschutzgesetz dabei spielen?

Mit seinen Forschungs- und Gestaltungsaktivitäten verfolgte PARGEMA insbesondere *drei Ziele:*

1) Die Analyse der Zusammenhänge von neuen Organisations- und Steuerungsformen und sozio-psychischen Belastungen: Hier geht es vor allem um ein besseres Verständnis für die veränderten Problemstellungen im Zusammenhang mit neuen Organisations- und Steuerungsformen. „Verständnis" fassen wir dabei sehr weit: Es geht einerseits um ein besseres *wissenschaftliches* Verständnis der Zusammenhänge zwischen neuen Organisations- und Steuerungsformen und physischen sowie sozio-psychischen Belastungen und Beanspruchungen. Andererseits geht es aber auch um ein besseres *praktisches* Verständnis solcher Zusammenhänge im Betrieb. Bei dieser zweiten Bedeutung von „Verständnis" ist unser Ziel vor allem die Sensibilisierung aller betrieblichen Akteure und das Schulen von Möglichkeiten der Thematisierung von Fragen der Gesundheit und des Wohlbefindens im Betrieb. Zusammen bedeutet dies zugleich eine Verschränkung wissenschaftlichen und praktischen Wissens und eine Zusammenarbeit von wissenschaftlichen Experten und Experten der Praxis. Zu diesen gehören betriebliche Experten, die zum Beispiel mit Fragen des Arbeits- und Gesundheitsschutzes befasst sind, nicht zuletzt aber auch die Beschäftigten als „Experten ihrer eigenen Gesundheit" selbst.

2) Die Unterstützung betrieblicher Gestaltungsansätze eines partizipativen, d.h. beteiligungsorientierten Gesundheitsmanagements: Der Projektverbund PARGEMA unterstützt durch seine wissenschaftlichen (Analyse, Moderation usw.) und praktischen Kompetenzen (Beratung, Begleitung von Gefährdungsbeurteilungen usw.) betriebliche Projekte, die sich aus der Perspektive des Arbeits- und Gesundheitsschutzes mit veränderten betrieblichen Rahmenbedingungen sowie Arbeits- und Leistungsbedingungen auseinandersetzen. Im Zentrum der Unterstützung stehen zwei Teilziele: Zum einen sollen (psychische) Belastungen möglichst frühzeitig (und regelmäßig) identifiziert und reduziert werden („Prävention"). Zum anderen sollen die Beschäftigten möglichst unmittelbar am betrieblichen Arbeits- und Gesundheitsschutz beteiligt werden („Partizipation"). Präventiver Arbeits- und Gesundheitsschutz ist Aufgabe der Unternehmen, aber gerade angesichts neuer Steuerungsformen gelingt diese Aufgabe ohne die systematische Beteiligung der Beschäftigten nicht. Die Beschäftigten müssen demnach als „Experten der eigenen Gesundheit" zu Akteuren des Arbeits- und Gesundheitsschutzes werden (können).

3) Die Unterstützung überbetrieblicher Sensibilisierungsprozesse: In Betrieben werden Arbeits- und Leistungsanforderungen definiert, hier wird gearbeitet und auch gelebt, hier werden Belastungen erlebt und auch erlitten und hier sind die wichtigsten Institutionen für den betrieblichen Arbeits- und Gesundheitsschutz aufgestellt. Aber Betriebe existieren nicht unabhängig von ihrer Umwelt. Dies gilt im Hinblick auf die Märkte und Marktanforderungen, genauso aber auch im Hinblick auf andere Institutionen (beispielsweise der sozialen Sicherung oder des Bildungssystems) und auf gesellschaftliche Entwicklungstendenzen generell. Deshalb ist es wichtig, Fragestellungen und Ansätze nicht nur so weit wie möglich zu generalisieren und für den Transfer in andere Betriebe aufzubereiten. Neben der Entwicklung und Durchsetzung eines präventiv auf alle Belastungsformen ausgerichteten Arbeits- und Gesundheitsschutzes geht es auch darum, ein Umdenken anzustoßen: Denn gerade psychische Belastungen und ihre Folgen werden bislang häufig individualisiert und tabuisiert. Das Umdenken hin zu einem Verständnis psychischer Belastungen als einer zu bekämpfenden negativen Begleiterscheinung neuer Steuerungsformen – bzw. von, wenn man so will:

„moderner“ Arbeit – setzt nicht nur an betrieblichen, sondern auch an öffentlichen Diskursen an. Deshalb setzt PARGEMA gezielte Inputs für fachöffentliche und öffentliche Diskurse: Veröffentlichungen, Vorträge, Poster, Vernetzung und andere Formen der Öffentlichkeitsarbeit gehören ebenso wie die enge Kooperation mit einschlägigen überbetrieblich ansetzenden Institutionen (Krankenkassen) und Projekten (vor allem „Gute Arbeit“ und „Faire Arbeit“)[1] zu den Ziel- und Aufgabenstellungen von PARGEMA.

2. Projektverbund

Die Erforschung und die Gestaltung der Zusammenhänge von neuen Organisations- und Steuerungsformen auf der einen und Arbeitsbelastungen (vor allem psychischen und sozialen Belastungen) auf der anderen Seite erfordern einen interdisziplinären Ansatz. Durch seine interdisziplinäre Zusammensetzung konnte der Verbund nicht nur praktische Erfahrungen und Gestaltungskompetenzen einbringen (Beratung von Unternehmen, Gestaltung und Begleitung von betrieblichen Prozessen, Durchführung von Gefährdungsbeurteilungen usw.), sondern auch unterschiedliche wissenschaftliche Fachkompetenzen und Perspektiven. Jeder interdisziplinäre Forschungszusammenhang ist mit dem Problem konfrontiert, dass die unterschiedlichen Wissenschaftsdisziplinen sich in der Theorie prima ergänzen, in der Praxis aber die unterschiedlichen Perspektiven, Herangehensweisen und „Sprachen“ manchmal geradezu unüberwindliche Barrieren bilden. Im Projekt PARGEMA konnten diese Barrieren zumindest teilweise überwunden werden: Ausschlaggebend hierfür waren die intensive Kommunikation und Kooperation über die Teilprojekte hinweg und vor allem die Zusammenarbeit in den Fallbetrieben.

Das *Institut für Sozialwissenschaftliche Forschung e.V. – ISF München* war neben den inhaltlichen Arbeiten auch für die Gesamtkoordination des Verbundvorhabens verantwortlich. Der Schwerpunkt der inhaltlichen Projektarbeiten lag bei der (vor allem qualitativen) Analyse betrieblicher Kontextbedingungen eines partizipativen Gesundheitsmanagements. Insbesondere wurden die neuen Steuerungs- und Organisationsformen von Arbeit daraufhin untersucht, welche Probleme sie für die Gesundheit der Beschäftigten aufwerfen und welche Potenziale sie für Partizipationsprozesse bieten.

Der Schwerpunkt des vom *Institut für Autonomieforschung/Cogito e.V.* durchgeführten Teilvorhabens lag in der Entwicklung, Erprobung und Umset-

1 „Gute Arbeit“ und „Faire Arbeit“ sind Projekte der Gewerkschaften IG Metall und ver.di (vgl. dazu etwa Gute Arbeit 2007; Pickshaus/Urban 2009).

Abb. 1: Projektstruktur

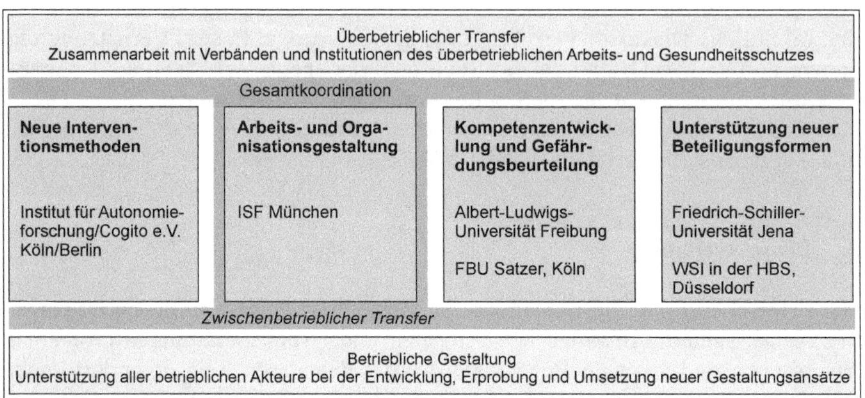

zung „reflexiver" Methoden: Reflexive Methoden dienen nicht nur der beteiligungsorientierten Analyse von Arbeitsbedingungen und ihrer Wahrnehmung durch Beschäftigte und Führungskräfte. Es geht auch darum, bei den Beschäftigten ein Bewusstsein für die spezifische Selbstgefährdung unter Bedingungen neuer (indirekter) Organisations- und Steuerungsformen zu schaffen und das salutogene Potenzial eines bewussten Umgangs mit diesen Steuerungsformen auszuloten.

Die Projektarbeiten der *Albert-Ludwigs-Universität Freiburg – Arbeitsgruppe Arbeits- und Organisationspsychologie am Institut für Psychologie* beinhalteten insbesondere die quantitative Analyse von Belastungen und Beanspruchungsfolgen bei Beschäftigten und Führungskräften. Vor dem Hintergrund neuer Steuerungsformen fand dabei die Rolle von Zielmerkmalen besondere Aufmerksamkeit. Ein weiterer Schwerpunkt lag auf der Untersuchung von Bedingungsfaktoren gesundheitsförderlichen Führungshandelns. Darüber hinaus wurde der Stand des betrieblichen Gesundheitsmanagements in den Unternehmen systematisch betrachtet. Im Bereich der betrieblichen Gestaltung lag der Schwerpunkt dieses Teilprojekts in der Erprobung, Durchführung und Evaluation von Führungskräfteworkshops, die auf Basis der Analyseergebnisse der Sensibilisierung, Qualifizierung und Maßnahmenerarbeitung dienten.

Im Mittelpunkt des Vorhabens der *Friedrich-Schiller-Universität Jena, Lehrstuhl Wirtschafts-, Arbeits- und Industriesoziologie* stand die Unterstützung neuer Beteiligungsformen für ein partizipatives Gesundheitsmanagement. Diese neuen Beteiligungsformen ergänzen einerseits die vorhandenen Institutionen des betrieblichen Gesundheitsschutzes, andererseits erschließen sie den Beschäftigten neue Partizipationschancen. Die Nutzung erweiterter Mitsprachemöglichkeiten bei der Ausgestaltung der Arbeitsprozesse birgt das Potenzial der Verstetigung nachhaltiger Präventionsprozesse im betrieblichen Gesundheitsmanagement.

Die *FBU Satzer* (Rolf Satzer) hatte ihren Schwerpunkt im Vorhaben generell bei der Beratung der betrieblichen Akteure (vor allem von Betriebsräten) im Hinblick auf die Organisation beteiligungsorientierter Prozesse im Gesundheitsschutz. Ein zweiter Schwerpunkt lag in der Vorbereitung und Begleitung von betrieblichen Befragungen und insbesondere von Gefährdungsbeurteilungen sowie deren Weiterentwicklung.

Das *Wirtschafts- und Sozialwissenschaftliche Institut – WSI in der Hans Böckler Stiftung* führte mit PARGEMA im Herbst/Winter 2008/2009 eine bundesweite und repräsentative Betriebsrätebefragung durch. Dazu wurden 1.700 Betriebsräte zu den Arbeitsbedingungen der Beschäftigten und den jeweiligen Rahmenbedingungen im Betrieb befragt. Im Fokus standen dabei neue Arbeits- und Steuerungsformen und mögliche Zusammenhänge zu den sich verändernden Arbeitsbedingungen in den Belegschaften. Auch der jeweilige Umsetzungsstand des betrieblichen und gesetzlichen Arbeits- und Gesundheitsschutzes wurde betrachtet (vgl. den Beitrag von Ahlers in diesem Band).

Über die wissenschaftlichen Verbundpartner hinaus haben sich weitere Kooperationspartner an PARGEMA beteiligt und erheblich zu den PARGEMA-Ergebnissen und deren Transfer beigetragen:

Die Initiative *Gute Arbeit* der IG Metall startete im Jahre 2002 und wurde zuerst als dreijähriges Projekt (2004 bis 2007) durchgeführt, um dann als arbeitspolitische Dauer- und Querschnittaufgabe der IG Metall verankert zu werden. Ziel dieser gewerkschaftlichen Arbeitspolitikinitiative ist die Re-Etablierung von humaner Arbeitsgestaltung als gewerkschaftliche Kernaufgabe. Sie zielt darauf, sowohl die betriebliche Gestaltung von Arbeitsbedingungen in die Alltagsaufgaben der Interessenvertretungen zu integrieren als auch die Qualität der Arbeit zu einem gesellschaftspolitischen Thema zu machen. Das gilt vor allem für Themen wie Gesundheitsprävention und Leistungssteuerung, die Bewältigung des demografischen Wandels und den Umgang mit prekären Beschäftigungsverhältnissen. Damit soll auch ein Beitrag zur Revitalisierung der Gewerkschaften und der gewerkschaftlichen Aktionsfähigkeit geleistet werden.

Die Initiative *faire arbeit* des ver.di-Landesfachbereichs Nordrhein-Westfalen hat zum Ziel, die Arbeitsbedingungen der Beschäftigten im Dienstleistungsbereich nachhaltig zu verbessern. Gesundheit und faire Arbeitsbedingungen der Beschäftigten stehen im Mittelpunkt dieser Initiative. Gleichzeitig greift ver.di die neue Managementmethode „indirekte Steuerung“, das „System der Maßlosigkeit“ und den zunehmenden Leistungs- und Verkaufsdruck in der Branche mit betriebsnahen Aktionsformen auf. Die Initiative soll vor allem die Mitarbeiterinnen und Mitarbeiter in den Betrieben und die Betriebs- und Personalräte direkt erreichen, um mit ihnen gemeinsam nach betrieblichen Lösungsmöglichkeiten zu suchen (vgl. etwa Bludau-Hoffmann et al. 2010; Foullong 2010).

Das Institut Mensch in komplexen Systemen (MikS) der Hochschule für Angewandte Psychologie (APS) an der *Fachhochschule Nordwestschweiz (FHNW)* führt Forschungs- und Praxisprojekte zur Einführung innovativer Gesundheitsmanagementsysteme durch, in denen Phänomene wie Präsentismus und „interessierte Selbstgefährdung" Berücksichtigung finden. Im Rahmen der PARGEMA-Kooperation übernahmen Professor Dr. Andreas Krause und Cosima Dorsemagen in enger Zusammenarbeit mit Cogito e.V. die Projektkoordination und Prozessbegleitung beim Dienstleistungsunternehmen „Saturnia".

3. Forschungsansatz und -methoden

PARGEMA zeichnet sich durch einen ganzheitlichen und beteiligungsorientierten Forschungsansatz aus. Der *ganzheitliche Forschungsansatz* impliziert zunächst einmal eine Auseinandersetzung mit *allen* Belastungsfaktoren (physisch, psychisch, sozial). Gefragt wird also nicht nur nach physischen, sondern vor allem auch nach psychischen Belastungen und der Vereinbarkeit von Arbeit und Leben. Die Analyseeinheiten sind nicht nur einzelne Arbeitsplätze, sondern auch Arbeitsprozesse und die Gesamtorganisation. Erst durch die Konzeption der Analysen als Betriebsfallstudien (vgl. dazu Pongratz/Trinczek 2010) wird sichtbar, dass Belastungen auch Ergebnis übergreifender Zusammenhänge sind. So wird zugleich der Fokus möglicher Belastungen erweitert: etwa – und ganz wichtig – auf wahrgenommene Unsicherheit durch anhaltende Restrukturierungsprozesse oder (ebenso wichtig) auf Kontakt und Interaktion mit Kunden. Wesentlich ist des Weiteren, dass möglichst alle Akteure und Betroffene in den Betrieben einbezogen werden: die Verantwortlichen aus Management, Gesundheitsschutz und Interessenvertretung ebenso wie Führungskräfte und Beschäftigte aus verschiedenen Bereichen. Schließlich ist für den ganzheitlichen Forschungsansatz konstitutiv, dass die Beteiligten nicht nur als (von Anforderungen oder Bedingungen ebenso wie von Maßnahmen des Arbeits- und Gesundheitsschutzes) „passiv" Betroffene, sondern auch als „aktive" Gestalter, als Akteure der Bewältigung von Anforderungen, als (Co-)Organisatoren ihrer eigenen Arbeits- und Lebenswelt in die Analyse einbezogen werden. Es geht also nicht nur darum, welchen objektiven Gefährdungen sie ausgesetzt sind und wie sie diese subjektiv wahrnehmen, sondern auch darum, wie sie damit umgehen und welche Interessen und Strategien sie dabei verfolgen.

Das zweite zentrale Charakteristikum des PARGEMA-Forschungsansatzes ist dessen *Beteiligungsorientierung* (vgl. auch Becker et al. 2011). Beteiligung ist nicht nur der zentrale Gestaltungsansatz, sondern auch ein wesentliches Merkmal der Forschungsperspektive. Das für den Arbeits- und Gesundheitsschutz bislang prägende Verständnis der Trennung von „Experten“ und „Betroffenen“ stößt gerade bei psychischen Belastungen an Grenzen. Psychische Belastungen lassen sich nicht in gleicher Weise objektiv, d.h. über wissenschaftliche Analyse und Bewertung durch Experten ermitteln: Sie sind immer auch „subjektive“ Belastungen, weil sie erst in der Wahrnehmung der Beschäftigten und in deren Umgang mit ihnen zu (Fehl-)Belastungen werden. Deshalb sind die „Betroffenen“, d.h. vor allem Beschäftigte, aber auch Führungskräfte, nicht nur als Akteure des Arbeits- und Gesundheitsschutzes, sondern auch als Experten ihrer Arbeitssituation und ihrer Gesundheit in die Analyse einzubeziehen. Ein nachhaltiger und wirksamer Gesundheitsschutz basiert aber nicht nur auf einem veränderten Verhältnis von „Experten“ und „Betroffenen“, sondern auch auf der Zusammenarbeit von wissenschaftlichen und betrieblichen Experten. Beteiligungsorientierte Forschung heißt deshalb auch, dass die betrieblichen Experten bei der Konzeption und Durchführung der Analysen mitwirken. Dies erhöht nicht nur die inhaltliche Qualität der Analyse und die Akzeptanz bei allen Akteuren, sondern dient auch der Kompetenzentwicklung: Gesundheitsschutz als permanenter Verbesserungsprozess setzt voraus, dass in den Betrieben, bei den Betroffenen und den betrieblichen Experten Analysekompetenzen vorhanden sind, ohne die eine regelmäßige Analyse von Belastungen und Gefährdungen sowie Evaluation von Maßnahmen kaum möglich ist.

In den beteiligten *Betrieben* wurden qualitative und quantitative Methoden kombiniert: Neben der Analyse von betrieblichen Dokumenten wurden schriftliche Befragungen durchgeführt, qualitative Expertengespräche, Intensivinterviews mit Führungskräften und Beschäftigten und so genannte „reflexive“ Verfahren, d.h. Workshops mit Führungskräften und Beschäftigten, die nicht nur als Gruppendiskussionsprozesse der Erhebung dienten, sondern zugleich der Selbst-Verständigung der Teilnehmer/innen. Den quantitativen und qualitativen Erhebungen in den einzelnen Betrieben lag ein überbetrieblicher Leitfaden zugrunde. So konnten die Erhebungen einerseits an betriebliche Besonderheiten angepasst und Unterschiede innerhalb der Betriebe, etwa zwischen verschiedenen Bereichen, Tätigkeiten oder Beschäftigtengruppen, berücksichtigt werden; andererseits konnten die Ergebnisse aber auch betriebsübergreifend miteinander verglichen werden. Die vom Institut für Autonomieforschung/Cogito entwickelte reflexive Methode eröffnet Einsichten in Belastungs- und Beanspruchungssituationen und fördert eine eigenständige, begreifende Auseinandersetzung betrieblicher Akteure mit ihrer eigenen Interpretation dieser Situationen. Auch wenn sich das immer gegebene Spannungsverhältnis zwischen dem Anspruch, betriebliche Besonderheiten und innerbetriebliche Unterschiede möglichst weitgehend zu berücksichtigen, und dem Anspruch, Befunde auch in einer überbetrieblichen Perspektive interpretieren und vergleichen zu können, nicht vollständig auflösen lässt: Es ist vor allem die Kombination aus quantitativen und qualitativen Methoden, die sich in dieser Hinsicht als sehr fruchtbar erwiesen hat, weil so überbetrieblich standardisierte Befragungen mit qualitativen Analysen ergänzt werden können, die gezielt auf betriebliche Spezifika eingehen.

Die durchgeführten Erhebungen in den Fallbetrieben sind aus Übersicht 1 zu erschließen.

Übersicht 1: Die Untersuchungen in den Fallbetrieben[a]

Methoden:	Experten-gespräche	Leitfaden-interviews		Schriftliche Befragungen		Gruppendiskussionen/ Denkwerkstätten
Befragte:	Experten	MA	FK	MA	FK	MA + FK
Gesamtzahl:	49	131	34	1.121	291	ca. 70 mit rd. 500 TN

a – MA = Mitarbeiter, FK = Führungskräfte, TN = Teilnehmer

Mit der *PARGEMA-WSI-Betriebsrätebefragung* wurden erstmals auf breiter quantitativer Ebene die Arbeitsbedingungen und (psychomentalen) Belastungen der Belegschaften im betrieblichen Kontext betrachtet. Von Bedeutung im Interviewleitfaden waren daher Fragen zur Arbeitsorganisation, zur Leistungssteuerung, zum Führungsverhalten, zur Anzahl stattgefundener Umstrukturierungen und zur wirtschaftlichen Situation des Betriebs. Als Befragungsperson wurde der Betriebsrat gewählt, weil dieser als Bindeglied zwischen Management und Belegschaft fungiert – und damit (im Hinblick auf die Fragestellung von PARGEMA von hoher Bedeutung) sowohl über Kenntnisse aus dem Management als auch über die Nöte und Belastungen der Beschäftigten verfügt. Aufgrund des Partizipationsansatzes von PARGEMA waren für das Projekt auch Einblicke in so genannte interne Strukturen der betrieblichen Interessenvertretungspolitik wichtig (wie z.B. das Selbstverständnis in der Betriebsratsarbeit).

Im Rahmen der Befragung wurden bundesweit 1.700 Betriebsräte aus unterschiedlichen Branchen telefonisch befragt (Befragungsinstitut: infas, Bonn). Die zu interviewenden Betriebsräte wurden im Vorfeld anhand einer geschichteten Zufallsstichprobe aus dem IAB-Betriebspanel ermittelt. Die auf dieser Basis durchgeführten Interviews wurden anschließend nach Branche und Betriebsgrößenklasse gewichtet, so dass die Forschungsergebnisse repräsentativ sind für Betriebe ab 20 Beschäftigten mit Betriebsratsvertretung. Damit lassen sich erstmals quantitativ-empirische Befunde zu Arbeit und Gesundheit im Kontext betrieblicher Rahmenbedingungen, wie der Existenz neuer Arbeits- und Organisationsformen, darlegen (vgl. den Beitrag von Ahlers in diesem Band).

4. Gestaltungsansatz

Für den Gestaltungsansatz des Projekts sind insbesondere drei Elemente kennzeichnend: Partizipation, Thematisierung und Sensibilisierung, institutionelle Verstetigung.

Der übergeordnete Gestaltungsansatz des Projekts besteht darin, die *erweiterten Partizipationschancen von Beschäftigten systematisch auf das betriebliche Gesundheitsmanagement* auszudehnen. Beschäftigte müssen zu Experten in eigener Sache nicht nur in Bezug auf Arbeitsinhalte, sondern auch in Bezug auf gesundheitsrelevante Arbeitsbedingungen werden. Es geht um die beteiligungsorientierte Gestaltung von Institutionen, Maßnahmen und Prozessen im betrieblichen Arbeits- und Gesundheitsschutz. Konkret bedeutet das vor allem die Gestaltung neuer Formen der Zusammenarbeit von „Experten" und „Betroffenen", bei der Analyse von Belastungen und Gefährdungen ebenso wie bei der Evaluation von Maßnahmen. Dabei geht es zum einen um die Organisation von Beteiligung selbst. Beteiligung muss – und das erst recht bei steigendem Zeit- und Leistungsdruck – nicht nur „motiviert", sondern auch organisiert und strukturiert werden. Beteiligung setzt deshalb nicht nur Interesse und Sensibilität für die Thematik voraus, sondern auch Zeiten, Räume und institutionelle „Gelegenheiten". Auf dieser Basis kann zum anderen daran gegangen werden, Maßnahmen und Prozesse des Arbeits- und Gesundheitsschutzes beteiligungsorientiert zu gestalten. Spätestens hier wird deutlich, welch zentrale Rolle die institutionellen Akteure in diesem Prozess spielen: Ihre Grundhaltungen zum Gesundheitsschutz und zum Stellenwert von Beteiligung sind entscheidend für das Funktionieren eines beteiligungsorientierten Arbeits- und Gesundheitsschutzes. Die Fallbeispiele zeigen, dass die spezifischen innerbetrieblichen Akteurskonstellationen und Beteiligungsmodelle unter anderem großen Einfluss auf die Chancen einer Durchführung nachhaltiger Gefährdungsbeurteilungen haben (siehe insbesondere den Beitrag von Becker/Brinkmann/Engel/Satzer in diesem Band).

Das zweite Element des Gestaltungsansatzes ist die *Thematisierung und Sensibilisierung:* Im Rahmen von PARGEMA haben Maßnahmen zur Thematisierung und Sensibilisierung mehr als nur die Funktion, Informationen zum Zusammenhang von Arbeit und Gesundheit bereitzustellen bzw. zu übermitteln. Dies ist zwar gerade angesichts der latenten Tabuisierung psychischer Belastungen und der bekannten Schwierigkeiten, psychische Belastungen „objektiv" zu erfassen und darzustellen, eine ganz wesentliche Aufgabe. Aber sie ist eben nicht die einzige. Thematisierung und Sensibilisierung im Rahmen von PARGEMA soll nicht nur einen Einfluss auf das Gesundheitsverhalten von Beschäftigten und Führungskräften haben, sondern auch (oder sogar mehr noch) auf das Gesundheits-„Verhalten" (wenn man so will) der Betriebe und von betrieblichen Institutionen. Denn PARGEMA setzt in der Definition der Ausgangslage gerade nicht am „Fehl"-Verhalten der Individuen an, sondern an strukturellen Problemen.

Maßnahmen zur Thematisierung und Sensibilisierung sollen deshalb zunächst einmal dazu beitragen, den betriebsöffentlichen Diskurs zu den Organisations- und Steuerungsformen von Arbeit und deren Einfluss auf Gesundheit und Wohlbefinden der Beschäftigten (und Führungskräfte) zu fördern. Eine weitere Funktion besteht in der Organisation von Beteiligung: Maßnahmen zur Thematisierung und Sensibilisierung dienen auch dazu, das Interesse an diesen Zusammenhängen zu erhöhen und Möglichkeiten der Gestaltung aufzuzeigen bzw. zur Diskussion zu stellen. Einen besonderen Stellenwert erhalten in diesem Zusammenhang „Reflexionsprozesse", in denen die beiden zentralen Präventionsansätze – Verhaltens- und Verhältnisprävention – unmittelbar aufeinander bezogen werden.

Eine Ausgangsannahme des Projektes PARGEMA bestand darin, dass im Rahmen neuer Steuerungsformen Beschäftigte aus eigenem Interesse an der Erreichung fremdgesetzter Ziele die eigene Gesundheit aufs Spiel setzen und eigentlich zu ihrem Schutz gedachte Regelungen scheinbar „freiwillig" unterlaufen (vgl. insbesondere den Beitrag von Peters in diesem Band). Weil hier Verhalten und Verhältnisse in einem neuartigen Zusammenhang stehen, in gewisser Weise sogar in eins gesetzt sind, liegt eine weitere Funktion von Maßnahmen der Thematisierung und Sensibilisierung in der Unterstützung eines Selbstverständigungsprozesses, in dem die notwendigen Voraussetzungen für eine Auseinandersetzung mit gesundheitsgefährdenden Folgen neuer, „indirekter" Steuerungsformen geschaffen werden.

Das dritte Element des Gestaltungsansatzes, die *institutionelle Verstetigung,* ist deshalb unverzichtbar, weil unter den Bedingungen einer zunehmend dynamischeren Organisations-, aber auch Belastungsentwicklung einmalige kurative oder auch präventive „Eingriffe" bzw. Maßnahmen nicht mehr ausreichen. Gesundheitsmanagement ist vielmehr als Prozess zu verstehen, der als zyklische Analyse, Beurteilung und Bewältigung von Gefährdungen im Optimalfall zu einem kontinuierlichen Verbesserungsprozess wird (Bamberg/Fahlbruch 2004; Elke/Zimolong 2005). Es müssen deshalb Maßnahmen entwickelt werden, die auch ohne die Begleitung durch das Projekt PARGEMA fortgesetzt werden können. Institutionelle Verstetigung versuchen wir zu erreichen, indem wir so weit wie möglich an bestehenden regulativen Grundlagen ansetzen. Dadurch soll vermieden werden, ohnehin schon überlastete Beschäftigte, Führungskräfte oder Gesundheitsschutz-Verantwortliche nicht durch zusätzliche Institutionen oder Prozesse noch weiter zu überlasten. Ratsam ist dies aber auch, weil der Arbeits- und Gesundheitsschutz immer auch ein Konfliktfeld ist oder sein kann. Ohne institutionelle bzw. regulative Grundlage wären Maßnahmen unmittelbar von den Interessen und Kräfteverhältnissen der Betriebsparteien abhängig – bzw.

vom „Goodwill" des jeweils mächtigeren Akteurs. In dieser Perspektive kommt vor allem der Gefährdungsbeurteilung nach dem Arbeitsschutzgesetz eine ganz zentrale Bedeutung zu.

In der Praxis gibt es hinsichtlich Umsetzung und Wirkung von Gefährdungsbeurteilungen – und zwar insbesondere im Hinblick auf die zunehmenden psychischen Belastungsfaktoren – noch einen erheblichen Gestaltungsbedarf (vgl. die Beiträge von Ahlers und Satzer in diesem Band sowie Satzer 2004 und Ahlers/Brussig 2005). Die Gründe hierfür sind vielfältig: Sie reichen von fehlenden Kompetenzen oder Kapazitäten (gerade in kleinen und mittleren Unternehmen) und mangelnder Initiative des Arbeitgebers oder des Betriebsrats (vgl. Ahlers/ Brussig 2004; Ahlers 2005) über das Problem zu aufwändiger, im betrieblichen Alltag nicht praktikabel einsetzbarer Analyseinstrumente und Bewertungsverfahren bis hin zu Kostengründen, die von Unternehmen angeführt werden (Durchführungskosten oder Kosten möglicher Maßnahmen im Anschluss). Darüber hinaus zeigen die bisherigen Erfahrungen mit Gefährdungsbeurteilungen zwei weitere Merkmale: Erstens ist die bisherige praktische Umsetzung – entgegen der Forderung nach mehr *Beteiligungsorientierung* bzw. „Partizipation" (Bamberg et al. 1998; Bertelsmann-Stiftung/Hans-Böckler-Stiftung 2004, S. 44) – ganz überwiegend expertenorientiert. Zweitens bleibt es meist bei punktuellen und einmaligen Interventionen – von der geforderten *Prozessorientierung* eines präventiven Arbeits- und Gesundheitsschutzes ist die betriebliche Praxis in der Regel weit entfernt.

Diese Ansätze sind in dem Prozess der Präventionsspirale integriert (vgl. auch Becker et al. 2011). Die Präventionsspirale (Abb. 2) bildet idealtypisch einen beteiligungsorganisierten, auf institutionelle Verstetigung ausgerichteten Präventionsprozess ab, der den PARGEMA-Aktivitäten als Vorgehensmodell diente.

- Gestaltungsschritt 1: Hier geht es darum, die Voraussetzungen für partizipative Präventionsprozesse zu klären, die über den klassischen Arbeitsschutz hinausgehen, und durch die Beratung, Schulung und Information aller betrieblichen Akteure sowie die Bildung neuer Akteurskonstellationen die *Partizipationskompetenzen (weiter) zu entwickeln.*
- Gestaltungsschritt 2: Bei der Identifikation von *Gefährdungen und salutogenen Potenzialen* im Rahmen von partizipativ und ganzheitlich ausgerichteten Gefährdungsbeurteilungen werden die Beschäftigten unmittelbar als „Experten in eigener Sache" in das betriebliche Gesundheitsmanagement einbezogen. Dadurch wird die vorhandene Partizipationskompetenz ausgebaut und eine stärker nach individuellen Unterschieden (vor allem entlang von Geschlecht und Alter) differenzierende Gefährdungsbeurteilung gewährleistet. Zugleich wird so eine wesentliche Grundlage für partizipative Umsetzungsprozesse gelegt.

- Gestaltungsschritt 3: In diesem Gestaltungsschritt werden auf der Basis der Gefährdungs- und Potenzialanalysen unter Beteiligung von Experten, Führungskräften und Beschäftigten *Gestaltungsanforderungen abgeleitet und Maßnahmen entwickelt.*
- Gestaltungsschritt 4: Als vierter Schritt erfolgt die *Umsetzung in konkrete Maßnahmen bzw. in betriebliche Institutionen,* in die den neuen Steuerungs- und Organisationsformen angemessene verhältnis- und verhaltenspräventive Ansätze integriert werden.
- Gestaltungsschritt 5: Der letzte Schritt, die *(Selbst-)Prüfung von Wirkung und Nachhaltigkeit,* ist zugleich Ausgangspunkt eines neuen partizipativen Präventionszyklus, weil hier von *allen* Beteiligten die Verbesserungen überprüft und Ausgangsprobleme definiert werden, die dann wiederum den Analyse-, Beurteilungs- und Gestaltungsbedarf des nächsten Zyklus bestimmen. Zugleich gilt es hier, nicht nur „von außen" Wirkung und Nachhaltigkeit zu evaluieren, sondern insbesondere auch die Entwicklung von Kompetenzen zur (Selbst-)Beurteilung der Beschäftigten zu unterstützen.

Abb. 2: Die Präventionsspirale

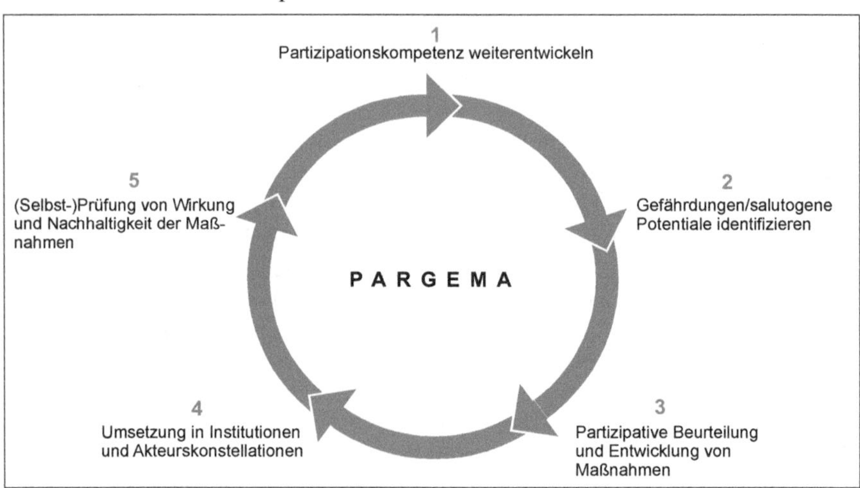

5. Gestaltung in den Betrieben

Die Präventionsspirale ist die idealtypische (und im Übrigen natürlich stark vereinfachende) Beschreibung eines Gesundheitsmanagements, das versucht, den Gefährdungen prozessorientiert und präventiv zu begegnen, und das die Beschäftigten dabei als Experten ernst nimmt und einbezieht. Zugleich war die Präventionsspirale für die Gestaltungsaktivitäten von PARGEMA orientierend. Nachstehende Tabelle gibt einen Überblick über die konkreten Aktivitäten von PARGEMA in den beteiligten Betrieben. Die Darstellung orientiert sich an den einzelnen Schritten der Präventionsspirale. Ausführlichere Einblicke in die Gestaltungsaktivitäten, die zugrundeliegenden Konzepte und die entwickelten Instrumente geben einige der Beiträge dieses Bandes sowie das im Projekt entwickelte „Handbuch Gesundheit und Beteiligung“ (Becker et al. 2011).

Übersicht 2: Die betrieblichen Gestaltungsaktivitäten von PARGEMA

Gestaltungsschritte	Gestaltungsmaßnahmen
Schritt 1: Partizipationskompetenz weiterentwickeln	Bildung paritätisch besetzter Lenkungsgruppen Zielgruppenorientierte Bereitstellung von Informationen über das Projekt PARGEMA und zum Themenfeld Gesundheit/Gesundheitsschutz/Psychische Belastungen Projektvorstellung und -diskussion durch Präsentationen bei Betriebs- und Abteilungsversammlungen Sensibilisierungs-Workshops mit Führungskräften und Betriebsräten Durchführung von Workshops zur Soll-Analyse (Leitbildentwicklung in der „Idealphase") mit Beschäftigten und Führungskräften[a]
Schritt 2: Gefährdungen/salutogene Potenziale identifizieren	Erhebung von Arbeitsbedingungen und Belastungen durch PARGEMA-Forscher (quantitativ und qualitativ) Ist-Analyse in moderierten Gruppendiskussionen („Denkwerkstätten Typ A") Unterstützung von betrieblichen Akteuren bei der Entwicklung und Durchführung einer Beschäftigtenbefragung Unterstützung der Betriebe bei der Durchführung einer ganzheitlichen Gefährdungsbeurteilung
Schritt 3 Partizipative Beurteilung und Entwicklung von Maßnahmen	Zielgruppengerechte Aufbereitung der wissenschaftlichen Ergebnisse und Information aller Beteiligten über die Ergebnisse in Form schriftlicher Berichte/Informationen Durchführung von Workshops mit institutionellen Akteuren und Beschäftigten zur Diskussion der Ergebnisse und Ableitung von Folgerungen Durchführung von Workshops mit Beschäftigten und Führungskräften zur Maßnahmenentwicklung („Denkwerkstätten Typ B") Information der Mitglieder des Lenkungskreises über die Ergebnisse, deren Diskussion in den Workshops sowie die abgeleiteten Maßnahmen und die Diskussion zu deren Umsetzung
Schritt 4: Umsetzung in Institutionen und Akteurskonstellationen	Umsetzung konkreter Maßnahmenvorschläge (etwa: neue Schulungsangebote für Beschäftigte und/oder Führungskräfte, Einrichtung neuer Umkleiden und Waschgelegenheiten etc.) Neudefinition der Rollen/Funktionen betrieblicher Akteure im Gesundheitsschutz (etwa bessere Integration einzelner Maßnahmen, Veränderung der Rolle der Sicherheitsbeauftragten) Integration der Belastungsthematik in andere institutionelle Themen, etwa: Qualitätsmanagement, kontinuierliche Verbesserungsprozesse u.a. Neugestaltung der „Unterweisung" nach ArbSchG: Transformation in regelmäßige Abteilungsworkshops zur Prävention von arbeitsbedingten Fehlbelastungen[b] Vorbereitung einer (unter Umständen zweiten) ganzheitlichen Gefährdungsbeurteilung
Schritt 5: (Selbst-)Prüfung von Wirkung und Nachhaltigkeit der Maßnahmen	Wissenschaftliche Evaluation der PARGEMA-Maßnahmen (etwa der Sensibilisierungs-Workshops und der Denkwerkstätten) Begehungen der in Maßnahmen einbezogenen Abteilungen und Bereiche Regelmäßige Überprüfung von Belastungen und Maßnahmen im Rahmen fortlaufender Veranstaltungen (etwa der regelmäßigen Abteilungsworkshops oder von Veranstaltungen zum Qualitätsmanagement) Wiederholte Durchführung einer ganzheitlichen Gefährdungsbeurteilung

Legende zu Übersicht 2:

a – Die Workshops zur Leitbildentwicklung und die „Denkwerkstätten“ sind Teil der von Cogito entwickelten „reflexiven Interventionsmethoden“, die insbesondere im Dienstleistungsunternehmen „Saturnia“ durchgeführt und evaluiert wurden. Dem Partizipationsgedanken des Forschungsverbunds gemäß war die Vorgehensweise des Projekts darauf angelegt, den beteiligten betrieblichen Akteuren eine Subjektrolle im Kontext des Forschungsprozesses zu ermöglichen. Dies bedeutete zunächst, dass die Beschäftigten in der ersten von insgesamt drei Projektphasen selbst Gesichtspunkte und Maßstäbe für die Untersuchung der Belastungssituation und die Entwicklung präventiver Maßnahmen formulieren konnten. Ergebnis dieser so genannten ‚Idealphase’ war die Erarbeitung eines differenzierten und umfassenden Idealbildes für eine „gesundheitsförderliche Saturnia“. In der anschließenden „Realphase“ waren die Projektteilnehmer in den Denkwerkstätten Typ A dazu aufgerufen, (1) ihre Arbeitsbedingungen nach Maßgabe der zuvor entwickelten Idealbilder zu bewerten (Soll-Ist-Abgleich), (2) die zentralen gesundheitsrelevanten Bedingungen (Fehlbelastungen, Stressverschärfer, positiv wirkende Stresspuffer) im Unternehmen individuell (auf Arbeitsblättern) und gemeinsam (Kleingruppenarbeit, Plenumsdiskussion) zu identifizieren und (3) die im Unternehmen praktizierte Steuerungsform und deren Auswirkungen auf die Belastungssituation zu untersuchen. In der dritten Phase des Projekts wurden auf der Grundlage der Ergebnisse der vorangegangenen Projektphasen in den Denkwerkstätten Typ B gemeinsam mit den Teilnehmern Vorschläge für angemessene Maßnahmen eines präventiven Arbeits- und Gesundheitsschutzes entwickelt („Maßnahmenphase“).

b – Dazu wurde die Handreichung „Prävention arbeitsbedingter Fehlbelastungen – Handout zur Durchführung von Mitarbeiterworkshops zum Arbeits- und Gesundheitsschutz (‚Unterweisung’)“ erarbeitet und (im Fall „Konsumelektronik“) erprobt. Die Handreichung ist unter www.pargema.de als Download erhältlich.

Literatur

Ahlers, E. (2005): Arbeitsbelastungen im öffentlichen Dienst. Gesundheitsprävention (noch) kein Thema? In: WSI-Mitteilungen, Jg. 58/Heft 6, S. 346–351

Ahlers, E./Brussig, M. (2004): Gesundheitsbelastung und Prävention am Arbeitsplatz – WSI-Betriebsrätebefragung 2004. In: WSI-Mitteilungen, Jg. 57/Heft 11, S. 617–624

Ahlers, E./Brussig, M. (2005): Gefährdungsbeurteilungen in der betrieblichen Praxis. In: WSI-Mitteilungen, Jg. 58/Heft 9, S. 517–523

Bamberg, E./Fahlbruch, B. (2004): Gesundheit und Sicherheit. In: Schuler, H. (Hg.): Lehrbuch Organisationspsychologie. Bern, S. 617–639

Bamberg, E./Ducki, A./Metz, A.-M. (1998): Grundlagen der betrieblichen Gesundheitsförderung. In: Bamberg, E./Ducki, A./Metz, A.-M. (Hg.): Handbuch Betriebliche Gesundheitsförderung. Göttingen, S. 17–36

Becker, K./Brinkmann, U./Engel, T./Satzer, R. (2011): Handbuch Beteiligung und Gesundheit. Neue Instrumente für den Gesundheitsschutz in Betrieben und Behörden. Hamburg

Bertelsmann-Stiftung/Hans-Böckler-Stiftung (Hg.) (2004): Zukunftsfähige betriebliche Gesundheitspolitik. Vorschläge der Expertenkommission. Gütersloh

Bludau-Hoffmann, H./Eberle, R./Holz-Skibinski, K./Spadzinsk, U. (2010): Gute Arbeit und Faire Arbeit im Finanzdienstleistungssektor. In: Schröder, L./Urban, H.-J. (Hg.): Jahrbuch Gute Arbeit – Handlungsfelder für Betriebe, Politik und Gewerkschaften. Frankfurt/M., S. 191–200

Elke, G./Zimolong, B. (2005): Eine Interventionsstudie zum Einfluss des Human Resource Managements im betrieblichen Arbeits- und Gesundheitsschutz. In: Zeitschrift für Arbeits- und Organisationspsychologie, Jg. 49/Heft 3, S. 117–130

Foullong, U. (2010): ver.di-faire-Arbeit-Initiativen in den Finanzdienstleistungen: Wie neues Management krank macht und wie Aktive erste Antworten finden. In: Schröder, L./Urban, H.-J. (Hg.): Jahrbuch Gute Arbeit – Handlungsfelder für Betriebe, Politik und Gewerkschaften. Frankfurt/M., S. 184–190

Pongratz, H./Trinczek, R. (Hg.) (2010): Industriesoziologische Fallstudien: Entwicklungspotenziale einer Forschungsstrategie. Berlin

Satzer, R. (2004): Psychische Belastungen im Arbeitsleben. Strategien zur Entwicklung eines handlungsrelevanten Gesundheitswissens im Bereich der Metall- und Elektroindustrie. Ergebnisbericht an die Hans-Böckler-Stiftung, Düsseldorf

Partizipatives Gesundheitsmanagement

Eine arbeits- und organisationspsychologische Perspektive

Heinz Schüpbach

1. Facetten des Gesundheitsmanagements aus psychologischer Sicht

Die rechtliche Verantwortung für den Schutz der Gesundheit der Mitarbeitenden liegt in Deutschland gemäß Arbeitsschutzgesetz beim Arbeitgeber. Zur Klärung der Frage, wie dabei vorzugehen ist, müssen aus psychologischer Sicht viele Merkmale mit je unterschiedlichen Facetten berücksichtigt werden. Dabei bieten sich die folgenden Unterscheidungen an (Tab. 1). Zu beachten ist, dass es nicht die eine, richtige Kombination von Ausprägungen geben kann. Je nach den konkreten betrieblichen Gegebenheiten sind verschiedene „Spielarten" möglich und sinnvoll.[1]

Tab. 1: Merkmalskombinationen des Gesundheitsmanagements

Merkmal	Ausprägung A	Ausprägung B
1. Ziel, Reichweite	Arbeitssicherheit; Arbeits-/Gesundheitsschutz	Gesundheitsförderung
2. Ansatz	person-/verhaltensbezogen	bedingungs-/verhältnisbezogen
3. Strategie 1	korrektiv (eher kurzfristig)	präventiv/prospektiv (eher längerfristig)
4. Strategie 2	isoliert (diskontinuierlich)	integriert (kontinuierlich)
5. Management 1: Leitbild und Koordination	zentral	dezentral
6. Management 2: Entscheidung und Planung	direktiv	partizipativ
7. Management 3: Steuerung der Umsetzung der Maßnahmen	zentral	dezentral

Es sind unterschiedliche Kombinationen von Merkmalsausprägungen A und B möglich

1 Nicht diskutiert werden differenzielle Aspekte des Gesundheitsmanagements, d.h. die Frage, wie mit den individuell unterschiedlichen gesundheitlichen Voraussetzungen der Arbeitenden umzugehen ist.

Das erste Merkmal benennt unterschiedliche Ziele bzw. *Reichweiten* des Gesundheitsmanagements. Das minimale, gesetzlich vorgegebene Ziel muss die Gewährleistung der *Arbeitssicherheit* und des *Gesundheitsschutzes* der Arbeitenden sein. Nach Ulich (2005; vgl. auch Ulich/Wülser 2009; Schüpbach 2009a) basieren Arbeitssicherheit und Gesundheitsschutz schwergewichtig auf einer pathogenetischen Perspektive der Wirkungen von Arbeit auf den Menschen („was macht Menschen bei der Arbeit krank?“). Sie sehen ihr Ziel darin, die Gesundheit gefährdende Arbeitsbedingungen und Belastungen zu vermeiden bzw. zu beseitigen und die Arbeitenden für potenziell gefährliche Situationen zu sensibilisieren. Die *Gesundheitsförderung* geht darüber hinaus, ist salutogenetisch ausgerichtet („was erhält Menschen bei der Arbeit gesund?“) und sieht ihre Aufgabe darin, gesundheitsförderliche Arbeitsbedingungen und Kompetenzen zu schaffen bzw. zu erhalten.

Das zweite Merkmal unterscheidet *Ansätze* des Gesundheitsmanagements. Person- bzw. verhaltensbezogene Maßnahmen appellieren an die Selbstverantwortung der Arbeitenden für ihre Gesundheit und fordern sie auf, kompensatorisch zu den Arbeitsbedingungen und -belastungen eigeninitiativ Maßnahmen zu ergreifen, z.B. Rückenschulen oder Entspannungstrainings zu besuchen. Die bedingungs- bzw. verhältnisbezogenen Maßnahmen setzen dagegen bei der Arbeitsgestaltung und bei der Schaffung von Ressourcen zur Bewältigung von Belastungen an. Da sie zu einer Entlastung der Arbeitenden beitragen, d.h. selbst Ressourcen freisetzen, sind sie per se als effektiver einzuschätzen und genießen aus psychologischer Sicht eindeutig Vorrang (Ulich 2005).

Die *Strategie* des Gesundheitsmanagements (Merkmal 3) kann sich einerseits eher kurzfristig und korrektiv auf die Beseitigung erkannter Gefährdungen und Mängel beschränken. Andererseits kann sie in einer eher längerfristigen Perspektive darauf abzielen, gesundheitliche Schädigungen und Beeinträchtigungen vorwegnehmend zu vermeiden (präventive Strategie). Ein prospektiv orientiertes Gesundheitsmanagement nutzt darüber hinaus die Möglichkeit, gesundheits- und kompetenzförderliche Potenziale der Arbeit zu erkennen und zu fördern. Ein Zusatznutzen der prospektiven Strategie besteht darin, dass der Erwerb gesundheitsförderlicher Kompetenzen auch dem Verhalten in anderen Lebensbereichen zugute kommen kann (siehe dazu auch den Beitrag von Satzer in diesem Band). Ein zweites Strategiemerkmal (Merkmal 4) betrifft die Frage, ob in speziellen Gremien (z.B. Gesundheitsausschuss, Gesundheitszirkel) isolierte Einzelmaßnahmen beschlossen und umgesetzt werden oder ob diese Maßnahmen in einem integrierten Konzept aufeinander abgestimmt sind und kontinuierlich im Arbeitsalltag berücksichtigt werden. Dieses Merkmal steht in enger Analogie zum Qualitätsmanagement: Nach heutigem Verständnis wird Qualität nicht mehr parallel zu den Arbeitsprozessen oder im Anschluss an die Arbeitsprozesse geprüft und dann quasi durch Nacharbeit erzeugt, sondern die Sicherstellung der Ergebnisqualität wird durch Schaffung günstiger struktureller Voraussetzungen sowie das Management der Prozesse in die produktiven Arbeitsaufgaben integriert.

Das eigentliche *operative Gesundheitsmanagement* unterscheidet schließlich drei Teilmerkmale: Merkmal 5 klassifiziert das Gesundheitsmanagement danach, ob die Entwicklung des gesundheitsbezogenen *Leitbildes* sowie die *Koordination der Maßnahmen* zentral – z.B. im Rahmen eines zentralen, abteilungs- oder betriebsübergreifenden Gesundheitsausschusses – oder aber dezentral erfolgen. Als Vorteile des zentralen Ansatzes können sicherlich die Rückendeckung der obersten Leitung sowie die Abstimmung der einzelnen Maßnahmen – im Sinne eines integrierten Gesundheitsmanagements – gelten. Der Vorteil des dezentralen Managements liegt darin, dass die Maßnahmen sehr spezifisch konzipiert werden können. Merkmal 6 fragt danach, ob Entscheidungen und die Planung von Maßnahmen direktiv – hauptsächlich in Form von individuell einzuhaltenden Verhaltensvorschriften – oder aber partizipativ – meistens auf der Ebene von Arbeitsgruppen (evtl. auch Gesundheitszirkeln) oder Abteilungen – erfolgen. Als Erfahrung kann gelten, dass ein direktives Gesundheitsmanagement zwar eindeutig weniger Aufwand verursacht, jedoch in der betrieblichen Praxis weniger Beachtung findet. Schlussendlich kann eine Unterscheidung danach getroffen werden (Merkmal 7), ob die operative Steuerung gesundheitsförderlicher Maßnahmen zentral (z.B. von Fachleuten aus der Personalabteilung) oder aber dezentral von den Betroffenen erfolgt – meist unter Einbindung der unmittelbaren Vorgesetzten (zum Thema Führung und Gesundheit siehe den Beitrag von Pangert et al. in diesem Band).

2. Indirekt gesteuerte Arbeitssysteme und Gesundheitsmanagement

In der betrieblichen Praxis ist indirekte Steuerung immer dann angezeigt, wenn bei der Arbeit

a) nicht lediglich Vorgaben abzuarbeiten und Regeln einzuhalten, sondern situations- oder kundenspezifische, wissensbasierte Entscheidungen zu treffen sind, wenn
b) die Aufgaben in verschiedenen Arbeitssystemen eng miteinander verknüpft sind und wenn
c) in den Arbeitsabläufen unvorhersehbare Schwankungen und Störungen auftreten, welche eine permanente Überwachung und Anpassung, d.h. viel Flexibilität erfordern (Schüpbach 2009b; Cummings/Blumberg 1987; vgl. dazu auch den Beitrag von Menz et al. in diesem Band).

Der Begriff der *direkten Steuerung* meint aus organisationskybernetischer Sicht, dass im Sinne eines Feed-forward- oder Push-Managements Arbeitsprozesse durch eng definierte, wenn möglich standardisierte Vorgaben bezüglich Strukturen (z.B. Personal, Arbeitsmittel, Material, Zeit) und Vorgehen quasi zwangsläufig zu guten Ergebnissen führen sollten. Dies setzt allerdings eine sehr hohe Berechen- und Beherrschbarkeit der Strukturen und Prozesse voraus – was angesichts der zunehmenden Komplexität der Arbeitssysteme und -prozesse kaum mehr gegeben ist (Schüpbach 2009b). Die *indirekte Steuerung* rückt deshalb als Konsequenz aus der zunehmenden Ineffektivität und Ineffizienz der direkten Steuerung von zentralen Vorgaben bezüglich Strukturen und Prozessen ab und definiert an deren Stelle das *Ergebnis,* z.B. in Form von Eckterminen, Qualitätsmerkmalen oder Erträgen (vgl. den Beitrag von Bahamondes Pavez/Hinrichs in diesem Band). Strukturen und Prozesse werden in einem Pull-Management von (zeitlich) hinten nach vorne abgeleitet und mit den Wirkungen von Schwankungen und Störungen auf die Arbeitsprozesse abgeglichen. Für diese Aufgaben werden – in Form von Ziel- oder Ergebnisvorgaben – zunehmend nicht mehr „Terminjäger“, sondern unmittelbar die Mitarbeitenden vor Ort verantwortlich gemacht (Hölzle 2000). Für das Unternehmen wird auf diese Weise das Arbeitssystem insgesamt sehr viel flexibler, damit auch kalkulierbarer und stabiler. Für die Mitarbeitenden entsteht allerdings das Risiko, vorgegebene Ergebnisse mit begrenzten Ressourcen und mit unkalkulierbarem Aufwand, d.h. schwankender Arbeitsdichte, erzielen zu müssen. Mit dem Verzicht auf enge Vorgaben und mit der Übertragung der Verantwortung für die fortlaufende, an die Situation angepasste Planung und Steuerung ihrer eigenen Arbeit an die Mitarbeitenden geht fast zwangsläufig auch eine Mitverantwortung für das eigene Wohlbefinden und die eigene Gesundheit einher. Sie sind aufgefordert, die Arbeitsabläufe so zu gestalten, dass ihre Gesundheit und ihr Wohlbefinden erhalten bleiben – allerdings nicht auf Kosten der Ergebnisse bzw. der Zielerreichung. Dass dies mit schwierigen Konflikten verbunden sein kann, liegt auf der Hand.

Für die Konzeption des Gesundheitsmanagements (vgl. Tab. 1) ergeben sich aus dem Wechsel von direkter zu indirekter Steuerung klar ableitbare Konsequenzen. Direktive, zentral festgelegte, geplante und gesteuerte Maßnahmen der Gesundheitsförderung können in indirekt gesteuerten Arbeitssystemen kaum effektiv und nachhaltig wirken. Dies gilt vor allem für isolierte Einzelmaßnahmen, welche primär korrektiv erfolgen und person- bzw. verhaltensbezogen sind. Zu fordern ist konsequenterweise ein Gesundheitsmanagement, welches zwar zentral konzipiert und koordiniert wird, welches jedoch Spielräume für eine partizipative Gestaltung und dezentrale Umsetzung der Maßnahmen vorsieht. Von besonderer Bedeutung ist dabei, dass die Gesundheitsförderung in die Arbeits- und Aufgabengestaltung integriert und kontinuierlich durchgeführt wird. Dies wiederum erfordert einerseits (bedingungsorientiert) die Bereitstellung von Ressourcen und (Stress-)Puffern, andererseits (personorientiert) die Vermittlung von Kenntnissen, eine Sensibilisierung gegenüber der eigenen Gesundheit sowie die

Vermittlung von Kompetenzen zur Bewältigung von Stress und zur Nutzung der Ressourcen. Kurz: Es gilt, gesundheitliche Ziele und Ergebniserwartungen mit den produktiven zu verknüpfen (zum Auseinanderdriften von betrieblicher Leistungs- und Gesundheitspolitik in indirekt gesteuerten Arbeitssystemen siehe den einführenden Beitrag von Kratzer/Dunkel in diesem Band).

3. Handlungspsychologische Aspekte der indirekten Steuerung: Eine widersprüchliche Bilanz

Eine psychologische Einschätzung der Auswirkungen der indirekten Steuerung auf das konkrete aufgabenbezogene Handeln der Arbeitenden führt zu einer gemischten, insgesamt widersprüchlichen Bilanz.

Einerseits verspricht die Ergebnisorientierung des Handelns bei weit reichenden Handlungsspielräumen einen Zugewinn an (kognitiv) anspruchsvollen Teilaufgaben, damit an Qualifizierungsmöglichkeiten, an Autonomie und Selbstregulation sowie an Gelegenheiten zu aufgabenbezogener Kommunikation und Kooperation. Wenn das zutrifft, müsste auf der Basis anerkannter Kriterien zur Bewertung von Arbeitsaufgaben (vgl. z.B. Ulich 2005; Richter/Hacker 1998) belegt werden können, dass sich Arbeiten in indirekt gesteuerten Arbeitssystemen positiv auf die Gesundheit und die Kompetenzentwicklung auswirkt.

Analysen krankheitsbedingter Frühpensionierungen sowie die Arbeitsunfähigkeitsstatistiken der Krankenkassen bieten jedoch ein anderes Bild. Fehltage wegen psychischer Erkrankung, insbesondere psychischer Erschöpfung, nehmen seit einigen Jahren kontinuierlich zu.

Wie lässt sich dieser scheinbare Widerspruch psychologisch erklären?

3.1 Psychischer Stress als Folge eingeschränkter Handlungskontrolle

Gemäß einer psychologischen Definition von Greif (1989, S. 435) entsteht Stress aus der Befürchtung, sich einer stark aversiven, zeitlich nahen und lang andauernden Arbeitssituation nicht entziehen zu können. „Dabei erwartet die Person, dass sie nicht in der Lage ist (oder sein wird), die Situation zu beeinflussen oder durch den Einsatz von Ressourcen zu bewältigen.“

In indirekt gesteuerten Arbeitssystemen sind die Arbeitsbedingungen definitionsgemäß nur begrenzt kontrollierbar. Stress ist somit potenziell immer gegeben. Die kritische Frage ist somit nach Greif (1989), ob genügend Ressourcen vorhanden sind, um den Stress zu puffern und zu bewältigen. Nur wenn dies sichergestellt ist, können die positiven Aspekte indirekter Steuerung zum Tragen kommen.

Als Hypothese lässt sich zusammenfassend formulieren, dass hoher psychischer Stress, psychisch bedingte Arbeitsunfähigkeit sowie Erschöpfung vermehrt da auftreten, wo Ressourcen zum Bewältigen und zum Puffern von Stress nicht in ausreichendem Maße gegeben sind.

3.2 Psychologische Aspekte der Ergebnisorientierung

Indirekte Steuerung ist, wie dargestellt, ergebnisorientiert. Erwartete Ergebnisse werden dabei überwiegend in Form von Zielen festgelegt. Aus betrieblicher Sicht werden unter Zielen meist Vorgaben verstanden, welche innerhalb einer bestimmten Zeit zu erfüllen sind (Hölzle 2000). Da sie in der Regel in Form von Beschreibungen sächlicher Merkmale der Ergebnisse formuliert sind, werden sie als „Objectives" bezeichnet. Sächliche Merkmale können dabei z.B. Qualitätsmerkmale, Termine, Mengenangaben oder monetäre Umsätze sein. Als Objectives sind Ziele objektivierbar gegeben und überprüfbar.

Aus psychologischer Sicht ist die Frage entscheidend, wie sich die Ziele im konkreten Handeln erreichen lassen. Dabei haben sich gemäß der Theorie der Zielsetzung (in der Psychologie bekannt unter der Bezeichnung „Goal Setting"; Locke/Latham 1990) vier Merkmale von Zielen als psychologisch relevant erwiesen. Ziele sollen

a) anspruchsvoll und herausfordernd, aber realistisch, d.h. erreichbar sein,
b) sie sollen möglichst konkret formuliert sein,
c) sie sollen von den Betroffenen akzeptiert sein und
d) sie sollen von den Betroffenen als verpflichtend empfunden werden.

Merkmal a) setzt voraus, dass bei der Festlegung und Vereinbarung der Ziele die konkreten Möglichkeiten der Zielerreichung, vorhandene Restriktionen bzw. Stressoren sowie Ressourcen zu deren Pufferung und Bewältigung geprüft werden. Daraus lassen sich die für die selbstregulierte Zielerreichung erforderlichen Entscheidungsspielräume ableiten. Es stellt sich auch die Frage, ob Ziele neu festgelegt werden können, wenn sie sich als unrealistisch erweisen. Mit der Frage, wie die Ziele festgelegt werden, hängt – wie die Motivationspsychologie zeigt – entscheidend zusammen, ob sie von den Betroffenen akzeptiert (Merkmal c) und als verpflichtend empfunden (Merkmal d) werden.

Als Hypothese lässt sich zusammenfassend formulieren, dass hoher psychischer Stress, psychisch bedingte Arbeitsunfähigkeit und Erschöpfung vermehrt da auftreten, wo nicht ausreichend geklärt wird, ob Ziele realistisch formuliert (und bei Bedarf revidierbar) sind, und wo die Ziele von den Betroffenen wenig akzeptiert und dennoch als sehr verpflichtend erlebt werden (siehe auch den Beitrag von Bahamondes Pavez/Hinrichs in diesem Band).

4. Der psychologische Stellenwert von Partizipation

Der Einsatz und die Erprobung unterschiedlicher Formen sowie die psychologische Analyse und Erforschung der Effekte von Mitarbeiterbeteiligung haben in der Arbeits- und Organisationspsychologie eine lange Tradition (vgl. Antoni 1999; Ulich 2005). Partizipative Formen der Entscheidungsfindung und Problemlösung finden sich vor allem im Bereich der Führung (Wegge/Rosenstiel 2007) sowie der Arbeitsgestaltung und Organisationsentwicklung. Von der Partizipationsform her unterscheidet Antoni (1999) direkte (persönliche Teilnahme an den Entscheidungsprozessen) und indirekte bzw. repräsentative Partizipation (z.B. durch Vertrauensleute, Betriebsräte), formelle (z.B. durch das Betriebsverfassungsgesetz geregelte) und informelle Partizipation sowie Partizipation im regulären Arbeitsablauf und Partizipation in speziellen Kreisen außerhalb der regulären Arbeitsabläufe (z.B. im Rahmen von Qualitäts- oder Gesundheitszirkeln; vgl. Abschnitt 4.2).

4.1 Psychisch vermittelte Effekte von Partizipation

Die psychologische Partizipationsforschung konnte zeigen, dass die Effekte von Partizipation potenziell positiv sind (zusammenfassend Antoni 1999; vgl. auch Ulich/Wülser 2009, Wegge/Rosenstiel 2007). Positive Effekte können einerseits auf die Gesundheit und das Wohlbefinden der Arbeitenden erwartet werden, andererseits auf die Leistung (Produktivität, Produkt- und Entscheidungsqualität, Absentismus), darüber hinaus auf eine höhere Verbundenheit mit dem Unternehmen (Commitment) bzw. ein besseres Arbeitsklima. Wichtig ist, dass Partizipation nicht immer und nicht direkt zu positiven Effekten führt. Die vermittelnden psychischen Variablen sind in Abbildung 1 dargestellt.

Bei den vermittelnden Variablen ist zu unterscheiden zwischen kognitiven und motivationalen Aspekten. *Kognitive Aspekte* betreffen die Qualität des Informationsflusses, den Grad der Ausnutzung verteilten Wissens sowie das durch Partizipation vermittelte Problemverständnis. *Motivational* kann Partizipation Widerstand auffangen und verarbeiten bzw. Akzeptanz schaffen, die wahrgenommene Situationskontrolle erhöhen und damit Stress puffern, die Verbundenheit mit dem Unternehmen stärken sowie die Bereitschaft und die Fähigkeit zu gegenseitiger Unterstützung fördern.

Zu den Voraussetzungen der Förderlichkeit von Partizipation gehören insbesondere die Art der Aufgabe, der Grad der Beteiligung sowie die Qualität des Partizipationsprozesses. Antoni (1999, S. 574) fasst die Ergebnisse der Forschung wie folgt zusammen: Positive Effekte der Partizipation

> „sind insbesondere bei komplexen Aufgaben zu erwarten, wenn sich die Mitarbeiter an der Entwicklung der Bearbeitungsstrategien beteiligen und eigene Informationen einbringen können."

Aus handlungspsychologischer Sicht lässt sich dies nach Antoni wie folgt erklären:

> „Die Einbindung von Mitarbeitern in Planungsprozesse erleichtert die Entwicklung aufgabenangemessener Bearbeitungsstrategien und Handlungsschemata. Diese ermöglichen es den Mitarbeitern, auf unerwartete Störungen oder eine Veränderung der Rahmenbedingungen frühzeitig (antizipativ) und adäquat zu reagieren und gegebenenfalls alternative Bearbeitungswege zu entwickeln und einzuschlagen."

Die aus psychologischer Sicht wichtigste Funktion der Partizipation besteht im Auftau- („unfreeze") und Sensibilisierungsprozess. Die Arbeitenden werden veranlasst und dafür sensibilisiert, eine Thematik (hier: ihre Gesundheit im Zusammenhang mit der Arbeit) nicht für problemlos und unveränderbar, sondern für relevant und veränderbar zu halten. Aus handlungspsychologischer Sicht ist dabei entscheidend, dass die Arbeitenden erfahren und lernen, dass die Erhaltung und Förderung der Gesundheit und des Wohlbefindens als wichtiges Teilziel gilt, welches in Abstimmung mit den Leistungszielen zu erreichen ist.

Abb. 1: Vermittelnde kognitive und motivationale Faktoren in der Beziehung von Partizipation und Gesundheit/Wohlbefinden

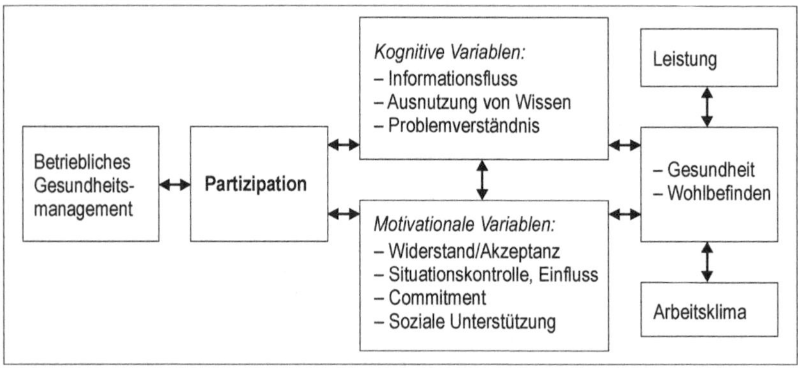

(nach Antoni 1999, 2007)

4.2 Psychologisch begründete Instrumente der Partizipation

In der Literatur wird eine Vielzahl von Verfahren vorgestellt, in deren Rahmen sich Partizipation mehr oder weniger systematisch verwirklichen lässt. Ein größerer Teil dieser Verfahren bezieht sich auf das Herbeiführen partizipativer Entscheidungen im Führungsprozess (zur Bedeutung von Führung für das Gesundheitsmanagement siehe den Beitrag von Pangert et al. in diesem Band).

In der Mehrzahl handelt es sich um Verfahren, welche diskontinuierlich, d.h. zeitlich begrenzt außerhalb der regulären Arbeitsorganisation praktiziert werden. Dazu gehören z.B. das Konzept der Qualitäts- (vgl. Antoni 1999) bzw. Gesundheitszirkel (vgl. die ausführliche Darstellung in Ulich/Wülser 2009), die Mitarbeiterbefragung in Form des Auftau- und Einbindungsmanagement-Prozesses (AEMP, Borg 2000) sowie die Subjektive Tätigkeitsanalyse nach Ulich (2005), welche nachfolgend exemplarisch etwas eingehender erläutert wird.

Die Subjektive Tätigkeitsanalyse (STA) nach Ulich ist ein in den Grundzügen einfaches Verfahren in Form eines in vier Schritte gegliederten Gruppenprozesses.

- *1. Schritt:* Der Arbeitsgruppe wird ein Raster vorgestellt, das für die Gestaltung der Arbeitssituation (hier: der Gesundheitsförderlichkeit) relevante Dimensionen enthält, die gemeinsam bewertet werden.
- *2. Schritt:* Die Beteiligten werden aufgefordert, Pläne für die Veränderung der nunmehr als problemhaltig beschriebenen Situation zu generieren.
- *3. Schritt:* Ermittlung der Qualifizierungserfordernisse und -defizite.
- *4. Schritt:* Entwicklung eines (gruppeninternen) Trainingsprogramms zur gegenseitigen Vermittlung der erforderlichen Qualifikationen.

Psychologisch von besonderem Interesse sind der erste und der zweite Schritt, in denen es um eine kognitive und motivationale Umstrukturierung geht. Die STA geht von der Erfahrung aus, dass als Voraussetzung partizipativer Entscheidungen ein Problembewusstsein zuerst entwickelt werden muss.

> „Bevor Prozesse der Alternativenfindung und -planung überhaupt stattfinden können, muss die gegebene Situation als problemhaltig verstanden bzw. erlebt werden." (Ulich 2005, S. 433)

Damit soll erreicht werden, „dass objektive Handlungs- und Gestaltungsspielräume erkannt und genutzt, aber auch Möglichkeiten ihrer Erweiterung wahrgenommen und realisiert werden" (ebd.; zum Einsatz partizipativer Verfahren in der betrieblichen Gesundheitsförderung siehe die Beiträge von Bahamondes Pavez/Hinrichs sowie Satzer in diesem Band).

Ihre größte Reichweite findet Partizipation in Form von teilautonomen Arbeitsgruppen (Ulich 2005; Bungard/Antoni 2005). Auf eine ausführliche Darstellung dieses Konzepts wird an dieser Stelle verzichtet, da es als bekannt vorausgesetzt werden kann und da die Wirkungsweise und Effekte grundsätzlich die gleichen sind wie bereits beschrieben.

5. Schlussfolgerungen für ein partizipatives Gesundheitsmanagement

Es kann als empirisch gesichert gelten, dass psychischer Stress, psychisch bedingte Arbeitsunfähigkeit sowie Erschöpfung heute in der Arbeitswelt im Zunehmen begriffen sind. Es kann ebenfalls als empirisch gesichert gelten, dass dies mit der Zunahme der Verbreitung der indirekten Steuerung von Arbeitssystemen zusammenhängt. Dass dies so ist, kann nicht primär mit den Gestaltungsmerkmalen der indirekten Steuerung an sich zu tun haben. Diese enthalten sogar das Potenzial zu einer aus arbeitspsychologischer Sicht höherwertigen Qualität der Arbeit.

Als Erklärung für die Zunahme von psychischem Stress, psychisch bedingter Arbeitsunfähigkeit und Erschöpfung in indirekt gesteuerten Arbeitssystemen wurden aus handlungspsychologischen Überlegungen die Hypothesen abgeleitet, dass erstens in vielen Arbeitssystemen die Ressourcen zum Bewältigen und Puffern von Stress nicht in ausreichendem Maße gegeben sind und dass zweitens nicht ausreichend in partizipativen Zielvereinbarungsprozessen sichergestellt wird, dass Ziele realistisch formuliert sind und von den Betroffenen akzeptiert und als verpflichtend erlebt werden können. Empirische Studien im Rahmen von PARGEMA bestätigen diese Hypothesen.

Der Befund macht deutlich, dass offenbar das Gesundheitsmanagement in vielen Unternehmen noch zu kurz greift. Die Eigenheiten der indirekten Steuerung (vgl. Abschnitt 2) bringen es mit sich, dass ein Gesundheitsmanagement, welches versucht, die sehr hohe psychische Belastung der Arbeitenden mit korrektiven, person- bzw. verhaltensbezogenen Einzelmaßnahmen zu kompensieren, welche zudem eher zentral und direktiv angesetzt werden, nicht ausreicht und seine Wirkung verfehlt.

Es wurde gezeigt, dass in indirekt gesteuerten Arbeitssystemen die Arbeitenden für die Planung und Ausführung der Arbeitsprozesse und damit auch für die Bedingungen, welche die Belastungen induzieren, selbst verantwortlich gemacht werden. Grundsätzlich muss somit das Gesundheitsmanagement Teil dieser Selbstverantwortung sein. Selbstverantwortung ist jedoch nur dann möglich, wenn ausreichende Entscheidungs- und Handlungsspielräume sowie Ressourcen und Puffer für zumindest nicht die Gesundheit gefährdende, besser noch die Gesundheit fördernde Arbeitsweisen gegeben sind. In indirekt gesteuerten Arbeitssystemen ist ein partizipatives Gesundheitsmanagement somit nicht nur wünschenswert, sondern schlicht unverzichtbar.

Literatur

Antoni, C. H. (1999): Konzepte der Mitarbeiterbeteiligung: Delegation und Partizipation. In: Hoyos, C. G./Frei, D. (Hg.): Arbeits- und Organisationspsychologie. Weinheim, S. 569–583

Antoni, C. H. (2007): Partizipation. In: Schuler, H./Sonntag, K.-H. (Hg.): Handbuch der Arbeits- und Organisationspsychologie. Göttingen, S. 773–780

Borg, I. (2000): Führungsinstrument Mitarbeiterbefragung. Göttingen

Bungard, W./Antoni, C. H. (2005): Gruppenorientierte Interventionstechniken. In: Schuler, H. (Hg.): Organisationspsychologie. Bern, S. 439–474

Cummings, T./Blumberg, M. (1987): Advanced manufacturing technology and work design. In: Wall, T./Clegg, C./Kemp, N. (Hg.): The Human Side of Advanced Manufacturing Technology. Chichester, S. 37–60

Greif, S. (1989): Stress. In: Greif, S./Holling, H./Nicholson, N. (Hg.): Arbeits- und Organisationspsychologie. München, S. 432–439

Hölzle, P. (2000): Die Anwendung des Führungsinstruments „Zielvereinbarung" in der deutschen Wirtschaft. In: Braun, O.L. (Hg.): Zielvereinbarungen im Kontext strategischer Organisationsentwicklung. Landau, S. 75–100

Locke, E. A./Latham, G. P. (1990): A Theory of Goal Setting and Task Performance. London

Richter, P./Hacker, W. (1998): Belastung und Beanspruchung. Stress, Ermüdung und Burnout im Arbeitsleben. Heidelberg

Schüpbach, H. (2007): Arbeitstätigkeit und Arbeitshandeln in soziotechnischen Systemen – ein Beitrag zur Diskussion. In: Richter, P. G./Rau, R./Mühlpfordt, S. (Hg.): Arbeit und Gesundheit. Lengerich, S. 28–41

Schüpbach, H. (2009a): Teilefertigung. In: Landau, K./Pressel, G. (Hg.): Medizinisches Lexikon der beruflichen Belastungen und Gefährdungen (2. Aufl.). Stuttgart, S. 968–972

Schüpbach, H. (2009b): Verhaltenswissenschaftliche Grundlagen in ökonomischen Systemen – Konzepte der Arbeitspsychologie. In: Tscheulin, D./Schüpbach, H. (Hg.): Verhaltenswissenschaftliche Grundlagen in ökonomischen Systemen. Berlin, S. 75–95

Ulich, E. (2005): Arbeitspsychologie (6. Aufl.). Zürich, Stuttgart

Ulich, E./Wülser, M. (2009): Gesundheitsmanagement im Unternehmen (3. Aufl.). Wiesbaden

Wegge, J./Rosenstiel, L. v. (2007): Führung. In: Schuler, H. (Hg.): Organisationspsychologie. Bern, S. 475–512

Arbeit und Gesundheit in schwierigen Zeiten

Wer gute Arbeit will, muss gerade in der Krise mehr Demokratie wagen

Ulrich Brinkmann, Klaus Pickshaus, Rolf Satzer

1. Die Krise als Chance ... für mehr demokratische Beteiligung?

Kaum eine Redewendung erfreute sich in der Finanzkrise 2008ff. so großer Beliebtheit wie jene, die „Krise als Chance“ zu sehen. Je nach Standpunkt ist es dann die Chance für mehr Weiterbildung, zur Bereinigung eines Produktportfolios oder zur Entlassung nicht mehr benötigten Personals. Auch dieser Beitrag sieht die Krise als Chance – oder zumindest als Herausforderung, demokratische Beteiligung als betrieblichen und gesellschaftlichen Koordinationsmechanismus zu befördern.

Dazu zunächst drei Zeitungs-Notizen, wie sie in Krisenzeiten nicht ungewöhnlich sind:

In der Frankfurter Allgemeinen Zeitung vom 10. September 2009 fanden sich im Hauptkommentar auf der ersten Seite unter der Überschrift „Finanzsöldner ohne Gewissen“ folgende Überlegungen zum Verhalten von mehr als hundert Investmentbankern der Dresdner Bank:

> „Wissen Boni-Banker und Absahner-Manager eigentlich, was sie anrichten? Offenbar nicht, denn sonst bestünden sie nicht dreist auf Auszahlung angeblich zugesagter Boni. (...) Ein Gewissen plagt die Finanzsöldner nicht. Zwar sind sie schuld daran, dass der deutsche Staat die Commerzbank mit Kapitalhilfen von rund 18 Milliarden Euro retten musste. Doch das schert sie nicht; die Ersten haben die Auszahlung von Boni schon vor Gericht erstritten. Das Verhalten der Söldnertruppe ist schamlos, es zeigt die Abgründe der Finanzbranche. (...) Dieses Beispiel entlarvt das Gerede über angeblich aus Wettbewerbsgründen unverzichtbare Boni in Banken. Auch ohne Bonus setzen sich Leute in ihren Berufen ein und bringen Höchstleistungen.“

Der Kommentar übte damit in scharfen Worten Kritik an der Verselbstständigung der Steuerung bestimmter Unternehmensbereiche in der Finanzbranche über so genannte Marktanreize. Was zwei Jahre zuvor nicht denkbar schien: Die Krise hat es möglich gemacht. Man kann mit Recht bezweifeln, dass eine solch vernichtende Einschätzung früher an der gleichen exponierten Stelle publiziert worden wäre. Nun ist es keineswegs so, dass die Kritik an marktförmiger und wertzentrierter Steuerung mit ihren problematischen Anreizsystemen neu wäre. Aber die Folgen der Finanzkrise haben sich so offenbar gezeigt, dass es möglich geworden ist, über ihre Ursachen wieder öffentlich zu streiten. Die zementierte Vorherrschaft neoliberalen Denkens scheint Risse zu haben, ohne dass sich durch dieses geöffnete „window of opportunity" schon eine neue hegemoniale Konstellation abzeichnet.

Die Debatte ist notwendig, denn das Fenster droht sich schnell wieder zu schließen: Ablesen kann man dies an der Business-as-usual-Strategie von Banken im Jahr nach der Lehman-Pleite. So berichtete die FAZ am 15. September 2009 von einer Umfrage unter Investment-Beratern, von denen 63% angaben,

> „es habe seit der Lehman-Insolvenz keine Veränderungen in den Vertriebsvorgaben ihrer Bank gegeben. Der Vertriebsdruck sei unverändert hoch, meinen 55 Prozent, und 40 Prozent fühlen sich sogar stärker unter Druck gesetzt, Zertifikate verkaufen zu müssen. Nur gut 5 Prozent berichten von gelockerten Vorgaben und weniger Verkaufsdruck."

Wenn man festhält, dass das gesellschaftliche Ringen um Hegemonie bei der schonungslosen Analyse beginnt, darf sie sich nicht nur auf die Frage nach der Produktionssteuerung beziehen: Am 10. September 2009 titelte die Financial Times, dass der CEO der für ihre Praktiken stark kritisierten Goldman-Sachs-Bank, Blankfein, in einem Vortrag eingestanden habe, dass die Banken in der Krise die Kontrolle über ihre Abläufe und Produkte verloren hätten („Goldman chief admits banks lost control"). Diese Kritik bezog er nicht nur auf den Streit um die Anreizsysteme, sondern nahm auch die Produkte selbst ins Visier:

> „The industry let the growth and complexity in new instruments outstrip their economic and social utility as well as the operational capacity to manage them."

Solch offenherzige Eingeständnisse der krisenverursachenden Akteure sollten aufhorchen lassen, da sie darauf verweisen, wie sehr ihr Denken in die Defensive geraten ist. Blankfein griff damit in den Diskurs über wirtschaftlichen Sinn und gesellschaftlichen Wert („social value") vieler „Produktinnovationen" im Investmentgeschäft ein, der seit einiger Zeit insbesondere in Großbritannien geführt wird. Eine öffentliche Debatte über Sinn und Wert von Produkten einer Branche ist eher selten: Erinnert sei vor allem an die Konversionsdebatten zur Rüstungsproduktion in den 1980er Jahren, die nicht nur den Gebrauchswert von Produkten kritisch hinterfragten, sondern auch Mobilisierungsschübe für mehr Beteiligung der Belegschaften bis hin zu Bevölkerungsteilen in den betroffenen Regionen darstellten.

Mehr öffentliche Debatten und gesellschaftliche Beteiligung über das Wie und Was der Produktion – das wäre tatsächlich ein Fortschritt durch die Krise und würde der leeren Formel von der Krise als Chance einen sinnvollen Inhalt geben.

Oben wurde argumentiert, dass die sichtbaren Folgen der Krise eine Debatte über ihre Ursachen möglich gemacht haben. Man kann noch einen Schritt weiter gehen: Auch die gesellschaftlichen Konsequenzen der neuen kapitalistischen „Landnahme“ (Dörre) rücken nun neu ins Blickfeld. Der Kollaps der Märkte hat offenbar auch sensibel gemacht für den schleichenden Kräfteverfall der Arbeitskräfte selber. Auch hier gilt: Die Zusammenhänge sind seit langem bekannt und wirken nicht erst seit der Krise. Mehr als zwei Jahrzehnte der Vorherrschaft einer an Kurzfristigkeit und strikter Wertorientierung orientierten Produktionsweise haben nicht nur den Unternehmen ihre Pufferbereiche, sondern vielen Beschäftigten auch ihre Kraftreserven genommen. Der Anstieg der psychischen Belastungen und Erkrankungen gibt davon Kenntnis, während in den Medien die Auseinandersetzung um die Deutung von Selbstmordserien von Beschäftigten wie beispielsweise bei France Télécom an Schärfe zugenommen hat. Belegschaftsvertreter in Frankreich sehen diese Serien weder als „Rätsel“ (Spiegel, 13. September 2009) noch als statistische Normalität (FAZ, 16. September 2009), sondern als Ausdruck wachsenden Stresses, zunehmender Arbeitsverdichtung und der Angst vor Prekarisierung aufgrund permanenter Restrukturierungen. Bei aller Tragik gilt auch hier: Die Krise hat zumindest die Chance geboten, in der öffentlichen Debatte klarzustellen, dass das System nicht nur bei der Bankenfinanzierung, sondern auch bei den einzelnen Beschäftigten an seine Grenzen gestoßen ist. Dies ist eine Erkenntnis, die auch in der Forschung und Praxis des PARGEMA-Verbunds immer wieder in den Vordergrund getreten ist.

Die Organisation und Steuerung von Arbeit, der gesellschaftliche Sinn von Produkten und auch ein mangelhafter Gesundheitsschutz bei wachsenden Belastungen: All diese Probleme wurden über lange Jahre einer neoliberalen Hegemonie unter den Maximen der Wertsteuerung im Interesse der Shareholder, der Marktzentrierung von Organisationen und der kulturellen Vereinnahmung diskutiert.

Was bedeutet es nun für das Steuerungsproblem von Gesellschaft und Unternehmen, wenn mit der Hierarchie, dem Markt und dem Netzwerkkonzept drei der zentralen Mechanismen in einer Krise sind?

- Die Kritik an der Entfremdung durch bürokratische und tayloristische Steuerungsmuster ist bekannt und wird weitgehend geteilt. Trotz partieller Retaylorisierungsprozesse oder eines vermeintlichen Revivals des Staates als Krisenbekämpfer ist eine Lösung der angesprochenen Probleme hier nicht zu erwarten, d.h. es gibt keinen einfachen „Weg zurück“.
- Der blinde Glaube an den Markt ist in weiten Kreisen von Wissenschaft und Gesellschaft erschüttert worden: Wenn mit dem Finanzmarkt schon der „perfekteste aller Märkte“ derart versagen konnte, scheint die Idee, mög-

lichst die ganze Gesellschaft und den gesamten Betrieb weitgehend marktförmig zu gestalten, zumindest in einer Sackgasse, wenn nicht langfristig desavouiert.

- Und schließlich – dies wird oft übersehen – hat auch der Gedanke der Steuerung über Netzwerke deutlich Schaden genommen, denn die Finanzkrise hat gezeigt, dass Netzwerke, die bekanntermaßen zentral auf die Ressource Vertrauen setzen, mit der Finanzkrise löchrig wurden. Denn es war gerade das Vertrauen, das am schnellsten und auch nachhaltig verloren ging – am deutlichsten ablesbar an den Berichten über den Interbankenverkehr.

2. Nach der Demokratie ist vor der Demokratie

Die Antwort auf die oben gestellte Frage kann daher nur lauten, mit der demokratischen Beteiligung ein alternatives Steuerungs- und Koordinationsprinzip zu stärken. Aber ist nicht auch die Demokratie einer gängigen sozialwissenschaftlichen Interpretation zufolge selbst in die Krise geraten? Die Postdemokratie-These von Colin Crouch (2008) jedenfalls konstatiert die Aushöhlung der demokratischen Institutionen und in deren Gefolge eine Erosion institutioneller Machtressourcen. Ursache ist für Crouch die Dominanz des ökonomischen über den politischen Sektor – namentlich der Wirtschaftseliten, in deren Händen viele Fäden der Macht zusammenlaufen. Diese Machtkonzentration steht nicht nur einer Demokratisierung der Wirtschaft im Wege, sondern sie gestaltet auch die politische Demokratie ökonomischen Imperativen gemäß um. Den daraus resultierenden Prozess der Delegitimation von Demokratie hatte schon Johannes Agnoli (1967) ganz ähnlich als Transformation der Demokratie gebrandmarkt. Und der Crash der Finanzmärkte scheint Crouch Recht zu geben: Hier wurden staatliche Mittel in geradezu unvorstellbaren Größenordnungen zum Zwecke der Stabilisierung eines außer Kontrolle geratenen gesellschaftlichen Teilbereichs bewegt, während für viele arbeitsmarkt- oder auch sozialpolitische Projekte oft keine Ressourcen zur Verfügung gestellt werden.

Schaut man auf die Detailanalyse von Crouch, so kritisiert er an postdemokratischen Zuständen insbesondere die Geringschätzung demokratischer Verfahren an sich, die durch Delegation von Entscheidungen an sog. Experten ersetzt werden. Im Gefolge dieser Entwicklung wird der eigentliche Souverän entmachtet und passiviert. Für Crouch, der den Siegeszug der Demokratie mit dem Aufstieg der Arbeiterklasse verbindet und ihren forcierten Niedergang mit der Regierungszeit des Thatcherismus und von New Labour, ist dieser Prozess aber nicht unumkehrbar. Wenn man seiner Analyse zustimmt, ist die Postdemokratie ein Ausdruck einer bestimmten Hegemonie, die Krise der Demokratie ist aber keinesfalls eine Folge ihrer exzessiven Ausübung. Im Gegenteil: Im Unterschied zu den drei anderen angeführten Steuerungsmodi ist es gerade ihre defiziente oder gänzlich fehlende Verwirklichung im ökonomischen Feld, die die Ursache für die Legitimationskrise „demokratischer“ Verfahren darstellt.

Die hohe Bedeutung von Teilhabemöglichkeiten zur Erzeugung von Commitment ist in der Arbeitswissenschaft seit langem bekannt. Theoretisch hat Niklas Luhmann (1969) zu dieser Frage festgehalten: Legitimität ist genau jener Anerkennungsgrund, der in sozialen Verfahren durch die Teilhabe von Akteuren an der Regelung der sie betreffenden Prozesse und Konflikte hergestellt wird. Im Umkehrschluss bedeutet dies: Der Ausschluss von Akteuren (wie z.B. Belegschaften) aus Verfahren führt langfristig zu einer Legitimationskrise, d.h. den getroffenen Entscheidungen fehlt die gesellschaftliche/betriebliche Anerkennung. Nun könnte man einwenden: Luhmann hatte vor allem das Rechts- sowie das politisch-administrative System im Blick. Dagegen lässt sich aber anführen, dass die von ihm praktizierte Scheidung der gesellschaftlichen Subsysteme an der empirischen Wirklichkeit vorbeigeht. Längst kann man einen kolonisierenden Übergriff der ökonomischen Marktlogik auf alle Lebensbereiche konstatieren, die Subjektivierung der Arbeit erklärt den Zugriff auf lebensweltliche Ressourcen geradewegs zum Programm und spätestens die Finanzkrise hat verdeutlicht, dass im Falle des wirtschaftlichen Crashs die Rettung mitnichten aus dem ökonomischen, sondern aus dem staatlich-politischen Subsystem zu erwarten ist.

Luhmann betont zudem die Bedeutung formalisierter Regeln und Rahmen des Verfahrens. Grundvoraussetzung für die Schaffung von Legitimität ist die allseitige Anerkennung dieser Regeln. Man kann festhalten: Im Idealfall sind diese selbst bereits in einem partizipativen Verfahren entstanden – nur dann ist davon auszugehen, dass sich die betroffenen Akteure freiwillig unterordnen und auch die Ergebnisse der Entscheidungsfindungsprozesse anerkennen. In einem anderen Bild: Der Gefangene im Bentham'schen Panoptikum mag sich zwar regelkonform verhalten – dies tut er aber gewiss nicht freiwillig, sondern unter dem unsichtbaren Zwang der Verhältnisse. Was für die Freiwilligkeit gilt, trifft in ähnlicher Weise auch für die Autonomie zu. Der versprochene Zugewinn an autonomer Arbeit relativiert sich, wenn man als Betroffener auf die strukturellen Rahmen- und Randbedingungen keinen ausreichenden Einfluss hat.

Auf den Betrieb übertragen heißt das: Der sichtbare Zwang etwa des Fließbands im Betrieb wird heute oft von (auf den ersten Blick) unsichtbaren Zwängen einer am Output orientierten Arbeitsorganisation ergänzt. Wenn diese Arbeitsorganisation mit ihren problematischen Implikationen für die Beschäftigten und deren Gesundheit, wie üblich, in einem Top-down-Verfahren installiert wurde, kann von gemeinsam geteilten Regeln und Rahmen des Verfahrens keine Rede sein (vgl. Becker et al. 2007).

Gerade das Nebeneinander unterschiedlicher Kontroll- und Steuerungsformen in den Betrieben entpuppt sich heute immer mehr als Kardinalproblem progressiver Arbeitspolitik. Oftmals sind unterschiedliche Abteilungen unterschiedlichen Modi unterworfen, nicht selten liegt der Schnitt zwischen Stamm- und Randbelegschaft (z.B. Leiharbeiter oder Werkvertragsnehmer). Auch ein sprunghafter Wechsel beispielsweise zwischen hierarchisch-technischer und marktzentrierter Steuerung ist vielfach auf der Tagesordnung nicht enden wollender Reorganisation. Eine auf mehr Beteiligung zielende Arbeitspolitik wird sich daher zuvörderst der Aufgabe stellen müssen, elementare Berechenbarkeit und Sicherheit für alltägliches Arbeiten wiederherzustellen. Demokratische Beteiligung gegen willkürliche Zumutungen – mit Crouch könnte man sagen: Nach der Demokratie ist vor der Demokratie.

3. Demokratiepolitik am Arbeitsplatz, im Unternehmen und in der Gesellschaft

Bezieht man den Analyseansatz von Crouch, der ja zwischen formal noch intakten Institutionen und einer realen Unterminierung der Voraussetzungen demokratischer Prozesse unterscheidet, auf die Arbeitswelt, so könnte man folgendes Bild skizzieren:

Auf der einen Seite sind nach wie vor die betriebsverfassungs- und mitbestimmungsrechtlichen Institutionen trotz aller Versuche ihrer Einschränkung formal intakt. Auf der anderen Seite ergeben sich aber real bedeutende Hürden für ein demokratisches Arbeitsleben aus den ökonomischen Prozessen des globalisierten Kapitalismus und aus den neuen Formen kapitalmarktinduzierter Rationalisierungen. Die Entgrenzung von Leistungsanforderungen und Arbeitszeit, die Inszenierung unternehmensinterner Märkte, die damit einhergehende Marktzentrierung von Arbeits- und Sozialbeziehungen sowie die zeitpolitische Diktatur der kurzen Fristen infolge überzogener Renditemaßstäbe aus der Finanzökonomie – alle diese Entwicklungen tragen gleichsam unterhalb der Ebene der offenen Infragestellung institutioneller Mitbestimmungsrechte dazu bei, demokratische Prozesse zu blockieren oder leerlaufen zu lassen. Mit anderen Worten: Marktzentrierte und entgrenzte Arbeit wird niemals demokratische Arbeit sein, wie erfolgreich institutionelle Einfluss- und Mitbestimmungsrechte auch verteidigt werden können.

Aus einer solchen Analyse ergeben sich weit reichende Folgen etwa für das Verhältnis von Mitbestimmung und guter Arbeit. Traditionell ging man davon aus, dass demokratische Teilhabe- und Mitbestimmungsrechte vorausgehen müssen, da nur so Einflusskanäle und Instrumente einer humanen Arbeitsgestaltung zu realisieren seien. Der post-demokratisch geschärfte Blick würde nunmehr die gegenläufige Wirkungsbeziehung hervorheben. Aus dieser Perspektive wären Beteiligung und Mitbestimmung nicht Voraussetzungen humaner Arbeit, sondern die humanisierungspolitische Regulierung entgrenzter, marktzentrierter und indirekt gesteuerter Arbeit wäre gleichermaßen der inhaltliche Ansatzpunkt wie das interessenpolitische Nervenzentrum, um vorhandene institutionelle Teilhabe- und Mitbestimmungsrechte mit neuem Leben füllen zu können. Aus der arbeitspolitischen Aufgabe der Rücknahme von entfremdeter Arbeit, der Überwindung bornierter, macht- und statusbegründeter Hierarchien, der Einebnung der Gräben zwischen dem Shop Floor und den indirekten Bereichen, der Qualifizierung und teilautonomen Arbeitsorganisation erwachsen neue demokratische Impulse, um derartige Fortschritte gegen ihre Instrumentalisierung für finanzmarktorientierte Verwertungsstrategien abzusichern. Dies würde das Verhältnis von Mitbestimmung und guter Arbeit nicht gänzlich umkehren. Gleichwohl würde es auf die Grenzen einer institutionenfixierten Vorstellung demokratisierter Arbeit verweisen. Und es würde die Bedeutung leistungs- und arbeitspolitischer Standards für die Realisierung demokratischer Teilhabemöglichkeiten jenseits institutioneller Rechte und Einflusskanäle hervorheben. Die Arbeitspolitik – das hat auch die Arbeit in den PARGEMA-Betriebsfällen verdeutlicht – hat dazu einen unverzichtbaren Beitrag zu leisten. Dies gilt erst recht als Reaktion auf die „große Krise“ des Finanzmarktkapitalismus.

Für einen Strategieansatz von guter Arbeit ist Demokratie in der Arbeit die essenzielle Voraussetzung einer erfolgreichen Krisenüberwindungspolitik. Facetten und Einzelfragen, die im weiteren Sinne mit dem Thema *demokratische Arbeit* zu tun haben, tauchen etwa in der Debatte um direkte Partizipation der Beschäftigten an der Gestaltung ihrer unmittelbaren Arbeits- und Leistungsbedingungen, in der Diskussion um die Sicherung der betrieblichen wie der Unternehmensmitbestimmung und nicht zuletzt in der Debatte um die Perspektive einer Demokratisierung der Finanzökonomie auf. Gleichwohl fügen sich diese Facetten bisher nicht zu einem Gesamtbild und einer Realisierungsstrategie zusammen.

Diese Diskussionsstränge stellen aber geeignete Anknüpfungspunkte einer neuen Debatte über die Perspektiven demokratischer Arbeit dar. Zweifelsohne kann sinnvoll an die Debatten über Mitbestimmung am Arbeitsplatz oder Wirtschaftsdemokratie angeknüpft werden. Gleichwohl werden Analysen und Strategieempfehlungen aus diesen Debatten angesichts der grundlegend veränderten Realität schnell an Grenzen einer globalisierten und vermachteten Ökonomie stoßen.

Deshalb gilt es, ein Leitbild demokratischer Arbeit im globalisierten Kapitalismus zu formulieren und an angemessenen Umsetzungsstrategien zu arbeiten. Eine solche Konzeption muss als eine Mehrebenen-Konzeption formuliert werden. Das könnte bedeuten: Sie muss die direkte Arbeitsumwelt des Einzelnen, den Raum des gesamten Unternehmens sowie die Arenen der Wirtschaftspolitik als Räume einer Demokratisierung von Arbeit wahrnehmen; und sie muss die Einzelforderungen für diese Räume zu einer Gesamtkonzeption kombinieren und über die Wechselwirkungen der Entwicklungen in den unterschiedlichen Ebenen nachdenken. Demokratische Arbeit erfordert Demokratiepolitik am Arbeitsplatz, im Unternehmen und in der Gesellschaft.

Nicht zuletzt die Realisierungsvoraussetzungen demokratischer Arbeit machen deutlich, dass eine arbeitskraftzentriert-innovative Arbeitspolitik, wie sie in der Strategie der „Guten Arbeit" beschrieben wird (Pickshaus/Urban 2009), über die Arenen des Betriebs hinaus auf die Branchen-, Struktur- und Regionalpolitik erweitert werden muss. So könnte etwa der von der IG Metall im Frühjahr 2009 vorgeschlagene Beteiligungsfonds zur Unternehmenssicherung einen Weg der öffentlich finanzierten und kontrollierten Investitionssteuerung eröffnen, auf dem auch die arbeitspolitischen Entwicklungspfade beeinflussbar werden könnten (IG Metall Vorstand 2009; Urban 2009).

Im Zentrum dieses gewerkschaftlichen Konzepts steht die Forderung nach einem mit mindestens 100 Milliarden Euro ausgestatteten öffentlichen Beteiligungsfonds („Public Equity"), mit dem sich der Staat an existenzbedrohten Unternehmen beteiligen kann. Dieser Fonds soll über eine Zwangsanleihe in Höhe von 2% auf private Geldvermögen oberhalb von 750.000 Euro finanziert werden.

Durch die Bindung von Public Equity an Konditionen soll die Bereitstellung öffentlichen Sanierungskapitals als Kanal der öffentlichen Einflussnahme auf die Unternehmenspolitik genutzt werden. Zu diesen Konditionen gehören der Ausschluss betriebsbedingter Kündigungen, die Abkehr vom Shareholder-Value-Paradigma und die Ausrichtung der Unternehmenspolitik an einer nachhaltigen Unternehmensentwicklung, die ökologische Modernisierung von Produktpalette und Produktionsverfahren, die Einhaltung tariflicher Mindeststandards und anderer Arbeitnehmer- und Mitbestimmungsrechte und nicht zuletzt der Einstieg in ein neues Modell der Vorstandsvergütung. Bei der Entscheidung über öffentliche Finanzmittel und Beteiligungen sollen insbesondere gesamtwirtschaftliche und gesellschaftliche Aspekte Berücksichtigung finden. Als Entscheidungs- und Steuerungsgremium ist ein drittelparitätisch aus Vertreter/innen von Unternehmen, Gewerkschaften und öffentlicher Hand besetzter Rat vorgesehen.

Über diesen Weg könnte der Erhalt der industriellen Wertschöpfungsbasis mit der Vermeidung von Insolvenzen und von Stellenabbau und mit der strategischen Neuausrichtung der Unternehmen verbunden werden. Eingebettet sind diese strukturpolitischen Maßnahmen in ein wirtschafts- und finanzpolitisches Gesamtkonzept, das Vorschläge zur Regulierung der Finanzmärkte, zur Modernisierung der gesellschaftlichen Infrastruktur im Rahmen eines europäischen Zukunftsinvestitionsprogramms, zum Ausbau der betrieblichen und Unternehmensmitbestimmung sowie zur umfassenden Einkommensumverteilung durch diverse steuerpolitische Maßnahmen vorsieht.

Ohne eine Stärkung solcher wirtschaftsdemokratischen Einflussmöglichkeiten ist eine grundlegende Abkehr vom finanzmarktdominierten Typus der Unternehmens- und Wirtschaftspolitik schwer vorstellbar. Und damit werden auch die Chancen für einen neuen arbeitspolitischen Entwicklungspfad geprägt.

Doch mit Blick auf die Realisierungsbedingungen für gute und damit eben auch demokratische Arbeit muss realistisch festgehalten werden: Bereits vor der Krise war die Gefahr groß, dass die Demokratisierung von Arbeit auch in der gewerkschaftsinternen Strategiedebatte nicht zu den harten Kernthemen gezählt, sondern in die Rubrik der „nice-to-have issues" eingeordnet wird. Diese Gefahr hat mit der Krise eher zugenommen und wird weiter zunehmen, wenn es zu einer Zuspitzung von Arbeitsplatz- und Einkommensproblemen kommt (vgl. Pickshaus/Urban 2010). Doch dieser Gefahr gilt es entgegenzutreten. Unseres Erachtens ist die Ausweitung der Handlungsmacht von Beschäftigten, betrieblicher Interessenvertretung und Gewerkschaften und ihrer Einwirkungsmöglichkeiten auf die Veränderungen der Organisation der Produktion, also von Arbeit und Kapitalverwertung, kein Schönwetterthema für Boomperioden. Gerade in zugespitzten Krisen- und Konfliktphasen erweisen sich demokratische Einwirkungsmöglichkeiten als unverzichtbare Voraussetzung humaner Arbeitsgestaltung. Nicht nur, weil die Ermöglichung und Förderung von Eigeninitiativen und Partizipation Essentials für die Herstellung „salutogener Settings" im Betrieb darstellen. Sondern auch, weil sich nur über die Mobilisierung von kollektiver Selbsthilfe, arbeitspolitischer Verhandlungsmacht und realen Einwirkungen auf die Umbrüche in der Arbeitswelt das realisieren lässt, was wir als Möglichkeit und Notwendigkeit reklamiert haben: eine Arbeitspolitik, die gute Arbeit nicht der Krise des Finanzmarktkapitalismus opfert, sondern als Leitbild einer weitreichenden Neuorganisation der Arbeit aufwertet.

Diese Neuorganisation der Arbeit kann anknüpfen an schon bestehende Präventionsstrategien zu arbeitsbedingten Gesundheitsrisiken, die stärker genutzt und weiterentwickelt werden müssen. Hier existieren verschiedene Verbindungen zu den im PARGEMA-Projekt behandelten Fragestellungen (Partizipation, psychische Belastungen, neue Belastungsformen). Auf diese Präventionsstrategien im betrieblichen Arbeits- und Gesundheitsschutz wird im folgenden Abschnitt noch näher eingegangen. Die Erfahrungen mit der Umsetzung von ganzheitlichen, partizipativ auszurichtenden Gefährdungsbeurteilungen und der Forschungsertrag von PARGEMA belegen, dass diese Ansätze genutzt werden können und nicht erst „erfunden" werden müssen. Der im Arbeitsschutzgesetz von 1996 angelegte beteiligungsorientierte Präventionsansatz basiert auf der EU-Rahmenrichtlinie. Es lohnt sich, gerade heute an die Leitlinie dieses europäischen „Grundgesetzes" zu erinnern: Verbesserungen des Gesundheitsschutzes der Beschäftigten stellen Zielsetzungen dar, „die keinen rein wirtschaftlichen

Überlegungen untergeordnet werden dürfen“ (Präambel der europäischen Rahmenrichtlinie 1989 – 391/89/EWG).

4. Der betriebliche Arbeits- und Gesundheitsschutz als Konfliktfeld: Beteiligung, Einmischung, Mitbestimmung

Nach einer repräsentativen Umfrage von 2009, an der über 27.000 Menschen in den 27 EU-Mitgliedsländern teilnahmen, vermuteten 61% der EU-Bürger, dass sich die Sicherheits- und Gesundheitsschutzbedingungen am Arbeitsplatz durch die Wirtschaftskrise verschlechtern würden (Europäische Agentur für Sicherheit und Gesundheitsschutz am Arbeitsplatz 2009). In Deutschland erwarteten dies 57% aller Befragten und 66% der über 54-Jährigen. Die Bedeutung des Themas Arbeit und Gesundheit zeigt sich in zwei weiteren Ergebnissen: Bei der Frage nach der Verursachung von gesundheitlichen Problemen gaben 75% der Befragten in Deutschland an, diese würden durch die Arbeit verursacht. Bei der Auswahl einer neuen Arbeitsstelle galten gesunde und sichere Arbeitsbedingungen für 45% der befragten Deutschen als der entscheidende Faktor (nach einem sicheren Beschäftigungsverhältnis mit 61% und dem Gehalt mit 46%). Interessante und aufschlussreiche Zahlen zum Gesundheitsbewusstsein in Zeiten der Krise. Nicht nur bezogen auf die erwarteten Verschlechterungen der Arbeits- und Gesundheitsschutzbedingungen sind sich die Bürger dabei mit Fachleuten und Wissenschaftlern einig. Parallel zu der Befragung hat die europäische Expertengruppe HIRES (Health in Restructuring) im Auftrag der EU-Kommission die Ergebnisse umfangreicher interdisziplinärer Untersuchungen und zahlreiche empirische Belege zu den gesundheitlichen Auswirkungen von Restrukturierungen in Unternehmen vorgelegt. Sie kommt, rückblickend wie für die Zukunft, zu einem dramatischen Fazit:

- Vor der Folie der oben beschriebenen ökonomischen Hintergründe wurden Restrukturierungen als alltäglicher und wiederkehrender Prozess beschrieben, der *schon in der Vergangenheit* zu erhöhten Arbeitsbelastungen und gravierenden negativen gesundheitlichen Folgen geführt hat. Restrukturierungsmaßnahmen gefährden die physische und psychosoziale Gesundheit der Entlassenen *und* der im Betrieb verbliebenen Beschäftigten und werden als „betriebliche Stressoren“ verstanden. Der Verlauf von Restrukturierungen wird „als sozialer Krieg im Unternehmen“ bezeichnet bzw. wahrgenommen (Bundesanstalt für Arbeitsschutz und Arbeitsmedizin 2009; Kieselbach 2009, S. 15).
- Bezogen auf die Finanzkrise erwarteten die Wissenschaftler beispiellose Auswirkungen auf die Beschäftigung und Gesundheit: „In der momentanen Wirtschaftskrise könnten die potenziellen Auswirkungen von Restrukturie-

rung auf die Gesundheit sogar Ausmaße einer Pandemie annehmen" (Kieselbach 2009, S. 18; vgl. zu weiteren Ergebnissen der Studie auch den Beitrag von Satzer in diesem Band).

Wenn der in Krisen ja noch zunehmende Ökonomisierungsdruck zu einer weiteren Verschärfung der Intensität und Frequenz von Re- und Umstrukturierungsprozessen führt, dann ist davon auszugehen, dass die Frage von Gesundheit und Arbeitsbedingungen zu einem zentralen Thema im Betrieb wird. Wenn die Gesundheit der Beschäftigten aufgrund zunehmender psychischer Fehlbelastungen, Arbeitsverdichtung und überlanger Arbeitszeiten *schon jetzt* „am seidenen Faden" hängt und viele Menschen tagtäglich an ihre Leistungsgrenzen und darüber hinaus gehen müssen, dann steht der Kampf um die Gesundheit bei der Arbeit davor, zu einem zentralen betriebspolitischen Konfliktfeld zu werden.

Wie angespannt die Gesundheitssituation vieler Beschäftigter bereits ist, belegen zahlreiche Studien und Forschungsergebnisse. Aufschlussreich für die Belastungsgeschichte vieler Beschäftigter sind in diesem Zusammenhang auch erste, bislang noch nicht systematisch erfasste Beobachtungen im Bereich der Kurzarbeit. So haben einzelne Interviews und Berichte von Betriebsräten gezeigt, dass auffällig viele Kurzarbeiter in der neuen Arbeitssituation nicht nur über die offensichtlich negativen Seiten sprechen, sondern eben auch das nun endlich mögliche „Durchatmen" und die Reduzierung von Belastungen, permanenten Überstunden oder Sonderschichten betonen und die unfreiwillig gewonnene Zeit geradezu genießen. Viele können sich ein Zurück zu den früher üblichen Überstunden nicht mehr vorstellen. Dies spricht möglicherweise für einen anderen Umgang mit Belastungen und Arbeitszeiten in der Zukunft, was auch von Unternehmensleitungen registriert worden ist. Der Betriebsratsvorsitzende eines großen Metallbetriebs in Norddeutschland berichtete, dass sich Personalleiter ernsthafte Sorgen machten, viele Kurzarbeiter könnten sich an diese Effekte gewöhnen und wären dann nach der Kurzarbeitsphase nicht mehr zu einer Rückkehr zu dem bislang praktizierten Arbeitszeitregime zu motivieren. Auch neuere Fallstudien zu Formen des Umgangs von Beschäftigten mit ihrer Gesundheit in Betrieben unter Krisenbedingungen liefern Hinweise in diese Richtung und zeigen, dass die Hinnahmebereitschaft der Beschäftigten auch Grenzen haben kann und sich durchaus Ansätze von Widerstand registrieren lassen (Becker et al. 2009).

Selbstverständlich bleibt die Ausgangslage für die Politisierung des betrieblichen Arbeits- und Gesundheitsschutzes, für die Abwehr aktueller und zukünftiger Gesundheitsrisiken oder gar für eine gesundheitsgerechte Arbeitsgestaltung und die Herstellung gesundheitlich akzeptabler Arbeitsbedingungen schwierig. Trotzdem eröffnet sich aber eben auch ein Handlungsfeld, in dem es nun in entscheidendem Maße auf eine aktive und engagierte Beteiligung, Einmischung und Mitbestimmung der Belegschaften ankommen wird. In ihrem Artikel „Worker Participation and the Management of Occupational Health and Safety: Reinforcing or conflicting strategies?“ zeigen Walters und Frick anhand von zahlreichen internationalen Studien, dass die Mitbestimmung der Beschäftigten den betrieblichen Arbeits- und Gesundheitsschutz, auch in Bezug auf psychische Belastungen, nachhaltig verbessert (Walters/Frick 2000). Der Zusammenhang von direkter Partizipation der Beschäftigten auf betrieblicher Ebene und der Unterstützung der Gewerkschaften ist dabei von erheblicher Bedeutung. Denn nicht zuletzt hängt eine erfolgreiche institutionelle Beteiligung von Beschäftigten am betrieblichen Gesundheitsschutz von externen Unterstützungsleistungen der Gewerkschaften ab. „The reality of the situation in all countries is that participation is unlikely to occur in either an effective or sustainable way without [union] support” (Walters/Frick 2000, S. 47). Hierzulande belegt dies etwa die Aktion „Tatort Betrieb: Stress und psychische Belastungen – Terror für die Seele“ der IG Metall in Baden-Württemberg zur Durchsetzung der Gefährdungsbeurteilung bei psychischen Belastungen, mit der in zahlreichen Betrieben Präventionsaktivitäten gegen Stress und psychische Belastungen, nicht selten in langwierigen Auseinandersetzungen und Konflikten mit der Arbeitgeberseite, durchgesetzt werden konnten (vgl. Satzer/Langhoff 2009).

Gerade die im Arbeitsschutzgesetz festgeschriebene ganzheitliche Gefährdungsbeurteilung mit ihrem Präventionsauftrag, die menschengerechte Arbeitsgestaltung und eine Beteiligung der Beschäftigten an diesem Prozess vorsieht, liefert Anknüpfungspunkte für eine Strategie, mit der in dem oben beschriebenen (neuen) Handlungs- und Konfliktfeld agiert werden kann. Besonders wichtig ist hierbei die höchstrichterliche Rechtsprechung des Bundesarbeitsgerichts, die dem Betriebsrat starke Mitbestimmungsrechte eröffnet, die weit in den Bereich der Arbeitsorganisation und des unternehmerischen Direktionsrechts hineinreichen können. Die verstärkte Beteiligung der Beschäftigten an der Gefährdungsermittlung und -beurteilung, Maßnahmenableitung und Umsetzung ist aus verschiedenen Gründen insbesondere bei der Gefährdungsanalyse psychischer Belastungen (z.B. Befragung der Beschäftigten als Expert/inn/en ihrer Arbeitsbedingungen) unverzichtbar (und realisierbar, wie auch die PARGEMA-Forschungsergebnisse belegen). An dieser Stelle beschränken wir uns auf die politisch-strategische Dimension. Demokratische Teilhabe, Information, Mitsprache, Mitbestimmung und -entscheidung bündeln auch ein Potenzial gegen Resignation, Vereinzelung und Individualisierung, ermöglichen eine gemeinsame Analyse und Deutung der Ursachen bestehender Gesundheitsprobleme, identifizieren gegebenenfalls unterschiedliche Interessenlagen innerhalb der Belegschaft und erlauben somit eine weitere Diskussion über solidarische Lösungsmöglichkeiten und die Mobilisierung sozialer Unterstützung, was vor allem auch für die Gruppen der prekär Beschäftigten (und damit für knapp ein Drittel der abhängig

Erwerbstätigen) gelten muss. Hier bietet die Gefährdungsbeurteilung Ansatzpunkte: Denn der Arbeitgeber muss eine Beurteilung auch für die im Betrieb eingesetzten Leiharbeiter/innen oder befristet Beschäftigten durchführen, was der Betriebsrat im Einsatzbetrieb über seine Mitbestimmungsmöglichkeiten im Arbeits- und Gesundheitsschutz für Stammbelegschaft *und* die Befristeten oder Leiharbeiter/innen durchsetzen kann. Generell kommt dem Aspekt der Eigeninitiative, Partizipation und Gegenwehr selbstverständlich auch ein eigenständiger, gesundheitsschützender und -fördernder Wert zu.

Eine Aktivierung und Mobilisierung der Beschäftigten, unter anderem im Rahmen der stärkeren Beteiligung an der Gefährdungsbeurteilung, für ihre Gesundheitsinteressen und gegen die zu erwartenden Zumutungen im Rahmen weiterer Intensivierung von Umstrukturierung und Reorganisation muss zuallererst ansetzen an einer – durch Gewerkschaften, Betriebsräte und Belegschaften neu zu formulierenden – generellen *Priorisierung von Gesundheit* (vgl. auch Kieselbach 2009). Der Aspekt der Gesundheit, d.h. die drohende Gesundheitsgefährdung für *alle Betroffenen,* muss bei geplanten Restrukturierungen auch auf betrieblicher Ebene ins Zentrum gerückt und praktisch, z.B. im Rahmen einer (vorausschauenden) Gefährdungsbeurteilung, thematisiert werden. Reorganisationsprozesse gefährden eben nicht nur Arbeitsplätze und schaffen mit deren Vernichtung unmittelbare Opfer, sondern sie gefährden sowohl die Gesundheit der Entlassenen als auch die Gesundheit der verbliebenen Beschäftigten in immer stärkerem Ausmaß, was letztlich den Erhalt ihrer Arbeitsfähigkeit und Gesundheit in Frage stellt – spätestens bei der nächsten Umstrukturierung. Auch wenn wir uns an dieser Stelle auf die betriebliche Ebene des Problems beschränken: Selbstverständlich sind die weiteren Ebenen (private Lebenszusammenhänge, Familie, Gemeinde, Region, Branchen usw.) mitzudenken. Zunehmende Restrukturierungen führen zu zunehmenden gesundheitlichen Problemen und arbeitsbedingten Erkrankungskosten, die externalisiert werden in das Gesundheitssystem und die Gesellschaft bzw. diejenigen, die den Staat finanzieren:

> „Das ‚Outsourcing' der Verantwortung für die gesundheitlichen Folgen von Restrukturierung aus den Unternehmen heraus hat nicht nur negative finanzielle Konsequenzen für staatliche Haushalte. Dies schafft auch weitere Hürden für weitergehende präventive Maßnahmen, die von Unternehmen durchgeführt werden könnten. Würde wenigstens ein Teil der externalisierten Gesundheitskosten von dem Unternehmen übernommen, bestünde ein stärkerer Anreiz, präventive Maßnahmen durchzuführen, um die Kosten gering zu halten." (Kieselbach 2009, S. 85)

Auch auf den überbetrieblichen Ebenen muss es folglich um eine Priorisierung von Gesundheit gehen und darum, die Ursache-Wirkung-Ketten zwischen kapitalistischer Ökonomie, Restrukturierung und Gesundheit/Krankheit zu verdeutlichen und den Verursachern die Folgekosten zuzuordnen.

Wie könnte nun ein Prozess demokratischer Beteiligung und Entscheidung im Rahmen bestehender und partizipativ weiterzuentwickelnder Ansätze wie der Gefährdungsbeurteilung auf betrieblicher Ebene aussehen? Hierzu ein Beispiel. Im Jahr 2002 wurde in einem süddeutschen Stahlwerk erstmals eine Gefährdungsbeurteilung zu psychischen Belastungen durchgeführt. Die Initiative hierzu ging vom Betriebsrat aus, der sich auch an der erwähnten Aktion *Tatort Betrieb* beteiligt und entsprechende Schulungen besucht hatte. Arbeitgeber und Betriebsrat erarbeiteten in einem Analyseteam die notwendigen Voraussetzungen, z.B. einen betriebsbezogenen Fragebogen zu psychischen Belastungen. Den Rahmen dieser Befragung nutzten nun viele Beschäftigte, um insbesondere bei den offenen Fragen Anmerkungen zum Thema Schichtarbeit zu machen. Wegen besonders ungünstiger Schichtwechsel gerade in den Sommermonaten und resultierender extremer Belastungen hatte es bereits eine heftige innerbetriebliche Diskussion gegeben, die jetzt im Rahmen der Gefährdungsbeurteilung weitergeführt wurde. Da die Arbeitgeberseite den Standpunkt vertrat, dass eine Änderung des Schichtplans nicht möglich sei, einigte man sich im Analyseteam darauf, ein externes Gutachten einzuholen. Noch bevor es dazu kam, hatten jedoch die Beschäftigten ihrerseits begonnen, über eine konkrete Alternative nachzudenken und aktiv zu werden. Es wurden z.B. Unterschriften für veränderte Schichtregelungen gesammelt, teils mit Unterstützung von Vorgesetzten, und in einzelnen Werksteilen begannen kleinere Gruppen selbstständig mit der Entwicklung alternativer Schichtpläne. Der Betriebsrat beschränkte sich darauf, diesen Prozess zu moderieren und zwischen den konkurrierenden Vorschlägen und Interessenlagen zu vermitteln. Schließlich einigte man sich mit dem Arbeitgeber auf einen so erarbeiteten Schichtplan, der nach allgemeiner Einschätzung zu einer wesentlich gesundheitsgerechteren Arbeit und zu erheblichen Verbesserungen der Belastungssituation beitrug. Nach einer Erprobungsphase wurde der Schichtplan nochmals mit externer Unterstützung überarbeitet und verändert. Auch dies löste wieder zum Teil heftige Diskussionen in der Belegschaft aus. Letztlich einigte man sich auf eine Version, die der Belegschaft zur Abstimmung vorgelegt und mit einer breiten Mehrheit angenommen wurde.

Der beschriebene Fall stellt sicherlich einen Idealfall betrieblicher Präventions- und demokratischer Beteiligungsstrategie dar: von der Information, Sensibilisierung, Aktivierung bis hin zu autonomem Handeln der Beschäftigten, Mitbestimmung und Veränderung der Arbeitsbedingungen. Das Vorgehen knüpft an abgesicherte Regelungen der Gefährdungsbeurteilung, starke Mitbestimmungschancen des Betriebsrats und an eine Unterstützung durch Gewerkschaften und externe Fachleute an. Gerade in Krisensituationen sind aber auch auf den ersten Blick weniger spektakuläre Aktivitäten von Betriebsräten und Belegschaften von besonderer Bedeutung. So wurde etwa in einem der PARGEMA-Projektbetriebe die laufende beteiligungsorientierte Gefährdungsbeurteilung im Krisenjahr 2008 durch eine Restrukturierung, die mit massivem Personalabbau einherging, unterbrochen und der Prozess zunächst blockiert. Trotz der immensen Schwierigkeiten verfolgten aber Betriebsrat und Belegschaft auch in dieser Zeit weiter den Anspruch auf gesundheitsgerechte Arbeitsbedingungen und konnten zumindest relevante Gesundheitsschutzmaßnahmen im Bereich von Absaugungen und Schweißarbeitsplätzen durchsetzen. Die Gefährdungsbeurteilung wird zur Zeit wieder aufgegriffen und fortgeführt. Ein wichtiges Signal: Arbeits- und Gesundheitsschutz wird auch in schwierigen Zeiten nicht aufgegeben.

Diese Ansätze und Versuche einer Priorisierung von Gesundheit auf Basis einer demokratisch legitimierten Konfliktstrategie der Beschäftigten stellen grundsätzliche Fragen zur Legitimität einer Strategie rigider „wertorientierter Unternehmensführung“ und permanenter Restrukturierung, die Gesundheitsgefährdungen, Entsolidarisierung und Individualisierung induziert. In seiner Analyse der Kultur des neuen Kapitalismus schreibt Richard Sennett:

> „Ein Regime, das den Menschen keinen tiefen Grund gibt, sich umeinander zu kümmern, kann seine Legitimität nicht lange aufrechterhalten.“ (Sennett 1998, S. 203)

Literatur

Agnoli, J. (1967): Die Transformation der Demokratie. Berlin

Becker, K./Brinkmann, U./Engel, T. (2007): Die Haut auf dem Markte. Betrieblicher Gesundheitsschutz im Marktkapitalismus. In: PROKLA – Zeitschrift für kritische Sozialwissenschaft, Heft 148, S. 383–401

Becker, K./Brinkmann, U./Engel, T. (2009): Gesundheit in der Krise. Reaktionsweisen von Beschäftigten im Umgang mit der Wirtschaftskrise. In: Widerspruch, Heft 56, S. 79–92

Bundesanstalt für Arbeitsschutz und Arbeitsmedizin (2009): Pressemitteilung. Unternehmensumbau mit sozialem Geleitschutz begleiten. Restrukturierung trifft Gesundheit Entlassener und Beschäftigter (Internet: www.baua.de/de/Presse/Pressemitteilungen/2009/09/pm044-09.html)

Crouch, C. (2008): Postdemokratie. Frankfurt/M.

Dörre, K./Lessenich, S./Rosa, H. (2009): Soziologie – Kapitalismus – Kritik. Eine Debatte. Frankfurt/M.

Europäische Agentur für Sicherheit und Gesundheitsschutz am Arbeitsplatz (2009): Europäische Meinungsumfrage zu Sicherheit und Gesundheit am Arbeitsplatz (Internet: http://osha.europa.eu/en/statistics/eu-poll/slides/Package_Germany.pdf)

IG Metall Vorstand (2009): Aktiv aus der Krise – Gemeinsam für ein Gutes Leben. Aktionsplan der IG Metall. Frankfurt/M.

Kieselbach, T. (Hg.) (2009): Gesundheit und Restrukturierung: Innovative Ansätze und Politikempfehlungen. München, Mering

Luhmann, N. (1969): Legitimation durch Verfahren. Neuwied

Pickshaus, K./Urban, H. (2009): Gute Arbeit als Strategie. In: Schröder, L./Urban, H. (Hg.): Gute Arbeit. Handlungsfelder für Betriebe, Politik und Gewerkschaften. Frankfurt/M., S. 95–113

Pickshaus, K./Urban, H. (2010): Krisenopfer Gute Arbeit? Gewerkschaftliche Arbeitspolitik in der Krise des Finanzmarkt-Kapitalismus. In: Schröder, L./Urban, H. (Hg.): Gute Arbeit. Handlungsfelder für Betriebe, Politik und Gewerkschaften. Ausgabe 2010. Frankfurt/M., S. 39–53

Satzer, R./Langhoff, T. (2009): Aufarbeitung betrieblicher Erfahrungen zur Umsetzung der Gefährdungsbeurteilung bei psychischen Belastungen. Unveröffentlichter Zwischenbericht zum Forschungsprojekt der Bundesanstalt für Arbeitsschutz und Arbeitsmedizin (Internet: www.gefaehrdungsbeurteilung-forschung.de)

Sennett, R. (1998): Der flexible Mensch. Die Kultur des neuen Kapitalismus. Berlin

Urban, H. (2009): Die neue Mosaik-Linke – und ihre Chancen. In: Blätter für deutsche und internationale Politik, Jg. 54/Heft 5, S. 71–78

Walters, D./Frick, K. (2000): Worker Participation and the Management of Occupational Health and Safety: Reinforcing or conflicting strategies? In: Frick, K./Jensen, P. L./ Quinlan, M./Wilthagen, T. (Hg.): Systematic Occupational Health and Safety Management. Perspectives on an international development. Amsterdam, S. 43–66

Indirekte Steuerung und interessierte Selbstgefährdung

Eine 180-Grad-Wende bei der betrieblichen Gesundheitsförderung

Klaus Peters

Man kennt es von Freiberuflern und so genannten Existenzgründern: Wenn der eigene Erfolg gefährdet ist oder einmalige Chancen winken, wird ohne Rücksicht auf die eigene Gesundheit gearbeitet. Neuen Managementmethoden gelingt es, die Leistungsdynamik von Selbstständigen in unselbstständige Beschäftigungsverhältnisse zu importieren. Darum kommt es jetzt auch bei Arbeitnehmern zu *interessierter Selbstgefährdung* – mit weitreichenden Folgen für das betriebliche Gesundheitsmanagement. Eine Bearbeitung dieser neuen Herausforderung ist nicht alles, aber ohne sie könnten alle anderen Bemühungen um gesundheitsförderliche Arbeitsbedingungen vergeblich sein.

1. Die Zunahme psychischer Belastungen in der Arbeit und ihre Ursache

Den zunehmenden psychischen Belastungen[1] bei der Arbeit ist es ähnlich ergangen wie dem Klimawandel: Der Streit darüber, ob es eine solche Entwicklung überhaupt gebe, hat lange Zeit Energien absorbiert, die für die Arbeit an einer Lösung der neuartigen Probleme dringend benötigt worden wären. Inzwischen ist die Entwicklung so weit fortgeschritten, dass die Leugner, die sich hier wie dort als Dramatisierungsgegner, Antihysteriker und Katastrophismuskritiker in Szene gesetzt hatten, unter Nachhutgefechten zurückziehen und der Streit im Wesentlichen entschieden zu sein scheint.

Wenn es denn aber wahr ist, dass die psychischen Belastungen bei der Arbeit dramatisch zunehmen, dann sollte man jetzt ein zweites Vermeidungsmanöver vermeiden und nicht die Größenordnung der Herausforderung herunterspie-

---

1 Der Terminus *psychische Belastung* wird hier und im folgenden im Sinne von *mental stress* verwendet, wie in der Norm ISO 10075 definiert (ISO 10075, 1991: Ergonomic principles related to mental work-load – General terms and definitions. Geneva: ISO). Danach sind psychische Belastungen nicht *per se* gesundheitsgefährdend. Gesundheitsgefährdende Belastungen werden im Folgenden im Anschluss an Ulich und Wülser (2008) *Fehlbelastungen* genannt.

len, die durch diesen Befund entsteht. Was Burisch (2005) über das Burn-Out-Syndrom sagt, kann auf das gesamte Problemfeld bezogen werden: Man weiß zwar einiges darüber, wie man dem Kind helfen kann, wenn es in den Brunnen gefallen ist, aber man weiß beunruhigend wenig darüber, wie man ihm helfen kann, nicht hineinzufallen. Insbesondere weiß man wenig darüber, wie man der Gefahr nachhaltig begegnen kann.

Natürlich ist bekannt, dass bestimmte Maßnahmen geeignet wären, psychische Belastungen bei der Arbeit zu vermindern. Man kann Arbeitsabläufe und Kooperationsformen so verändern, dass psychische Belastungen verringert werden. Ebenso lässt sich durch Qualifizierung von Führungskräften der psychische Stress bei den Mitarbeitern bzw. untergeordneten Führungskräften reduzieren. Grundsätzlich kann man schließlich auch Menschen durch geeignete Trainingsmethoden und ein optimiertes ,Selbstmanagement' stressresistenter machen (wenn auch mit zweischneidigen Folgen). Alles das ist möglich. Es lässt sich aber die begründete Voraussage wagen, dass solche Versuche, so nützlich sie im Einzelfall sein mögen, vorhersehbarerweise nicht zu einer nachhaltigen Problemlösung führen werden. Sie leiden an einem systematischen Defekt, der sich im Voraus identifizieren lässt, schon aus rein theoretischen Gründen.

Maßnahmen wie die genannten greifen in die Ursache-Wirkungs-Ketten der Entstehung psychischer Fehlbelastungen ein. Das Problem hat aber eine zweite Dimension. Wenn man erklärt hat, unter welchen Bedingungen psychische Belastungen zu psychischen Fehlbelastungen werden, hat man noch nicht erklärt, warum psychische Belastungen *heute zunehmen.* Man landet dann leicht bei Ratschlägen, die ,schon immer richtig' waren, geht aber an den Herausforderungen vorbei, die die gegenwärtige Situation von der gestrigen und vorgestrigen unterscheiden.

Im Folgenden wird der Vorschlag unterbreitet, der zweifellos bedeutsamen Frage nach den Ursachen psychischer Fehlbelastungen die Frage vorzuordnen, warum heute die psychischen Belastungen bei der Arbeit im Verhältnis zu früheren Arbeitsbedingungen an Bedeutung und Gefährlichkeit zunehmen.

Die Antwort liegt *nicht* auf der Hand. Man wird sich nämlich hüten müssen vor Begründungsversuchen, die die Zunahme psychischer Fehlbelastungen aus einer allgemeinen, etwa in der Globalisierung begründeten Verschlechterung von Lebens- und Arbeitsverhältnissen ableiten wollen oder aus einer Zunahme von Leistungsdruck und Stress am Arbeitsplatz. Schlechte Arbeits- und Lebensbedingungen und hoher Leistungsdruck und Stress am Arbeitsplatz sind *historisch nicht neu.* Und wenn die Arbeits- und Lebensbedingungen schon einmal besser waren als heute, so wäre ihre bloße Verschlechterung zunächst nur eine Rückkehr zu alten, schon einmal überwundenen schlechten Zuständen, die aber zu ihrer Zeit *nicht* von einer zunehmenden Bedeutung psychomental bedingter Gefährdungen begleitet waren.

Als wir[2] von November 2007 bis Juli 2009 ein Projekt zum betrieblichen Gesundheitsmanagement in einem Finanzdienstleistungsunternehmen (in diesem Band „Saturnia" genannt) durchgeführt haben, fanden wir uns nicht nur mit der Problemlage in dem Unternehmen konfrontiert. Wir hatten darüber hinaus von vornherein die vorhersehbare Unzulänglichkeit von Maßnahmen im Auge, die lediglich an den Ursachen psychischer Fehlbelastungen ansetzen, nicht aber an den Ursachen ihrer tendenziellen *Zunahme.* Daher haben wir unserer Arbeit eine Antwort auf die Frage nach den Ursachen der gegenwärtigen Entwicklung zugrunde gelegt.

Wir haben sie der *Theorie der indirekten Steuerung* (Glißmann/Peters 2001) entnommen, die seit 1997 im Kontext des COGITO-Instituts entwickelt worden ist – ein theoretischer Ansatz, der sich in seinen Ergebnissen und vor allem auch in wesentlichen Teilen der praktischen Schlussfolgerungen mit den Ergebnissen von Untersuchungen trifft, die von Dieter Sauer, Nick Kratzer und anderen am Institut für Sozialwissenschaftliche Forschung in München zu ‚Entgrenzung' und ‚Subjektivierung der Arbeit' vorgenommen worden sind (z.B. Kratzer 2003).

Auf der Basis dieses Ansatzes haben wir im Fallbetrieb „Saturnia" empirische Untersuchungen angestellt, die unseren Theorieansatz in vieler Hinsicht bestätigt haben. Darauf aufbauend wurden Interventionskonzepte entwickelt und praktisch erprobt.

Die empirischen Befunde und die Interventionskonzepte wurden in einem Aufsatz zusammenfassend dokumentiert, der in diesem Buch erscheinen sollte. Da die „Saturnia" diesen Beitrag in der von den Autoren (Klaus Peters, Jörg Stadlinger, Cosima Dorsemagen, Andreas Krause) vorgelegten Fassung nicht zur Veröffentlichung freigegeben hat und Differenzen über die Veröffentlichungsrechte bis zum Erscheinen dieses Bandes nicht ausgeräumt werden konnten, fehlt dieser Beitrag hier. Ich beschränke mich im Folgenden auf eine Darstellung derjenigen theoretischen Bestimmungen, die wir durch die empirischen Erhebungen unserer Projektpartner und Gespräche in zahlreichen von uns durchgeführten Workshops bestätigt gefunden haben.

2 D.h. COGITO – Institut für Autonomieforschung, Berlin, in Zusammenarbeit mit Professor *Dr. Andreas Krause* und *Cosima Dorsemagen* vom Institut ‚Mensch in komplexen Systemen' an der Fachhochschule der Nordwestschweiz, Olten. Von Seiten des COGITO-Instituts haben mitgearbeitet: *Jürgen Laimer, Klaus Peters* und *Jörg Stadlinger*. Die Methoden und Materialien zur Selbstevaluation der von uns durchgeführten Workshops wurden von *Julika Bürgin* entwickelt.

2. Indirekte Steuerung und interessierte Selbstgefährdung

Die Hypothese, die unserer Arbeit zugrunde lag, lautet:

> Die psychomentalen Belastungen bei der Arbeit und damit verbundene Gefährdungen nehmen zu, weil in den Unternehmen ein Paradigmenwechsel bei der Organisation von Arbeit stattfindet. Wir fassen diesen Wechsel als Übergang von einer *direkten* Steuerung zu einer *indirekten* Steuerung, durch die die Leistungsdynamik von selbstständigen Unternehmern (z.B. Freiberuflern, Existenzgründern u.ä.) reproduziert wird bei Menschen, die keine selbstständigen Unternehmer sind, sondern abhängig Beschäftigte.

Die populäre Bezeichnung für diesen Übergang ist der Selbstinterpretation der Managementtheoretiker entnommen. Im Anschluss an Drucker (1955) wird von *management by objectives* gesprochen oder Führung durch Ziele. Wenn man nach den Ursachen der Zunahme psychomental bedingter Gefährdungen fragt, reicht diese Bestimmung nicht aus, sie genügt aber für eine äußerliche Identifizierung dessen, was gemeint ist.

Von indirekter Steuerung sprechen wir immer dann, wenn weisungsgebundene Beschäftigte sich zu ihrer Rechtfertigung nicht mehr allein auf ihre tatsächlich geleistete Arbeit (ihre Anstrengung, ihren zeitlichen Aufwand, das Sich-Mühe-gegeben-Haben, die fachliche Qualität ihrer Arbeit) berufen können, sondern in erster Linie *Erfolge* vorweisen müssen, die in der Regel betriebswirtschaftlich – durch Kennziffern – definiert sind.[3] Dadurch kommen sie in eine Situation, die derjenigen von unternehmerisch Selbstständigen analog ist: Auch dem selbstständigen Unternehmer hilft es nichts, wenn er sich viel Mühe gegeben hat, der Erfolg aber ausbleibt.[4]

Die entscheidende Veränderung, die sich daraus für die Leistungsdynamik der Beschäftigten ergibt, gründet in der einfachen Tatsache, dass Erfolge zwar häufig, aber keineswegs notwendig der jeweils erbrachten Leistung entsprechen. Es kommen Fälle vor, in denen durch glückliche äußere Umstände auch eine ge-

3 An dieser Stelle tritt ein Abgrenzungsproblem zur Akkordarbeit und zum Stücklohn auf. In der Tat gibt es hier eine sachliche Kontinuität, aber auch einen Unterschied: Anders als Akkordarbeit kann indirekte Steuerung auf Seiten des Beschäftigten ein Interesse an der Steigerung der Ziele hervorrufen, wo die Akkordarbeit bei einem Interesse an der Erfüllung oder Übererfüllung der Norm stehen bleibt. Erst durch diese Differenz wird der Import der Leistungsdynamik von Selbstständigen in abhängige Beschäftigungsverhältnisse perfekt.

4 Der Vergleich von Freiberuflern und Selbstständigen mit unselbstständig beschäftigten Arbeitnehmern gilt hier einzig und allein der *Form der Leistungsdynamik.* Wie sich in beiden Fällen die Wechselwirkungen zwischen dieser Leistungsdynamik und psychischen Belastungen konkret voneinander unterscheiden, bleibt eine zu klärende Frage.

ringe Leistung zu überdurchschnittlichen Erfolgen führen kann, wie vor allem umgekehrt auch eine außerordentliche Leistung bei ungünstigen Umständen nicht unbedingt von Erfolg gekrönt wird.

Dass die Leistungsdynamik eines Selbstständigen sehr viel stärker ist als die Leistungsdynamik eines abhängig Beschäftigten, lässt sich an prekären Formen selbstständiger Arbeit ablesen: Der so genannte Existenzgründer zum Beispiel wird getrieben von der Hoffnung auf Erfolg und von der Angst vor Misserfolg – in letzter Instanz: vor dem Bankrott. Er arbeitet oft unter Aufbietung aller Kräfte und wenn nötig rund um die Uhr. Vor allem aber: *Er nimmt im Zweifel keine Rücksicht auf seine eigene Gesundheit* – wenn nämlich dafür ein Misserfolg in Kauf genommen werden müsste oder ein Erfolg gefährdet würde. Wir haben vorgeschlagen, in solchen Fällen von *interessierter Selbstgefährdung* zu sprechen, womit eine Gefährdung der eigenen Gesundheit gemeint ist, die von einem eigenen unternehmerischen Interesse desjenigen getragen wird, der sich selbst gefährdet.[5]

3. Auswirkungen der indirekten Steuerung auf psychische Prozesse

Der Import der Leistungsdynamik selbstständiger Unternehmer in abhängige Beschäftigungsverhältnisse hat zwei Auswirkungen, die für eine zunehmende Relevanz psychomentaler Prozesse entscheidend sind:

- Mit der indirekten Steuerung verändert sich das Verhältnis des Willens zur Organisation.
- Die indirekte Steuerung steht aus Gründen, die in ihr selbst liegen, dem Verständnis ihrer selbst, d.h. der kognitiven Aneignung der eigenen Situation im Weg.

Beide Auswirkungen führen nicht nur zu stärkeren psychischen Belastungen, sondern sie erschweren auch eine Bearbeitung dieser neuartigen Belastungen mit dem Ziel einer Prävention.

---

5 Es sollte sich von selbst verstehen, dass der Ausdruck ‚interessierte Selbstgefährdung' nicht auf ein eigenes Interesse an einer Selbstgefährdung zielt. Das Interesse gilt dem Erfolg, nicht der Gefährdung. Dass die betriebliche Gesundheitsförderung es nun aber mit Gefährdungen der eigenen Gesundheit zu tun bekommt, hinter denen ein eigenes unternehmerisches Interesse (der Arbeitnehmer) steht – und nicht bloß Überidentifikation mit dem Unternehmen, Unkenntnis, Bequemlichkeit, Sucht oder kulturelle Verhaltensstereotypen –, ist hier das Neue und Entscheidende.

3.1 Die neue Stellung des Willens zur Organisation

Die Stellung des Willens in der traditionellen Unternehmensorganisation ist durch die Polarität von ‚Zuckerbrot und Peitsche' geprägt. Man kann statt von direkter Steuerung auch von *command-and-control* oder von einem Kommandosystem sprechen:

Die ‚Peitsche' steht für die Weisungsgebundenheit des Beschäftigten. Er unterwirft sich im Arbeitsvertrag dem Direktionsrecht des Arbeitgebers, und das heißt, dass er seinen *eigenen Willen unterordnen* und tun muss, was ihm gesagt wird. Der Arbeitgeber muss zur Sicherstellung der Abläufe des Unternehmens in der Lage sein, Disziplin zu erzwingen. Andernfalls wäre das Unternehmen nicht steuerbar nach innen und nicht manövrierbar am Markt. Zur Erzwingung von Disziplin stehen dem Arbeitgeber Bestrafungsmöglichkeiten zur Verfügung. In letzter Instanz kann er sich gegen undisziplinierte Beschäftigte durch eine Kündigung des Arbeitsvertrags wehren.

Die Unterordnung des eigenen Willens ist hier also das Prinzip. Eine Organisation funktioniert aber nicht – oder jedenfalls nicht hinreichend gut –, wenn sie lediglich über eine solche Unterordnung funktioniert. Gehorchen macht keinen Spaß, d.h. dieses Organisationsprinzip ist aus im Prinzip selbst liegenden Gründen entmotivierend. Um diesen Mangel auszugleichen, wird die ‚Peitsche' durch das ‚Zuckerbrot' ergänzt, das für Anerkennung und Belohnung (Gratifikation) steht, wobei die wirksamste Belohnung in einer mit höherer Bezahlung verbundenen Beförderung innerhalb der Organisationshierarchie besteht.

Über solche Anerkennungen, Belohnungen und Beförderungen entscheiden die Weisungsbefugten. Wer also anerkannt, belohnt und befördert werden will, muss sich überlegen, wie er beim jeweiligen Weisungsbefugten Zufriedenheit und Wohlgefallen hervorrufen kann. Zu diesem Zweck beginnt er, sich dessen Willen anzueignen. Wir sprechen davon, dass die *Unterordnung des eigenen Willens* ergänzt wird durch die *Verinnerlichung des fremden Willens.* Ein ungenauerer, aber geläufigerer Ausdruck wäre: Der Weisungsgebundene beginnt, sich mit ‚seinem' Weisungsbefugten und überhaupt mit ‚der Firma' partiell zu identifizieren. Bekanntlich nimmt diese Identifizierung in hierarchisch gegliederten Organisationen mit der Fallhöhe zu: Je höher der Rang in der Hierarchie, desto größer (in der Regel) die Verinnerlichung des fremden Willens.

Für Kommandosysteme gilt, dass sie umso effektiver und produktiver sind, je mehr die Unterordnung des eigenen Willens zurücktritt und die Verinnerlichung des fremden Willens dominiert. Darum erreicht die direkte Steuerung ihre höchste Perfektionsstufe, wenn die Verinnerlichung des fremden Willens sich bis zum vorauseilenden Gehorsam steigert. Das erlaubt dem Kommandosystem, sich selbst tendenziell unsichtbar zu machen.

Der vorauseilende Gehorsam hat als höchste Perfektionsstufe des Kommandosystems allerdings den Nachteil, dass er nicht generalisierbar ist. Menschen, von denen man vorauseilenden Gehorsam erwartet, muss man mit privilegierten Arbeitsplätzen ausstatten. In der Regel sind (bzw. waren) sie geprägt durch außergewöhnlich hohe Entlohnung, außergewöhnlich große Handlungs- und Entscheidungsspielräume sowie – im optimalen Fall – einen Arbeitsplatz fürs Leben. Generell lässt sich sagen: Je mehr die Verinnerlichung des fremden Willens die Unterordnung des eigenen Willens in den Hintergrund treten lässt, desto kleiner ist der Kreis der Beschäftigten, bei denen das praktisch erreicht werden kann.

Und genau an dieser Stelle setzt die indirekte Steuerung an. Sie lässt sich verstehen als Antwort auf die Frage nach einer Verallgemeinerung derjenigen Phänomene, die Kommandosysteme nur bei einer relativ kleinen Gruppe hochqualifizierter Angestellter erreichen: Wie kann man dieselben Effekte überall erreichen – also auch bei niedrig qualifizierten Beschäftigten, auch in der Fertigung, auch im Einzelhandel usw. Noch einmal anders formuliert: Wie lassen sich die Effekte, die das Kommandosystem nur durch Gewährung von Privilegien erreicht, ohne Privilegien erreichen?

Die indirekte Steuerung löst eben dieses Problem, indem sie das Verhältnis des Willens des Einzelnen zur Organisation verändert:

Während bei der direkten Steuerung die Unterordnung des eigenen Willens durch die Verinnerlichung des fremden Willens *ergänzt* wird, wird sie bei der indirekten Steuerung durch die Funktionalisierung des eigenen Willens für den Unternehmenszweck *ersetzt.*

Genau das kann durch eine Steuerung durch Ziele erreicht werden. Wenn an die Stelle einer drohenden ‚Peitsche' ein drohender – eigener! – Misserfolg tritt und anstelle eines ‚Zuckerbrots' nun ein – eigener! – Erfolg winkt, dann tritt das eigene Interesse des Beschäftigten am Erreichen des Erfolgs und der Vermeidung eines Misserfolgs an die Stelle von Unterordnung und Verinnerlichung (Identifizierung).

Bei der indirekten Steuerung benutzt der Arbeitgeber sein Direktionsrecht zur Definition der Rahmenbedingungen, unter denen abhängig Beschäftigte um ihren eigenen Erfolg kämpfen müssen. Wenn das auf eine geeignete Weise geschieht, wird genau dadurch, dass der Beschäftigte tut, was er selber will, erreicht, was das Management von ihm will.

Verkürzt – aber treffend – lässt sich sagen, dass die indirekte Steuerung diejenigen Effekte, die das Kommandosystem nur mit Hilfe einer Gewährung von Privilegien erreicht, ohne Privilegien und daher im Prinzip überall erreichen kann. Bei den früheren Nutznießern privilegierter Arbeitsverhältnisse – z.B. in Forschung und Entwicklung – führt der Übergang zur indirekten Steuerung daher regelmäßig zu einem Privilegienverlust.

3.2 Orientierungsverlust als Teil des Problems

Der Wechsel des Organisationsprinzips bringt für den Einzelnen nicht nur radikale, bis in die psychischen Prozesse reichende Veränderungen mit sich. Er steht darüber hinaus und gleichzeitig dem Verständnis dieser Veränderungen im Weg. Dabei sind im Wesentlichen drei Faktoren wirksam:

- Wie gezeigt, haben Systeme direkter Steuerung ein Interesse daran, sich selbst zu verstecken oder zu verleugnen. Im Fall der höchsten Perfektionsstufe – des vorauseilenden Gehorsams – ist die zugrundeliegende Polarität von ‚Zuckerbrot und Peitsche' gar nicht mehr zu sehen und die Menschen, die unter solchen Bedingungen arbeiten, können sich der schmeichelhaften Illusion hingeben, dass sie die Bedingungen von *command-and-control* hinter sich gelassen haben. Die Erinnerung an die vorangegangene schwere Arbeit der Verinnerlichung des fremden Willens, die die angenehmere Situation überhaupt erst möglich gemacht hat, wird vermieden, da sie deren Genuss stören würde. Eine begriffliche Bestimmung des Kommandosystems, wie wir sie hier versuchen, erscheint auf dem Hintergrund solcher Erfahrungen als eine bloße Karikatur, wodurch die Möglichkeit einer genauen Differenzierung zwischen Alt und Neu erschwert wird: Die direkte Steuerung ist dann nicht mehr als Negativfolie erkennbar.
- Die Abkehr von den Formen der direkten Steuerung und die Implementierung indirekter Steuerung erfolgt in den von der direkten Steuerung überkommenen Formen und Institutionen und wird auch mit sprachlichen Ausdrücken interpretiert, die der direkten Steuerung entstammen. So wird oft von leistungsabhängiger Bezahlung gesprochen, wenn erfolgsabhängige Bezahlung gemeint ist. Das ‚Direktionsrecht' des Arbeitgebers müsste unter den neuen Bedingungen eigentlich umbenannt werden (etwa ‚Recht der Bestimmung von Rahmenbedingungen und operativen Prozessvorgaben'). Die Ausdrücke ‚Prämie' und ‚Bonus' entstammen der Logik des ‚Zuckerbrots', obwohl sie nicht mehr den Sinn haben, eine Verinnerlichung des fremden Willens zu fördern, sondern den Sinn, in der abhängigen Beschäftigung den eigenen unternehmerischen Erfolg erfahrbar zu machen. Die indirekte Steuerung kommt den Menschen im Unternehmen also in den Kostümen der direkten Steuerung entgegen.
- Vor allem aber ist unser eigenes Denken von Hierarchien und Machtverhältnissen von der Form der direkten Steuerung geprägt. Wir denken organisierte Zusammenhänge von Menschen in den Formen von ‚Zuckerbrot und Peitsche', von Strafe und Belohnung – mit der fatalen Konsequenz, dass es eine ebenso starke wie spontane Tendenz gibt, die neuen Verhältnisse dadurch erklären zu wollen, dass man sie nach Kräften in die alten Formen

zurückübersetzt. Das Neue, auf das es gerade ankommt, geht dabei verloren. Man versteht etwa den Erfolg als neue Form von Belohnung und den Misserfolg als neue Form von Strafe, kann schließlich den behaupteten Paradigmenwechsel in der Unternehmensorganisation nicht mehr erkennen und startet stattdessen eine Gegenargumentation mit dem Hinweis: „Das ist doch alles gar nicht so neu."

Alle drei Faktoren tragen dazu bei, dass der Wechsel in der Form der Unternehmensorganisation von einem Orientierungsverlust begleitet wird, der für die betrieblichen Akteure eine psychomentale Belastung eigener Art mit sich bringt. Wir gehen daher davon aus, dass eine Bearbeitung psychischer Belastungen heute eine Bearbeitung solcher Interpretations- und Orientierungsprobleme einschließen muss. Es ist dies vielleicht die größte Hürde, die hier zu nehmen ist. Denn die aufgezählten Schwierigkeiten lassen sich nicht durch eine reine Wissensvermittlung beseitigen, sondern nur durch eine je eigene Auseinandersetzung mit den je eigenen Denkformen (die nicht nur die betrieblichen Akteure erreichen müsste, sondern ebenso die Experten, von denen sich die betrieblichen Akteure Rat erhoffen).

Wenn es nämlich richtig ist, dass wir es mit einer Prägung der Denkformen durch den zu erkennenden Gegenstand selbst zu tun haben (hier: *command-and-control*), dann nimmt der Interpretationsfehler die Form einer Selbsttäuschung an: Wir sind – bildlich gesprochen – von der direkten Steuerung hypnotisiert oder betrunken, und die Erkenntnis der indirekten Steuerung setzt nicht bloß zusätzliche Information, Aufklärung, Wissensvermehrung voraus, sondern den Ausbruch aus einer Befangenheit unseres eigenen Denkens durch seinen Gegenstand.

Das Tückische an Selbsttäuschungen liegt darin, dass gerade die eigene Überzeugtheit von der eigenen Position und die entsprechende Überzeugtheit vom Irrtum des Gegenübers ein Zeichen für die eigene Befangenheit im Irrtum ist. Selbsttäuschungen sind Irrtümer, gegen deren Aufklärung man sich wehrt. Die daraus resultierenden Schwierigkeiten für Kommunikationsprozesse im Unternehmen – insbesondere die Gefahr von Kommunikationsabbrüchen bei Verständigungsprozessen über die eigenen Interessen – haben wir bereits im Rahmen des Forschungsprojekts ‚NESTO – Neue Selbständigkeit in Organisationen' (Peters 2003) untersucht. Dabei sind wir ausführlich auf die methodischen Schwierigkeiten eingegangen, die sich daraus ergeben, dass derjenige, der einen Selbsttäuschungsverdacht erhebt, selbst Opfer einer Selbsttäuschung sein könnte.[6] Im Rahmen von PARGEMA haben wir die Bearbeitung des Selbsttäu-

6 An dieser Stelle wird regelmäßig die skeptische Frage laut, ob derjenige, der einen Selbsttäuschungsverdacht erhebe oder auch nur das Problem von Selbsttäuschungen thematisiere, denn überhaupt selbst von Selbsttäuschungen frei sei. In der Tat bringt ein Gespräch über Selbsttäuschungen viele eigentümliche Schwierigkeiten mit sich. Wir haben

schungsverdachts zu einem der entscheidenden Bausteine der reflexiven Erhebungsmethode und Interventionsform ‚Denkwerkstatt' gemacht.

4. Die Folgen der indirekten Steuerung für die Funktion von Handlungs- und Entscheidungsspielräumen

Am folgenreichsten wirken sich die Selbsttäuschungseffekte auf die Frage aus, wie sich die Funktion von Handlungs- und Entscheidungsspielräumen beim Übergang von direkten zu indirekten Steuerungsformen ändert.

Bei der indirekten Steuerung handelt es sich jedenfalls nicht um einen erstmaligen Versuch von Unternehmen, selbstständiges Handeln von Unselbstständigen für den Unternehmenszweck zu nutzen. Organisationen von Menschen kommen ohne eine solche Nutzung selbstständigen Handelns überhaupt nicht aus. Zu fragen ist deswegen immer nach den Formen, in denen in einer Organisation Selbstständigkeit in die Unselbstständigkeit eingebunden wird.

Die direkte Steuerung bewerkstelligt das mit Hilfe der Gewährung von Handlungs- und Entscheidungsspielräumen, die vom Organisationsprinzip her analog zum ‚Zuckerbrot' funktionieren. Die Gewährung eines Spielraums ist selbst eine Form von Belohnung. Sie setzt ein hinreichendes Maß von Verinnerlichung des fremden Willens voraus – und erhöht gleichzeitig die Motivation dazu: Der Spielraum ist ‚von oben' gewährt worden und kann auch ‚von oben' wieder reduziert werden. Der mit einem Handlungs- und Entscheidungsspielraum ausgestattete Arbeitnehmer steht daher immer vor der Frage, wie er diesen Spielraum so nutzt, dass er ihm nicht wieder genommen wird – dass er sich vielleicht sogar in den Augen der nächsthöheren Instanz eine Spielraumerweiterung verdient. Seine Chancen dazu steigen in dem Maß, in dem er den Willen der nächsthöheren Organisationsinstanz verinnerlicht.

Für das, was er mit seinem Spielraum anfängt, muss er sich hinterher verantworten, so dass sich die so in die Unselbstständigkeit integrierte Selbstständigkeit unmittelbar als partielle *Eigenverantwortung* des Arbeitnehmers darstellt. Zunehmende Eigenverantwortung geht unter Bedingungen direkter Steuerung in der Regel mit höherer Entlohnung einher, die ihrerseits die Verinnerlichung des fremden Willens fördert.

---

sie an anderer Stelle ausführlich erörtert (Peters 2003). Die Rationalitätsbedingung für einen Diskurs über Selbsttäuschungen ist aber nicht, dass derjenige, der ihn führt, sich vorher selbst von allen Selbsttäuschungen frei weiß, sondern dass er mit einem gegen sich selbst gerichteten Selbsttäuschungsverdacht anfängt – und dann anderen empfiehlt, dass sie mit sich selbst am besten genauso verfahren mögen. Dadurch kann der rationale Problembestand der Selbsttäuschung theoretisch integriert werden, ohne dass man zum Schluss dabei landet, anderen ein ‚falsches Bewusstsein' attestieren zu müssen.

Daraus folgt, dass unter Bedingungen direkter Steuerung *(command-and-control)* die Größe der Spielräume unmittelbar das Maß der dem abhängig Beschäftigten zur Verfügung stehenden Selbstständigkeit ist. Am Spielraum ist das zugestandene Maß von Autonomie eindeutig ablesbar.

Diese Verhältnisse ändern sich grundlegend bei einer Steuerung über Ziele. Unseres Erachtens haben wir es bei der indirekten Steuerung mit einer Nutzung individueller Selbstständigkeit für die Unternehmen zu tun, die nicht mehr auf eine Gewährung von Handlungs- und Entscheidungsspielräumen angewiesen ist. Es ist jetzt überhaupt von Selbstständigkeit in einem ganz anderen Sinne die Rede.

Wieder lohnt sich der Blick auf den selbstständigen Existenzgründer als Beispiel für die Formen, in denen die neuartige Leistungsdynamik im Unternehmen freigesetzt wird. Der unternehmerisch Selbstständige ist selbstständig, insofern er *nicht weisungsgebunden* ist. Er kann tun, was er selber will. Aber das heißt eben nicht, dass er tun kann, was er will (Peters 1996). Wenn er Erfolg haben will, muss er sich den Bedingungen anpassen, die er vorfindet – unabhängig davon, ob ihm diese Bedingungen viel oder wenig Spielräume für Entscheidungen geben. Seine Selbstständigkeit liegt nicht darin, dass er mehrere Optionen hat, zwischen denen er wählen kann, und sie findet auch nicht mehr ihr Maß an der Anzahl solcher Optionen. Seine Selbstständigkeit liegt darin, dass er selber auf die vorhandenen Bedingungen reagieren muss (es ist die Selbstständigkeit desjenigen, der ‚selber zusehen muss, wie er zurechtkommt'). Er handelt also auch dann selbstständig, wenn ihm nur eine einzige Handlungsmöglichkeit bleibt.

Im Ergebnis finden wir in den Unternehmen eine vollkommen neuartige Kombination von Selbstständigkeit und Handlungs- und Entscheidungsspielräumen. *Indirekte Steuerung ermöglicht zum ersten Mal, dass in abhängigen Beschäftigungsverhältnissen zunehmende Selbstständigkeit mit schrumpfenden Handlungs- und Entscheidungsspielräumen zusammengehen kann.*

Im Gegenzug löst sich der Zusammenhang zwischen vermehrter Selbstständigkeit und höherer Entlohnung auf. Wo die direkte Steuerung höhere Eigenverantwortung mit höherem Lohn bezahlt, macht die indirekte Steuerung vermehrte Selbstständigkeit vereinbar mit niedrigerer Entlohnung bzw. Lohnsenkungen.

Für die Interpretation der konkreten Lage in einem Unternehmen ist begriffliche Klarheit an dieser Stelle ebenso wichtig wie schwer zu erreichen, denn die Phänomene sehen sich zunächst zum Verwechseln ähnlich, auch wenn sie Elemente ganz verschiedener Wirkungszusammenhänge sind.

Weil die Nutzung individueller Selbstständigkeit von der Gewährung von Handlungs- und Entscheidungsspielräumen abgekoppelt ist, kann durch die indirekte Steuerung Selbstständigkeit genutzt werden bei gleichzeitiger Reduktion von Spielräumen durch enge operative Prozessvorgaben: Unternehmenskundenbetreuer eines Dienstleistungsunternehmens bekommen z.B. gesagt, wie oft sie ihre Kunden im Monat zu besuchen haben, oder es werden Prozesse so standardisiert, dass die Beschäftigten bei der Arbeit vorgegebenen Mustern zu folgen haben. Solche Phänomene können leicht den Eindruck entstehen lassen, dass hier eine Rückkehr zu weniger Selbstständigkeit vorliege und die Entwicklung eher wieder zu Formen direkter Steuerung zurückführe. Solchen Schlüssen liegt unserer Meinung nach der oben beschriebene Interpretationsfehler zugrunde: Wenn man die Selbstständigkeit von Unselbstständigen an der Größe von Spielräumen messen könnte, dann wären solche Schlussfolgerungen begründet. Wir interpretieren die Entwicklung anders und sprechen in solchen Fällen von einer *Engführung der indirekten Steuerung.* Sie unterscheidet sich von einem Spielraumabbau unter Bedingungen von *command-and-control* dadurch, dass sich an der neuen systematischen Stellung des Erfolgs als letztem Rechtfertigungsgrund nichts ändert.

Ein abhängig Beschäftigter, der sich unter Bedingungen direkter Steuerung an alle Anweisungen gehalten hat, darüber hinaus fachlich gute Arbeit geleistet und sich Mühe gegeben hat, der ist ‚aus dem Schneider' – auch dann, wenn die Befolgung der Anweisung nicht zu dem erwünschten Resultat geführt hat (Letzteres fällt im Rahmen von *command-and-control* in die Verantwortung des Weisungsbefugten). Bei der Engführung indirekter Steuerung dagegen hilft es dem Beschäftigten nicht, wenn er sich an alle operativen Vorgaben des Unternehmens gehalten hat. Rechtfertigen kann er sich am Ende einzig und allein durch den Erfolg seines Tuns. (Dass er sich nur mit Erfolgen rechtfertigen kann, heißt allerdings nicht, dass ihm *keine* Vorhaltungen gemacht werden, wenn er sich nicht an die Prozessvorgaben gehalten hat.)

Im Vorgriff sei gesagt, dass diese Kombination von Erfolgsorientierung und engen Prozessvorgaben (die abhängig von der Art der Arbeit sehr unterschiedliche Gestalten annehmen können) von den Beschäftigten eines von uns untersuchten Finanzdienstleistungsunternehmens selbst als eine der Hauptursachen für psychische Belastungen angesehen wurde. Sie führt unter anderem zu dem bedenkenswerten Phänomen, dass Beschäftigte gegen Prozessvorgaben verstoßen (Vorschriften nicht befolgen) – aber nicht, um sich dem Leistungsdruck zu entziehen, sondern um ihren Erfolg nicht zu gefährden.

5. Folgen der indirekten Steuerung für die betriebliche Gesundheitsförderung

Indirekte Steuerung bringt für die betriebliche Gesundheitsförderung Folgen von zweierlei Art mit sich:

– Erstens kommt es bei Arbeitnehmern zu neuartigen psychischen Belastungen, die es so vorher nicht gab.

– Zweitens entsteht ein neues Hindernis für die gesamte betriebliche Gesundheitsförderung (nicht bloß bei den psychomentalen Belastungen). Es besteht darin, dass diejenigen, um deren Gesundheit es geht, ein sie selbst gefährdendes Verhalten nicht nur in Kauf nehmen, sondern auch gegen Widerstände durchzusetzen versuchen.

5.1 Unmittelbare Steigerungen psychomentaler Belastungen durch indirekte Steuerung

Zielkonflikt zwischen fachlicher Orientierung und Ertragsorientierung

Indirekte Steuerung erzeugt bei dem einzelnen Beschäftigten einen doppelten Blick auf die eigene Arbeit. Einerseits wird von ihm nach wie vor verlangt, fachlichen Anforderungen gerecht zu werden und für die Qualität seiner Arbeit geradezustehen, andererseits soll er mehr und mehr einen betriebswirtschaftlichen Blick auf die eigene Tätigkeit entwickeln und auf Rentabilität, Kosten-Nutzen-Relation oder Einhaltung von Budgets achten. Beide Orientierungen geraten beinahe unvermeidlich in Konflikt miteinander, da in der Regel die Möglichkeit besteht, zumindest kurzfristig den unternehmerischen Erfolg durch eine Minderung der Qualität zu vermehren (Beispiel: Vertrieb von Produkten, die der Kunde nicht benötigt).

Für die psychischen Auswirkungen ist hier entscheidend, dass der einzelne Beschäftigte – auch untere Führungskräfte – mit diesem Konflikt alleine dasteht. Die Identifikation mit der Arbeit über den so genannten Facharbeiterstolz wird konterkariert durch Steuerungsformen, die stattdessen eine Identifikation mit dem betriebswirtschaftlich interpretierten Erfolg verlangen, so dass der einzelne Beschäftigte hin- und hergerissen wird zwischen seinem fachlichen Gewissen einerseits und seinem unternehmerischen Gewissen andererseits.

Konflikte mit sich selbst

Konflikte, die bei direkter Steuerung zwischen verschiedenen Personen entstehen – vornehmlich zwischen Mitarbeiter und Führungskraft –, nehmen bei indirekter Steuerung immer öfter die Form eines Konflikts des Einzelnen mit sich selbst an. Dies gilt nicht nur für den genannten Zielkonflikt zwischen fachlicher und unternehmerischer Perspektive, sondern z.B. auch für das Arbeitszeitverhalten. Es sind nicht unbedingt der Vorgesetzte oder andere Teammitglieder, die zu überlangen Arbeitszeiten auffordern. Wenn Erfolge winken oder Misserfolge drohen, überschreitet man die vertraglich vereinbarten Arbeitszeiten von sich aus – und zwar auch dann, wenn man weiß, dass man damit auf eigene Rechte verzichtet und womöglich die eigene Gesundheit gefährdet.

Sich als ‚selber schuld' erleben

Daraus resultiert, dass ein äußerer Adressat für Schuldzuweisungen mehr und mehr verschwindet. Jedenfalls wird man unter Bedingungen indirekter Steuerung immer wieder feststellen, dass man auf die eine oder andere Weise an der Steigerung des Leistungsdrucks, unter dem man leidet, mitgewirkt hat. Eine Reihe von Managementtechniken wie die Zielvereinbarung oder die Einrichtung marktähnlicher Wettbewerbsverhältnisse im Inneren des Unternehmens zielen unmittelbar auf eine Einbindung der Beschäftigten in die Definition des Leistungsdrucks, mit dem sie es dann hinterher zu tun haben. Wenn der Druck hinterher als zu groß oder gar unerträglich erlebt wird, richten sich die resultierenden Aggressionen nicht mehr gegen einen anderen – den Vorgesetzten oder ‚die Firma', sondern gegen sich selbst.

Zunehmende Vereinzelung

Druck, der bei direkter Steuerung von oben nach unten ausgeübt wird, entsteht bei indirekter Steuerung verstärkt unter den Beschäftigten auf derselben Hierarchiestufe – vor allem unter den Mitgliedern von Teams oder anderen kleinen Unternehmenseinheiten. Die gemeinsame Solidarisierung im Team gegen einen Vorgesetzten bot unter Bedingungen direkter Steuerung oft eine Stabilisierungsmöglichkeit für den Einzelnen. Bei indirekter Steuerung fällt sie nicht nur häufig weg, sondern es entsteht unter Umständen auch Druck im Team – *peer-to-peer-pressure:* Die eigenen Kolleginnen und Kollegen werden dann zu einer potenziellen Bedrohung, der man sich allein gegenübersieht.

5.2 Interessierte Selbstgefährdung und die 180-Grad-Wende bei der betrieblichen Gesundheitsförderung

Bei den vier genannten Faktoren haben wir es mit Formen zu tun, in denen indirekte Steuerung aus systematischen Gründen zu einer Steigerung psychomentaler Belastungen bei der Arbeit führt. Die brisanteste Folge der indirekten Steuerung für die betriebliche Gesundheitsförderung liegt aber darin, dass mit der schon erwähnten *interessierten Selbstgefährdung* ein neuer Mechanismus ins Spiel kommt, der alle herkömmlichen Maßnahmen der betrieblichen Gesundheitsförderung ins Leere laufen lassen kann. Wenn an die Stelle von drohenden Disziplinarmaßnahmen ein drohender Misserfolg tritt – und wenn da, wo vorher eine Belohnung winkte, nun der unternehmerische Erfolg winkt –, wiederholt sich das bereits erwähnte Risikoverhalten von selbstständigen Unternehmern bei abhängig Beschäftigten: Sie entwickeln ein eigenes – von der Form her: unternehmerisches – Interesse an einem Verhalten, das ihre Gesundheit gefährdet. Anders ausgedrückt: Sie sind nicht mehr bereit, zwecks Förderung ihrer Gesundheit einen Misserfolg zu riskieren oder auf einen Erfolg zu verzichten.

Für die betriebliche Gesundheitsförderung hat diese Verhaltensform umwälzende Folgen: Regelungen zur betrieblichen Gesundheitsförderung werden nämlich vorhersehbarerweise auf den aktiven oder passiven Widerstand derjenigen stoßen, um deren Gesundheit es geht. Der Tatbestand berechtigt dazu, von einer 180-Grad-Wende zu sprechen bei den Herausforderungen, denen sich die betriebliche Gesundheitsförderung gegenübersieht.

Am besten zu greifen ist diese Wende beim Phänomen des so genannten Präsentismus:

- Wo die Arbeitgeber früher fürchteten, dass Beschäftigte unter Berufung auf eine Krankheit der Arbeit fernbleiben, obwohl sie gar nicht krank sind, müssen sie heute damit rechnen, dass die Beschäftigten zur Arbeit kommen, auch wenn sie krank sind.
- Wo früher die ‚Flucht in die Krankheit' einen Ausweg geboten hat vor einem als unerträglich empfundenen Leistungsdruck, da erhöht heute die Angst vor der Krankheit den Druck im Arbeitsalltag (‚nicht krank werden dürfen, um den Erfolg eines Projekts nicht zu gefährden').

Der hier vorgetragene Ansatz sieht sich immer wieder dem Verdacht ausgesetzt, alle Probleme des Arbeits- und Gesundheitsschutzes auf solche der indirekten Steuerung reduzieren zu wollen. Das wäre Unsinn. Umgekehrt wird aber ein Schuh daraus: Ohne eine Berücksichtigung der durch die indirekte Steuerung hervorgebrachten Probleme werden alle – noch so gut gemeinten, noch so sachkundig angelegten, noch so teuer bezahlten – Maßnahmen des betrieblichen Gesundheitsmanagements auf vorhersehbare Weise ins Leere laufen, weil sie von denjenigen unterlaufen werden, um deren Gesundheit es geht.

Bei unseren Untersuchungen in verschiedenen Unternehmen sind wir diesem Widerstand vor allem in zwei Ausprägungen begegnet:

- Eine Berücksichtigung von gesundheitlichen Aspekten der Arbeit wird als zusätzliche Schikane (Zeitverschwendung) bei der täglichen Jagd nach Kennzahlen empfunden und tendenziell ebenso unterlaufen wie andere als Zumutung empfundene Zusatzanforderungen von Seiten des Managements (‚Ziele erreichen sollen und jetzt zusätzlich auch noch auf die Gesundheit achten müssen').
- Noch häufiger begegnete uns ein verbreiteter, festsitzender Defätismus – bei Führungskräften ebenso wie bei Mitarbeitern: Sie kennen inzwischen die durch indirekte Steuerung ausgelösten Eigendynamiken im Unternehmen und haben die Hoffnung verloren, dass Initiativen und vor allem auch Regelungen und Vereinbarungen zur betrieblichen Gesundheitsförderung dieser Eigendynamik irgendetwas entgegensetzen könnten.

Die beiden Ausprägungen verstärken sich naheliegenderweise wechselseitig.

Auf Basis unserer Erfahrungen lässt sich sagen, dass eine Thematisierung des Zusammenhangs von indirekter Steuerung und interessierter Selbstgefährdung die Möglichkeit schafft, die genannten Reserven und Widerstände der Betroffenen ebenso zu überwinden wie den verbreiteten Defätismus in Sachen Gesundheit. In zahlreichen von uns durchgeführten Workshops bot sich immer wieder dasselbe Bild: Die Teilnehmer bewerteten durchweg die Theorie der indirekten Steuerung nicht bloß als eine zutreffende Darstellung ihrer Situation im Unternehmen, sondern auch als einen Schlüssel zur effektiven Bearbeitung der einschlägigen Schwierigkeiten.

6. Aufgabenstellung

Die interessierte Selbstgefährdung ist oft von Problemverdrängung, häufig aber auch von einem klaren Bewusstsein des eigenen gesundheitlichen Risikos begleitet. Die Menschen stehen gleichsam neben sich, weil sie zwar wissen, was für ihre Gesundheit gut und notwendig wäre, sich aber dennoch dabei beobachten können, wie sie das Gegenteil davon tun und keinen praktikablen Ausweg aus dem Dilemma sehen.

Je nachdem, ob es vorrangig um die Vermeidung einer Niederlage oder die Wahrnehmung einer Chance geht, nimmt interessierte Selbstgefährdung unterschiedliche Formen an. Besonders brisant wird es, wenn heftige Angst vor den gesundheitlichen Folgen[7] des eigenen Verhaltens von einer noch größeren Angst vor einer Nichterreichung von Zielen begleitet wird. Im äußersten Fall können hier Ausweglosigkeiten erlebt werden, die eine Suizidgefahr heraufbeschwören.

Angesichts manifester interessierter Selbstgefährdung ist die Versuchung groß, die Zukunft des Gesundheitsmanagements in der Aufgabe zu sehen, Menschen vor sich selbst zu schützen. Wir votieren *gegen* eine solche Richtungsentscheidung. Unserer Meinung nach ist es letztlich[8] weder moralisch vertretbar noch menschlich wünschenswert, noch wirklich Erfolg versprechend, Menschen vor sich selbst schützen zu wollen.

Wenn das richtig ist, liegt der Schlüssel für nachhaltig wirksame präventive Maßnahmen gegen psychische Fehlbelastungen *erstens* und vor allem anderen in einer Steigerung der Bewusstheit des Einzelnen, nämlich seiner Befähigung zur eigenen begreifenden Durchdringung der Funktionsweise indirekter Steuerung und der Entstehungsbedingungen interessierter Selbstgefährdung.

---

7 ... und übrigens auch vor den sozialen Folgen – für Freundschaften, Ehe und Familie –, die ihrerseits die ohnehin vorhandenen gesundheitlichen Risiken verschärfen können.

8 Die Einschränkung ‚letztlich' soll diese Bestimmung für Ausnahme- und Notsituationen öffnen, die allerdings gerade nicht als Muster benutzt werden dürfen für die Problembewältigung im normalen Lebensalltag.

Zweitens müssen die Formen, in denen sich Selbstbestimmtheit und Fremdbestimmtheit, Freiwilligkeit und Unfreiwilligkeit miteinander verbinden, immer wieder neu auf den Arbeitsalltag bezogen und möglichst offen in denjenigen sozialen Zusammenhängen kommuniziert werden, deren Eigendynamik den Leistungsdruck transportiert, steigert und zum Teil überhaupt erst generiert. Unternehmen, die es mit der Prävention ernst meinen, werden dafür Zeiten und Räume bereitstellen müssen.

Drittens sind Eingriffe in die Arbeitsorganisation zwingend erforderlich, die aber erst auf der Basis von mehr Bewusstheit und mehr Kommunikation über die Wirkungsweise indirekter Steuerung im Sinne einer Prävention wirksam werden können.

Praxisnahe Konzepte, die diese Bestimmungen berücksichtigen, sind bis jetzt kaum erkennbar. Eine bemerkenswerte Ausnahme ist vor allem die Initiative ‚Faire Arbeit' der Gewerkschaft ver.di, die hier offenbar eine Vorreiterrolle übernommen hat (Bludau-Hoffmann et al. 2010). Dort werden bereits neue betriebs- und tarifpolitische Perspektiven ausgelotet, die sich im Sinne des hier entwickelten Ansatzes ergeben.

Für die betriebliche Gesundheitsförderung zeichneten sich bei unseren Untersuchungen vor allem zwei zentrale Ansatzpunkte ab:

- *‚Wenn-schon-denn-schon':* Indirekte Steuerung bietet die gefährliche Möglichkeit, gesteigerte Anforderungen an die Selbstständigkeit des Einzelnen mit einer Verringerung seiner Spielräume zu verbinden (siehe oben). Operative Prozessvorgaben („Gängelung") und enges Controlling bei gleichzeitiger Erfolgsorientierung scheinen Hauptursachen für die Entstehung psychischer Fehlbelastungen zu sein. Wenn aber das Unternehmen unternehmerische Herausforderungen auf Arbeitnehmer überträgt, dann müssen die Handlungs- und Entscheidungsspielräume des Einzelnen und der Teams so großzügig wie nur irgend möglich bemessen werden, wenn Arbeit nicht krank machen soll. Das Controlling muss auf ein Mindestmaß zurückgefahren werden.
- Erforderlich sind *mehr Mitsprache- und effektive Einflussmöglichkeiten* der Einzelnen wie der Teams bei der Festlegung der Ziele und Kennzahlen, an denen sie selbst gemessen werden.

Dass größere Handlungs- und Entscheidungsspielräume und mehr Mitwirkungsmöglichkeiten aus der Sicht des Arbeits- und Gesundheitsschutzes wünschenswert sind, ist nichts Neues. Neu ist jedoch, dass unter Bedingungen indirekter Steuerung die Wirkung des einen wie des anderen sich ins Gegenteil verkehren und gesundheits*schädliche* Auswirkungen haben kann. Wenn sie nämlich nicht von mehr Bewusstheit und mehr Kommunikation über die Auswirkungen indirekter Steuerung begleitet werden, können sie die Tendenzen zur interessierten Selbstgefährdung weiter verstärken, wenn nicht überhaupt erst richtig freisetzen.

Ein Personalleiter hat uns einmal gesagt: *Wenn man die Leute selbst entscheiden lässt, werden die Ziele vollends unrealistisch!* Alles spricht dafür, dass er recht hat. Nebenbei ist dieses Zitat eine weitere Bestätigung der Theorie der indirekten Steuerung. Es spricht aber gerade nicht gegen mehr Einfluss von Mitarbeitern und Führungskräften auf die Ziele, sondern für die hier reklamierte neue Schlüsselrolle von mehr Bewusstheit und mehr Kommunikation in Sachen indirekter Steuerung als einer *notwendigen Bedingung* für den gesundheitsförderlichen Effekt von mehr Spielräumen und mehr Mitwirkungsmöglichkeiten.

Literatur

Bludau-Hoffmann, H./Eberle, R./Holz-Skibinski, K./Spadzinski, U. (2010): Gute Arbeit und Faire Arbeit im Finanzdienstleistungssektor. In: Schröder, L./Urban, H.-J. (Hg.): Gute Arbeit. Handlungsfelder für Betriebe, Politik und Gewerkschaften. Frankfurt/M., S. 191–200

Burisch, M. (2005): Das Burnout-Syndrom: Theorie der inneren Erschöpfung. Berlin

Drucker, P. F. (1954): The Practice of Management. New York

Glißmann, W./Peters, K. (Hg.) (2001): Mehr Druck durch mehr Freiheit. Die neue Autonomie in der Arbeit und ihre paradoxen Folgen. Hamburg

Kratzer, N. (2003): Arbeitskraft in Entgrenzung. Grenzenlose Anforderungen, erweiterte Spielräume, begrenzte Ressourcen. Berlin

Peters, K. (1996): Die neue Autonomie bei der Arbeit (Internet: http://www.klauspeters.com/t/1996a_Autonomie.htm; auch in: Glißmann/Peters 2001, S. 18–40)

Peters, K. (2003): Individuelle Autonomie von abhängig Beschäftigten. Selbsttäuschung und Selbstverständigung unter den Bedingungen indirekter Unternehmenssteuerung. In: Kastner, M. (Hg.): Neue Selbständigkeit in Organisationen. Selbstbestimmung – Selbsttäuschung – Selbstausbeutung? München, S. 77–106

Peters, K./Sauer, D. (2005): Indirekte Steuerung – eine neue Herrschaftsform. Zur revolutionären Qualität des gegenwärtigen Umbruchprozesses. In: Wagner, H. (Hg.): „Rentier' ich mich noch?“ Neue Steuerungskonzepte im Betrieb. Hamburg, S. 23–58

Ulich, E./Wülser, M. (2008): Gesundheitsmanagement in Unternehmen. Arbeitspsychologische Perspektiven. Wiesbaden

III.

Partizipatives Gesundheits-management: Betriebliche Analysen und Gestaltungs-maßnahmen

Die PARGEMA-Fallbetriebe im Überblick

Nick Kratzer, Wolfgang Dunkel, Karina Becker, Stephan Hinrichs

Der folgende Beitrag gibt einen Überblick über die acht an PARGEMA beteiligten Fallbetriebe. Die Forschungsergebnisse und Gestaltungserfahrungen aus diesen Unternehmen werden in den folgenden Beiträgen des Sammelbandes in vielfältiger Weise und mit unterschiedlichem Detaillierungsgrad aufgegriffen und dargestellt. Hier geht es zunächst darum, mit Hilfe von Kurzbeschreibungen einen ersten Eindruck davon zu vermitteln, um welche Betriebe es sich handelt und in welcher Weise PARGEMA dort aktiv werden konnte.

Die Fallbetriebe unterscheiden sich zum einen hinsichtlich der jeweiligen Problemstellungen bzw. Schwerpunktsetzungen (psychische/physische Belastungen, neue Steuerungsformen, steigender Marktdruck, anhaltende Restrukturierung, demografischer Wandel), zum anderen hinsichtlich der Betriebsstruktur und Branchenzugehörigkeit („Produktionsbetriebe“ und „Angestelltenbetriebe“) aus verschiedenen Sektoren (Dienstleistungen, Industrie). Drei der Fallbetriebe („Stahlbetrieb“, „Motorenwerk“ und „Industriemaschinenhersteller“) sind in Ostdeutschland, die restlichen Betriebe in Westdeutschland angesiedelt. Unterschiede bestehen des Weiteren im Ablauf der Projektarbeiten bzw. der Kooperation mit den betrieblichen Akteuren. PARGEMA traf in den Betrieben auf unterschiedliche Strukturen und Entwicklungstendenzen und eine jeweils ganz eigene Vorgeschichte im Arbeits- und Gesundheitsschutz. Im Folgenden werden anhand von Kurzbeschreibungen der Fallbetriebe jeweils der Ansatz und das Vorgehen von PARGEMA skizziert. Die Fälle werden, wie mit den Betrieben vereinbart, anonymisiert dargestellt.

1. Dienstleistungsunternehmen „Saturnia“

Der Fallbetrieb: Der Fallbetrieb ist ein Finanzdienstleistungsunternehmen mit regionalen Einheiten im Inland. Das betreffende Unternehmen hatte bei Projektbeginn einen Reorganisations- und Rationalisierungsprozess durchlaufen, der in den Augen des Managements und der Beschäftigten als Grundlage einer insgesamt erfolgreichen ökonomischen Entwicklung betrachtet wurde. Die neuen Organisations- und Steuerungsformen (u.a. klare Erfolgs- und Ertragsorientierung mit Controlling und Orientierung an Benchmarking, Förderung von „Saturnia“-internen Vergleichsprozessen, Stabilisierung nicht der Erträge, sondern der Steigerungsraten) waren das Erfolgsmodell des Dienstleistungsunternehmens. Für viele Beschäftigte stellt sich allerdings die Frage nach den möglichen Grenzen des Erfolgsmodells mit zunehmender Eindringlichkeit. In ihrer Wahrnehmung ist es mit schwerwiegenden Nebenfolgen für Motivation, Vertrauen und Gesundheit verbunden.

Vorgeschichte: Ausgangspunkt des Projekts war eine vom Gesamtbetriebsrat der „Saturnia“ durchgeführte unternehmensinterne Befragung, deren Ergebnisse psychische Belastungen und Beanspruchungen als Handlungsfeld indizierten und einen Zusammenhang mit der Art der Unternehmenssteuerung nahelegten. Ausmaß und Bedeutung der von den Betriebsräten beobachteten Gefährdungen waren von der Unternehmensleitung zuvor bestritten worden. In Reaktion auf die Befragung des Gesamtbetriebsrats wurde im Dienstleistungsunternehmen die Durchführung eines wissenschaftlich begleiteten Projekts mit dem Ziel einer detaillierten Analyse der psychischen Belastungs- und Beanspruchungssituation der Beschäftigten und der Ableitung von Maßnahmenvorschlägen zur langfristigen Belastungsreduktion beschlossen. Mit der Projektdurchführung wurden zwei wissenschaftliche Institute (Teilprojekte) beauftragt. Dazu gehörte ein von PARGEMA unter der Leitung von Cogito (Klaus Peters) in enger Zusammenarbeit mit der Hochschule für Angewandte Psychologie der Fachhochschule Nordwestschweiz betreutes Teilprojekt. Gesteuert wurde das Projekt durch ein paritätisch besetztes Gremium aus Vertretern der Konzernleitung, des Gesamtbetriebsrats und der wissenschaftlichen Projektpartner. Die operative Projektleitung lag bei dem betrieblichen Gesundheitsmanagement der „Saturnia“.

PARGEMA im Fallbetrieb: Ziel des Projekts war es, Vorschläge für Maßnahmen zu erarbeiten, die eine wirksame langfristige Belastungs- und Beanspruchungsreduzierung und Gesundheitsförderung für Mitarbeiter und Führungskräfte im Fallbetrieb ermöglichen. Die Erarbeitung intervenierender und präventiver Maßnahmen setzte gemäß den im Projektauftrag definierten Zielen die „Identifikation der physischen und psychischen Belastungs- und Beanspruchungsfaktoren der Mitarbeiter der ‚Saturnia‘“ sowie die „Definition des Idealbildes (Soll-Zustand)“ voraus. Das Projekt sollte bei der Suche nach Möglichkeiten der Reduktion psychomentaler Belastungen, Beanspruchungen und Gefährdungen das gesamte Spektrum der Problematik abdecken – allerdings unter besonderer Berücksichtigung der Konsequenzen, die sich für das Unternehmen aus Formen indirekter Steuerung ergeben. Die Ergebnisse der Untersuchung und daran anknüpfende Maßnahmenvorschläge wurden in insgesamt drei umfangreichen Berichten an den Steuerungskreis dargestellt.

Projektverlauf: Das Projekt wurde in drei Phasen realisiert:

- Phase 1: Definition des Soll-Zustands: Idealbild „Gesundheitsförderliche Saturnia“;

- Phase 2: Analyse des Ist-Zustands (Realbild), Soll-Ist-Abgleich;
- Phase 3: Erarbeitung von Maßnahmenvorschlägen.

Beteiligt waren Beschäftigte aus dem Vertrieb (Businesskunden-Bereich, Customer-Bereich) sowie aus dem nachgelagerten Abwicklungsbereich an drei Standorten in Deutschland, wobei Mitarbeiter und Führungskräfte in den Phasen 1 und 2 getrennt, in Phase 3 gemeinsam eingebunden waren.

Die Beteiligung der Beschäftigten am Forschungsprozess *als dessen Subjekt* war ein zentrales Charakteristikum des Forschungsdesigns und wurde in allen drei Projektphasen konsequent umgesetzt. In aufeinander aufbauenden Workshop-Serien konnte eine hohe personelle Kontinuität erreicht werden: 91 Beschäftigte nahmen bis auf wenige Ausnahmen an allen Workshops der drei Projektphasen teil, die im Abstand von mehreren Monaten stattfanden. In Projektphase 1 dienten zehn *Auftaktworkshops* der Einführung in die Thematik und der Erarbeitung des Idealbilds einer „gesundheitsförderlichen Saturnia". In Phase 2 setzten sich die Teilnehmer in zehn Reflexionsworkshops *(Denkwerkstätten Typ A)* in einer Kombination aus Impulsbeiträgen, Einzelarbeit und Gruppendiskussionen mit den Ergebnissen der Projektphase 1, den aus ihrer Sicht zentralen Belastungen und Beanspruchungen und der Theorie der indirekten Steuerung als möglichem Erklärungsmodell auseinander. Die im Rahmen der Reflexionsworkshops erfolgte Erarbeitung von Erkenntnissen durch systematische, angeleitete Auseinandersetzung der Beschäftigten mit ihrer eigenen Wahrnehmung und Situationsdeutung implizierte bereits wichtige Elemente der Gesundheitsprävention. Die Ableitung von Maßnahmenvorschlägen zur langfristigen Reduktion von Belastungen und Beanspruchungen auf Grundlage der Belastungs- und Beanspruchungsanalyse erfolgte in Phase 3 des Projekts ebenfalls in Zusammenarbeit mit den Beschäftigten in sieben *Denkwerkstätten Typ B.*

Die im Beitrag von Menz et al. in diesem Band dargestellten Befunde basieren insbesondere auf den Analyseergebnissen zur Belastungs- und Beanspruchungssituation der Beschäftigten in Projektphase 2, die von Cogito, dem ISF München und der Arbeitsgruppe Arbeits- und Organisationspsychologie der Universität Freiburg in einer Kombination aus quantitativen, qualitativen und reflexiven Erhebungsmethoden umgesetzt wurde. Die *Fragebogenerhebung*[1] (n = 168 Mitarbeiter, n = 127 Führungskräfte) umfasste Urteile der Beschäftigten zu ihren Arbeitsbedingungen (Anforderungen, Stressoren und Ressourcen), Bewältigungsstrategien im Umgang mit der Arbeit sowie Befinden und Bedingungsfaktoren gesundheitsförderlichen Führens (nur Führungskräfte; vgl. auch den Beitrag von Pangert et al. in diesem Band). Die Daten wurden deskriptiv

---

1 Konzeption und Durchführung: Arbeitsgruppe Arbeits- und Organisationspsychologie der Universität Freiburg.

(Häufigkeiten) und inferenzstatistisch (Varianzanalysen) ausgewertet. Mithilfe *qualitativer Interviews*[2] (n = 53) wurden die subjektiven Wahrnehmungen und Deutungsmuster von Führungskräften und Mitarbeitern zur Arbeits-, Leistungs-, Belastungs- und Beanspruchungssituation im Dienstleistungsunternehmen vertieft analysiert (vgl. den Beitrag von Menz et al. in diesem Band). Die Interviews wurden vollständig transkribiert und qualitativ inhaltsanalytisch ausgewertet. Als reflexives Instrument wurden die oben genannten *Denkwerkstätten Typ A*[3] eingesetzt. Alle darin enthaltenen Gruppendiskussionen wurden protokolliert. Die quantitativen Elemente der Workshops wurden deskriptiv statistisch ausgewertet.

2. PARGEMA-Fall „Konsumelektronik"

Der Fallbetrieb: Der Fallbetrieb ist ein Vertriebsstandort eines großen internationalen Konzerns (mit ausländischer Zentrale). Im Fallbetrieb arbeiten rund 250 Beschäftigte, überwiegend Angestellte mit mittleren oder höheren kaufmännischen Berufsabschlüssen. Die Tätigkeitsschwerpunkte sind: Marketing, Vertrieb (Außendienst), Vertriebsunterstützung und Auftragsbearbeitung. Die Problematik der Leistungssteuerung stellt sich in diesem Fallbetrieb so dar: Von der Konzernzentrale werden per Businessplan monatliche Absatzziele vorgegeben, die die Außendienstmitarbeiter, die einzelnen Bereiche, aber auch die Organisation insgesamt erreichen sollen. „Was zählt, sind die Zahlen", so ein Betriebsrat – und wenn die Zahlen nicht erreicht werden, „bricht Hektik aus".

Vorgeschichte: Vor dem Hintergrund sich häufender Klagen über überlastende Arbeitsbedingungen erarbeitete der Betriebsrat im Jahr 2000 einen ersten Entwurf für eine Betriebsvereinbarung zum Gesundheitsschutz, der eine Gefährdungsbeurteilung (Gefährdung durch psychische Belastung) enthielt. Die „Betriebsvereinbarung über Regelungen zum Gesundheitsschutz" wurde schließlich 2003 – nach Drohung mit der Einigungsstelle – unterzeichnet. In der Folgezeit wurden die Aktivitäten zum Gesundheitsschutz zeitweise überlagert durch Auseinandersetzungen um eine Umstrukturierung des Standorts (die auch Personalabbau einschloss). Im Jahr 2004 wurde ein Dienstleister beauftragt, eine Tätigkeits- und Arbeitsplatzanalyse durchzuführen, 2005 wurde bei einem anderen Dienstleister eine Gefährdungsbeurteilung in Auftrag gegeben. Die Gefährdungsbeurteilung wurde zuerst in zwei Pilotabteilungen durchgeführt und dann 2006 auf alle Beschäftigten ausgeweitet (Online-Befragung mit einem SALSA-Frage-

2 Konzeption und Durchführung: ISF München.

3 Konzeption und Durchführung: Cogito (in Zusammenarbeit mit der Fachhochschule Nordwestschweiz).

bogen). Mit dem Ergebnis dieser Gefährdungsanalyse waren jedoch weder Personalleitung noch Betriebsrat zufrieden, so dass die Zusammenarbeit mit dem externen Dienstleister im Jahr 2006 beendet wurde.

PARGEMA im Fallbetrieb: Mit der im Juli 2007 beschlossenen Kooperation mit PARGEMA sollten die Aktivitäten zur Umsetzung der Betriebsvereinbarung zum Gesundheitsschutz wieder aufgenommen werden. Nach einer Bestandsaufnahme und intensiven Diskussionen zwischen PARGEMA und den betrieblichen Akteuren standen für PARGEMA zwei Ziele im Vordergrund:

- intensivere Auseinandersetzung aller Akteure mit den Bedingungen und Wirkungen indirekter Steuerung als Grundlage für ein besseres Verständnis der Arbeits- und Belastungssituation im Fallbetrieb;
- Unterstützung der betrieblichen Akteure bei der Erarbeitung und Umsetzung eines mittel- bis langfristig angelegten Konzepts zur Verbesserung des betrieblichen Arbeits- und Gesundheitsschutzes. Einzelmaßnahmen sollten sein: Vorbereitung und Durchführung einer verbesserten Gefährdungsbeurteilung psychischer Belastungen; Einbeziehung *aller* Betroffenen, also auch (und anders als zuvor) der Führungskräfte und Außendienstmitarbeiter; bessere Kommunikation des Gesundheitsthemas im Betrieb.

Projektverlauf: Die Projektarbeiten haben vier Phasen durchlaufen. Die erste Phase umfasste vor allem eine Bestandsaufnahme durch Interviews mit betrieblichen Experten (Personalleitung, Betriebsrat, Betriebsärztlicher Dienst) sowie mit einzelnen Führungskräften und Beschäftigten. Ergebnis dieser Phase war eine ausführliche Präsentation, die neben den Ergebnissen der Bestandsaufnahme auch Vorschläge für die weitere (Zusammen-)Arbeit enthielt. Die zweite Phase diente der Verständigung und Abstimmung innerhalb des betrieblichen Projektteams (Personalleitung, Betriebsrat, Vertreter von PARGEMA). Schwerpunkte waren eine Diskussionsrunde mit Personalleitung und Betriebsrat sowie ein Betriebsräte-Workshop zum Thema „Indirekte Steuerung“. Ergebnis dieser Phase war ein abgestimmtes Konzeptpapier, das verschiedene Aktivitäten zur Umsetzung der Betriebsvereinbarung beschrieb. Mit der dritten Phase begann die schrittweise Umsetzung der Einzelaktivitäten: Konzeption und Durchführung einer Informationsveranstaltung für Führungskräfte im Herbst 2008 mit dem Ziel, Führungskräfte für die Thematik „psychischer Belastungen“ (unter Bedingungen von Kennzahlensteuerung und Erfolgsorientierung) zu sensibilisieren. Als vierter Schritt (ab April 2009) wurden dann auf Abteilungsebene Workshops zum Thema „Prävention arbeitsbedingter Fehlbelastungen“ durchgeführt. Hierzu wurde ein Workshop-Leitfaden entwickelt, den Führungskräfte und Beschäftigte gleichermaßen erhielten. Diese Workshops sollen in Zukunft regelmäßig durchgeführt werden und sowohl der „Unterweisung“ der Beschäftigten als auch der unmittelbaren Beteiligung von Beschäftigten am Gesundheitsschutz dienen. Im Herbst 2009 begannen die Vorbereitungen für eine weitere Gefährdungsbeurteilung. Diese Vorbereitungsarbeiten werden im Wesentlichen von den betrieblichen Akteuren vorangetrieben und vom PARGEMA-Team auch über das Ende der Projektlaufzeit (November 2009) hinaus unterstützt.

3. PARGEMA-Fall „Kommunikationstechnik"

Der Fallbetrieb: Bei dem Fallbetrieb handelt es sich um einen Standort eines international tätigen Unternehmens mit Sitz im Ausland. Das Unternehmen ist in der jetzigen Form das Ergebnis der Zusammenführung vergleichbarer Geschäftsbereiche zweier großer Konzerne. Im Fallbetrieb arbeiten derzeit noch rund 1.500 Beschäftigte. PARGEMA befasst sich hier insbesondere mit den Arbeitsbereichen Einkauf und (interne) IT.

Vorgeschichte: Die Bildung eines neuen Unternehmens aus zwei Konzernbereichen war der (vorläufig) letzte Schritt eines seit Jahren andauernden Umstrukturierungsprozesses, der immer wieder auch mit Personalabbau verbunden war. Welche Folgen die Fusion für diesen Standort haben würde, war zunächst nicht klar: Die Spekulationen reichten von einer relativ optimistischen Perspektive bis zum Szenario der Standortschließung. Diese Situation prägte auch das Belastungsgeschehen am Standort: Unsicherheit und Überlastung sind die wichtigsten Belastungsfaktoren. Die Überlastung ist dabei einerseits das Ergebnis steigender Anforderungen (u.a. erzeugt ja auch die Integration zweier Unternehmen erhebliche Zusatzarbeit), andererseits zu knapper Ressourcen: Reorganisation und Personalabbau der Vergangenheit machen sich hier negativ bemerkbar. Noch während der Projektlaufzeit wurde allerdings bekannt, dass der Standort größtenteils geschlossen wird.

PARGEMA im Fallbetrieb: Die Gesundheitsschutzexpertin des Betriebsrats wandte sich 2007 an PARGEMA mit der Bitte um Unterstützung. Aus ihrer Sicht war es dringend erforderlich, sich mit den psychischen Belastungen durch Überlastung, vor allem aber Unsicherheit auseinanderzusetzen. Mit der Hilfe eines Unterstützerkreises aus Betriebsleitung, Sozialberatung, Betriebsärztlichem Dienst und Schwerbehindertenbeauftragter gelang es in der Folge, gemeinsam mit PARGEMA ein Pilotprojekt zu starten. Ausgehend von einem exemplarischen Ansatz (deshalb auch „Pilotprojekt") sollte eine möglichst breite Auseinandersetzung mit den Belastungen durch die gegenwärtige Arbeits- und Beschäftigungssituation erreicht werden. Im Kern ging es darum, die „sozialen und psychischen Kosten" solcher tiefgreifenden Reorganisationsprozesse zu analysieren, zu verdeutlichen und schließlich so weit wie möglich auch zu bearbeiten. Im Rahmen dieses Pilotprojekts wollte PARGEMA insbesondere:

- die Sichtweise der Betroffenen erfassen und ansatzweise auch gegenüber dem Management repräsentieren („Sprachrohrfunktion“);
- ein exemplarisches Profil der gegenwärtigen Arbeitsanforderungen und Gesundheitsbedingungen erarbeiten und
- darauf aufbauend die wichtigsten Gestaltungsfelder benennen und alle Beteiligten bei der Entwicklung von Maßnahmen unterstützen.

Die Beschäftigten sollten nicht nur in die Analyse selbst einbezogen werden, sondern darüber hinaus auch in Fragen des betrieblichen Gesundheitsschutzes. Die Projektarbeiten konzentrierten sich auf die Arbeitsbereiche „Interne IT“ und Einkauf, da diese als besonders (negativ) von der bisherigen Entwicklung und gegenwärtigen Situation betroffen eingeschätzt worden waren.

Projektverlauf: Der offizielle Startschuss für das Pilotprojekt fiel im November 2007 mit der Kick-off-Sitzung des Lenkungsausschusses. Daran schloss sich im Dezember 2007 zunächst eine erste Bestandsaufnahme mittels Expertengesprächen an. Den Kern der Projektarbeiten bildeten quantitative und qualitative Analysen der Arbeitsbedingungen, der Belastungssituation, der Wahrnehmung von Unsicherheit und anderer Themen in den ausgewählten Abteilungen. Die quantitative Analyse erfolgte über einen arbeitspsychologischen Fragebogen zu „Arbeitsorganisation und Befinden“ (im Rahmen von PARGEMA entwickelt von der Universität Freiburg, die auch die Befragung durchführte). Im Mittelpunkt der qualitativen Analyse standen Intensivinterviews mit Beschäftigten, die natürlich, genauso wie die Teilnahme an der Befragung, freiwillig waren. Die Analysearbeiten wurden im Februar 2008 begonnen und im Juni 2008 abgeschlossen. Dem Ansatz von PARGEMA entsprechend waren die Analysearbeiten eingebettet in zwei Veranstaltungen: Vor Beginn der Analyse wurde das Projekt vorgestellt und mit den Beschäftigten diskutiert. Nach der Auswertung der Ergebnisse wurden die wichtigsten Ergebnisse im Rahmen einer Feedback-Veranstaltung präsentiert und diskutiert. Von den 45 verteilten Fragebögen kamen 31 ausgefüllt zurück (Rücklaufquote: 66%). Es wurden insgesamt fünf Expertengespräche und acht Intensivinterviews mit Beschäftigten durchgeführt. Die Ergebnisse wurden in einem ausführlichen Bericht (und in einer Kurzversion des Berichts) zusammengefasst und sollten als Grundlage für die weitere Maßnahmenentwicklung dienen. Als wohl wichtigste Maßnahme figurierte die Vorbereitung einer ganzheitlichen Gefährdungsanalyse am Standort. Dieses Vorhaben wurde von PARGEMA in zweifacher Weise unterstützt: Die Bereitstellung, Kommunikation und Diskussion der Analyseergebnisse war ein Beitrag zur *Durchsetzung* einer Gefährdungsanalyse; die Ergebnisse selbst sowie die im Verbund vorhandene Fachkompetenz waren ein Beitrag zur *Umsetzung* einer Gefährdungsanalyse, die sich aus PARGEMA-Perspektive einerseits speziell mit der Wahrnehmung und Wirkung von Unsicherheit und den sozio-psychischen

Kosten tiefgreifender Reorganisationsprozesse befassen und andererseits die Beschäftigten explizit einbeziehen und ihnen eine Plattform für die eigenen Bewältigungsformen bieten sollte. Zur Umsetzung von Maßnahmen kam es allerdings nicht: Im Herbst 2008 wurde bekannt, dass der Standort bis auf einen Bereich aufgelöst wird. Der im April 2009 unternommene Versuch, wenigstens für diesen Bereich die geplanten Aktivitäten fortzusetzen, scheiterte endgültig im Mai 2009.

4. PARGEMA-Fall „Kontaktteile"

Der Fallbetrieb: Der Fallbetrieb ist ein mittelständisches Unternehmen der metallverarbeitenden Industrie. Es stellt Kontaktteile verschiedener Art her, die vor allem in Produkten der Automobil- und der Computerindustrie zum Einsatz kommen. Kennzeichnend ist eine hoch standardisierte Massenproduktion, verbunden mit einer hohen Fertigungstiefe und der Kombination verschiedener Kompetenzen (Walzen, Stanzen, Galvanisieren) in einem Haus. Das Unternehmen hat 750 Beschäftigte, von denen etwa 550 an einem Hauptstandort arbeiten. Obwohl mittlerweile fast schon die Hälfte der Beschäftigten Angestellte sind, ist das Unternehmen strukturell und kulturell noch ganz eindeutig ein „Produktionsbetrieb": Angestelltenbereiche und Produktion sind räumlich nicht weit voneinander entfernt und ein Großteil der Angestellten arbeitet vergleichsweise „produktionsnah".

Vorgeschichte: Die Ausweitung des Arbeits- und Gesundheitsschutzes auf den Bereich psychischer Belastungen wurde seit etwa 2000 vom Betriebsrat vorangetrieben. Über den Gang zur Einigungsstelle konnte vom Betriebsrat die Durchführung einer Gefährdungsbeurteilung, bei der auch psychische Belastungen thematisiert werden, durchgesetzt und in einer Betriebsvereinbarung festgelegt werden. Eine erste solche Gefährdungsbeurteilung fand 2005 statt.

PARGEMA im Fallbetrieb: Die Kooperation mit PARGEMA wurde Ende 2006 von Seiten des Betriebsrats gesucht. Es hatte sich gezeigt, dass die Gefährdungsbeurteilung des Jahres 2005 noch Defizite in der Durchführung der Erhebung (mangelhafte Kommunikation vor, während und nach der Mitarbeiterbefragung), insbesondere aber in der Maßnahmenableitung und -umsetzung aufwies. Zudem führte eine gewisse Häufung schwerer Erkrankungen im Kollegenkreis zu einer gesteigerten Sensibilität für Fragen der Gesundheit. Über die Kooperation mit PARGEMA sollte

- eine weitere Institutionalisierung des betrieblichen Gesundheitsmanagements und
- eine stärker beteiligungsorientierte Durchführung der nächsten Gefährdungsbeurteilung erreicht werden.

Im Frühjahr 2007 konnte das Einverständnis der Geschäftsleitung für die Kooperation mit PARGEMA gewonnen werden.

Projektverlauf: Im Sommer 2007 wurde eine Basisfallstudie durchgeführt (Einzelinterviews mit Führungskräften und Gruppendiskussionen mit Beschäftigten, schriftliche Expertenbefragung zum Stand des Arbeits- und Gesundheitsschutzes), die zum einen Hinweise auf Belastungsschwerpunkte gab, zum anderen den Entwicklungsbedarf des betrieblichen Arbeits- und Gesundheitsschutzes aufzeigte. Dieser war durch fragmentierte Zuständigkeiten bei Gesundheitsfragen und eine weiterhin bestehende Orientierung am klassischen Arbeits- und Gesundheitsschutz gekennzeichnet. Auf der Grundlage dieser Ergebnisse wurde dann zum einen die Mitarbeit von PARGEMA in einem Lenkungskreis etabliert, der sich um die Restrukturierung des betrieblichen Arbeits- und Gesundheitsschutzes kümmerte. Zum anderen wurde eine zweite Gefährdungsbeurteilung durchgeführt, in die zusätzliche Fragen zum Bereich psychischer Belastungen aufgenommen wurden. Im Sommer und Herbst 2008 wurden die Ergebnisse der Gefährdungsbeurteilung in jeder Abteilung den Beschäftigten vorgestellt und mit diesen diskutiert. Ab Herbst 2008 sollten dann zwei Handlungsfelder in Kooperation mit PARGEMA bearbeitet werden: In dem ersten Handlungsfeld geht es um die Reduzierung von Umgebungsbelastungen (Hitze und Lärm) und speziell um die Frage, wie es dem betrieblichen Gesundheitsmanagement gelingen kann, die Geschäftsleitung davon zu überzeugen, dass kostenintensive Lösungswege beschritten werden (wie etwa der Einbau einer Klimaanlage). In dem zweiten Handlungsfeld geht es um die Reduzierung psychischer Fehlbelastungen. Als verbreitete Stressfaktoren wurden in der Gefährdungsbeurteilung überhöhter Termindruck und mangelhafte Ablauforganisation genannt. In einem Pilotbereich soll versucht werden, die Ablauforganisation so zu gestalten, dass Termindruck und Störungen im Arbeitsablauf abgebaut werden können. Die Aktivitäten von PARGEMA im Fallbetrieb „Kontaktteile“ gerieten zum Jahresende 2008 allerdings ins Stocken, da das Unternehmen aufgrund hausgemachter Probleme (Fehlentscheidungen, Missmanagement), aber auch infolge der Finanzkrise in eine prekäre Situation geraten ist. Seit sich 2010 die Situation stabilisiert hat, werden auch die mit PARGEMA entwickelten Aktivitäten wieder weiterverfolgt.

5. PARGEMA-Fall „Stahlbetrieb“

Der Fallbetrieb: Der Stahlbetrieb ist Teil eines international tätigen Konzerns. Am Standort arbeiten rund 500 Beschäftigte, 90% davon im gewerblichen Bereich. Das Thema betrieblicher Arbeits- und Gesundheitsschutz hat im gesamten Konzern einen hohen Stellenwert, was sich unter anderem darin widerspiegelt, dass es ein konzernweites Benchmarking um die beste Arbeitsschutzpraxis gibt. Resultat sind vergleichsweise hohe Sicherheits- und Arbeitsschutzstandards, die sich jedoch auf den Bereich der klassischen Belastungen beschränken.

Vorgeschichte: Der Arbeits- und Gesundheitsschutz hatte im Stahlbetrieb bereits ein hohes Niveau erreicht. Regelmäßig kommt das Thema in der täglichen Arbeit zur Sprache (eine „Arbeitsschutzminute" pro Tag). Es gibt vierteljährliche Unterweisungen, jährlich zehn Schulungen der Sicherheitsbeauftragten, die Beschäftigten verfügen über sehr gute Schutzkleidung. Das Unternehmen übernimmt viele Kosten, die durch Vorsorgeuntersuchungen, Praxisgebühr, Unfälle und Ähnliches entstehen können. Schwere Unfälle gab es schon seit Jahren nicht mehr. Wenn also von Versäumnissen im Arbeits- und Gesundheitsschutz im Stahlbetrieb geredet wird, ist das ein „Jammern auf hohem Niveau", so der Betriebsrat.

PARGEMA im Fallbetrieb: Die Zusammenarbeit der Betriebsakteure mit PARGEMA begann im September 2006. Sowohl der Betriebrat als auch die Sicherheitsfachkraft unterstützten das beteiligungsorientierte Vorgehen des Projekts, was sie vor allem damit begründeten, dass gute Sicherheitsvorkehrungen allein nicht reichten, die Beschäftigten müssten diese auch annehmen. Eine erste Thematik lag in der Motivation der Beschäftigten: Die seit Jahren etablierten hohen Standards bewirkten auch, dass viele Beschäftigte Arbeits- und Gesundheitsschutz nicht als ihre Sache begriffen, sondern als lästige Pflichterfüllung gegenüber dem Unternehmen verstanden. Abgesehen von sehr aufwändigen und mit üppigen Prämien versehenen Ausnahmeprojekten konnte die Motivation, sich für den Arbeits- und Gesundheitsschutz zu engagieren, bislang nicht auf Dauer gestellt werden. Insbesondere in den Nachtschichten wurden aufgrund fehlender Kontrollen bestehende Vorgaben ignoriert: Ein informelles Warnsystem signalisierte den Kollegen im hinteren Hallenteil, wenn sich Vorgesetzte oder Sicherheitsbeauftragte näherten, so dass sie ihre Helme und Schutzausrüstung dann regelgerecht benutzen konnten. Es kam bei wiederholten Verstößen rasch zu Abmahnungen, Arbeiter von Fremdfirmen ohne Gehör- oder Helmschutz mussten z.B. nach zwei Abmahnungen mit Hausverbot rechnen. Eine zweite für das Unternehmen hoch relevante Thematik bestand im demografischen Wandel: Die Anhebung des Rentenalters in einem Betrieb, in dem ca. 85% der Belegschaft schwere körperliche Arbeit zu verrichten haben und in dem eine stark zentrierte Altersstruktur mit ausgeprägter Lücke in den jüngeren Jahrgängen vorliegt, machten es notwendig, über neue Lösungen für (künftig) ältere Beschäftigte und über veränderte Altersteilzeitmaßnahmen nachzudenken. Drittens stand von Anfang an das Thema psychischer Belastungen – vor PARGEMA ein blinder Fleck im Gesundheitsmanagement des Stahlbetriebs – auf der Agenda. Mit PARGEMA verbanden sich demnach drei Ziele:

- Mit dem Projekt sollte eine Kontinuität bzw. Verstetigung der Motivation der Beschäftigten für das Thema Gesundheit erreicht werden. Dazu wurden diese stärker als bisher in die Arbeitsschutzpraxis einbezogen, um sie so für das Thema zu begeistern und auszubilden – sie also zu Experten ihrer eigenen Gesundheit zu machen. Arbeits- und Gesundheitsschutz sollte am Ende des Projekts bei den Beschäftigten positiv besetzt sein: „Gesundheit – Dein wichtigstes Werkzeug!“, so das Motto der Projektgruppe.
- Anhand beteiligungsorientierter Methoden (Interviews, Befragung) sollte ein neues Modell der Altersteilzeit entwickelt werden. Dafür wurden neue Einsatzfelder für ältere Beschäftigte mit diesen eruiert und diskutiert.
- Die Sensibilisierung für psychische Belastungen sowie deren Bearbeitung bildete die dritte Säule der Projektarbeit.

Projektverlauf: In der ersten Phase des Projekts wurden Interviews mit relevanten internen (Betriebsräte, Sicherheitsfachkraft, Personalleiter, Abteilungsleiter) und externen Akteuren (Betriebsarzt, zuständiger Gewerkschaftsfunktionär) geführt, um sich einen Überblick über die Spezifik des Betriebs zu machen. Mit der Steuerungsgruppe wurde alsdann ein Interviewleitfaden erarbeitet, mit dem in zwei Abteilungen des Betriebs zu den Themen Weiterbildung/Qualifizierung, körperliche und psychische Belastung, Zusammenarbeit jüngerer und älterer Kollegen sowie Bewertung von Verbesserungsvorschlägen (altersgemischte Teams, Qualifizierung jüngerer durch ältere Kollegen, Arbeitszeitverkürzung für Ältere, Gestaltung von Schichtarbeit, neue Einsatzfelder für ältere Kollegen etc.) Interviews durchgeführt wurden. Die Ergebnisse wurden in verschiedenen Gremien diskutiert und zur Entwicklung von darauf ausgerichteten Maßnahmen genutzt.

Die zweite Phase des Projekts konzentrierte sich auf die Durchführung einer repräsentativen Erhebung zur Belastungssituation, die in eine Befragung des Qualitätsmanagements zum Thema Mitarbeiterzufriedenheit eingebettet war. Ziel dieser Befragung war unter anderem, die Relevanz neuerer Belastungsformen in einem Industriebetrieb aufzuzeigen und so die Sensibilität für das Thema zu erhöhen. Diese Strategie erwies sich als erfolgreich, denn die paritätisch besetzte Steuerungsgruppe entwickelte ein Konzept zur Durchführung einer Gefährdungsbeurteilung zur Erfassung psychischer Belastungen, mit dem sie an die Geschäftsführung herantrat.

Im Rahmen der Interviews wurde auch die Frage, was Arbeits- und Gesundheitsschutz bringt und inwiefern er hinderlich wirkt, mit den Beschäftigten diskutiert. Ziel dieses Vorgehens war, die Beschäftigten für die Bedeutung von Gesundheit nachhaltig zu sensibilisieren und mögliche Schwachstellen der betrieblichen Praxis aufzudecken – etwa wenn das Tragen einer Schutzausrüstung die Beschäftigten bei der Arbeit so behindert, dass dies in eine psychische Belastung umschlägt.

6. PARGEMA-Fall „Motorenwerk“

Der Fallbetrieb: Das Motorenwerk gehört einem Gesellschafter, der dem Betrieb im operativen Geschäft weitgehende Eigenständigkeit lässt. Es handelt sich um einen Industriebetrieb, der rund 600 Leute beschäftigt. Der Betrieb ist in drei Geschäftsfeldern tätig, die sich zwischen standardisierter Massenproduktion und hoch spezialisierter Maßanfertigung bewegen.

Vorgeschichte: Die ökonomische Situation stellte sich für das Unternehmen zum Zeitpunkt der Projektanbahnung günstig dar. Die Auslastung der Produktion war hoch, die Auftragslage auf lange Zeit gut. Hinzu kam ein Wechsel in der Werksleitung, die sich für das Thema Arbeits- und Gesundheitsschutz offen zeigte und bereit war, neue Wege zu gehen. Abgesehen davon gab es einen hohen Handlungsdruck, der auch der hohen Auslastung des Betriebs geschuldet war. Es kam vermehrt zu Unfällen, was das Gewerbeaufsichtsamt auf den Plan rief. Der Platz in den Hallen war sehr beengt, Wege waren häufig zugestellt und die Belegschaft sah sich mit einer Reihe arbeitsorganisatorischer Veränderungen durch Neueinstellungen und Umstrukturierungen konfrontiert. Ein erster Anlauf zu einer Gefährdungsbeurteilung vor einigen Jahren war im Sande verlaufen, weil diese weitgehend ohne Einbeziehung verschiedener Akteursgruppen (Beschäftigte, Abteilungsleiter, Betriebsrat) stattfand und mit einem eher bürokratischen Ansatz wirkungslos Papier produzierte.

PARGEMA im Fallbetrieb: Von der Zusammenarbeit mit PARGEMA versprachen sich der Betriebsrat und die Sicherheitsfachkraft Unterstützung bei der Durchführung einer ganzheitlichen – also sowohl klassische als auch psychische Belastungen berücksichtigenden – Gefährdungsbeurteilung. Dabei sollten die Beschäftigten auf allen Stufen des Prozesses einbezogen werden. Dieser dezidiert beteiligungsorientierte Ansatz einer Gefährdungsbeurteilung wurde zu einem konstitutiven Merkmal des Projekts.

Projektverlauf: Den Auftakt des Projekts bildete die Konstituierung einer paritätisch besetzten sechsköpfigen Projektgruppe, die vom Werksleiter mit dem Auftrag zur Durchführung einer Gefährdungsbeurteilung betraut wurde. Gemeinsam mit PARGEMA entwickelte diese Gruppe einen Fahrplan, in dem die wichtigsten Etappen zeitlich fixiert wurden. Die Gruppe einigte sich darauf, dass die Gefährdungsbeurteilung durch eine umfassende Befragungsaktion aller Beschäftigten zu starten ist. Das hieß nicht etwa, dass damit die bewährten Instrumente wie Begehungen, Checklisten, Messungen durch die Berufsgenossenschaften usw. aufgegeben werden sollten. Vielmehr wurde durch die Berücksichtigung psychischer Belastungen der Blickwinkel der – in Ansätzen schon vorhandenen – Gefährdungsbeurteilung erweitert. Mit dem durch die Projektgruppe entwickelten Fragebogen wurden die Beschäftigten aller Abteilungen befragt.

Die Ausgabe erfolgte in mehreren Abteilungsversammlungen, die sich als geeignete Plattform für eine gründliche Einführung und Erläuterung der Fragebögen erwiesen. Die Auswertung der gewonnenen Daten ergab klare handlungsleitende Hinweise, die für alle Unternehmensbereiche Geltung hatten, aber auch spezifische Belastungs- und Gefährdungssituationen für die jeweiligen Abteilungen, Arbeitsbereiche oder partiell ähnliche Gruppen von Arbeitsplätzen aufschlüsselten. Darüber hinaus wurden Schwachstellen beim Führungsverhalten in einigen Abteilungen identifiziert und die jeweiligen Führungskräfte hinsichtlich der Umsetzung ihrer Aufgaben bewertet.

Auf diese Weise entstand ein Maßnahmenkatalog, der kurz- und mittel- bzw. langfristige Probleme und Veränderungsnotwendigkeiten kurz und prägnant beschreibt. Entscheidende Akteure bei der Maßnahmenentwicklung und -umsetzung waren die Sicherheitsbeauftragten aus den Abteilungen, die – lange Zeit eine ungenutzte Ressource – in diesem Zusammenhang durch eine Schulung reaktiviert oder neu gewonnen wurden. Im Motorenwerk konnten im Rahmen des Projekts mit Hilfe des Instruments Gefährdungsbeurteilung klassische und psychische Fehlbelastungen identifiziert und minimiert werden.

Durch eine Vielzahl von betriebsöffentlichkeitswirksamen Maßnahmen (Posteraktionen, Abteilungs- und Betriebsversammlungen, Aufstellen von Wasserspendern, sichtbare Absperrungen, Schulungen sozialer Kompetenz für Führungskräfte usw.) wurde die Gefährdungsbeurteilung im Betrieb präsent gehalten, es wurde mit den Daten der Befragungen und Checklisten weitergearbeitet und Verbesserungen wurden deutlich sichtbar gemacht. Das Arbeitsschutzklima hat sich seitdem entscheidend positiv verändert.

7. PARGEMA-Fall „Industriemaschinenhersteller"

Der Fallbetrieb: Dieser Betrieb hat seit der Privatisierung nach der Wende zahlreiche Gesellschafterwechsel und Restrukturierungsprogramme durchlaufen, die die Unternehmenskultur in hohem Maße prägen. Der Großteil der Beschäftigten rekrutiert sich aus dem gewerblichen Bereich. Hier wird schwere körperliche Arbeit im Dreischichtsystem geleistet. Der Altersdurchschnitt der Belegschaft liegt bei über 44 Jahren. Auftragsschwankungen werden durch Leiharbeitnehmer und Werkvertragsnehmer abgefedert, wobei die Kalkulation mit 70% Stammbeschäftigten und 30% prekär Beschäftigten eine Konstante der Personalpolitik ist.

Vorgeschichte: Im Haustarifvertrag des Unternehmens wurde die Problematik der alternden Belegschaft als Handlungsfeld benannt. Allerdings hatten die Betriebsparteien unterschiedliche Vorstellungen davon, wie mit dieser Herausforderung betrieblich umgegangen werden sollte: Während nach Meinung des

Managements die Beschäftigten in dem Moment, in dem sie altersbedingt nur mehr eingeschränkt einsatzfähig sind, für den externen Arbeitsmarkt freigesetzt werden sollten, versuchte der Betriebsrat für diese Personen interne Lösungen zu finden. Konsens bestand darüber, dass man die schwere körperliche Arbeit allenfalls bis zu einem Alter von 50 Jahren ausüben könne. Seit einiger Zeit versuchte die Geschäftsführung, durch die Durchführung von Krankenrückkehrgesprächen und den Abbau der wenigen verbliebenen Schonarbeitsplätze Druck auf die Belegschaft auszuüben. In dem Unternehmen wurde vor einiger Zeit eine Gefährdungsbeurteilung im klassischen Top-down-Verfahren für die physischen Belastungen durchgeführt. Die Voraussetzungen für ein Beteiligungsprojekt waren alles in allem nicht günstig, weil ein Großteil der Aktivitäten von der Managementseite dominiert wurde, die Arbeits- und Gesundheitsschutz ausschließlich als Kostentreiber begriff.

PARGEMA im Fallbetrieb: Die Initiative zur Kooperation mit PARGEMA ging vom Betriebsrat aus, der sich davon Unterstützung bei der Entwicklung von Strategien gegen die Personalpolitik der Geschäftsführung versprach. Dafür sollten im Rahmen von PARGEMA

- die Belastungen in zwei Pilotbereichen erfasst werden, um so den enormen Handlungsdruck im Bereich Arbeits- und Gesundheitsschutz zu dokumentieren;
- entsprechende alternsgerechte Maßnahmen entwickelt werden;
- psychische Belastungen erfasst werden.

Projektverlauf: Die zu Projektbeginn gegründete Steuerungsgruppe wurde über den gesamten Verlauf von der Managementseite dominiert, was zum einen Ausdruck der Machtverhältnisse im Unternehmen war, zum anderen die Brisanz zeigte, die die Geschäftsführung dem Thema beimisst. Letztlich führte dies dazu, dass in der Maßnahmenableitungsphase pragmatische Kostenargumente die Diskussion leiteten. Die Gruppe einigte sich darauf, zwei Pilotbereiche – einen mit besonders starken Belastungen, einen weiteren mit besonders vielfältigen Belastungen – auszuwählen und bei der Erhebung mit einem Methodenmix aus qualitativen Interviews und einer Befragung zu arbeiten.

Trotz des durch die Erhebungen identifizierten eklatanten Verbesserungsbedarfs im Arbeits- und Gesundheitsschutz wich die Geschäftsführung nicht von ihrem Kurs ab, die Investitionen in diesem Feld noch stärker zu reduzieren. Am Ende konnte für die Beschäftigten ein Maßnahmenkatalog vorgelegt werden, der vom Management zwar als Arbeitsergebnis der Projektgruppe zur Kenntnis genommen wurde, jedoch im Zuge operativer Aufgaben schnell in Vergessenheit geriet.

8. PARGEMA-Fall „Messtechnik“

Der Fallbetrieb: Der Fallbetrieb ist eine deutsche Betriebsstätte eines weltweit agierenden Herstellers von Druck- und Füllstandsmesstechnik. Im Fallbetrieb arbeiten rund 1.500 Beschäftigte, davon etwas mehr als die Hälfte im Angestelltenbereich. Außerhalb des Produktionsbereichs liegen die Tätigkeitsschwerpunkte in den Bereichen Marketing, Controlling sowie Forschung und Entwicklung. Im Produktionsbereich gibt es sowohl eine Fließfertigung als auch eine kundenauftragsbezogene Fertigung. Dabei ist die Produktpalette des Unternehmens durch eine sehr große Variantenvielfalt und kurze Lieferzeiten gekennzeichnet, was zu hohen zeitlichen und inhaltlichen Flexibilitätsanforderungen führt. PARGEMA befasste sich in diesem Fallbetrieb insbesondere mit den Führungskräften der unteren und mittleren Führungsebene sowie mit Beschäftigtengruppen in Forschung und Entwicklung sowie Produktion.

Vorgeschichte: Der Personalleiter des Fallbetriebs wurde Mitte 2007 von dem Projektteam der Albert-Ludwigs-Universität Freiburg angefragt, ob Interesse an einer Kooperation im Rahmen von PARGEMA bestehe. Das Unternehmen zeigte sich sehr interessiert, da in den vergangenen Jahren ein steigender Krankenstand beobachtet wurde, welcher in Verbindung mit Folgen psychischer Beanspruchung gebracht wurde. Das Unternehmen hatte zu diesem Zeitpunkt neben der Erfüllung der Vorschriften im Arbeits- und Gesundheitsschutz nur wenige Aktivitäten im Bereich der betrieblichen Gesundheitsförderung unternommen. In die Gefährdungsbeurteilung des Unternehmens waren keine psychischen Belastungen einbezogen worden; auch die regelmäßig durchgeführte Mitarbeiterbefragung war diesbezüglich nicht aufschlussreich. Kennzeichnend für die allgemeine Entwicklung des Unternehmens vor der Kooperation mit PARGEMA waren insbesondere eine gute wirtschaftliche Lage, steigende Anforderungen an die Beschäftigten sowie mehrmalige betriebliche Umstrukturierungen.

PARGEMA im Fallbetrieb: Nach einer Vorstellung des Projekts vor Unternehmensvertretern konnten diese im Frühjahr 2008 das Einverständnis der Geschäftsleitung für die Kooperation mit PARGEMA gewinnen. Zeitgleich wurde im Fallbetrieb eine Gesundheitsreferentin eingestellt. In deren Aufgabenbereich fiel der Aufbau eines betrieblichen Gesundheitsmanagements sowie die Schnittstellenfunktion zwischen PARGEMA und Betrieb. Entsprechend den Absprachen mit den Unternehmensvertretern waren die Ziele von PARGEMA in diesem Fallbetrieb insbesondere:

- einen Beitrag zu Konzipierung und Aufbau des betrieblichen Gesundheitsmanagements zu leisten und
- eine wissenschaftlich fundierte Belastungs- und Beanspruchungsanalyse bei verschiedenen Zielgruppen durchzuführen, um Hinweise auf Problemfelder zu erhalten, sowie

– die Ableitung und Umsetzung von Maßnahmen auf Basis der gewonnenen Ergebnisse zu begleiten.

Projektverlauf: Im ersten Schritt wurde ein Steuerkreis gebildet, mit dem die Aktivitäten von PARGEMA unter einem partizipativen Gesichtspunkt erarbeitet werden sollten. Als Grundlage für die Projektarbeit wurde im Sommer 2008 eine Basisfallstudie durchgeführt. Diese beinhaltete eine Bestandsaufnahme in Bezug auf Struktur, Prozesse und Aktivitäten des Arbeits- und Gesundheitsschutzes, welche anhand einer schriftlichen Checkliste sowie Einzelinterviews mit Arbeitssicherheits- und Gesundheitsverantwortlichen (Personalleiter, Sicherheitsfachkraft, Betriebsarzt, Betriebsratsvorsitzender, Gesundheitsreferentin) vorgenommen wurde. Darüber hinaus wurden Einzelinterviews mit Führungskräften aus verschiedenen Unternehmensbereichen durchgeführt. Dadurch wurde zum einen der Stand und Entwicklungsbedarf des betrieblichen Arbeits- und Gesundheitsschutzes aufgezeigt, zum anderen ergaben sich Hinweise auf Belastungsschwerpunkte im Fallbetrieb. Deutlich wurde, dass die Aktivitäten und Maßnahmen im Arbeitssicherheitsbereich umfassend sind, während im Bereich des Gesundheitsschutzes nur wenige Einzelmaßnahmen vorliegen. Ein ganzheitliches, übergreifendes Gesundheitsmanagementkonzept, welches ein erweitertes, über das Bestehen oder Nichtbestehen einer Krankheit hinausgehendes Gesundheitsverständnis berücksichtigt, lag im Fallbetrieb bis dahin nicht vor. Die Ergebnisse der Basisfallstudie wurden dem Steuerkreis präsentiert und dort diskutiert.

Als Baustein eines Gesundheitsmanagements sollten im Weiteren wissenschaftliche Belastungs- und Beanspruchungsanalysen durchgeführt werden. Im Steuerkreis erfolgte die Auswahl der Zielgruppen, grundlegend dafür waren insbesondere die Führungskräfteinterviews der Basisfallstudie. In den Fragebogenanalysen wurden a) alle Führungskräfte der unteren und mittleren Führungsebene sowie b) die Beschäftigten in fünf Abteilungen unterschiedlicher Bereiche (Produktion sowie Forschung und Entwicklung) berücksichtigt. Alle Ergebnisse wurden zuerst dem Steuerkreis rückgemeldet.

Mit dem Ziel einer partizipativen Ableitung von bedingungs- wie auch personenorientierten Lösungen wurde danach eine Workshop-Reihe mit allen Führungskräften der mittleren und unteren Ebene des Unternehmens (in mehreren Gruppen) durchgeführt. In den Workshops wurden zunächst die Ergebnisse präsentiert und die eigene Gesundheit der Führungskräfte sowie ihre Arbeitsbedingungen in den Mittelpunkt gestellt. In bei Bedarf moderierten Kleingruppen wurden Probleme anhand der Belastungs- und Beanspruchungsanalyse aufgedeckt und Vorschläge zu deren Behebung oder Reduzierung erarbeitet und evaluiert. Erst danach wurde der Fokus auf die Verantwortung von Führungskräften für die Gesundheit ihrer Mitarbeiter gerichtet. Hier wurden die Führungskräfte zur Reflexion ihrer Möglichkeiten, die Gesundheit ihrer Mitarbeiter zu fördern, angeregt. Nach einer Phase, die die Möglichkeit zur vertieften Maßnahmenableitung auf Basis der Workshop-Ergebnisse bot, und einer ersten Umsetzung von Erarbeitetem folgte ein weiterer Workshop mit dem Ziel einer Zwischenevaluation und Abstimmung des weiteren Vorgehens.

Die Führungskräfte der fünf Pilotabteilungen besuchten ergänzende Workshops. Hier wurde zum einen erarbeitet, wie die Führungskraft selbst die Rückmeldung der Befragungsergebnisse und die Bearbeitung derselben in ihrer Abteilung anstoßen kann. Zum anderen wurde der Austausch über die gemachten Erfahrungen gezielt gefördert.

Die Ergebnisse und Erfahrungen dieser auf wissenschaftlichen Analysen basierenden Workshops, die den Fokus auf Führungskräfte als wichtige Akteure der betrieblichen Gesundheitsförderung setzen, werden im Beitrag von Menz et al. näher dargestellt und diskutiert.

Darüber hinaus wurde durch PARGEMA die Systematisierung der einzelnen Aktivitäten im Bereich Arbeitssicherheit und Gesundheitsförderung angestoßen. Gemeinsam mit Steuerkreismitgliedern wurde ein Konzept für die Verbindung der verschiedenen Maßnahmen erarbeitet. Dieses Konzept wurde unternehmensintern diskutiert und sollte zeitnah umgesetzt werden. Die Umsetzung des entwickelten Konzepts, die kontinuierliche Weiterverfolgung der angestoßenen Maßnahmen bei den Führungskräften sowie die Aktivitäten in den Pilotbereichen haben sich insbesondere durch finanzkrisenbedingte Umstände verzögert. Der Kontakt zu PARGEMA-Instituten wird jedoch über das Ende der Projektlaufzeit aufrechterhalten, so dass der vom Fallbetrieb eingeschlagene erfolgversprechende Weg weiterhin begleitet werden kann.

Leistung und Leiden

Neue Steuerungsformen von Leistung und ihre Belastungswirkungen

Wolfgang Menz, Wolfgang Dunkel, Nick Kratzer

Dieser Beitrag befasst sich mit einer der Kernfragen des Verbundvorhabens PARGEMA, nämlich mit der Frage danach, in welcher Weise neue Belastungsformen und Gesundheitsrisiken im Zusammenhang stehen mit neuen Formen der Leistungssteuerung. Hierzu wird in vier Schritten vorgegangen.

In einem ersten Schritt klären wir Basisbegriffe wie Leistungspolitik oder Leistungssteuerung und entfalten dann eine Analytik zu den zentralen Kategorien, die uns zur Erfassung neuer Formen der Leistungssteuerung notwendig erscheinen. Hierzu gehören der Leistungsbegriff, Leistungskriterien, Leistungskontrolle, Standardisierungsgrad u.a.m. Auf der Grundlage dieser Analytik wird in einem zweiten Schritt in einem historischen Abriss der Wandel der Steuerungsformen vom Fordismus (tayloristische Leistungssteuerung in der Produktionsarbeit und verantwortliche Autonomie in der Angestelltenarbeit) zum Postfordismus (markt- und ertragsorientierte Leistungssteuerung) beschrieben. Im empirischen Teil des Artikels (dritter Schritt) berichten wir über die Ergebnisse der qualitativen Untersuchungen, für die das ISF München im Rahmen des Verbundvorhabens PARGEMA zuständig war. Wir tun dies in Form von zwei Fallstudien: Am Beispiel eines Finanzdienstleistungsunternehmen („Saturnia“) werden die belastenden Wirkungen markt- und ertragsorientierter Leistungssteuerung, am Beispiel eines Kommunikationstechnik-Unternehmens die Auswirkungen permanenter Restrukturierungsprozesse auf das psychische Wohlbefinden der Beschäftigten untersucht. Der empirische Teil wird abgerundet durch ein Zwischenresümee und eine Darstellung der Strategien, mit denen Beschäftigte versuchen, mit solchen Belastungssituationen umzugehen. Abschließend, und dies ist der vierte Schritt, ziehen wir einige Folgerungen, die sich aus den empirischen Ergebnissen für das betriebliche Gesundheitsmanagement ergeben.

1. Leistungspolitik und Leistungssteuerung – Einige Basisbegriffe

Unter *Leistungssteuerung* lassen sich zunächst im engeren Sinne diejenigen Methoden, Instrumente und Mechanismen fassen, die mehr oder weniger intentional-strategisch darauf abzielen, das Leistungsverhalten der Beschäftigten mit denjenigen Prinzipien und Zielen in Übereinstimmung zu bringen, die die Organisation als relevant für den jeweiligen Arbeitsplatz oder die konkrete Arbeitskraft definiert.

In einem weiter gefassten Sinne sind zur Leistungssteuerung aber auch all diejenigen Faktoren und Bedingungen zu zählen, die ebenfalls Einfluss darauf haben, dass Leistungsverhalten und -intensität auf die Organisationsziele gerichtet werden, aber nicht unbedingt mit diesem strategischen Ziel entwickelt und eingesetzt wurden. So haben etwa der Einsatz von Leiharbeitern, die angedrohte oder realisierte Schließung, Reorganisation oder Verlagerung von Unternehmensteilen wie auch die externe Arbeitsmarktsituation ganz gewiss disziplinierende und insofern immer auch leistungssteuernde Effekte. Solche Bedingungen und Faktoren werden aber häufig nicht primär aus diesem Grund implementiert oder sind von der Unternehmensseite gar nicht unmittelbar beeinflussbar (wie z.B. die Arbeitsmarktsituation). Gleichwohl werden sie immer auch – mal stillschweigend, mal explizit – genutzt, und die weiteren Elemente der jeweiligen leistungspolitischen Arrangements in den Betrieben sind häufig darauf abgestimmt. Wir möchten solche weiteren, indirekt leistungsrelevanten Faktoren im Folgenden „Kontextbedingungen der Leistungssteuerung“ nennen.

Im Anschluss an die geläufige Begrifflichkeit des „Transformationsproblems“ lässt sich sagen, dass Leistungssteuerung die Frage bearbeitet, wie aus einem ungerichteten, allgemeinen Leistungs*vermögen* der Beschäftigten eine konkrete zielgerichtete Leistungs*verausgabung* wird, wie also das Potenzial, eine Leistung zu erbringen, in eine tatsächliche Arbeitsleistung transformiert wird (Braverman 1977, S. 45ff.; vgl. Marrs 2007, S. 34ff.). Als „Problem“ stellt sich dies natürlich primär aus Organisationsperspektive dar: Das Unternehmen hat mit dem Abschluss des Arbeitsvertrags das Recht zur Nutzung der Arbeitskraft für einen bestimmten Zeitraum erworben; produktiv einsetzbar ist aber nicht diese abstrakte Nutzungsmöglichkeit, sondern nur die tatsächliche, im Arbeitsprozess geleistete konkrete Arbeit. Und diese bleibt im Arbeitsvertrag recht unbestimmt – und zwar nicht aufgrund einer irgendwie mangelhaften vertraglichen Regelung, sondern aus systematischen Gründen. Es liegt sowohl im Interesse von Beschäftigten wie des Unternehmens, sich breite Nutzungsformen von Arbeitskraft offen zu halten, um eine flexible und dauerhafte Beschäftigung zu ermöglichen. Und wohl kaum eine Arbeitstätigkeit lässt sich im Detail so genau und planbar beschreiben, dass es keiner weiteren Konkretisierung im Arbeitsalltag mehr bedürfte.

Kern von Leistungssteuerung ist es also weniger, die Abweichung von definierten Regeln zu sanktionieren beziehungsweise – positiv formuliert – das Einhalten der arbeitsvertraglichen Vereinbarung sicherzustellen. Vielmehr gehört ganz wesentlich dazu, überhaupt erst zu definieren, was als erwünschte, gute, hohe Leistung anzusehen ist. Und erst vor dem Hintergrund einer solchen *Leis-*

tungsdefinition kann die Frage nach den konkreten Mechanismen und Instrumenten gestellt werden, mit denen dann das Arbeitshandeln der Beschäftigten auf die jeweiligen Ziele und Zwecke hin orientiert werden kann.

Häufig wird die Frage nach der Lösung des Transformationsproblems im Wesentlichen auf die Frage nach den Verfahren und Methoden, mit denen das Leistungsverhalten gelenkt und kontrolliert wird, begrenzt. Uns erscheint es aber wichtig zu betonen, dass sowohl die zentralen historischen Umbrüche in der Leistungspolitik wie auch relevante Unterschiede zwischen Betrieben und Branchen viel eher die *Leistungsdefinition* (oder, breiter gefasst, den *Leistungsbegriff* – siehe dazu weiter unten) betreffen: Wie ändert und unterscheidet sich das, was als „Leistung“ gilt? Welche unterschiedlichen Logiken unterliegen den Leistungsanforderungen? Es geht nicht nur um die Frage, mit welchen Mitteln das Leistungsverhalten gepflegt, konditioniert, überwacht und gelenkt wird; genauso wichtig ist die Frage, was überhaupt Leistung ist beziehungsweise sein soll.

Zusammenfassend können wir sagen:

Leistungssteuerung umfasst die Art und Weise der Definition von Leistung sowie das Ensemble der angewandten Methoden und impliziten Bedingungen, die dazu führen, dass die Beschäftigten ihr Handeln an den betrieblichen Normen und Zielen von Leistung tatsächlich ausrichten und dass damit ein Korrespondenzverhältnis von Leistungsdefinition und Arbeitsverhalten entsteht.

Wenn der Kern von Leistungssteuerung also darin besteht, das Leistungshandeln der Beschäftigten zu befördern und an bestimmten Zielen und Definitionen auszurichten, dann zielt Leistungssteuerung primär auf die *Aktivierung* der Arbeitssubjekte. Schon aus diesem Grund ziehen wir den Steuerungsbegriff demjenigen der „Kontrolle“ vor, der immer den etwas einseitigen Beiklang von bloßer Einschränkung, Überwachung und damit von allein negativer Sanktionierung, allgemein gesprochen: einer Degradierung der lebendigen Arbeit, transportiert. Natürlich dient Leistungssteuerung immer auch der Begrenzung und *Ent*mutigung unerwünschter, dysfunktionaler Leistungsmotivationen. Ihr Kern liegt aber in der Förderung, Pflege und Entwicklung von Handlungsorientierungen und Leistungsverhalten – natürlich: *bestimmter* Orientierungen und Handlungen, eben solcher, die konform gehen mit den jeweiligen Prinzipien der Leistungsdefinition. Leistungspolitik *ver*bietet nicht einfach nur, sie *ge*bietet vor allem; sie ist in erster Linie konstruktiv, nicht destruktiv (Menz 2008).[1] Leistungssteuerung

1 Im Übrigen wurde der Kontrollbegriff auch in der anglo-amerikanischen *Labour Process Debate*, die im Deutschen oft etwas unglücklich „Kontrolldebatte“ genannt wurde, bereits recht frühzeitig entweder ganz aufgegeben (z.B. bei Burawoy) oder zumindest auf bestimmte „restriktive“ Formen der Steuerung von Arbeit beschränkt (z.B. bei Friedman). Zu einem aktuellen Überblick über die Debatte um Kontrolle vgl. Marrs 2010.

dient – frei nach Foucault – der Fabrikation nützlicher Individuen (Foucault 1977, S. 271), sie fordert Aktivität, nicht Passivität; Leistungsfähigkeiten sollen entfaltet, nicht zerstört werden.

Unsere Präferenz für den „Steuerungsbegriff" anstelle des „Kontrollbegriffs" bedeutet keinesfalls, den kritischen Unterton, den der Kontrollbegriff transportiert, aufgeben zu müssen und die Zwangselemente, die immer zentraler Bestandteil von Leistungssteuerung sind, zu vernachlässigen. Vielmehr wird die Kritikperspektive erweitert: Mit „Steuerung" kommen auch diejenigen Aspekte betrieblicher Herrschaft in den Blick, die sich nicht gegen ausdrücklichen *Widerwillen* und offenen Widerstand durchsetzen, sondern vielmehr aus der *Instrumentalisierung des Willens* der Beschäftigten und Pflege von Subjektivität speisen.[2]

Der Begriff der Leistungssteuerung kommt im Übrigen ohne vorgängige anthropologische Grundannahmen aus, wie sie in der Literatur zu „Leistung" immer wieder implizit oder explizit aufscheinen. Es geht weder darum, grundsätzlich träge und faule Menschen anzutreiben, um „Bummelantentum" (wie es die alte Managementlehre bezeichnete) oder „Shirking" und „opportunistisches Verhalten" (wie es die *Principal Agent Theory* etwas moderner formuliert) zu bekämpfen. Noch ist die Annahme eines allgemein-menschlichen Strebens nach Verwirklichung der eigenen Leistungsfähigkeiten (das dann durch rigide Kontrollformen im Betrieb gebrochen und eingedämmt werden müsste) notwendig, wie sie im produktivistischen Zweig des Marxismus immer wieder anklingt. Es geht vielmehr – ganz unspektakulär – um die Frage, wie es gelingt, das Interesse der Organisation zum Handlungsziel der Beschäftigten zu machen, ohne vorgängig von einer grundlegenden Haltung der Leistungsverweigerung oder des Leistungsstrebens auszugehen.

Der Begriff der „Leistungssteuerung" nimmt zunächst (wenn auch in kritischer Absicht) die Unternehmensperspektive ein.[3] Ob die Beschäftigten – als die

---

2 Dort, wo wir im Weiteren von „Kontrolle" sprechen, möchten wir den Begriff beschränken auf die Frage der Erfassung und Überwachung von Leistung, also einen begrenzten Teil dessen, was Leistungssteuerung umfasst.

3 Dass die Transformation von (gekauftem) Arbeitsvermögen in (produktiv verwertete) Arbeitsleistung problematisch ist, gilt zunächst einmal nur für das Unternehmen. Die Beschäftigten haben möglicherweise – entsprechende Handlungsfreiheiten am Arbeitsplatz vorausgesetzt – das Problem, ihre Arbeit erfolgreich und den eigenen Vorstellungen entsprechend zu strukturieren und zu organisieren. Das Transformationsproblem entsteht aber erst daraus, dass derjenige, der definiert, was Leistung ist, eben nicht identisch ist mit demjenigen, der die Leistung erbringt. Insofern ist es auch ziemlich unsinnig, davon zu sprechen, dass den Beschäftigten ‚das Transformationsproblem selbst übertragen' werde, wie es für neue Managementkonzepte häufig behauptet wird. Natürlich ist es richtig, dass die eigenständige Koordination und Strukturierung des Tätigkeitsablaufs im Zuge der Enttaylorisierung zur Aufgabe der Beschäftigten wird. Das Trans-

eigentlichen Akteure der Leistungserbringung – entsprechend den Ansprüchen und Steuerungsversuchen der Unternehmen auch tatsächlich handeln, lässt sich an den betrieblichen Leistungsansprüchen, den Methoden der Anreizsysteme und der Leistungskontrolle usw. natürlich nicht ablesen. Sie können sich die Leistungsansprüche zu eigen machen, sie transformieren, sie ablehnen und still oder offen widerständig handeln – sie handeln aber nie ganz unabhängig von den bestehenden Leistungsdefinitionen und Verfahren. Die Arena der betrieblichen Auseinandersetzungen um Leistung ist stets bereits vorstrukturiert durch die manageriell oder unternehmensseitig vordefinierten Regelungen und Verfahren.

Natürlich spielt auch die betriebliche Interessenvertretung eine wichtige Rolle im Feld leistungspolitischer Auseinandersetzungen. Zumindest dort, wo Leistung und Entgelt mitbestimmungsrechtlich miteinander verknüpft sind, zählt(e) „Leistung“ zu den „konsolidierten Verhandlungsfeldern“ (Düll/Bechtle 1988). Aber auch jenseits formaler Rechte ist ihr Einfluss relevant – nicht nur derjenige auf die unternehmerischen Strategien der Leistungssteuerung, sondern auch auf das Leistungs- und Interessenhandeln der Beschäftigten selbst.

Mit dem – weiter gefassten – Begriff der *Leistungspolitik* möchten wir die Gesamtheit der auf die Leistungsfrage bezogenen Strategien, Handlungsweisen, Interessenauseinandersetzungen usw., an denen die vielfältigen betrieblichen Akteure – Beschäftigte, Führungskräfte, Geschäftsleitungen, Betriebsräte – partizipieren, bezeichnen. Der Begriff der „Politik“ macht zugleich deutlich: „Leistung“ ist immer Gegenstand von expliziten und impliziten Auseinandersetzungen, ist immer auch Ergebnis von Kräfteverhältnissen und Kompromissen – und es ist ein dynamisches Feld, eine konfliktorische Arena, die ständiger Veränderung unterworfen ist.

2. Prinzipien und Instrumente der Leistungssteuerung – Eine Analytik

Die Ausprägungen von Formen und Methoden der Leistungssteuerung sind vielfältig. Wenn wir zu einer halbwegs handhabbaren Systematisierung gelangen wollen, müssen wir deshalb stark vereinfachen. Wir schlagen eine Analytik vor, die zunächst die Vielfalt der Dimensionen von Leistungssteuerung deutlich macht, heben dann aber zwei Kerndimensionen besonders hervor, die uns als besonders tauglich erscheinen, um erstens den gegenwärtigen Strukturwandel von

---

formationstheorem bleibt aber an die Analyse des spezifischen Charakters der Ware Arbeitskraft gebunden: Deren Nützlichkeit ist nicht bereits durch ihren Erwerb sichergestellt; vielmehr muss der Käufer auf ihre Umsetzung in lebendige Arbeit (in einer spezifischen Form) achten und sich dazu – aufgrund der Personengebundenheit dieser Ware – immer auch mit dem personalen Träger der Ware Arbeitskraft auseinandersetzen.

Leistungssteuerung prägnant zu beschreiben und zweitens zwischen verschiedenen Steuerungsprinzipien auch in diachroner Weise zu unterscheiden.

Wir skizzieren in diesem Abschnitt zunächst – relativ abstrakt – die Dimensionen einer Analytik von Leistungssteuerung, um sie dann im nächsten Abschnitt auf die historischen Entwicklungstendenzen der letzten Jahrzehnte anzuwenden.

Die Unterscheidungen sind kein Selbstzweck. Der Sinn der Analytik besteht allerdings weniger darin, eine möglichst umfassende Systematisierung aller theoretisch denkbaren oder praktisch auftretenden Leistungssteuerungssysteme zu erarbeiten. Vielmehr geht es darum, gerade diejenigen Unterscheidungen zu treffen, die für Wirkungen von Leistungssteuerung im Hinblick auf Belastungen, auf die subjektive Verarbeitung und den Umgang mit Leistungsanforderungen wie auch auf die interessenpolitischen Handlungsmöglichkeiten relevant sind. Es geht also gerade darum, zwischen Kerndimensionen und eher nachgeordneten Elementen differenzieren zu können, um die Strukturdeterminanten der aktuellen Anforderungs- und Belastungssyndromatik, wie sie mit den neuen Formen der Leistungssteuerung verbunden sind, herausarbeiten zu können.

Eine der zweifellos wichtigsten Dimensionen zur Unterscheidung von Prinzipien und Methoden der Leistungssteuerung ist das, was wir *Leistungsbegriff* nennen möchten. Der Leistungsbegriff umfasst die zentralen Basisprinzipien, die festlegen, was in einem grundlegenden Sinne überhaupt als Maßstab gilt, an dem beurteilt wird, was als eine erwartbare, gute, angemessene Leistung angesehen wird. Es geht also um die grundsätzliche Logik, die konkreten Formen der Leistungsdefinition unterlegt ist. Was ist überhaupt der Maßstab, mit dem abgeschätzt werden kann, was eine Leistung ist? Woran bemessen sich Gleichheit und Differenz (wann sind also zwei Leistungen ihrer Höhe nach identisch, wann unterscheiden sie sich)?

Unabhängig von konkreten Fragen der Ermittlung und Messbarkeit (die dann je nach den spezifischen stofflichen und sozialen Bedingungen der Tätigkeiten ganz unterschiedlich beantwortet werden können) muss zunächst einmal die Basisfestlegung getroffen werden, worin das Prinzip von Leistung besteht.

In dieser Dimension liegt gewissermaßen der definitorische Kern leistungspolitischer Steuerungsformen. Wenn sich hier relevante Veränderungen ergeben – und unsere These ist, dass seit einiger Zeit eben genau diese Basisdimension im Wandel ist –, dann haben wir es nicht einfach nur mit oberflächlichen Veränderungen zu tun, sondern mit einem grundlegenden leistungspolitischen Umbruch, mit einer prinzipiellen historischen Verschiebung.

Nicht zu verwechseln mit dem Leistungsbegriff sind die *Leistungskriterien,* wie sie in konkreten Instrumenten der Leistungssteuerung definiert werden. Welche Merkmale muss eine „Leistung“ aufweisen, damit sie als solche qualifiziert wird? Woran wird ersichtlich und wodurch wird ermittelt, was eine Leistung ist? Hier liegen vielleicht die zunächst augenfälligsten Unterschiede zwischen leistungspolitischen Steuerungsinstrumenten. Während beispielsweise Akkordlohnsysteme die quantitative Produktionsmenge (Stückzahl) als Leistungskriterium nehmen, sind es in klassischen Leistungsbeurteilungsverfahren, wie sie vor allem bei Angestelltentätigkeiten eingesetzt werden, stärker verhaltens- und persönlichkeitsbezogene Kriterien. Die Anzahl der Kriterien variiert: Während dem Akkordlohn nur ein Merkmal zugrunde liegt (Stückzahl), finden sich im gewerblichen Bereich häufig auch mehrdimensionale Prämienlohnsysteme, die unterschiedliche – teils einander widersprechende – Leistungskriterien (üblicherweise „Prämienbezugsgrößen" genannt) beinhalten. Auch die erwähnten Leistungsbeurteilungsverfahren sind fast immer mehrdimensional.

Wichtig ist, dass von den unmittelbar sichtbaren Leistungskriterien nicht einfach auf den ihnen zugrundeliegenden Leistungsbegriff zurückgeschlossen werden kann (oder andersherum). Bei der Bestimmung der konkreten Leistungskriterien für eine bestimmte Tätigkeit (oder einen Tätigkeitsbereich) spielt immer deren besondere qualitative Beschaffenheit eine Rolle, etwa die Frage, was überhaupt als ermittelbare (im „besten" Falle: zähl- und messbare) Merkmale der Arbeitsleistung zur Verfügung steht. Gerade Angestelltentätigkeiten haben in aller Regel keinen direkt quantifizierbaren Arbeitsoutput, der als Grundlage etwa für eine leistungsbezogene Vergütung herangezogen werden könnte. Dass hier mit anderen Leistungskriterien gearbeitet wird, kann daher auch an deren Surrogatcharakter liegen, wenn „einfache" Leistungsermittlung anhand des Auszählens von Arbeitsprodukten nicht möglich ist.

Sind die Leistungskriterien erst einmal definiert, muss darüber entschieden werden, welche Höhe die *Leistungsbezugsgröße* aufweist – denn erst daraus bestimmt sich, ob eine Leistung hoch oder niedrig ist. Was ist „Standard", was ist eine Höchstleistung, und wer ist Minderleister? Dieses Leistungsmaß kann wiederum statisch, dynamisch oder relational (etwa in Bezug zur Durchschnittsleistung einer Gruppe) bestimmt sein, was wiederum höchst entscheidend für die Entwicklung der Leistungsanforderungen ist.[4]

Die Verfahren und Instrumente der Leistungssteuerung können sich wiederum danach unterscheiden, über welche *Wege und Verfahren Leistungen ermittelt* werden und welche *Akteure* daran beteiligt sind. So kann etwa das Leistungsmaß

4 Genau besehen, bezieht sich der Begriff der *Leistungsintensivierung* allein auf die Frage des Leistungsmaßes bei konstanten Leistungskriterien. Schon an der Vielfalt der genannten Dimensionen von Leistungssteuerung wird klar, dass dies im historischen Veränderungsprozess nur eine der vielfachen Veränderungsmöglichkeiten ist. Was in der Praxis als wachsender Leistungsdruck, zunehmende Belastungen usw. wahrgenommen wird, ist in der Regel eben nicht einfach ein rein quantitativer Anstieg an Anforderungen, sondern besteht aus einer Mischung von quantitativen und qualitativen Veränderungen.

Ergebnis expertieller Berechnungen und Kalkulationen sein, die fern vom Arbeitsprozess „auf dem Reißbrett" oder auch vor Ort durchgeführt werden (z.B. bei der Zeitermittlung), es kann aber auch das Ergebnis expliziter Abstimmungs- und Aushandlungsverfahren sein (etwa bei Leistungs- und Zielvereinbarungen). Leistung kann also durch die entsprechenden Fachleute aus der Arbeitswissenschaft (plus Betriebsrat) oder aber partizipativ, unter Beteiligung der eigentlichen Leistungsträger bestimmt werden.[5]

Einen solchen Aushandlungscharakter können nicht nur die Verfahren der Bestimmung des Leistungsmaßes, sondern auch die konkrete Erfassung einzelner Leistungen tragen. Denn nicht immer (genauer: wohl eher nur in Ausnahmefällen) kann eine „Leistung" so einfach „gemessen" werden wie bei mengen- bzw. stückorientierten Instrumenten der Leistungssteuerung (etwa durch Auszählen, elektronische Erfassung usw.). Häufig erfolgt die Bestimmung der konkreten Leistung eines Beschäftigten durch mehr oder weniger subjektive Einschätzungen, etwa „Beurteilungen" durch die Vorgesetzten. Und auch hier sind manchmal partizipative Elemente explizit vorgesehen (etwa bei „Selbstbeurteilungen", die in die Gesamtbeurteilung eingehen) oder zumindest möglich, etwa bei Leistungsbeurteilungsgesprächen.

Die Methoden und Prinzipien der Erfassung (Messung, Beurteilung usw.) von Leistung einschließlich der damit verbundenen Prozesse der Quantifizierung und Weiterverarbeitung (etwa Verdichtung von zunächst qualitativen Beurteilungsergebnissen in quantifizierten Leistungsmaßzahlen) lassen sich als (Leistungs-)*Kontrolle* bezeichnen.

Die vorangegangenen Dimensionen beziehen sich auf den ersten Blick zunächst einmal auf Formen der Leistungssteuerung, die überhaupt mit solchen Instrumenten und Verfahren arbeiten und beanspruchen, konkrete Kriterien, Maßzahlen und Ausprägungen von Leistung zu definieren. Dies trifft insbesondere auf Verfahren der Leistungssteuerung zu, die mit leistungsbezogenen Entgelten verbunden sind; hier ist gewöhnlich der Grad der Verregelung besonders hoch. Nicht immer erfolgt Leistungssteuerung aber so explizit, formalisiert und instrumentvermittelt wie in den klassischen Leistungslohnbereichen. Gerade bei typischen Angestelltentätigkeiten geschieht die Leistungsverausgabung viel eher orientiert an diffusen Erwartungen und Routinen, an nicht immer ausdrücklich formulierten Leistungsansprüchen von Vorgesetzten und Kollegen, aber auch gespeist aus Einschätzungen und Befürchtungen hinsichtlich der ökonomischen

---

5 Wenn man weiter differenzieren möchte: Die Aushandlungs- und Beteiligungsformen können mehr oder weniger explizit stattfinden. Erheben etwa Zielvereinbarungen Partizipation zum ausdrücklichen Konzept, so gibt es demgegenüber auch vielfältige Möglichkeiten für die Beschäftigten, informell Einfluss zu nehmen, etwa durch strategisches Verhalten oder auch dezentrale Absprachen vor Ort mit dem Zeitnehmer usw.

Notwendigkeiten oder auch nur orientiert an den jeweiligen alltäglichen Geschehnissen und Anforderungen usw. – jedenfalls weitgehend jenseits klarer Verfahren der Leistungsdefinition und -ermittlung (Kratzer/Nies 2009).[6] Eine wichtige weitere Unterscheidung leistungspolitischer Arrangements ist also der *Grad an Formalisierung und Explizität.* Allerdings heißt dies nicht, dass dort, wo die „Leistung" weniger ausdrücklich und formal geregelt ist, die oben genannten Dimensionen keine Rolle spielen würden: Auch normative Erwartungen, diskursive Steuerung usw. sind geprägt durch bestimmte Leistungskriterien, durch Erwartungen an eine bestimmte Leistungshöhe usw., nur erfolgt dies hier weitgehend implizit. Und die Kontrolle von Leistung beinhaltet keinesfalls nur die „harte" technische Erfassung etwa des Arbeitsergebnisses, sondern beispielsweise ebenso die offenen und subtilen Formen des „Peer-to-Peer Pressure".

Tabelle 1 gibt einen zusammenfassenden Überblick über die unterschiedenen Dimensionen.

Die zweite basale Kerndimension zur Differenzierung leistungspolitischer Steuerungsformen liegt – wie wir vorschlagen möchten – im *Standardisierungs-*

Tab. 1: Analytische Dimensionen der Leistungssteuerung

Dimension	Mögliche Ausprägungen (exemplarisch)	Praktische Beispiele
Leistungsbegriff (Basisprinzip, Leistungsmaß)	arbeitskraftorientiert, markt- bzw. ertragsorientiert	
Leistungskriterien	ein- und mehrdimensional; qualitativ/quantitativ subjektiv/objektiv	Stückzahl/Arbeitsmenge, Maschinenlaufzeit/ Nutzungsgrad, bei Beurteilungen z.B. Qualität, Quantität, Kommunikationsverhalten, Initiative usw.
Leistungsbezugsgröße	stabil/standardisiert, relational, dynamisch	„Normalleistung", Gruppenleistung/Durchschnittsleistung, dynamische Leistungsziele z.B. bei Zielvereinbarungen
Verfahren der Leistungsermittlung	expertiell/partizipativ	MTM-Verfahren, Refa-Verfahren (expertiell), Leistungs- und Zielvereinbarungen (partizipativ)
Leistungskontrolle	Messung, (subjektive) Beurteilung, Aushandlung	Auszählen, technische Erfassung (z.B. durch elektronische Mitschrift an der Maschine), Leistungsbeurteilungen
Formalisierungsgrad	hoch/niedrig	
Unterstellte Motivationsform	intrinsisch/instrumentell	Leistungsentgelt

6 Und auch dort, wo die Leistungssteuerung besonders stark reguliert und formalisiert ist, bedeutet dies nicht, dass die Praxis der Leistungserbringung tatsächlich primär durch diese Regelungen und Instrumente geprägt ist und nicht ebenfalls durch weitere Faktoren wie Erwartungen, Selbstansprüche, diskursive Steuerungselemente usw.

grad: Ist die Tätigkeit in enger Weise durch genaue Leistungsvorgaben bereits vorstrukturiert oder bestehen größere Variationsmöglichkeiten und Handlungsfreiheiten der Beschäftigten? Gerade bei repetitiven Tätigkeiten ist hinsichtlich ihrer Belastungsfolgen die Frage relevant: Welchen Umfang umfasst eine einzelne Tätigkeit? Ebenso wichtig ist aber auch: Wie eng ist der Tätigkeitsablauf in die zeitliche und organisatorische Struktur von Arbeitsbereich, Betrieb und Unternehmen (oder gar von unternehmensübergreifenden Netzwerken) eingebunden? Kann der einzelne Beschäftigte vom betrieblichen und unternehmerischen Zeitregime abweichen oder ist seine Arbeit – technisch, organisatorisch, ökonomisch – eng zeitlich „vorgetaktet"?

Die Frage nach der Standardisierung muss also selbst wieder in weitere Dimensionen zerlegt werden (vgl. Tab. 2). Neben der bloßen Standardisierungsdichte ist relevant, auf welche Faktoren sich der Anspruch, Standards verbindlich festzulegen, bezieht. Hinsichtlich des *Tätigkeitsumfangs* entstehen Standardisierungstendenzen aus steigender Arbeitsteilung. Mit einem höheren Grad der Ausdifferenzierung des Arbeitsprozesses schwindet der Umfang der einzelnen Beschäftigten überantworteten Aufgaben. Der inhaltliche Umfang der Einzelaufgaben, die zu einer Tätigkeit gehören, sinkt, ebenso die Dauer der Einzeltätigkeiten.

Tab. 2: Dimensionen der Standardisierung

Standardisierungsgrad
– Standardisierung der Tätigkeit
– Zeitliche Standardisierung
– Standardisierungsgegenstand (Prozess- versus Produktstandardisierung)

In der *Zeitdimension* bezieht Standardisierung sich auf die zeitliche Taktung der Tätigkeiten – ihre Rhythmisierung durch technische Bedingungen (im Extremfall: Fließbandarbeit), durch kooperative Zusammenhänge und betriebliche Vorgaben, aber auch durch überbetriebliche Produktionszusammenhänge (Stichwort: Just-in-Time-Produktion mit ebenfalls sehr engen Zeitvorgaben).[7]

Standardisierungsformen müssen aber auch danach unterschieden werden, ob sie sich auf die Arbeitsprozesse beziehen oder auf das Ergebnis der Tätigkeit. Ist der genaue Ablauf der Arbeits*tätigkeit* vorgegeben oder sind vielmehr die Arbeitsergebnisse genau definiert und inhaltlich begrenzt *(Standardisierungsgegenstand)?* „Tätigkeitsstandardisierung" oder „Prozessstandardisierung" heißt, dass für die konkrete Ausführung der Arbeit genaue Vorgaben gemacht werden

7 Gemeint ist hier also nicht der zeitliche Tätigkeitsumfang (das wäre die erste Standardisierungsdimension), sondern vielmehr der Grad der zeitlichen Einbindung.

– festgelegt ist also nicht (nur) das Arbeitsergebnis, sondern vielmehr die Handlungsweisen, die zu ihm hinführen (Detailvorgaben statt Globalziele). Eine bloße „Ergebnis-" oder „Produktstandardisierung" kann dagegen den Weg offen lassen, der dorthin führt. Allerdings: Handlungsfreiheiten und Tätigkeitsumfang können natürlich auch durch Ergebnis- oder Produktstandardisierung eingeschränkt werden – etwa durch eine Reduzierung von Varianten und Vielfalt, die wiederum zur Folge hat, dass die Arbeitsabläufe gleichförmiger, eben: standardisierter werden.

Mit der vorgeschlagenen Analytik von Leistungssteuerung und Standardisierung haben wir, so hoffen wir jedenfalls, ein geeignetes Instrumentarium zur Hand, um sowohl in historischen Längs- wie auch in Quervergleichen zwischen verschiedenen Tätigkeitssegmenten unterschiedliche Steuerungsformen sinnvoll systematisieren und unterscheiden zu können. „Leistungsbegriff" und „Standardisierungsgrad" sind die Kerndimensionen, anhand derer die leistungspolitischen Steuerungsformen und Arrangements sich *ihrer Grundstruktur nach* differenzieren lassen. Zu genaueren Unterscheidungen zwischen konkreten Konstellationen und Instrumenten dienen die weiteren genannten Dimensionen (Leistungskriterien, -bezugsgröße, -ermittlung, -kontrolle).

Wir möchten im Folgenden nun mit Hilfe der Analytik in einem (zugegebenermaßen recht schematischen) Schnelldurchgang durch die leistungspolitischen Entwicklungsprozesse seit dem Fordismus die wesentlichen Umbrüche, aber auch wichtige Unterschiede und Gemeinsamkeiten zwischen Beschäftigtensegmenten benennen. Nach dem historischen Überblick wenden wir die Analytik dann auf aktuelle Formen der Leistungssteuerung an und überprüfen damit auch ihre Tauglichkeit für die Analyse der leistungspolitischen Seite unterschiedlicher Belastungskonstellationen.

3. Leistungssteuerung in der fordistischen Epoche – Der anthropozentrische Leistungsbegriff

Auf den ersten Blick haben ein fordistischer Massenarbeiter, der in kurzen Taktzeiten – womöglich am Fließband – einer standardisierten Arbeit nachgeht, und der Entwicklungsingenieur aus der Forschungsabteilung oder auch die qualifizierte Sachbearbeiterin in der Verwaltung wenig gemein hinsichtlich ihrer Leistungssituation. Und in der Tat unterscheiden sich die konkreten Instrumente und Verfahren der Leistungssteuerung ebenso wie der Grad der Standardisierung, der Tätigkeiten, Produkte und Prozesse unterworfen sind, ganz erheblich. Allerdings unterliegen den ganz unterschiedlichen Arbeits- und Leistungssituationen, den unterschiedlichen Instrumenten der Leistungssteuerung mit ihren verschiedenen Kriterien, Kontrollformen usw. durchaus ähnliche Prinzipien von Leistung, die sich wiederum von denjenigen grundsätzlich unterscheiden, die wir aus den aktuellen Steuerungsformen kennen. Im Folgenden möchten wir nun – getrennt nach gewerblicher Arbeit und Angestelltentätigkeiten – die Grundprinzipien der leistungspolitischen Steuerungsformen herausarbeiten, wie sie für die fordistische Epoche typisch waren.

3.1 Produktionsarbeit: tayloristische Leistungssteuerung

Als geradezu paradigmatisch für die tayloristische Form der Leistungssteuerung gilt im Allgemeinen der klassische Zeitstudienakkord in der Produktion. Um zunächst auf der Ebene des konkreten Instruments der Leistungssteuerung zu bleiben:

Die bloße materielle Arbeitsmenge – die produzierte Stückzahl – fungiert als zentrales und einziges Leistungskriterium. Entsprechend einfach sind die Methoden der Leistungskontrolle, die durch Auszählen oder die technische Erfassung der Produktionsmenge geschieht. Der Formalisierungs- und Verregelungsgrad der Leistungssteuerung ist hoch, die Leistungsziele bzw. das Leistungsmaß, zu dem konkrete Einzelleistungen in Bezug gesetzt sind, werden quantitativ und eindeutig definiert. Die Verfahren der Leistungssteuerung beanspruchen, die Tätigkeiten vollständig und umfassend abzudecken.[8] Alle Leistung schlägt sich in einem materiellen Arbeitsprodukt nieder; und andersherum: Was sich nicht in einem solchen Produkt materialisiert hat, war eben keine Leistung – so das Denkmuster tayloristischer Leistungssteuerung.

„Leistung" und „Arbeitsoutput" werden dabei gleichgesetzt; das Arbeitsprodukt gilt gewissermaßen als „Indikator" für eine Arbeitsleistung, für den erbrachten Aufwand.[9]

---

8 In den Worten von Burkart Lutz: Die Leistungsziele sind „global" und „spezifisch". Global, weil sämtliche von den Beschäftigten verlangten Leistungsaspekte in einer Maßzahl abgebildet werden (sollen); spezifisch, weil sie in direkter Abhängigkeit mit der menschlichen Leistungsanstrengung variieren (Lutz 1975).

9 Daraus resultiert einige Verwirrung in der Diskussion um Leistungssteuerung, weil damit auch der Akkordlohn Elemente des Ergebnisbezugs aufzuweisen scheint, der ansonsten häufig erst mit aktuellen Formen der Leistungssteuerung verbunden wird. Zentral für die tayloristische Leistungssteuerung ist aber, dass das Verhältnis von „Aufwand" und Ergebnis als unproblematisch gilt – jede Arbeitsanstrengung realisiert sich in einem Arbeitsergebnis, so die Annahme. Das Ergebnis (das Arbeitsprodukt) ist der Indikator für den Aufwand (die Arbeitsanstrengung) – letztere(r) bleibt aber definitorischer Ausgangspunkt für „Leistung". Aktuelle Formen der Leistungssteuerung lösen genau diesen Zusammenhang, und das macht die wesentliche Differenz aus (dazu weiter unten). Wegen dieser Begriffsverwirrung verzichten wir im Weiteren auf den Begriff „ergebnisbezogene Leistungssteuerung", weil er nicht trennscharf unterscheiden kann zwi-

Natürlich beinhaltet eine solche Leistungsdefinition einen Selektions- und Abstraktionsprozess: All jene Fähigkeiten und Verhaltensweisen, die sich nicht unmittelbar in einem zähl- und messbaren Mengenergebnis niederschlagen, werden ausgeblendet, häufig aber implizit doch mitgenutzt, beispielsweise kommunikative Fähigkeiten und betriebliches Sozialverhalten. Sie gehen zwar nicht unmittelbar ins eigene Akkordziel ein, können aber insgesamt natürlich trotzdem produktiv sein. Jeder Prozess der Quantifizierung von Leistung beinhaltet zugleich eine Abstraktion von den besonderen Fähigkeiten und Eigenschaften der lebendigen Arbeit und ist insofern eine Vereinseitigung. Aus der Vielfalt menschlicher Leistungsfähigkeiten werden bestimmte Merkmale ausgewählt, die fürs Ganze stehen sollen.

Besonders charakteristisch für die Prinzipien der tayloristischen Leistungssteuerung sind die Inhalte und das Verfahren, mit dem die Leistungsbezugsgröße bestimmt wird, weil darin zugleich wesentliche Elemente dessen aufscheinen, was wir oben als „Leistungsbegriff" bezeichnet haben.

Als Leistungsbezugsgröße – also als Maßstab dafür, wie hoch oder niedrig eine konkrete Leistung einzuschätzen ist, und damit auch als Bezugspunkt für den Leistungslohn – gilt ein *anthropozentrisches Leistungsmaß,* ein Normalmodell allgemein-menschlicher Leistungsfähigkeit. Leistung wird in Relation zu einem als natürlich begriffenen Standard bestimmt, prototypisch formuliert in der „REFA-Normalleistung". In ihr drückt sich ein in gewisser Weise körperlich-ästhetisch bestimmtes Ideal aus, das Leistung als natürlich-harmonische Bewegung des arbeitenden Menschen ansieht. Arbeitstempo und Leistungsintensität haben sich, so das „REFA-Buch" von 1961, nach dem „natürlichen Bewegungsrhythmus des Körpers, sozusagen seiner Eigenschwingung" (REFA 1961, S. 16) zu richten. Dies entspreche zugleich demjenigen Leistungsmaß, das ohne Gesundheitsbeeinträchtigungen dauerhaft von jedermann[10] erbracht werden könne.

> „Unter REFA-Normalleistung wird eine Bewegungsausführung verstanden, die dem Beobachter hinsichtlich der Einzelbewegungen, der Bewegungsfolge und ihrer Koordinierung besonders harmonisch, natürlich und ausgeglichen erscheint. Sie kann erfahrungsgemäß von jedem in erforderlichem Maße geeigneten, geübten und voll eingearbeiteten Arbeiter auf die Dauer und im Mittel der Schichtzeit erbracht werden, sofern er die für persönliche Bedürfnisse und gegebenenfalls auch für Erholung vorgegebenen Zeiten einhält und die freie Entfaltung seiner

---

schen dem „materiellen" Ergebnisbezug tayloristischer Leistungsmessung und -kontrolle und dem redefinierten Leistungsbegriff in neuen Formen der Leistungssteuerung.

10 Zugrunde gelegt wird ein Modell des männlich und erwachsen gedachten Normalleisters. Frauen seien demgegenüber muskelschwächer und allgemein schonungsbedürftiger, Jugendliche ermüdeten schneller, und „Rundlinge" seien eher für leichtere Dauerbetätigungen geeignet als für Höchstbelastungen (vgl. auch Krell 1984).

> Fähigkeiten nicht behindert wird." (REFA 1972, S. 136; identisch auch die heute „gültige" Methodenlehre REFA 1997, S. 136)[11]

Die Ermittlung dieses Leistungsmaßes bleibt den Fachleuten aus der Arbeitswissenschaft überlassen. Die menschliche Naturgröße „Leistung" wird mit standardisierter Methodik und wissenschaftlichen Verfahren bestimmt. Im Fall etwa des verbreiteten MTM-Verfahrens kann dies komplett im arbeitswissenschaftlichen Büro erfolgen; sind Zeitaufnahmen vor Ort notwendig, bleibt zumindest beim so genannten „Leistungsgradschätzen" eine gewisse Unsicherheitszone (und durchaus informelle Einflusschancen der Beschäftigten), wie die REFA-Lehre selbst konstatiert. Gleichwohl erheben auch die Beobachtungsverfahren den gleichen Anspruch auf Objektivität und Wissenschaftlichkeit wie die rein rechnerischen Methoden der Zeitbestimmung. Prägend bleibt ein Expertenmodell von Leistung.

Der Leistungsbegriff, wie er tayloristischen Formen der Leistungssteuerung unterliegt, lässt sich also so umreißen: Als Leistung gilt eine individuelle Arbeitsanstrengung, eine Verausgabung von Arbeitskraft, die sich in einem zähl- und messbaren Arbeitsergebnis ausdrückt. Zentral ist dabei der Arbeitskraft- beziehungsweise Aufwandsbezug. Ein allgemeiner Standard menschlicher Leistungsfähigkeit gibt das Maß vor, an dem die konkreten Formen der Leistungsverausgabung sich zu messen haben (und in Relation zu dem dann auch die Höhe der Leistungsvergütung bestimmt wird). Keine anderen als unmittelbar auf das Leistungsverhalten oder -ergebnis bezogenen Kriterien dürfen (zumindest dem Prinzip nach) eine Rolle spielen, weder bei der Bewertung einer konkreten Leistung eines Arbeiters noch bei der Bestimmung der „Normalleistung". Es gilt das Maß des „Menschenmöglichen", einer von konkreten Fähigkeiten und Eigenschaften des jeweiligen Leistungsträgers abstrahierenden Standardgröße allgemein-menschlicher Leistung.

Ebenso sieht der arbeitskraftbezogene Leistungsbegriff von den Bedingungen der Verwertung der Arbeitsprodukte ab. Charakteristisch für die tayloristische Leistungssteuerung ist eine Abkopplung von Marktgrößen, und zwar in zweierlei Richtung: Weder wird für die Leistungsdefinition und -ermittlung (auch nicht für die Leistungslohnhöhe) auf die Marktbewertung des Arbeitsergebnisses Bezug genommen, noch dürfen arbeitsmarktbezogene Größen einfließen. In den Prinzipien der Leistungssteuerung spiegelt sich die für den Taylorismus typische Entkoppelung von Markt- und Produktionsökonomie wieder.

Der arbeitskraftbezogene Leistungsbegriff stellt eine spezifische Relation zwischen Beschäftigten und Betrieb her, die sich zwar an einer typischen Äqui-

---

11 Zu aktuellen tariflichen Normalleistungsdefinitionen im Vergleich dazu siehe Meine et al. 2001; zur Entwicklung und Transformation des Normalleistungsbegriffs in der REFA-Methodenlehre: Böhrs 1959, S. 59ff.; Schmiede/Schudlich 1976, S. 324ff.; Siegel 1989, S. 227ff.

valenznorm orientiert; was dabei als Äquivalent gilt, wird aber gerade nicht in Relation zu äußeren Märkten bestimmt, sondern vielmehr arbeitskraftbezogen (in „Idealform“: strikt arbeitswissenschaftlich) ermittelt. Das Wechselverhältnis besteht darin, dass der Betrieb die Leistungsfähigkeiten der Beschäftigten zu nutzen berechtigt ist, diesen im Gegenzug aber eine Vergütung schuldet, die sich an den quantitativen Ausprägungen der Leistung zu orientieren hat. Kriterien für den Wert und Gegenwert bilden allein die Merkmale des Tauschgegenstands selbst, nicht die kontingenten Bedingungen seiner Herkunft oder seiner Verwertung.

Natürlich ist dies zunächst einmal eine Skizze des tayloristischen Steuerungsprinzips und des arbeitskraftbezogenen Leistungsbegriffs in gleichsam idealtypischer Form. Selbstverständlich war die Abschottung von Marktgrößen nie so vollständig wie dem Modell nach vorgesehen. Die Leistungsermittlung war nie so wissenschaftlich und objektiv, wie die Arbeitswissenschaften vorgaben, und die Tauschverhältnisse zwischen Beschäftigten und Betrieb waren nie so ausgeglichen, dass die postulierten Prinzipien von Leistungsgerechtigkeit oder die verbreitete Formel „gleicher Lohn für gleiche Leistung“ wirklich breitflächig Realität gewesen wären. Und der Akkordlohn, der die genannten Prinzipien am besten verkörperte, war selbst zu Hochzeiten des Taylorismus nicht einmal für die Hälfte der gewerblich Beschäftigten Realität. Als handlungsleitendes Ideal wie auch als normatives Begründungssystem, mit dem Ansprüche gerechtfertigt (und abgewiesen) werden konnten, waren die zentralen Prinzipien – die Verobjektivierung durch Verwissenschaftlichung sowie insbesondere der Aufwands- bzw. Arbeitskraftbezug des Leistungsbegriffs – gleichwohl praktisch ausgesprochen wirksam: Um Lohnforderungen zu begründen, konnten die Beschäftigten sich legitimerweise auf ihre erbrachte „gute Leistung“ beziehen; überzogene Leistungsansprüche konnten mit dem Verweis darauf, dass sie über das „Menschenmögliche“ hinausgehen, abgewehrt werden. Auf der anderen Seite konnte natürlich auch der Betrieb Anforderungen gegenüber den Beschäftigten mit dem Verweis auf ihre wissenschaftlich begründete „Machbarkeit“ rechtfertigen.

3.2 Angestellte in der fordistischen Epoche: verantwortliche Autonomie

Die Angestelltenarbeit folgte in der tayloristischen Epoche zu einem großen Teil ganz anderen Rationalisierungsprinzipien als die Produktionsarbeit. Dies betrifft insbesondere die Tendenzen zur Verwissenschaftlichung und Standardisierung. Zwar waren auch bestimmte einfache Büro- und Schreibarbeiten ähnlichen Bestrebungen ausgesetzt; die Mehrheit der qualifizierten Angestelltentätigkeiten galt aber als relativ sperrig gegenüber solchen Zugriffen. Dies bedeutet zugleich, dass sich Dichte und Form der eingesetzten Instrumente der Leistungssteuerung unterscheiden müssen.

Steuerungsinstrumente und Standardisierungsgrad hängen eng miteinander zusammen. Das tayloristische Instrumentarium der Steuerung und Kontrolle von Leistung ist überhaupt nur dann effizient einsetzbar, wenn sowohl Tätigkeit wie auch Produkt relativ weitgehend standardisiert sind und der Arbeitsablauf in halbwegs definierbare Zeittakte eingeteilt werden kann. Bei komplexen Tätigkeitsumfängen und häufig wechselnden Produkten würde eine ständige Neukalkulation der (Vorgabe-)Zeiten die arbeitswissenschaftlichen Abteilungen überfordern oder unrentabel machen. Die kleinschrittige tayloristische Detailanalyse der Arbeitstätigkeiten, die für die verwissenschaftlichte Arbeitsplanung und Leistungskalkulation notwendig ist, zahlt sich nur dann aus, wenn die Arbeit standardisiert und repetitiv ist.

Für die wenig standardisierten Tätigkeiten in Büros, Industrieverwaltungen und Entwicklungsabteilungen in der fordistisch-tayloristischen Epoche war generell ein geringerer Grad an Durchdringung mit konkreten Verfahren und Instrumenten kennzeichnend, die unmittelbar und kurzfristig auf das Leistungsverhalten der Beschäftigten einwirken (sollen).

Das lange Zeit wichtigste solcher Leistungssteuerungsinstrumente für Tätigkeiten mit niedrigem Standardisierungsgrad war (und ist auch heute noch weitgehend) die *Leistungsbeurteilung.*

Unter dem Begriff der „analytischen Leistungsbeurteilung“ erlebte dieses Verfahren seit Ende der 1960er Jahre einen ersten Aufschwung, zu dieser Zeit durchaus noch in der Tradition der Verwissenschaftlichung und Formalisierung der Leistungssteuerung. Zentral definierte Kriterienkataloge, vorgegebene Rangreihen und Verteilungen sowie eine angestrebte Verbindung mit der analytischen Arbeitsbewertung sollten zu einer Systematisierung und Verobjektivierung von „Leistung“ führen. Recht bald wurden aber deren Grenzen deutlich; in der Folge wurden die Verfahren entbürokratisiert, der subjektive Charakter sowohl hinsichtlich der Leistungskriterien wie auch des Verfahrens der Leistungsermittlung trat stärker zutage (vgl. ausführlicher zu den Phasen der Entwicklung von Leistungsbeurteilungen Menz 2008).

Gegenüber den tayloristischen Methoden der Leistungssteuerung waren die Beurteilungsverfahren ohnehin von Beginn an vergleichsweise „weiche“ Verfahren. Zwar gelten auch hier Arbeitsmenge und Qualität in der Regel als wichtige Leistungskriterien; deren Erfüllung wird aber kaum durch mess- und zählbare Größen belegt, sondern – wie die anderen Leistungskriterien auch – durch eine subjektive Beurteilung der Vorgesetzten eingeschätzt.

Dass die Leistungskriterien mit ihren verhaltens- und persönlichkeitsbezogenen Kriterien (wie etwa Initiative, Kommunikationsverhalten und Sozialkompetenz) stärker subjektivierten Charakter aufweisen, trägt der geringeren Planbarkeit und dem niedrigeren Standardisierungsgrad der Tätigkeiten Rechnung. Wenn es schwierig ist, vorab zu definieren, was ein quantitativ und qualitativ wünschenswertes Arbeitsergebnis ist, verschiebt sich die Leistungskontrolle hin zu der Funktion, allgemeine Werthaltungen und die Konformität mit Arbeits- und Persönlichkeitsnormen zu honorieren. Als Leistung gilt eine allgemeine Verhaltensdisposition, eine abstrakte Bereitschaft zur Arbeitskraftverausgabung. Ihre konkrete Form ergibt sich dann in der Praxis aus den wechselnden Notwendigkeitsstrukturen.

Der tatsächliche leistungssteuernde Einfluss solcher Instrumente wie der Leistungsbeurteilungen ist in der Praxis allerdings viel geringer als der von klassischen, kurzfristig flexiblen Anreizverfahren wie dem Akkordlohn mit ihren globalen, die gesamte Tätigkeit umfassenden Leistungszielen. Die Beurteilungsverfahren *produzieren* kaum solche erwünschten Orientierungen, in erster Linie dienen sie dazu, festzustellen, ob solche Orientierungen vorliegen. Sie sind Bestandteil eines leistungspolitischen Arrangements, das viel stärker auf intrinsische Motivationen, auf Loyalitätsorientierungen und „eigenständige" Leistungsideale der Beschäftigten als auf direkte externe Leistungsanreize setzt (beziehungsweise durchaus: setzen *muss*).

Der Akkordlohn unterstellt eine simple instrumentelle Arbeitseinstellung: Das Interesse der Beschäftigten soll mit demjenigen des Betriebs in Übereinstimmung gebracht werden, indem auf die Erfüllung (oder das Übertreffen) der betrieblicherseits vorgesehenen Mengenziele eine Belohnung ausgesetzt wird.[12] Die intrinsischen Leistungsorientierungen und Professionalitätsnormen, die eine erwünschte Leistungsverausgabung auch jenseits enger Sanktions- und Kontrollmechanismen erwarten lassen, herzustellen und zu pflegen scheint demgegenüber weitaus aufwändiger und schwieriger. Sie werden in umfänglichen Prozessen beruflicher Sozialisation und betrieblicher Enkulturation erworben, gestützt durch langfristig angelegte Aufstiegswege und senioritätsbezogene Vergütungsmodelle, die die notwendige Loyalität gegenüber Unternehmen und Berufsstand unterstützen sollen. Hinzu kommen verschiedene Privilegien, die nicht allein die Vergütungshöhe, sondern eine Vielzahl von weiteren Vergünstigungen bis hin zum rentenrechtlichen Sonderstatus umfassen.

Zentral für die Leistungsmotivation ist vor allem aber ein weiteres Privileg, das Problem und Lösung der angestelltenspezifischen Leistungssteuerung zuleich ist: Die gewährte „verantwortliche Autonomie" (Friedman 1977) umfasst

---

12 Darauf, dass dies in erster Linie eine Motivations*unterstellung* ist, ist vielfach hingewiesen worden. So zeigt beispielsweise Burawoys ethnografische Studie „Manufacturing Consent", dass es auch unter recht rigiden tayloristischen Leistungslohnbedingungen keineswegs der Anreiz der Vergütungshöhe allein ist, sondern vielmehr ein komplexes soziales Geflecht aus Anerkennungsbeziehungen sowie eigenständigen und kompensatorischen Leistungsorientierungen, das zum „Mitmachen" im betrieblichen „Spiel" um die erzielten Akkordraten motiviert (Burawoy 1979).

einerseits erweiterte Handlungsfreiheiten der Angestellten, die andererseits aber nur dann dauerhaft zugestanden werden, wenn sie auch im Unternehmenssinne „eigenverantwortlich" genutzt werden.

Auch für das tertiäre leistungspolitische Arrangement ist damit ein spezifisches Wechselverhältnis zwischen Betrieb und Beschäftigten typisch. Es ist nicht ein eher kurzfristiger Leistungspakt wie bei der taylorisierten Produktionsarbeit mit relativ kurzschrittigen Zeithorizonten und einer unmittelbar und kurzfristig leistungssensitiven Vergütung (also einem direkten Gerechtigkeitsverhältnis von „Lohn" und „Leistung"), sondern vielmehr ein auf Dauer angelegter „psychologischer" oder „impliziter Vertrag" (Schein 1970; Rousseau 1996; Kratzer/Nies 2008, S. 271ff.), der die langfristigen beiderseitigen Erwartungen hinsichtlich Leistung, Sicherheit, Loyalität und Verantwortung regelt, ohne dass dies schriftlich fixiert wäre.

Trotz der skizzierten vielfältigen Differenzen zwischen der tayloristischen Leistungssteuerung und dem System verantwortlicher Autonomie beruhen doch beide auf einer zentralen Gemeinsamkeit, die kennzeichnend für Leistungspolitik in der tayloristisch-fordistischen Epoche schlechthin ist. So unterschiedlich die konkreten Verfahren und Instrumente sind – beiden Arrangements unterliegt letztlich ein Leistungsbegriff, der von Vorstellungen einer allgemeinen menschlichen Leistungsfähigkeit geleitet wird, die zum Maß für die Anforderungen und die Beurteilung des Leistungsverhaltens wird. Leistung zeigt sich einmal am Mengenergebnis, einmal an Professionalitäts- und Konformitätsorientierungen; beides ist letztlich aber nur Indikator für, nicht „Wesen" von Leistung; als Referenzpunkt dient jeweils eine bestimmte Vorstellung „menschlicher Leistungsfähigkeit" – mal explizit ausformuliert und wissenschaftlich untermauert, mal eher implizit. Das basale Leistungsverständnis ist identisch: Leistung als anthropozentrische, arbeitskraftbezogene Norm, das Prinzip von aufwandsbezogener Leistungsgerechtigkeit, die Annahme eines bestimmten Wechselverhältnisses von Arbeitskraft und Betrieb sowie das Absehen von der Verwendung und Verwertung des Arbeitsprodukts, also die Abkopplung der betrieblichen Leistungssteuerung von den Kontingenzen der Märkte.

3.3 Krise der fordistischen Leistungssteuerung

Die Autonomisierung der betrieblichen Leistungssteuerung gegenüber den externen Marktbedingungen entsprach durchaus selbst wiederum den Marktnormen der fordistischen Epoche. Der Standardisierung der Produktion und dem Fokus auf die Economies of Scale entsprachen kalkulierbare Absatzbedingungen auf stabilen oder expandierenden Massengütermärkten; dies erlaubte wiederum eine entsprechende Standardisierung der Leistungsdefinition und die Verwissenschaftlichung der Kalkulations- und Berechnungsverfahren.

Tab. 3: Leistungssteuerung im Fordismus

Dimension	Produktionsarbeit: tayloristische Leistungssteuerung	Angestellte: verantwortliche Autonomie
Formalisierungsgrad	hoch (globale und spezifische Leistungsziele)	niedrig (leistungssteuernde Instrumente beziehen sich bestenfalls auf einen Ausschnitt der Arbeit)
Instrumente	Zeitstudienakkord, verschiedene Prämienlohnformen	(analytische) Leistungsbeurteilung
Leistungskriterien	quantitativ und eindimensional: Arbeitsmenge	unterschiedliche, teilweise subjektivierte Kriterien, z.B. Qualität, Quantität, Kommunikationsverhalten, Initiative usw.
Leistungsbezugsgröße	„Normalleistung": standardisiert überbetrieblich	eher weich definierte Formen der „menschlichen Leistbarkeit", teilweise explizit auch Durchschnittsleistung der Gruppe (z.B. bei Leistungsbeurteilungen)
Verfahren der Leistungsermittlung	expertiell-(arbeits-)wissenschaftlich (z.B. MTM, REFA)	wenig formalisiert und verwissenschaftlicht, Erfahrungswerte
Leistungskontrolle	Messen, Zählen	(subjektive) Beurteilung, aber auch Selbstkontrolle: Eigenverantwortung/individuelles Verpflichtungsgefühl
Unterstellte Motivationsform	instrumentell	intrinsisch
Leistungsbegriff (Basisprinzip, Leistungsmaß)	arbeitskraft- bzw. aufwandsbezogener Leistungsbegriff	
Standardisierungsgrad	hoch (produkt-, prozess- und zeitbezogen)	niedrig

Die Krise der tayloristischen Arbeits- und Betriebsorganisation, die spätestens seit Mitte der 1980er Jahre offen zutage trat und schließlich in mehreren Schüben/Entwicklungsphasen zu einer grundsätzlichen Restrukturierung der Leistungssteuerung führte, war einerseits induziert durch eine veränderte Anforderungsstruktur der Märkte. Eine wachsende Diversifizierung von Kundenbedürfnissen bei gleichzeitig verschärfter Konkurrenz auf der Anbieterseite, aber auch die steigende Wechselhaftigkeit und Instabilität des internationalen ökonomischen Systems nach dem Zusammenbruch der Ordnung von Bretton Woods machten eine Produktionsstruktur, Arbeitsorganisation und Leistungssteuerung, die allein auf einen stabilen, massenhaften Mengenoutput setzten, zunehmend dysfunktional.

Andererseits war die Krise des betrieblichen Taylorismus-Fordismus – und dies wird meist zu wenig beachtet – auch eine genuine *Krise der tayloristischen Leistungssteuerung.* Die Rationalisierungspotenziale der Verwissenschaftlichung und Standardisierung der (gewerblichen) Tätigkeiten erschöpften sich zunehmend, und zugleich entwickelten die Beschäftigten einen immer stärkeren Widerwillen gegenüber den tayloristischen Leistungsbedingungen und den rigiden, eindimensionalen Formen einer Leistungssteuerung, die eine Missachtung der Vielfalt der eingebrachten Fähigkeiten und Eigenschaften beinhaltet. Dieser Widerwille schlug sich nicht nur in Motivationsproblemen und eher informellen Widerstandsstrategien wie Leistungszurückhaltung und Absentismus nieder, sondern auch in manifestem Protest. Die Arbeits- und Leistungsbedingungen wurden zunehmend zum Gegenstand von betrieblichen und tariflichen Auseinandersetzungen, die bis hin zu Streiks reichten.[13]

In den Angestelltenbereichen stellte sich die Krise der tayloristisch-fordistischen Leistungssteuerung naturgemäß anders dar. Zwar war auch hier teilweise der Weg der Verwissenschaftlichung und Standardisierung beschritten worden; dies hatte aber vorwiegend bestimmte einfache Büro- und Verwaltungstätigkeiten betroffen. Eine allgemeine Taylorisierung der Angestelltenarbeit, wie sie etwa Braverman (1977) vorhergesagt hatte, war in der Praxis nicht eingetreten.

Vielmehr waren hier die Betriebe mit den spezifischen Rationalisierungsdilemmata von Angestelltenarbeit konfrontiert, die einer Effizienzsteigerung nach dem Vorbild der Produktionsarbeit im Wege standen. Zumindest diejenigen Angestelltentätigkeiten (etwa die Arbeitsvorbereitung, die Produktionssteuerung, die arbeitswissenschaftlichen Abteilungen), die selbst die Rationalisierung von (Produktions-)Arbeit zum Gegenstand hatten, galten als nicht im gleichen Maße rationalisier- und standardisierbar, wenn sie ihre eigene Zweckbestimmung nicht verfehlen sollten (Berger/Offe 1981).

Mit der allgemeinen quantitativen Ausweitung der Angestellten- bzw. Dienstleistungstätigkeiten im Zuge der Tertiarisierung der Ökonomie wurden diese Barrieren gegenüber den klassischen Rationalisierungsbestrebungen immer mehr problematisiert, und die Angestelltentätigkeiten gerieten stärker in den Fokus der Reorganisationsbemühungen. Die „verantwortliche Autonomie“, wie sie zumindest bestimmten Angestelltengruppen gewährt worden war, stand immer mehr zur Disposition, ohne dass der von der Produktionsarbeit gewohnte Weg der Taylorisierung gangbar war.

---

13 Nur am Rande erwähnt sei hier eine weitere Tendenz, die üblicherweise in der Diskussion um veränderte Rationalisierungsstrategien zu wenig Beachtung findet: die allmähliche Herausbildung einer neuen internationalen Arbeitsteilung, die sich insbesondere nach dem Zusammenbruch des realen Sozialismus verstärkte und dazu führte, dass typische tayloristische Produktions- und Arbeitsformen immer mehr aus den westlichen Metropolen verdrängt wurden, anderswo (vor allem in den so genannten sich entwickelnden Ländern) aber unfröhliche Urständ feierten und immer noch feiern (Lüthje 2004). Der Enttaylorisierung und Tertiarisierung der westlichen Industriestaaten korrespondiert eine Ausweitung tayloristischer und industrieller Produktionsformen im so genannten „peripheren Fordismus“.

4. Neue Steuerungsformen von Leistung im Postfordismus

Der Erosionsprozess des tayloristisch-fordistischen Arrangements der Leistungspolitik vollzog sich in mehreren Schritten (ausführlicher: Menz 2009, S. 193ff.). Für die Prozessindustrien wurde bereits frühzeitig eine Krise des klassischen Leistungslohnmodells ausgerufen – insbesondere im Zusammenhang mit den Bedingungen technischer und organisationaler Entwicklung, die eine individuell zurechenbare Mengenleistung immer weniger möglich machten (Lutz 1975). Zeitgleich entstanden im Zuge der Diskussion um die Humanisierung der Arbeit erste betriebliche Experimente mit neuen Formen der Arbeitsorganisation, die auf einen hohen Standardisierungsgrad und rigide leistungspolitische Vorgaben verzichteten, sich aber kaum flächendeckend durchsetzten. Ein zweiter Krisenschub lässt sich auf die 1980er Jahre datieren. Die anhaltenden Rentabilitätsprobleme der Unternehmen, neue marktinduzierte Flexibilitätsanforderungen, Anzeichen für breitere Erosionstendenzen des Massenproduktionssystems – um nur einige Stichworte zu nennen – führten zu einer „neuen Krise der Leistungsentlohnung" (Gebbert 1988): Eindimensionale Mengenlohnformen wurden den neuen Anforderungen kaum mehr gerecht und stießen zudem immer mehr auf den Widerstand der Beschäftigten. Arbeitspolitisch lässt sich von einer „Inkubationszeit" sprechen, die durch verschiedene Suchprozesse geprägt war (Sauer 2005): Neue Produktionskonzepte, systemische Rationalisierung, Experimente mit Gruppenarbeit, aber auch arbeitspolitische Pendelbewegungen und Experimente prägten das uneinheitliche betriebliche Geschehen.

Die „Umschlagphase", in der die Entwicklungsrichtungen betrieblicher Rationalisierung und Leistungssteuerung immer klarer zutage traten, begann dann in den 1990er Jahren. Zwar entstand kein neues einheitliches, paradigmatisches Leistungssteuerungsinstrument, wie es in der tayloristischen Phase das REFA-System und der Zeitstudienakkord für den gewerblichen Bereich gewesen waren; trotz unterschiedlicher Ausprägungen der leistungspolitischen Arrangements und der Vielfalt der Steuerungsinstrumente lassen sich aber doch zentrale geteilte Prinzipien erkennen, die es erlauben, von einer postfordistischen Form der Leistungssteuerung zu sprechen. Ihr historisch neuer Charakter besteht in einer grundlegenden Redefinition des Leistungsbegriffs. Bislang zwischen allen Konfliktparteien weitgehend geteilte Basisprinzipien des Leistungsverständnisses – der Aufwands- bzw. Arbeitskraftbezug, die Orientierung an einem Maß des „Menschenmöglichen", ein gerechtigkeitsbasiertes Wechselverhältnis von Leistung und Gegenleistung zwischen Beschäftigten und Unternehmen – stehen mittlerweile zur Disposition.

Den Hintergrund dafür bildet ein historisch neues Verhältnis von externer Marktökonomie und internen Organisationsprinzipien der kapitalistischen Unternehmen. In den Betrieben schlagen sich diese Tendenzen als Öffnung der Organisation gegenüber dem Markt und als radikalisierte Vermarktlichung der internen Steuerungs- und Koordinationsmechanismen nieder (Sauer/Döhl 1997). Während es im fordistischen Unternehmen darum ging, die konkreten Produktionsabläufe gegenüber den Unwägbarkeiten des Marktes abzuschotten, setzen neue Konzepte darauf, den Markt zum Motor der permanenten Reorganisation der Binnenstrukturen zu machen. Die externen Märkte – seien es die Renditeerwartungen der Investoren, seien es die wachsenden Anforderungen der zunehmend globalisierten Produktmärkte – erzeugen einen „maßlosen" Verwertungsdruck, der in alle Bereiche und Ebenen der Unternehmen weitergeleitet wird. Der Markt wird in seiner Kontingenz und Dynamik zum Strukturierungsmoment der betrieblichen Organisation. Marktprozesse werden zugleich instrumentalisiert und inszeniert und die Unbestimmtheit und Dynamik des Marktes wird auf diese Weise auch strategisch genutzt (Kratzer et al. 2008).

Prägendes Kennzeichen der neuen Leistungssteuerung ist die unmittelbare Konfrontation der Arbeitssubjekte mit den Marktanforderungen und deren Volatilitäten – sei es direkt durch eine engere Anbindung an Kunden und Abnehmer, sei es indirekt durch ein betriebliches Netz aus Kennzahlen und Controlling-Instrumenten, die eine ständige Bewertung von Organisationseinheiten bis hin zu Einzelleistungen in Marktkategorien erlauben.

Oftmals spielen dabei Kalkulationen und Erwartungen im Hinblick auf die Zukunft eine entscheidende Rolle. Es sind nicht allein „reale" Marktanforderungen oder Kundenwünsche, die das Primat bei der Definition der Leistungsziele haben, sondern Marktantizipationen, die dann in den Betrieb hinein übersetzt werden als dynamische Ziel- und Ergebnisvorgaben, die in steten Raten wachsen: Jedes Jahr 5% mehr, 10% mehr, 15% mehr lautet die Maßgabe.

Ausgangspunkt der Planung sind nicht die bestehenden Ressourcen und Leistungsfähigkeiten; vielmehr wird ein „Fortschritt" bestimmt, den die Organisation erst noch realisieren muss. Die Frage der dafür notwendigen Mittel wird zweitrangig. Für die Frage der Leistungssteuerung relevant ist nun, dass die Organisation das Problem ihrer eigenen systematischen Überlastung an die Beschäftigten transferiert. Organisationsziele wie dynamische Steuerungsraten werden – etwa qua Zielvereinbarungssystemen oder erfolgsorientierten Vergütungsformen – unmittelbar zu handlungsleitenden Vorgaben für einzelne Abteilungen oder einzelne Arbeitsplätze.

Dies geht einher mit erweiterten Nutzungsformen von Subjektivität. Die Beschäftigten sind angehalten, alle ihre Fähigkeiten und Eigenschaften zu mobilisieren, die dazu dienen könnten, den Markt- und Erfolgszielen Genüge zu tun. Erwartet werden vor allem erweiterte (Selbst-)Steuerungsleistungen der Beschäftigten. Die Erfüllung von marktorientiert definierten Ergebniszielen ersetzt tendenziell die leistungspolitische Detailsteuerung qua Hierarchie und Bürokratie. An ihre Stelle tritt eine *„indirekte Steuerung"*, bei der das Management sich darauf „beschränkt“, den weiteren Rahmen festzulegen (z.B. Kopfzahlen als Begrenzung der Belegschaft, technische Ausstattung, strategische Prioritäten), spezifische Ziele vorzugeben (Umsatzziele, Erträge, Kosten, Termine u.a.) und die konkrete Bearbeitung weitgehend dezentralen Einheiten und in letzter Konsequenz den Beschäftigten selbst zu überlassen (Peters/Sauer 2005; vgl. auch den Beitrag von Peters in diesem Band).

„Leistung“ wird hier nicht mehr definiert in Relation zu einem anthropozentrischen Standard, sondern heißt, einfach gesprochen, zu erfüllen, was der Markt erfordert, was der Kunde wünscht, was ökonomisch unausweichlich ist. Ob und mit welchem Arbeitsaufwand, mit welcher Anstrengung dies erreicht wird, ist für die Definition der Ansprüche an die Beschäftigten gleichgültig (natürlich gelingt die Zielerfüllung in der Praxis kaum ohne Arbeitsanstrengung, aber diese ist hier nicht definitorisches Merkmal von Leistung). Nicht der Aufwand in Relation zum „menschlich Möglichen“, sondern das Arbeitsergebnis in Relation zum „extern Erforderlichen“ zählt.

Die Bezugsgröße von Leistung wird damit variabilisiert. Während die Normalleistung als konstantes Maß konzeptualisiert ist, ist das, was ‚Markt‘ und ‚Kunden‘ verlangen, grundsätzlich nach oben offen, prinzipiell maßlos. Zudem verlangen sie zu unterschiedlichen Zeiten, an unterschiedlichen Orten und bezüglich unterschiedlicher Tätigkeitsbereiche Unterschiedliches – die Idee eines übergreifenden Standards von Leistung schwindet.

Die Instrumente und Verfahren, in denen sich eine solche Markt- und Ertragsorientierung der Leistungssteuerung ausdrückt, können ganz unterschiedlicher Art sein. Zwei Beispiele:

1) Typisch für gewerbliche Leistungslohnbereiche sind etwa Prämienlohnsysteme, die mit Produktivitätsprämien arbeiten und zugleich rein auftragsgesteuert produzieren. „Leistung“ heißt hier nicht mehr nur, in einem definierten Zeitrahmen bestimmte materielle Ergebnisse zu erbringen; vielmehr müssen die Beschäftigten ständig ihre Anwesenheitszeiten marktorientiert variieren. Die Beschäftigten sind nicht einfach nur zuständig für die intensive Verausgabung ihrer Arbeitskraft; sie müssen auch permanent abschätzen, ob eine Arbeitskraftverausgabung zum aktuellen Zeitpunkt überhaupt lohnt oder ob es besser wäre, dem Betrieb die eigenen Lohnkosten zu ersparen. Die Frage „Rentier’ ich mich noch?“ (Wagner 2005) wird zu einer Alltagsfrage, mit der sich die Beschäftigten beständig auseinandersetzen müssen. Die Folge ist eine Flexibilisierung der Arbeitszeiten, aber auch eine Intensivierung der Arbeit.

2) Für Angestelltenbereiche, zunehmend aber auch für gesamte Belegschaften gelten schon seit einiger Zeit Zielvereinbarungen als *das* zentrale leistungs- und teilweise auch entgeltpolitische Instrument, das geeignet ist, die Ansprüche der vermarktlichten Organisation zu den Beschäftigten zu transportieren (ausführlicher: Kratzer/Nies 2009, S. 56ff., 251ff.). Zwar wird unter dem Begriff der Zielvereinbarung sehr Unterschiedliches verstanden, und die Reichweite der betrieblichen Durchdringung ist häufig begrenzt (oftmals enden Zielvereinbarungen oberhalb der ausführenden Ebene). Gleichwohl drücken sie einige Charakteristika der neuen Steuerungsformen fast schon prototypisch aus: den projektiven, in die Zukunft gerichteten Charakter, die Möglichkeit der permanenten Dynamisierung von Leistungsstandards und den Imperativ von Erfolg und Ertrag, der an die Stelle arbeitskraft- bzw. aufwandsbezogener Leistungsdefinition tritt.

Beide Beispiele zeigen, dass die markt- und ertragsorientierte Leistungssteuerung neue Zeitverhältnisse impliziert. Es ist nicht mehr die „physikalische Echtzeit" der standardisierten Produktion mit ihren festen produktionsökonomischen Abläufen, sondern vielmehr die „Marktzeit", die zum Taktgeber der Arbeit wird. Dabei tritt eine Bewirtschaftung der Zeitpunkte an die Stelle der Ökonomie der Zeitmenge (Sauer et al. 2004; Haipeter 2008): das fristgerecht entwickelte Produkt, die termingerecht gelieferte Ware, der pünktlich erledigte Auftrag. Der zeitliche Aufwand tritt demgegenüber in den Hintergrund. Im Extremfall werden Arbeits- und Anwesenheitszeiten gar nicht mehr kontrolliert und reguliert – Hauptsache, Ergebnis und Zeitpunkt der Zielerreichung stimmen. Dies führt zu Intensivierung wie auch Extensivierung von Arbeit: zu einer Veränderung der Dichte der Arbeit (z.B. mehr Stück pro Zeiteinheit) wie auch zu einer terminorientierten Ausweitung von Arbeitszeiten.

Typisch für die postfordistische Entwicklung ist im Übrigen, dass bestimmte Differenzen zwischen gewerblichen und Angestelltenbereichen im Schwinden begriffen sind. Neben der sozialversicherungsrechtlichen Angleichung ist auch die tarifliche Angleichung – je nach Branche in unterschiedlichen Geschwindigkeiten – bereits weit fortgeschritten. Dies ist nicht einfach nur eine Abkehr von alten Relikten, sondern hat auch einen realen leistungspolitischen Zusammenhang: Wenn es tatsächlich gelingt, Organisationen durchgehend nach Marktprinzipien zu gestalten – und ein solcher Trend zeigt sich ja in beiden Tätigkeitssegmenten –, können damit auch die klassischen Rationalisierungsbarrieren von Angestelltenarbeit überwunden werden; so manche Privilegien, die zuvor zur Absicherung des Modells der „verantwortlichen Autonomie" notwendig waren, erübrigen sich damit.

Allerdings: Die markt- und ertragsorientierte Leistungspolitik führt keinesfalls zur Vereinheitlichung der Leistungsbedingungen. Das Prinzip einheitlicher Leistungsbestimmung, wie es dem tayloristisch-fordistischen Denkmuster entsprach, ist nicht mehr gültig. Was Markt und Kunden verlangen, ist wechselhaft und unvorhersehbar – aber aller Wahrscheinlichkeit nach ständig im Wachsen begriffen.

Zentrale Differenzen betreffen den Standardisierungsgrad (vgl. Kratzer et al. 2008): Marktorientierte Leistungssteuerung findet sich einerseits in weiterhin hochgradig standardisierter Produktionsarbeit mit geringen Tätigkeitsumfängen und kurzen Taktzeiten. Hier schlägt sie sich vor allem in einer unternehmensdominierten Flexibilisierung der Arbeitszeiten wie auch einer verschärften Marktabhängigkeit der Entgelte nieder. Sie betrifft aber andererseits genauso komplexe und hochqualifizierte Tätigkeiten von Ingenieuren und anderen Wissensarbeitern mit einem hohen Grad an eigenen Strukturierungsleistungen.

Gleichwohl sind hier die Entwicklungstendenzen widersprüchlich und uneinheitlich und folgen keinesfalls der „Kragenlinie“ zwischen *white* und *blue collar*. So waren es zunächst gerade die Produktionstätigkeiten, die im Zuge der Umsetzung neuer Produktions- und Arbeitskonzepte von Entstandardisierungstendenzen betroffen waren. Allerdings schlägt schon seit einiger Zeit das Pendel zurück, und das leitende Motto lautet nicht mehr Entstandardisierung, sondern „flexible Standardisierung“ (Springer 1999). Von einer Re-Taylorisierung der Produktionsarbeit kann aber nur gesprochen werden hinsichtlich Arbeitsorganisation und Tätigkeitsumfang. *Leistungspolitisch* ist die Tendenz zur Marktorientierung ungebrochen.

Von Standardisierungstendenzen ist aber auch Dienstleistungsarbeit betroffen, wobei allerdings die Besonderheiten dieser Tätigkeiten der Standardisierung ein besonderes Gepräge verleihen: Während der klassische tayloristische Rationalisierungsansatz sich auf die Tätigkeit bezieht, bleibt diese bei der Rationalisierung von Dienstleistungsarbeit häufiger ausgeklammert. Versucht wird dagegen, die Arbeitsprozesse und das Zusammenspiel der verschiedenen Funktionen zu standardisieren und zu optimieren (vgl. Pohlmann et al. 2003).

Wesentliches Kennzeichen postfordistischer Arbeitsverhältnisse ist ein weiterer Punkt: Mit der Vermarktlichung der internen Struktur der Unternehmen werden alle Organisationseinheiten in immer kürzeren Abständen einer differenzierenden ökonomischen Bewertung unterzogen und gegebenenfalls neu strukturiert. Im Ergebnis befinden sich die Organisationen in ständiger Bewegung und werden in immer kürzeren Zeitzyklen umgebaut (Sauer 2006) – eine permanente Reorganisation ist die Folge. Bereiche, die als weniger ertragsstark oder zukunftsträchtig bewertet werden, werden verkleinert, ausgelagert oder geschlossen; ganze Betriebe oder einzelne Betriebsteile werden ein- oder ausgegliedert, Abteilungen getrennt und neu zusammengelegt, Geschäftsfelder, Bereiche und Verantwortlichkeiten neu definiert usw. Die Frage, welche Einheiten und welche Beschäftigten überhaupt zur Organisation gehören, bleibt dauerhaft akut. Nicht selten wird die Frage des Bestands von Organisationseinheiten mit den neuen Prinzipien der Leistungssteuerung und Bewertung unmittelbar verbunden: Werden die dort definierten Ziele nicht erreicht, droht „Desinvestition“. Das Verfehlen der Ergebnisziele wird zugleich zum Arbeitsplatzrisiko. Häufig sind die Entscheidungen über Schließung oder Erhalt von Organisationseinheiten allerdings von der tatsächlichen Leistungserbringung und der Zielerreichung entkoppelt und nur im Kontext globaler Unternehmensstrategien zu erklären.

Damit gewinnt das, was wir einleitend als „Kontextbedingungen" von Leistungssteuerung bezeichnet haben, an Bedeutung. Beide fordistischen Arrangements – die tayloristische Leistungssteuerung ebenso wie das Prinzip verantwortlicher Autonomie – waren situiert innerhalb eines mehr oder weniger stabilen organisationalen Rahmens sowie vergleichsweise guten bzw. zumindest vorhersagbaren Arbeitsmarktbedingungen. Dem machen die neuen Prinzipien der Unternehmenssteuerung ein Ende. Leistungssteuerung funktioniert unter solchen Bedingungen nicht allein über die konkreten Instrumente der Definition und Kontrolle von Anforderungen und Zielen; vielmehr wirken die Prekarisierungsängste selbst unmittelbar disziplinierend. Prekarisierung wird zu einem neuen Moment betrieblicher Leistungssteuerung. Zum einen führen Arbeitsplatzabbau und restriktive Personalpolitik häufig zu einer systematischen Überlastung der (verbliebenen) Beschäftigten. Zum anderen schafft die Prekarisierung ein Bedrohungsszenario, das – in einem negativen Sinne – als Motivationsfaktor wirkt und auch gezielt so eingesetzt wird (vgl. Kratzer 2003).

Tab. 4: Fordistische und postfordistische Leistungssteuerung im Vergleich

	Fordismus		Postfordismus	
	Gewerbliche	*Angestellte*	*Gewerbliche*	*Angestellte*
Leistungsbegriff	„Arbeitskraftbezug"		markt- und ertragsorientierter Leistungsbegriff	
Bezugsgröße	REFA-Normalleistung	Fachlichkeit, professionelle Normen	Benchmarks, „Marktantizipationen", definierte Steigerungsraten (Dynamisierung)	
Standardisierungsgrad	hoch	niedrig	widersprüchliche Tendenzen von Ent- und Restandardisierung	
	tayloristische Leistungssteuerung	verantwortliche Autonomie	markt- und ertragsorientierte Leistungssteuerung	
Rahmenbedingungen	relativ stabile Organisation, stabile/ günstige Arbeitsmarktbedingungen		permanente Reorganisation, Arbeitslosigkeit	

5. Arbeit unter postfordistischer Leistungssteuerung: Neue Belastungserfahrungen und Bewältigungsstrategien

Im Folgenden möchten wir nun die Beschäftigtenperspektive einnehmen und typische Wahrnehmungsformen und Belastungskonstellationen, die durch die neuen Leistungsbedingungen entstehen, aber auch die Umgangsweisen und Coping-

Strategien mit diesen neuen Anforderungen und Bedingungen umreißen. Wir haben dazu aus dem Sample der PARGEMA-Betriebe zwei Unternehmen ausgewählt, die in einer jeweils spezifischen Weise typisch sind für postfordistische Arbeits- und Leistungsverhältnisse.

Das Unternehmen „Saturnia“ hat in besonders ausgeprägter Weise markt- und ertragsorientierte Formen der Leistungssteuerung implementiert. Es steht für ein Modell der konsequenten Vermarktlichung der Organisation, die bis hinunter zu den einzelnen Arbeitsplätzen reicht, zugleich aber auch für Strategien der Differenzierung und Segmentierung zwischen verschiedenen Tätigkeitsbereichen. An diesem Beispiel lassen sich die Belastungsfolgen, aber auch die Widersprüchlichkeiten neuer Leistungssteuerungsformen besonders gut studieren.

Das zweite Unternehmen arbeitet im Feld der Kommunikationstechnik und hat eine lange Geschichte der Restrukturierung hinter sich, die zum zentralen Unsicherheits- und Belastungsfaktor für die Beschäftigten wird. Dieses Unternehmen steht im Folgenden beispielhaft für die Wirkungen von und Umgangsstrategien der Beschäftigten mit „permanenter Reorganisation“.

5.1 Fallbeispiel: Markt- und ertragsorientierte Leistungssteuerung

Das Unternehmen und die Beschäftigtengruppen

„Saturnia“ befindet sich in einem tiefgreifenden und anhaltenden Reorganisationsprozess, der die organisationale Struktur und räumliche Lokalisierung des Unternehmens und seiner einzelnen Organisationseinheiten, die Formen der Leistungssteuerung und der internen Leistungsverrechnung sowie die Kundenbeziehungen betrifft:[14]

- Das Unternehmen treibt einen Prozess der Neuordnung der unterschiedlichen Tätigkeitsbereiche voran, der eine wachsende Differenzierung zwischen Aufgaben, die als primär kundenbezogen definiert werden, und den nachgelagerten Abwicklungstätigkeiten zur Folge hat. Letztere werden aus den dezentralen Einheiten des Unternehmens ausgegliedert und räumlich in wenigen Zentren zusammengefasst.
- Die primär kundenbezogenen Arbeitsfelder unterliegen – ebenfalls bereits seit einiger Zeit – einem grundsätzlichen Wandel hinsichtlich ihrer Aufgabendefinition, der sich schlagwortartig als Übergang von einer qualifizierten Sachbearbeitung hin zu einer eher vertriebsähnlichen Tätigkeit bezeichnen lässt.

---

14 Auf Wunsch des Unternehmens wird in diesem Abschnitt auf die Darstellung von Interviewzitaten und anderen Primärdaten aus dem Unternehmen verzichtet (vgl. dazu auch den Beitrag von Peters in diesem Band).

- Nach einer Periode der Straffung der dezentralen Einheiten vor einem knappen Jahrzehnt, die mit Personalabbau und Umsetzungen verbunden war, befindet sich das Unternehmen diesbezüglich in einer Konsolidierungsphase. Die Präsenz in der Fläche soll nicht weiter reduziert werden. Allerdings zeichnen sich zum Erhebungszeitpunkt bereits relevante weitere Veränderungen in der regionalen Standortstruktur ab.
- Auch die Kundenbeziehungen unterliegen – wie im gesamten Sektor der Branche – grundlegenden Veränderungen. Bestimmte persönliche Dienstleistungsfunktionen in den regionalen Einheiten werden eingeschränkt und automatisiert, dafür soll den Vertriebsaufgaben höhere Bedeutung zukommen. Die Kundenbindung sinkt in der Branche generell; stabile, dauerhafte Unternehmens-Kunden-Beziehungen werden tendenziell ersetzt durch kurzfristigere, preisorientierte Marktkontakte.
- Zentral für unsere Fragestellung ist insbesondere die Durchsetzung eines ertragsorientierten Systems der Unternehmens- und Leistungssteuerung, das einerseits ein detailliertes Kennzahlensystem mit konkreten Erfolgs- und Ertragsgrößen als Handlungszielen für die einzelnen Beschäftigten umfasst, andererseits eine Zentralisierung und Intensivierung der Informationsbewirtschaftung und des Controllings.

Hinsichtlich der Arbeits- und Leistungsbedingungen müssen – mindestens – drei Tätigkeitssegmente bei „Saturnia" unterschieden werden: der Businesskunden-Bereich, der Customer-Bereich und der Bereich der nachgelagerten Abwicklungstätigkeiten. Zwar sind alle drei Bereiche grundlegend durch den Generaltrend einer wachsenden Markt- und Ertragsorientierung der Leistungssteuerung geprägt. Gleichwohl unterscheiden sich deren Ausprägungen doch erheblich – und damit auch ihre Belastungswirkungen. Die zentrale Differenz innerhalb des Regimes der neuen Steuerung liegt dabei vor allem im unterschiedlichen Ausmaß sowie in den Ausprägungsformen von Standardisierung, aber auch in differierenden Instrumenten der Leistungssteuerung.

In letztgenannter Hinsicht ist besonders der Unterschied zwischen den Vertriebs- und den Abwicklungsbereichen augenfällig. Zentrale Steuerungsgröße in denjenigen Bereichen, die als Vertriebstätigkeiten definiert werden, ist der Ertrag. Dabei handelt es sich um eine organisational konstruierte Marktgröße, die mittels Controlling- und Bewertungsinstrumenten permanent überwacht und fortentwickelt werden kann. Jedem verkauften Produkt (und alle Dienstleistungstätigkeiten sind mittlerweile als rechenbare „Produkte" mit entsprechenden „Preisen" definiert) sind bestimmte Ertragsbeträge unterlegt, und die Erreichung bestimmter Ertragsgrößen ist nicht nur wichtigstes Ziel der einzelnen Geschäftsbereiche und regionalen sowie lokalen Einheiten, sondern ebenso der einzelnen Beschäftigten. Jeder Vertriebsmitarbeiter verfügt über eine individuelle Zielvereinbarung, in der diese Größen genau definiert sind. Die Kontrolle erfolgt über eine permanente datentechnische Rückmeldung der fast in Echtzeit aktualisierten Vertriebsdaten; in regelmäßigen Abständen wird in Gesprächen zwischen Vorgesetzten und Beschäftigtengruppe der jeweilige Stand der Zielerreichung überprüft. Im Customer-Bereich geschieht dies den Vorgaben des Unternehmens entsprechend im wöchentlichen Turnus; manche Vorgesetzte praktizieren gar eine tägliche persönliche Kontrolle auf Basis der aktuellen Datenlage. Die Businesskunden-Betreuer finden sich im monatlichen Rhythmus zu den Erfolgskontrollgesprächen zusammen.

In den unterschiedlichen zeitlichen Kontrollhorizonten spiegeln sich weitere unterschiedliche Arbeits- und Leistungsbedingungen zwischen Business- und Customer-Betreuern wider.

Die *Vertriebsangestellten im Businesskunden-Geschäft* sind für Kunden wie etwa Unternehmen oder deren Eigentümer zuständig. Jeder Berater hat hier eine vergleichsweise kleine Zahl von Kunden, die individuell zumeist über Jahre hinweg betreut werden. Grundgehalt und variable Entgeltbestandteile sind relativ hoch. Führung und Controlling sind deutlich weniger kleinschrittig als im Customer-Bereich. Die Freiheitsgrade bei der Organisation und Durchführung der eigenen Arbeit sind vergleichsweise groß. Die Berater besuchen in der Regel ihre Kunden vor Ort und sind deshalb auch häufig außer Haus. Dies bringt zwar Fahrtzeiten mit sich, bedeutet aber auch, außerhalb des unmittelbaren Sichtbarkeitsbereichs von Kollegen und Vorgesetzten zu sein. Die Businesskunden-Betreuer haben häufig – und in den letzten Jahren zunehmend – mindestens einen Abschluss der Fachakademie, oft aber auch ein Wirtschaftsstudium absolviert (plus fachbezogene Ausbildung). Deshalb, und weil man in dieses Beratungssegment sozusagen aufsteigen kann bzw. muss, sind die Businesskunden-Betreuer in der Regel auch älter als die Berater im Bereich „Customer".

Die Beschäftigten im Feld „Business" stehen unter einem enormen und ständig steigenden Erfolgsdruck, aber ihre Spielräume zur Bewältigung dieser Leistungsdynamisierung sind vielfältiger als bei ihren Kollegen im Feld „Customer". Daher müssen steigende Ergebnisvorgaben nicht automatisch zu einer Extensivierung der Leistungsverausgabung führen, sondern können auch über eine effizientere Selbstorganisation, zunehmende Erfahrung und vor allem eine geschickte und strategische Zusammenstellung des Kundenportfolios aufgefangen werden. Hinzu kommt ein vergleichsweise großes Primärmachtpotenzial, da die Beziehungen zu den Kunden persönlicher sind – es sind teilweise eher die Kunden des einzelnen Beraters als des Unternehmens, d.h. die Beziehungen zwischen Kunden und Unternehmen verlaufen stark über die konkrete Person des Beraters, was ihm wiederum eine einflussreichere Stellung gegenüber dem Unternehmen gewährleistet. Auf der anderen Seite haben die Businesskunden-Betreuer es mit einem hochprofessionellen Kundenstamm zu tun, der sich in aller Regel selbst aus Fachexperten zusammensetzt. Entsprechend ist die Tätigkeit nicht nur fachlich anspruchsvoll, sondern auch vertriebstechnisch relativ schwierig: Den Kunden „irgendetwas anzudrehen" kann schon aufgrund der vergleichsweise symmetrischen Kompetenzverteilung kaum gelingen.

Für die Zielvereinbarungen, in denen die wesentlichen Ertragsziele festgelegt sind, sind in gewisser Hinsicht tatsächliche Vereinbarungselemente vorgesehen. Die Businesskunden-Betreuer können zwischen drei Stufen von Ertragssteigerungen, die sie realisieren „möchten", wählen. Den höchsten Bonus erhält derjenige, der sich hohe Ziele setzt und sie schließlich erreicht oder übertrifft. Wer risikoavers ist und entsprechend niedrigere Steigerungsraten vereinbart, verdient bei gleicher Zielerreichung weniger. Wer hoch gesetzte Ziele verfehlt, kann wiederum unter Umständen weniger verdienen als derjenige, der mittlere Ziele übertrifft. In der Praxis sind diese Entscheidungsmöglichkeiten allerdings kaum nutzbar. Der informelle Druck, sich auf möglichst hoch gesteckte Ziele zu verpflichten, ist groß; auch macht die wechselseitige Abhängigkeit von Vertrieblern und ihren Vorgesetzten das eigenständige Treffen von Entscheidungen schwierig: Wenn die Zielvereinbarung des Chefs 13% Ertragssteigerung vorsieht, können die Mitarbeiter für sich nicht einfach 8% festlegen.

In der „Mitte" der betrieblichen Schichtung der Mitarbeiter/innen stehen – sowohl dem Ansehen wie auch dem monetären Verdienst nach – die *Berater im Bereich „Customer"*. Sie besorgen das Massengeschäft der privaten Einzelkunden. Die Zahl der zu betreuenden Kunden ist groß, die Bindung an den einzelnen Berater daher auch beim Gros der Kunden nicht besonders eng. Der Arbeitsplatz befindet sich direkt in den regionalen Standorten – somit stehen die Berater auch unter Beobachtung von Vorgesetzten und Kollegen und sind zugleich direkt und unmittelbar mit den Kunden konfrontiert, die spontan die regionalen Standorte betreten.

Die Handlungsumfänge sind – auf den Kern der Tätigkeit bezogen, also auf die Ansprache von Kunden und das Beratungsgespräch selber – noch relativ hoch, werden aber zunehmend durch direkte Vorgaben des Vorgesetzten, genauere Vertriebsvorgaben aus der Zentrale, die über allgemeine Ertragsziele hinausgehen, sowie eine Segmentierung der Kundengruppen und eine entsprechende Spezialisierung der Kundenbetreuer begrenzt.

Ihre Leistungsvereinbarungen sind in der Praxis Vorgaben; partizipative Elemente sind – anders als im Businesskunden-Vertrieb – erst gar nicht vorgesehen. Die Ertragsziele steigen jedes Jahr automatisch und ohne Einflussmöglichkeiten der Beschäftigten. Steigende Leistungsanforderungen wurden und werden teilweise durch Rationalisierung aufgefangen (etwa durch die Entlastung von administrativen Tätigkeiten); im Kern hilft aber nur zunehmende Erfahrung und oft auch nur die In- und Extensivierung der Leistungsverausgabung. Die Tätigkeit beinhaltet in gewissem Umfang Entwicklungsperspektiven – entweder in

Richtung Führungsposition oder in Richtung Businesskunden-Beratung, allerdings ist dafür mittlerweile eine weiterführende Ausbildung notwendig. Viele Beschäftigte – darauf wird später noch zurückzukommen sein – visieren allerdings eher einen Wechsel in den nachgelagerten Abwicklungsbereich an, um den Belastungsfolgen der radikalisierten Ertragssteuerung zu entkommen.

Unten in der Hierarchie von Entgelten stehen die Beschäftigten im „Betrieb" von „Saturnia", also in den *nachgelagerten Abwicklungsbereichen.* Die Betriebsfunktionen sind über die letzten Jahrzehnte hinweg Schritt für Schritt aus den regionalen Einheiten herausgelöst und in eigenständigen Einheiten zusammengefasst worden. Die wichtigsten Funktionen sind in wenigen überregionalen Zentren angesiedelt, die jeweils für größere Gebiete zuständig sind. Einzelne Tätigkeitsbereiche sind auch ins Ausland ausgelagert.

Zum Betrieb gehören verschiedene Tätigkeiten mit unterschiedlichen Tätigkeits- und auch Qualifikationsanforderungen. Den Kern bilden aber Sachbearbeitungs- und Service-Funktionen in der Verwaltung. Die Herkunft der Beschäftigten, die nicht durchgängig eine branchenbezogene Fachausbildung haben, ist deutlich heterogener als die der übrigen Mitarbeiter. Neben Beschäftigten, die bereits im Abwicklungsbereich ihre Ausbildung absolviert haben, finden sich verschiedentlich Seiteneinsteiger aus anderen Unternehmen und Branchen, aber auch umgesetzte Beschäftigte aus den regionalen Einheiten, ebenso auch einige ältere Fachkräfte, die mit der wachsenden Vertriebsorientierung der dortigen Arbeit nicht zurechtkamen.

Tab. 5: Tätigkeitssegmente und Steuerungsformen in „Saturnia"

	Businesskunden-Betreuer: Beraterelite	Customer-Betreuer: Massenvertrieb	Abwicklungsbereich: „Fabrik"
Qualifikation	Studium (+Fachausbildung)	Fachausbildung	Fachausbildung oder fachfremde Ausbildung
Arbeitsort	regionale Vertriebseinheiten, beim Kunden vor Ort	dezentrale Vertriebseinheit	überregional konzentrierte Bearbeitungszentren
Kundenbeziehung	wenig Kunden, persönlich, dauerhaft	große Kundenzahl	anonym, teils keine direkten Kundenbeziehungen, teils Call-Center
	Leistungssteuerung		
Instrumente (Leistungsentgelt)	Zielvereinbarungen (mit partizipativen Elementen)	Zielvereinbarungen (Vorgaben)	Leistungsbeurteilungen
Zielgrößen/ Leistungskriterien	Ertragsziele	Ertragsziele plus tätigkeitsbezogene Ziele	arbeitsprozessbezogene Leistungskriterien, teilweise kundenbezogen
Zeitlicher Kontrollhorizont	monatlich	mindestens wöchentlich	ständige Korrektheitsprüfung
	Ertragssteuerung		marktorientierte Prozesssteuerung

„Permanentes Ungenügen" – Belastungen durch ertragsorientierte Leistungssteuerung

Zunächst einmal bieten beide Ausprägungen der ertragsorientierten Leistungssteuerung den Beschäftigten Chancen darauf, im Rahmen definierter Ergebnisziele erweiterte Handlungsmöglichkeiten eigenverantwortlich und zielorientiert zu nutzen. Es ist geradezu notwendiges Prinzip der Ertragssteuerung, den Radius des Handelns der Beschäftigten zu erweitern – zwar kaum hinsichtlich der Ziele, die zentral definiert sind und (trotz zaghafter Versuche der Partizipationsorientierung) über die Gesamtorganisation strikt heruntergebrochen werden, aber doch in Bezug auf die Mittel und Wege zu ihrer Erreichung. Damit scheinen die neuen Steuerungsformen einem klassischen Ziel der auf Belastungsreduktion zielenden Arbeitswissenschaft näher zu kommen. Allerdings ergeben sich einerseits *typische neue Belastungskonstellationen* der ertragsorientierten Steuerungsformen, andererseits werden deren Prinzipien in der Praxis selbst wiederum konterkariert und eingeschränkt – teils durch Überbleibsel vergangener Steuerungsformen und Relikte alter Führungsformen, teils aber auch durch immanente Widersprüche in den neuen Formen der Leistungssteuerung.

Zielspiralen und die Prekarisierung des Leistungsbewusstseins: Die prinzipielle Maßlosigkeit der ertragsorientierten Leistungspolitik drückt sich in typischen Zielspiralen aus: Im jährlichen Turnus wird den Ertragszielen, die bereits im vorangegangenen Jahr nur mit hohem Engagement zu erreichen waren, ein neuer Prozentsatz aufgeschlagen. Die Erfolge von gestern sind heute nur noch der Ausgangspunkt für neue Steigerungsraten: Was zuvor noch Erfolg war, gilt jetzt schon als Versagen. Es herrscht das *Prinzip des ständigen Vorbehalts.* In der Vergangenheit erbrachte Leistungen summieren sich nicht auf zu einem (halbwegs) gesicherten betrieblichen Status, etwa im Sinne von nach und nach erarbeiteten „Plateaus", wie sie für die langfristigen Aufstiegswege von Angestellten in der fordistischen Epoche kennzeichnend waren. Vielmehr wird das Erreichte immer wieder in Frage gestellt. Dies führt selbst dort, wo die Ziele in der Praxis letztlich doch – die Beschäftigten fügen häufig an: „irgendwie", „mit letzter Kraft" – erreicht werden, zu Erfolglosigkeitsgefühlen und Insuffizienzerfahrungen, zu einer verbreiteten Selbsteinschätzung *permanenten Ungenügens.* Einen Stolz auf die eigene Leistung, einen stabilen „sense of accomplishment" zu entwickeln, wird im System „permanenter Bewährung" (Boes/Bultemeier 2008) systematisch erschwert. Die jährlichen Steigerungen der Ertragsziele werden als zentrale, permanent wachsende Beanspruchung erlebt. Gegenüber der Dynamik der Anforderungen erscheint die eigene Leistungsfähigkeit als ungenügend.

Verobjektivierung der Leistungsanforderungen und reduzierte Zukunftsperspektiven: Viele der befragten Beschäftigten insbesondere aus dem Bereich Customer stellen ernsthaft in Frage, dass sie den ständig steigenden Zielen dauerhaft gerecht werden können, weil sie sich bereits jetzt an den Grenzen ihrer eigenen Leistungsfähigkeit sehen. Ein auch nur mittelfristiges Bestehen am eigenen Arbeitsplatz kann sich ein erheblicher Anteil der Vertriebsbeschäftigten nicht mehr realistisch vorstellen.

Zugleich fehlen dem Bewusstsein der Beschäftigten nach aber in- und außerbetriebliche Beschäftigungsalternativen, sehen sie doch die steigenden Leistungsanforderungen keineswegs als Ergebnis spezifischer Intensivierungsstrategien des eigenen Unternehmens, sondern vielmehr als Ausdruck unhintergehbarer ökonomischer Handlungszwänge. Der Wechsel in andere Vertriebsbereiche verspricht keine Entlastung, betrieblicher Aufstieg sowieso nicht, und auch die innerbetriebliche Fluchtalternative Abwicklungsbereich, die mit deutlichem Status- und Einkommensverlust verbunden wäre, scheint immer weniger attraktiv, je stärker dieser Bereich in den Fokus von Rationalisierungs- und Reorganisationsbestrebungen gerät.

Als Ursache für die streckenweise als regelrecht bedrohlich empfundenen permanenten Zielsteigerungen gelten die abstrakten Gesetzmäßigkeiten des deregulierten Kapitalismus – daher ist auch ein Wechsel des Unternehmens oder gar der Branche in den Augen der Mehrheit der Befragten keine mögliche Lösungsstrategie: Anderswo scheint es auch nicht besser. Das heißt aber zugleich, dass weder das eigene Unternehmen noch der eigene Organisationsbereich, noch der eigene Vorgesetzte als letztlich verantwortlich für die Leistungsanforderungen gesehen werden.

Entdifferenzierung zwischen Eigenem und Fremden: Die Infragestellung der eigenen beruflichen Zukunft betrifft auch gut qualifizierte jüngere Beschäftigte und solche im mittleren Alterssegment, die hoch motiviert sind, über eine ausgeprägte Leistungsbereitschaft verfügen und sich mit der neuen Vertriebs- und Erfolgsorientierung des Unternehmens sehr weitgehend identifizieren. Im höheren Management herrscht die Vorstellung vor, die Beanspruchungserscheinungen, vor denen letztlich niemand mehr die Augen verschließen kann und die mittlerweile im Unternehmen durchaus thematisiert werden[15], beträfen vor allem diejenigen – älteren – Mitarbeiter, die ihre Arbeitsorientierungen und ihre (mangelnde) Belastungsresistenz in den Zeiten der fordistischen Sicherheits- und Stabilitätsphase erworben hätten und nun mit den neuen Markt- und Ertragsbedingungen schlicht überfordert seien. Unsere Erhebung zeigt das Gegenteil: Gerade solche Beschäftigte, die ihren Arbeitsansprüchen nach als genuine Vertriebler gelten müssen, sehen sich von den ökonomischen Zwängen, die über ihr Unternehmen und sie hereinbrechen, überwältigt. Es ist eher ein Wollen ohne Ver-

15 Dank den Aktivitäten des Betriebsrats, der dieser Thematik eine unternehmensinterne Öffentlichkeit verschafft, aber auch dank den Aktivitäten des Projektes PARGEMA.

trauen ins eigene Können, das für die neuen Belastungskonstellationen typisch ist. Die Beschäftigten zeigen kaum grundsätzlichen Widerspruch oder gar offenen Widerstand gegen die grundlegenden Prinzipien ertragsorientierter Steuerung – es ist viel eher ein resignatives Erleben der eigenen Überforderung. Die Grenzen zwischen „fremden" Zielen und „eigenen" Ansprüchen verlieren sich. Es ist nicht einfach ein (potenzielles) Scheitern an äußeren Anforderungen, das den Beschäftigten Angst macht, sondern es ist ein subjektives Versagen angesichts der Macht des Notwendigen. Es sind also – auf der anderen Seite – keinesfalls selbst gesetzte Ziele, an denen die Beschäftigten zu scheitern drohen.[16] Der Zwangscharakter des Ökonomischen tritt im Bewusstsein der Beschäftigten durchaus deutlich zutage. Es macht allerdings gleichsam für die Subjekte gar keinen Sinn, Eigenes und Fremdansprüche zu trennen, denn aus dieser Differenzierung ergeben sich keine relevanten Handlungsfolgen: Die Beschäftigen wollen, was sie müssen, weil sie es sowieso müssen.

Spuren des Widerspruchs – „Ethische" Belastungen: Trotzdem: Es finden sich durchaus Ansätze für Einspruch gegen die Zumutungen der ertragsorientierten Leistungssteuerung. Wenn auch das Prinzip der Ertragsorientierung und die Höhe der Ziele nicht grundsätzlich problematisiert werden, so wird doch sehr verbreitet Kritik geäußert an konkreten, darüber hinausgehenden Verkaufsvorgaben, die sich auf den Vertrieb bestimmter Produkte beziehen. Die Ertragsorientierung schlägt sich nicht nur darin nieder, wie viel, sondern auch darin, was verkauft werden soll. Solche Vorgaben wiederum können einem ethischen und professionellen Selbstverständnis der Beschäftigten im Vertrieb zuwiderlaufen, dem zufolge die Kundenberatung zum Besten des Kunden zu geschehen habe. Moralische Dilemmata solcher Art (Zielerreichung versus Kundenorientierung) müssen von den Beschäftigten selbst gelöst werden und werden in besonderer Weise als belastend wahrgenommen. Sie werden viel eher im Bewusstsein der Beschäftigten selbst ausgetragen als in Kategorien von Fremdanforderungen und (damit kollidierenden) Selbstansprüchen begriffen. Dies liegt nicht zuletzt daran, dass es sich in der Tat um einen „objektiven" Widerspruch in den Steuerungsprinzipien handelt: Das Vertrauen der Kunden in die Organisation wie auch die Professionalitätsorientierungen der Beschäftigten hinsichtlich „guter Beratung" sind einerseits notwendiges „Material", um monetären Erfolg zu generieren; andererseits immer auch Hemmnis gegenüber weiteren Ertragssteigerungen.

16 Ein solcher Einschlag findet sich heute bisweilen in der sozialwissenschaftlichen Debatte um Erschöpfung und Depression, wenn diese interpretiert werden als Ergebnis eines Zwangs zur Authentizitäts- und Identitätssuche, als Scheitern an der Pflege der eigenen Leistungsantriebe (Ehrenberg 2004, vgl. aber auch die aktuellen Beiträge von Rau 2009 und Graefe 2010).

Einige der von uns befragten Beschäftigten lösen dieses Dilemma, in dem sie sich befinden, bereits einseitig zugunsten einer unternehmerischen Zielorientierung auf: Sie machen gleichsam „Dienst nach Kennzahlen", indem sie widerspruchslos die Zielsetzungen der Steuerungssysteme ausagieren und die ethischen Widersprüche (derer sie sich gleichwohl bewusst sind) ignorieren. Ob dies jene Beschäftigten sind, mit denen das Unternehmen langfristig ökonomischen Erfolg haben wird, darf bezweifelt werden. Je stärker die Zielspirale sich dreht und die Strukturvorgaben zunehmen, desto verbreiteter werden solche resignativen Einstellungen allerdings werden.

Die neue Bürokratie der Controlling-Instrumente und das Wuchern der Organisationsarbeit: Der kontinuierlichen Überprüfung der Zielerreichung dient ein umfassendes Controlling-System, das in teilweise zeitlich ausgesprochen engen Rhythmen Evaluationen zwar nicht der tatsächlichen Leistung (wenn damit weiterhin Arbeitsaufwand und Anstrengung gemeint sind), aber doch des Standes der Ertragsziele möglich macht. Gegenüber den überkommenen Arrangements von verantwortlicher Autonomie nehmen Transparenz und Kontrolle erheblich zu und kompensieren damit das klassische Rationalisierungsdilemma von Angestelltenarbeit. Wenn schon nicht – wie unter der Ägide des Taylorismus – die einzelnen Arbeitstätigkeiten vorgegeben, standardisiert und sichtbar gemacht werden können, so doch wenigstens deren ökonomische Erträge. Was der Businesskunden-Berater vor Ort beim Kunden wirklich genau tut, bleibt für das Unternehmen weiterhin vergleichsweise intransparent; was dies aber fürs Unternehmen *erbracht* hat, lässt sich tagesaktuell im Computer nachvollziehen.

Die neuen Verfahren der Kennzahlensteuerung entwickeln allerdings eigentümliche expansive Tendenzen; die Unternehmen werden immer mehr von einer ausufernden Zahlenwirtschaft durchdrungen. Zusätzlich zu den standardisierten Controlling-Instrumenten aus der Firmenzentrale basteln verschiedene Geschäftsbereiche und regionale Einheiten noch weitere Tools. Sie alle dienen nicht nur dazu, Kontrolle und Sichtbarkeit von oben herzustellen; sie sollen auch die Beschäftigten in die Lage versetzen, ihr eigenes Leistungsverhalten und ihre eigene Wirtschaftlichkeit permanent selbst zu überwachen.

Allerdings wollen die Controlling-Systeme auch gefüttert werden. Entsprechend steigt, wie die Beschäftigten beklagen, der Aufwand an Dokumentationspflichten (vor allem in Form von am Computer auszufüllenden elektronischen „Sheets") ganz erheblich an. Wenn Dokumentationsaufgaben und Kontrollarbeiten beständig ausgeweitet werden, bleibt für die „Kerntätigkeiten" – für die Vertriebsaufgaben, die durch die Kennzahlensteuerung eigentlich unterstützt werden sollen – immer weniger Zeit (vgl. dazu auch auf Basis anderer empirischer Fälle Kratzer/Nies 2009). Das Controlling wird zum Belastungsfaktor im doppelten Sinne: indem es Transparenz und Kontrolle steigert, aber auch indem es beständig neue „Organisationsarbeit" generiert, die Ressourcen und Räume für das, was sowohl die Beschäftigten wie auch das Unternehmen als das „eigentliche Geschäft“ ansehen, auffrisst.

Das Fortbestehen von Autorität (und ihr Funktionswandel): Eigentlich wäre zu vermuten, dass mit den neuen Steuerungsformen die Rolle der Vorgesetzten als Instanz der Bewertung und Disziplinierung unbedeutend wird. Wer die Ziele von Unternehmen, Abteilung und Arbeitsplatz selbst teilt, wer eigenständig an seiner eigenen Leistungsfähigkeit feilt und seine Erfolgschancen auf Basis eines breiten Informationsnetzes selbst permanent optimiert, der hat keine personalen Autoritäten mehr nötig.

Was wir empirisch beobachtet haben, sieht auf den ersten Blick aus wie das genaue Gegenteil. Vor allem im Customer-Bereich sind die allwöchentlichen kollektiven Gesprächsrunden mit dem Vorgesetzten Quelle erheblicher Ängste. Berichtet wird von massivem Druck, der bis hin zu persönlichen Angriffen reicht. Dies ist nicht ganz einfach zu deuten. Einiges spricht dafür, dass sich einige der Führungskräfte offensichtlich den neuen Steuerungsformen unangemessen verhalten und weiterhin auf Autorität setzen, wo Vertrauen in die Beschäftigten längst ebenso funktional wäre.[17]

Allerdings wäre ebenfalls denkbar, dass die Kontrollgespräche ganz einfach der konkretisierte Ort sind, an dem sich allgemeinere Ängste vor Misserfolgen manifestieren. Hinter der Angst vor der Disziplinierung durch den Vorgesetzten scheint immer auch die Angst vor dem Versagen vor den Marktzwängen zu stehen, die gleichsam in der Führungskraft personalisiert sind. Die Autorität der Vorgesetzten würde dann nicht länger für Verfügungsgewalt und Bestrafung stehen, sondern vielmehr die unhintergehbare Autorität ökonomischer Sachgesetzlichkeiten repräsentieren.

Marktorientierte Prozesssteuerung und Standardisierung (Abwicklungsbereich)

„Standardisierung“ fungiert als das offizielle Prinzip und Ziel der fortgesetzten Reorganisation des Abwicklungsbereichs. So ist im Unternehmen die Rede von Dienstleistungs-*Fabriken* oder von einer *Industrialisierung* der Tätigkeiten – was als ganz und gar positives Leitbild der Entwicklung von Arbeit verstanden wird. Dabei ist es wichtig zu sehen, dass dieser Standardisierungsprozess keinesfalls unmittelbar der tayloristischen Logik folgt. Es geht nicht einfach nur um eine Rationalisierung der Einzeltätigkeiten und damit gewissermaßen um eine höhere Effizienz der einzelnen Arbeitsvorgänge. Vielmehr bereiten die veränderte Arbeitsorganisation und der reduzierte Aufgabenzuschnitt tiefgehende Prozesse der organisationalen und räumlichen Neuverteilung der Arbeit vor – mit einer ent-

17 Dass diese Disziplinierungserfahrungen zwischen den einzelnen Organisationseinheiten deutlich variieren, spricht ebenfalls dafür, dass wir es zu erheblichen Teilen mit Verhaltensrelikten zu tun haben.

sprechenden Nutzung unterschiedlicher Lohnniveaus (etwa in ausgegliederten Gesellschaften, die anderen Tarifverträgen unterliegen).

Diese Standardisierungsstrategie setzt zunächst auf ganz klassische Prinzipien: vor allem eine wachsende Zergliederung der relativ komplexen Bearbeitungsvorgänge in einzelne Teilschritte, die dann wiederum auf verschiedene Beschäftigte und Abteilungen, teilweise gar auf unterschiedliche nationale und internationale Standorte aufgeteilt werden. Die Folge ist eine steigende Spezialisierung der Mitarbeiter auf bestimmte Teilarbeiten („Teil-" statt „Einhandbearbeitung"), was wiederum merkliche Dequalifizierungsprozesse zur Folge hat. Mit den erheblich gesunkenen Tätigkeitsumfängen steigt zugleich die Anzahl der abzuarbeitenden Vorgänge an.

Für viele der Tätigkeiten sind konkrete Schlagzahlen definiert, also genaue quantitative Vorgaben zur Anzahl der abzuarbeitenden Vorgänge pro Tag. Relevant ist dabei nun aber, dass diese Schlagzahlen – anders als die tayloristischen Stückzahlen – keinesfalls aus einer (arbeitswissenschaftlichen) Prozess- und Tätigkeitsanalyse gewonnen werden, sondern vielmehr auf Basis von Marktgrößen und Konkurrenzkriterien. Dort, wo es möglich ist, werden die verschiedenen Bearbeitungszentren in einen unternehmensinternen Vergleich gesetzt, der maßgeblich für Personalbesetzung und Vorgangszahlen wird. Ansonsten wird mit ungefähren Erfahrungswerten oder auch allgemeinen Wirtschaftlichkeitserwartungen kalkuliert.

Die Zentren, die sich selbst in einem Zustand der permanenten Reorganisation befinden, stehen insgesamt unter erheblichem Erfolgsdruck, weil bei Misserfolg bzw. zu hohen Kosten weitere Funktionen ausgelagert werden könnten.

Die Prinzipien der Leistungssteuerung lassen sich am besten als „marktorientierte Prozesssteuerung" bezeichnen. Damit ist gemeint: Anders als in den Vertriebsbereichen werden die Beschäftigten nicht direkt mit Ertragsgrößen konfrontiert. Die konkreten Leistungskriterien und -ziele muten zunächst ganz traditionell an: Es sind Mengenziele, die sich aus der Personalausstattung und einem bestimmten Vorgangsvolumen ergeben, das rein mathematisch auf die einzelnen Abteilungen und Beschäftigten heruntergebrochen wird (pro Jahr, Monat, Tag und pro Mitarbeiter muss eine bestimmte Anzahl von Vorgängen bearbeitet werden). Zugleich kommen aber auch unmittelbar markt- bzw. kundenbezogene Leistungskriterien zum Einsatz. Dies sind beispielsweise die Dauer der Wartezeit in der Telefonschlange des Call-Centers oder die Quote der fristgerecht abgearbeiteten Vorgänge. Eine marktorientierte Flexibilisierung der Arbeitszeiten und -intensität ergibt sich zudem dort, wo die Beschäftigten in direkte Konfrontation mit einer anonymen Kundenmenge gesetzt werden, die nicht einfach abgewiesen werden kann. Eine hohe Bedeutung hat in einigen Tätigkeitsbereichen eine fristgerechte Abarbeitung jeglicher „hereingekommenen“ Vorgänge, weil bestimmte Transaktionen ausgesprochen zeit- und terminsensibel sind.[18]

Das Leistungsmaß bestimmt sich also – dies sollte deutlich geworden sein – keinesfalls wie unter Bedingungen tayloristischer Standardisierung an so etwas wie einer Normalleistung, sondern nach Markt-, Konkurrenz- und Kundenkriterien. In ähnlicher Weise wirkt auch der generelle Erfolgsvorbehalt der gesamten Organisationseinheiten. Rentieren sich die Zentren oder einzelne ihrer Bereiche nicht, dann folgt mit Sicherheit die nächste Welle der Reorganisation, und das würde ebenso sicher (weiteren) Personalabbau und weitere Verlagerungen an externe, zum Teil auch ausländische Dienstleister nach sich ziehen.

Eindrucksvoll berichtet eine Führungskraft aus einer Organisationseinheit des Abwicklungsbereichs von den veränderten Formen psychischer Belastungen im Kontext von Standardisierung, und zwar am Beispiel von Schlafstörungen, die es sowohl früher gab als auch – verstärkt – heute gibt. Früher, zu Zeiten der Einhandbetreuung, sei man nachts aufgewacht, weil man bestimmte Probleme im Umgang mit einzelnen Kunden im Kopf hatte. Man sei dann diese Probleme durchgegangen und habe nach Lösungen gesucht. Wenn man sie gefunden habe, sei man wieder beruhigt eingeschlafen. Heute wache man ebenfalls nachts auf – häufiger und mit problematischerem Empfinden: einem allgemeinen Druck, dass noch 160 Vorgänge abzuarbeiten sind. Solche Probleme, die einen nachts umtreiben, seien dann nicht unmittelbar zu lösen, sondern lasteten als diffuser Druck weiterhin auf einem. Man wache „mit einer Zahl im Kreuz“ nachts auf. Mit einer Bedrohung, die „so nicht zu fassen“ sei. Die große Zahl schwebe als diffuse Bedrohung über einem. Früher sei konkrete Beunruhigung in Bezug auf einen bestimmten Vorgang oder Kunden Ursache fürs nächtliche Aufwachen gewesen, jetzt sei es generalisierte diffuse Angst, es einfach quantitativ nicht zu schaffen.

Zum „Druck der Menge“ kommen die Anforderungen einer zeitnahen marktflexiblen Reaktion hinzu. Gerade dort, wo die Beschäftigten an den Organisationsschnittstellen tätig sind, entstehen Belastungen durch grundsätzlich unvorhersehbare Markt- und Kundenanforderungen, die gleichwohl schnell und äußerst korrekt bearbeitet werden müssen, denn auch minimale Bearbeitungsfehler können erhebliche finanzielle Folgen zeitigen.

Die Standardisierungstendenzen führen zu weiteren, mehr oder weniger klassischen Folgen für Arbeitstätigkeiten und Belastungen, wie sie aus dem tayloristischen Rationalisierungsregime bekannt sind, nun aber auch mehr und mehr qualifizierte Angestelltentätigkeiten erreichen: Monotonie, Einseitigkeit, Entwertung von Qualifikationen und arbeitsinhaltlichen Standards und Normen.

18 Das „eigentliche“ personalpolitische Instrument im Hinblick auf „Leistung“, nämlich die Leistungsbeurteilung, hat in der Praxis hingegen nur wenig Relevanz und übernimmt bestenfalls am Rande leistungssteuernde Funktionen.

Weil die Standardisierung aber eben nicht an den tayloristischen Leistungsprinzipien orientiert bleibt, sondern vielmehr den neuen Flexibilitätsanforderungen von Märkten, Kunden und Benchmarks unterworfen wird, überlagern sich alte und neue Belastungsformen. Hinzu kommt die generalisierte Beschäftigungsunsicherheit, der die Beschäftigten im Abwicklungsbereich unterworfen sind. Durch die permanente Relokalisierung, Zentralisierung und Verlagerung von Bereichen und Abteilungen wird die Zukunft des eigenen Arbeitsplatzes dauerhaft in Frage gestellt. Zudem wird auch innerhalb der Bearbeitungszentren kaum eine stabile Leistungssituation hergestellt, weil sich ständig einzelne Bereiche in der Einarbeitungsphase befinden und die Beschäftigten kaum unterscheiden können, was Übergangsphänomen und Umsetzungsproblem ist und was die langfristigen Anforderungen ihrer Tätigkeit.

Tab. 6: Typische Belastungskonstellationen bei ertragsorientierter Leistungssteuerung und marktorientierter Standardisierung

Ertragsorientierte Leistungssteuerung	Marktorientierte Standardisierung
Unsicherheit, Unvorhersagbarkeit des Markterfolgs	Monotonie, Einseitigkeit der Tätigkeit bei gleichzeitiger Unsicherheit über die Zukunft der eigenen Beschäftigung
„Erfolgsdruck" „permanentes Ungenügen", Prinzip des ständigen Vorbehalts, Zielspiralen	„Druck der Menge", ständige markt- und kundenorientierte flexible Leistungsbereitschaft
Veränderung der Qualifikationsanforderungen: von klassischer Fachlichkeit hin zum Vertrieb	Entwertung der Qualifikationen
Entkopplung von Leistung und Erfolg als Anerkennungsproblem	Einschränkung der Leistungsentfaltung als Anerkennungsproblem
„moralische Belastungen": Kunden- versus Vertriebsorientierung	Konflikt zwischen arbeitsinhaltlichen Ansprüchen und der Spezialisierung der Tätigkeiten

Kumulation von Belastungen: Gleichzeitigkeit von Ertragssteuerung und Standardisierung

Standardisierungstendenzen finden sich allerdings nicht nur im Abwicklungsbereich. Im Vertrieb ist vor allem der Customer-Bereich davon betroffen. Standardisierung tritt hier in ganz unterschiedlichen Formen auf:

– Zunächst einmal lässt sich die stärker werdende *Segmentierung der Kundengruppen* als Element von Standardisierung begreifen, denn mit der reduzierten Vielfalt der Kundenbeziehungen sinken der Umfang der Tätigkeiten wie auch die Bandbreite der anzubietenden Produkte. Für die jeweiligen Kundengruppen und in einigen Fällen auch für bestimmte Produktgruppen gibt es betriebliche Spezialisten. Zwar sind die Tendenzen zur Spezialisierung und horizontalen Arbeitsteilung lange nicht so ausgeprägt wie in der

„Dienstleistungsfabrik“ des Abwicklungsbereichs, eine gewisse Tendenz dazu ist aber unverkennbar.

- Eine starke Rolle spielt die *produktbezogene Standardisierung.* Der Umfang der angebotenen Produkte wurde in den letzten Jahren deutlich reduziert – einerseits, um die verbliebenen Produkte stärker zu profilieren, andererseits aber auch, um gesetzliche Vorgaben hinsichtlich des Risikoschutzes besser umsetzen zu können.
- Zugleich wird die allgemeine Ertragssteuerung wiederum überlagert durch konkrete Vorgaben zum Verkauf bestimmter Produkte *(„Strukturvertrieb“)* – es geht also nicht darum, „irgendwie“ Profit zu erwirtschaften; vielmehr greift auch hier das Unternehmen wiederum in die „unternehmerische Freiheit“ des Vertrieblers als Intrapreneur ein.
- Als Element *zeitlicher Standardisierung* lassen sich die bereits erwähnten enger werdenden Kontrollhorizonte begreifen – auch sie reduzieren Handlungsfreiheiten und Dispositionsspielräume.
- Darüber hinaus lassen sich auch die steigenden *Dokumentationspflichten* als Ausdruck einer bestimmten Form von Standardisierung fassen – denn auch sie dienen dazu, die Arbeitstätigkeit an definierten und überprüfbaren Standards zu orientieren.

Zwar stehen auch diese Standardisierungstendenzen in einem gewissen Spannungsverhältnis zu den Prinzipien der Ertragssteuerung, schränken sie doch die quasi-unternehmerischen Handlungsmöglichkeiten, die ein deregulierter interner Markt erfordern müsste, wieder ein. Sie sind allerdings primär darauf angelegt, den Marktbezug und die Erfolgsorientierung zu schärfen: durch ein Freisetzen spezialisierter Marktexpertise, eine besonders ausgeprägte Kundenorientierung, die Intensivierung von Markttransparenz, den Fokus auf solche Produkte, die vom Unternehmen als besonders ertragreich angesehen werden. Es sind also – im Kontrast zur arbeitskraftbezogenen Standardisierung im Taylorismus – auch hier vor allem Formen *marktorientierter Standardisierung,* die prägend werden.

Anders sieht es allerdings im Fall der *Prozessstandardisierung* aus, die mit der Durchsetzung der Ertragssteuerung keineswegs verschwunden ist und in letzter Zeit gar wieder zunimmt. Damit sind solche Regeln und Vorgaben gemeint, die sich nicht auf Ergebnisse und Erträge richten, sondern Ablaufregeln für die Durchführung der Arbeitstätigkeit definieren. Dies betrifft beispielsweise die Vorgabe einer bestimmten Anzahl von Kundengesprächen – was in der Praxis, wie die Beschäftigten berichten, nicht selten zu vermehrten Kundenkontakten führt, die sich (erwartungsgemäß) als wenig ertragreich erweisen.

Gleichwohl scheint auch dies keine generelle Gegentendenz zur Ertragsorientierung zu markieren. In der Regel wird auf die Prozesssteuerung vor allem dann zurückgegriffen, wenn die Ertragssteuerung (anscheinend) versagt: Fallen die Erträge zu gering aus und rücken die Ziele in weite Ferne, dann setzen Organisation und Führungskräfte wieder auf die bewährten Methoden der direkten Vorgabe und Kontrolle der Tätigkeit. Die „neue unternehmerische Freiheit" der Beschäftigten wird also unter Vorbehalt gewährt.

Nicht nur unsere qualitativen Interviews geben Hinweise auf eine besonders ausgeprägte Belastungssituation im Customer-Vertrieb. Auch die von der Universität Freiburg durchgeführte schriftliche Befragung von Führungskräften und Mitarbeitern in den Bereichen Customer, Business und Abwicklung[19] belegt dies. Danach liegt der Grad der psychischen Erschöpfung sowohl bei Führungskräften wie auch bei Mitarbeitern von „Saturnia" signifikant über den Vergleichswerten einer Normstichprobe. Dabei liegt ein besonderes Problem für die Beschäftigten darin, nach der Arbeit abzuschalten. Und die Gruppe der Berater im Bereich Customer weist die höchsten Werte psychischer Erschöpfung auf. Dies legt nahe, dass der Grad der psychischen Erschöpfung dort besonders hoch ist, wo sich die Tendenzen der Ertragssteuerung und der Standardisierung überlagern und wo die Belastungen beider Entwicklungstendenzen kumulieren. Die Gleichzeitigkeit von Standardisierung und Ertragssteuerung bedeutet aus Beschäftigtensicht, sich mit den Missverhältnissen und Widersprüchen zwischen beidem auseinandersetzen zu müssen. Gerade dies wird als besonders belastend wahrgenommen.

5.2 Fallbeispiel: Permanente Reorganisation

Bei dem zweiten Fallbeispiel handelt es sich um einen Standort eines international tätigen Unternehmens mit Sitz im Ausland. Das Unternehmen ist in der jetzigen Form das Ergebnis der Zusammenführung vergleichbarer Geschäftsbereiche zweier großer Konzerne. Im Fallbetrieb arbeiteten zum Zeitpunkt unserer Erhebungen noch rund 1.500 Beschäftigte.

Auch in diesem Betrieb werden neue Formen der Leistungssteuerung wie etwa Zielvorgaben eingesetzt. Hier zeigen sich in einigen Punkten deutliche Parallelen zum Fallbeispiel „Saturnia", obgleich wir uns hier in einer ganz anderen Branche befinden. Die Bedeutung neuer Steuerungsformen für die Belastungssituation wird hier jedoch überlagert durch einen im Zeitablauf an Dramatik gewinnenden Prozess der permanenten Reorganisation und sich eintrübende Zukunftsaussichten für weite Teile der Beschäftigten. Wir werden deshalb im Folgenden unser Hauptaugenmerk darauf richten, wie sich die Arbeits- und Belas-

19 Schriftlich befragt wurden an mehreren Unternehmensstandorten insgesamt 256 Führungskräfte und 363 Mitarbeiter. 127 Führungskräfte (Rücklaufquote 50%) und 168 Mitarbeiter (Rücklaufquote 46%) haben sich an der Befragung beteiligt.

tungssituation für die Beschäftigten durch den Prozess der permanenten Reorganisation verändert.

Leistungssteuerung und Arbeitsmotivation der Beschäftigten

Den Kernbereich der befragten Beschäftigten in diesem Fallbetrieb bildet die interne IT des Unternehmens. Bei den befragten Fachkräften dieses Bereichs haben wir eine Kombination von Selbstorganisation der Arbeit mit Ergebnisverantwortung, Leistungssteuerung über Zielvorgaben sowie einer stark ausgeprägten Eigenmotivation vorgefunden. Eine der Befragten fasste die Verbindung von Selbstorganisation und Ergebnisverantwortung so:

> „Und insofern hab ich da schon sehr, sehr viele Freiheiten, muss ich sagen. (...) Unterm Strich interessiert dann wirklich nur das Ergebnis, also auf gut Deutsch das, was rauskommt."

In der standardisierten Befragung[20] berichteten rund 80% der Befragten, dass ihre Arbeitsleistung vor allem am Ergebnis gemessen wird, und rund 90% gaben an, dass die konkrete Arbeitsplanung von ihnen bzw. vom Team vorgenommen wird.[21] Neben der Planung der eigenen Arbeit erfolgen vor allem die Koordination von verschiedenen Aufgaben und Aufgabenschritten (83%), die Terminplanung (77%) und die Koordination der Aufgaben mit Kollegen oder anderen Teams, Abteilungen und Bereichen (70%) weitgehend in Eigenregie.

Zielvorgaben sind ein wichtiges Steuerungsinstrument. Eine wesentliche Rolle spielen Top-down-Zahlenziele. Es gibt aber auch Bottom-up-Vereinbarungen und „weiche" Ziele. Zielorientierte Steuerung wird im Prinzip als durchaus positiv bewertet, teilweise aber auch kritisiert. Die Kritik richtet sich zum einen darauf, dass die zu erreichenden Ziele als unsinnig („Man muss irgendwas machen oder soll irgendwas nicht machen, nur weil irgendjemand meint, dass es so sein soll [...] Das ist unbefriedigend") oder als schwer erreichbar eingeschätzt werden. Zum anderen geben knapp 60% der Befragten an, dass oft oder sehr oft nicht ausreichend Ressourcen (Zeit, Personal usw.) zur Erreichung der Ziele zur Verfügung stehen; rund 80% sagen, dass es nur selten möglich ist, zusätzliche Ressourcen zu erhalten. Und für ca. 55% der Befragten ist es normal, dass

---

20 Es wurden 47 Beschäftigte befragt, 31 ausgefüllte Fragebögen konnten ausgewertet werden, die Rücklaufquote lag damit bei 66%. Die schriftlichen Befragungen wurden von dem Freiburger Teilprojekt des Verbundvorhabens PARGEMA durchgeführt.

21 Bei den standardisierten Befragungen wurde mit dem Einkauf ein zweiter Unternehmensbereich neben der IT einbezogen. Die hier präsentierten quantitativen Ergebnisse differenzieren nicht zwischen den Antworten dieser beiden Bereiche, sondern stellen die Gesamtergebnisse dar. Der überwiegende Teil der beantworteten Fragebögen stammt aus dem IT-Bereich.

Nicht-Eingeplantes dazwischenkommt: neue Vorgaben „von oben“, alltägliche Zusatztätigkeiten, Unterbrechungen, Veränderungen der Zielstellung u.a.m.

Auffallend ist die fast durchgängig hohe Eigenmotivation der Befragten. Sie betonen, dass für sie Sorgfalt und Gründlichkeit, ein starkes Eigeninteresse an einem guten Ergebnis, die Orientierung am Kunden (auch an den „internen“ Kunden) sowie generell eine inhaltliche Beziehung zur Arbeit (z.B. Interesse an Technik oder an der Zusammenarbeit mit Menschen) wesentliche Gütekriterien darstellen, an denen sie sich orientieren. Diese Orientierung an qualitativ hochwertiger Arbeit kann mit den Anforderungen des Managements in Widerspruch geraten:

> „Meine Vorgesetzten hätten halt lieber, dass ich (...) weniger Qualität abliefere, aber dafür schneller. Da hab ich ein bisschen mit meiner Lebensauffassung zu tun, wo ich sag, ja, ich komme dem in gewisser Weise entgegen, bin aber nicht bereit, hier nur irgendwelche schlampigen Dinge abzuliefern.“

Rund 35% der Befragten geben an, dass sie oft mit widersprüchlichen Anforderungen und mit Widersprüchen zwischen den Anforderungen und ihren persönlichen Werten, Überzeugungen oder Qualifikationen konfrontiert sind.

Die Beschäftigten berichten über einen im Vergleich zu früher deutlich gewachsenen Arbeitsdruck. Ursache ist das Zusammenwirken von geringeren Personalkapazitäten, kürzeren Bearbeitungszeiten und einer größeren Arbeitsmenge. Hinzu kommen die Arbeitsanforderungen in Folge der Fusion – und ungeplante Zusatzarbeiten. Die Bewältigung wachsender und widersprüchlicher Anforderungen muss nach Ansicht der Befragten im Wesentlichen in Eigenregie erfolgen. Die große Selbstständigkeit, die von den Beschäftigten an sich positiv bewertet wird, hat damit auch eine Kehrseite: Man ist oft auf sich allein gestellt und kann nur begrenzt mit Unterstützung rechnen.

Die permanente Restrukturierung

Die zurückliegenden Jahre und Jahrzehnte der Unternehmensgeschichte werden von einigen Befragten als eine Abfolge von Managementfehlern wahrgenommen. Während diese Fehler ihnen zufolge in weiter zurückliegenden Zeiten vor allem darin bestanden haben, dass man Marktchancen verschlafen hat, ohne dass sich dadurch die Arbeitsplatzsicherheit grundlegend verschlechtert hätte, war die jüngere Zeit vor allem von Restrukturierungsmaßnahmen gekennzeichnet, die mit Personalabbau und einer entsprechenden Verunsicherung der Belegschaft einhergingen. Die Aufgaben, die die IT bewältigen muss, sind aber trotz Personalabbaus nicht geringer geworden. Eine erste Folge dieser Entwicklung ist eine starke Arbeitsverdichtung. Eine zweite Folge – insbesondere des Umstands, dass die Restrukturierungsmaßnahmen nie abgeschlossen, sondern vielmehr auf Dauer gestellt wurden – besteht darin, dass keine Zeit mehr bleibt, so etwas wie einen

„eingeschwungenen Zustand“ zu erreichen. Bevor das System so richtig funktionieren kann, wird es schon wieder verändert. Das führt wiederum dazu, dass das Unternehmen immer mehr mit sich selbst und seiner permanenten Neuerfindung beschäftigt ist und immer weniger mit den eigentlichen Arbeitsaufgaben. Eine dritte Folge schließlich besteht darin, dass eine längerfristige Teamentwicklung nicht mehr möglich ist, da die Teams immer wieder neu zusammengestellt werden.

Die Fusion des Unternehmens mit einem zweiten internationalen Unternehmen der Kommunikationstechnik wurde zunächst von der Belegschaft positiv gesehen, da nach Jahren eher richtungslos erscheinender Restrukturierungen zum ersten Mal wieder eine bestimmte Entwicklungsrichtung und positive Zukunftsperspektiven erkennbar schienen. Diese optimistische Phase war aber schnell zu Ende und wich der Enttäuschung und Desillusionierung. Grund hierfür ist, dass es keine eindeutigen Signale von der Unternehmensleitung dafür gab, dass man längerfristig auf die Beschäftigten setzt. Aus der privilegierten Beschäftigungssituation vor der Fusion (hohe Arbeitsplatzsicherheit, guter Verdienst, gewachsene Betriebskultur) ist lediglich die gute Bezahlung erhalten geblieben. Die Arbeitsplatzsicherheit ist geschwunden, die Betriebskultur besteht als Ganzes nicht mehr, es gibt aber Reste solidarischen Handelns auf der Ebene der Teams. In den Gesprächen finden sich allerdings Anzeichen dafür, dass Teamarbeit mehr und mehr durch Einzelarbeit abgelöst wird.

Wie man dies von anderen Fusionen großer Unternehmen kennt, gibt es auch hier vielfältige Kooperationsprobleme zwischen den Arbeitskulturen der beiden fusionierten Unternehmen: Ist für das eine Unternehmen ein vorsichtiges, planerisch strukturiertes Vorgehen kennzeichnend, hat das andere Unternehmen eine Kultur des schnellen Drauflos-Agierens etabliert – zwei Herangehensweisen, die wechselseitig auf Unverständnis stoßen. Allerdings wird die Konfrontation mit einer fremden Arbeitskultur mitunter auch als Bereicherung empfunden. Insgesamt wird der Zusammenschluss der Unternehmen durchaus unterschiedlich interpretiert: als Umwertung alter Werte und Strukturen; als ehrgeiziges Projekt – ein neues Unternehmen soll aufgebaut werden; oder als schlichte Übernahme – man ist nun fremdbestimmt.

Die Restrukturierungen und die Fusion werden oftmals als psychisch belastend thematisiert. Die Befragten schildern Belastungen, die sie selbst erleben, aber auch Belastungen, die sie an Kolleginnen und Kollegen beobachten: Geschildert werden innere Kündigung, Müdigkeit und Erschöpfung, Existenzängste, Gefühle der Ohnmacht, Hass, Zynismus sowie psychische Erkrankungen, die zu stationärer Behandlung geführt haben. Solche Belastungen entstehen zum einen aus Arbeitsüberlastung, zum anderen aus einem Gefühl der Enttäuschung: Das Unternehmen hat den psychologischen Vertrag aufgekündigt, man fühlt sich verraten. Hierzu ein Zitat aus einem der Interviews:

„Wie würden Sie denn Ihr Verhältnis zu dem Unternehmen, wie's jetzt ist, beschreiben? Oder wie sehen Sie das?"

„Müsste es vielleicht ein bisschen mit einer gescheiterten Beziehung vergleichen. Also wenn man sich jetzt vorstellt, man wäre in einer Ehe, ja, und man hat auch einige Kinderchen auf die Welt gebracht – das seh' ich jetzt mal so als meine Aufgabe, in die ich viel Herzblut ja auch schon in der Vergangenheit hineingesteckt habe, ich hab mich da teilweise sehr reingehängt. Und dann auch irgendwann funktioniert's einfach nicht mehr, also da so von heute auf morgen die Koffer packen, das pack ich halt jetzt noch nicht. Aber Scheidung irgendwann kann schon passieren. Da müsste ein Wunder passieren, wenn das nicht so weit käme."

Die unsichere Zukunft

Die Befragten wägen individuell für sich ab, wie ihre Chancen stehen, noch längerfristig beschäftigt zu bleiben (hierbei spielen Kriterien wie Qualifikation, Zukunftschancen der eigenen Abteilung und Kündigungsschutz aufgrund langjähriger Betriebszugehörigkeit eine Rolle), und wie ihre Alternativen aussehen. Die Perspektiven sind individuell unterschiedlich, aber allen Befragten ist gemein, *dass* sie sich damit beschäftigen. Dabei herrscht Unsicherheit darüber, ob sich die eigenen Anstrengungen auch einmal auszahlen werden oder nicht, da die Botschaft der Unternehmensleitung uneindeutig ist: auf der einen Seite: „Wir brauchen dich, streng dich an!", auf der anderen Seite: „Keine Ahnung, ob wir dich in Zukunft auch noch brauchen wollen." Während das Unternehmen also weiterhin seine eigenen Ansprüche aus dem unausgesprochenen Vertrag aufrecht erhält, signalisiert es zugleich nicht mehr, dass es in Zukunft bereit sein wird, die entsprechende Gegenleistung zu erbringen. Die implizite Balance von Leistung und langfristiger Anerkennung und Wertschätzung ist gestört. Ein Zitat hierzu:

„Im Hintergrund arbeitet irgendeine Konkurrenztruppe dran, das System, wo ich jetzt für verantwortlich bin, mal überflüssig zu machen. Insofern ist das eine paradoxe Situation. Im Augenblick braucht man es dringend, aber an einem bestimmten Tag X kann ich dann da sehen, was ich mache."

Um die aktuelle Arbeit befriedigend zu gestalten, strengen sich die Beschäftigten an; zugleich müssten sie aber eigentlich darauf achten, ihre Arbeitskraft nicht zu verschleißen, um im Falle der Entlassung fit in den Arbeitsmarkt gehen zu können. Das wichtigste Datum ist in diesem Zusammenhang der Ablauf der Beschäftigungsgarantie, der im Jahr nach den Befragungen ansteht. Sicher ist dabei nur, dass (zumindest) ab dann nichts sicher ist. Die Beschäftigten präsentieren unterschiedlichste Überlegungen, was nach diesem Termin passieren wird: eine Entlassungswelle; der Sozialplan; eine Kerntruppe wird übrig bleiben; alles wird platt gemacht; das Unternehmen wird vorsichtig agieren, da Entlassungen an anderen Unternehmensstandorten für schlechte Presse gesorgt haben, die man sich doch nicht noch einmal leisten könne usw.

Gemeinsam ist den Beschäftigten, dass sie kein Vertrauen mehr in das Unternehmen haben. Die innere Loslösung vom Unternehmen ist bereits relativ weit fortgeschritten. Auch wenn das Ende der Beschäftigungsgarantie durchaus als kollektives Ereignis wahrgenommen wird, führt dies jedoch nicht zu kollektivem Handeln. Denn die Beschäftigten schätzen ihre Einflussmöglichkeiten auf die Entwicklung zum einen als äußerst gering ein; zum anderen sind sie, wenn sie angesichts des aktuellen hohen Arbeitsanfalls überhaupt Zeit zum Nachdenken haben, allenfalls mit individuellen Risikoabschätzungen und Überlegungen zu Alternativen zu ihrem gegenwärtigen Arbeitsplatz beschäftigt.

Das Belastungsprofil des zweiten Fallbeispiels

Das Belastungsprofil des Unternehmens der Kommunikationstechnik weist zusammengefasst folgende zentrale Dimensionen auf:

- *Personalabbau als Belastung:* Über die letzten Jahre bzw. Restrukturierungen hinweg sind die Teamgrößen immer wieder geschrumpft oder wurden nicht der Anforderungsmenge entsprechend aufgestockt – knappe Personalkapazitäten und entsprechender Arbeitsdruck sind die Folge.
- *Widersprüchliche Anforderungen als Belastung:* Widersprüchliche Anforderungen werden als belastend erlebt, weil man mit einem – teilweise inneren – Konflikt konfrontiert ist, aus dem man immer als Verlierer hervorgeht: Man ist entweder überlastet oder kann die eigenen Ansprüche nicht umsetzen.
- *Arbeitsunterbrechungen als Belastung:* Über 60% der Befragten nennen häufige Arbeitsunterbrechungen als eine wesentliche Quelle von Belastungen.
- *Hierarchie als Belastung:* Berichtet wird hier über teilweise „unsinnige" Vorgaben und nicht eingeplante hierarchische Durchgriffe, die zum einen zusätzliche Anforderungen bedeuten, zum anderen aber auch als Arbeitsunterbrechung wirksam werden.
- *Reorganisation als Belastung:* Die permanente Reorganisation des Unternehmens führt nicht nur zu einer immensen Belastung durch Verunsicherung, sondern auch zu zusätzlichen Arbeitsanforderungen und wachsenden Anforderungen an Veränderungsflexibilität.
- *Organisation als Belastung:* Für die Beschäftigten ist auf der einen Seite problematisch, dass sie über eine Vielzahl von Regelungen und Zuständigkeiten in ein komplexes Netz eingewoben sind, das als Behinderung und Erschwernis erlebt wird; auf der anderen Seite ist es für sie aber auch problematisch, dass es – vermutlich nicht zuletzt angesichts des noch längst nicht abgeschlossenen Integrationsprozesses – an vielen Stellen an klaren Regelungen oder Zuständigkeiten fehlt.

- *Projektarbeit als Belastung:* Projekte werden als eine ganz wesentliche Quelle von Belastungen genannt. Ursache dürfte zum einen der enorm gesteigerte Koordinationsaufwand sein, der durch die dynamischen Rahmenbedingungen sicher noch einmal deutlich erhöht wird. Eine zweite Ursache sehen wir darin, dass Projektarbeit mit höheren Außen-, auch höheren eigenen Ansprüchen verbunden ist und entsprechend der Widerspruch zu den vorhandenen Ressourcen und Kompetenzen als größer und problematischer erlebt wird – zumal Projekte auch einem viel intensiveren Controlling unterliegen.
- *Kulturunterschiede als Belastung:* Neben Unsicherheit und Veränderungsdruck wird die Fusion mit dem internationalen Unternehmen aus zwei weiteren Gründen als belastend erlebt: Englisch als Verkehrssprache wird von einem Teil als positive Herausforderung wahrgenommen, von einem anderen Teil aber auch als problematische neue Anforderung, der man sich nicht wirklich gewachsen sieht. In der alltäglichen Arbeit sind es vor allem unterschiedliche Arbeitskulturen, die für Reibungsverluste sorgen und so auch als Belastung erlebt werden können: Die gründliche, zwar bürokratische, aber vertraute Herangehensweise des eigenen Herkunftsunternehmens trifft auf eine flexiblere und schnellere, aber dadurch manchmal auch weniger durchdachte und auf jeden Fall weniger vertraute Herangehensweise des „Fremdunternehmens“.

Fälle von Burn-out sind zwar noch die Ausnahme.[22] Aber in den Interviews und den schriftlichen Befragungen werden Belastungsfolgen häufig thematisiert. Es zeigt sich ein breites Spektrum an physischen und psychischen Beschwerden, die von den Befragten mit ihrer Arbeitssituation in Zusammenhang gebracht werden: Gereiztheit, Unzufriedenheit, Erholungsunfähigkeit (Wochenende reicht nicht aus), Magendruck, Schlafstörungen, Erschöpfung, Burn-out. Die überwiegende Mehrzahl der Befragten gibt an, in der (jüngeren) Vergangenheit oder in der Gegenwart entweder selber zumindest einmal mit entsprechenden Beschwerden oder Erkrankungen konfrontiert gewesen zu sein oder jemanden aus der Arbeit zu kennen, der betroffen ist. Die genannten Beschwerden treten in unterschiedlicher Häufigkeit und Massivität auf. Normal ist zum Glück nicht, dass man davon manifest krank wird. Normal ist hingegen schon, dass die Arbeit in der einen oder anderen Weise als (hoch) belastend erlebt wird.

22 Vgl. aber die Situation der ausgebrannten Führungskraft aus diesem Fallbetrieb, die in dem Beitrag von Pangert et al. in diesem Band geschildert wird.

6. Zwischenresümee: Psychische Belastungen als Folge neuer Formen der Organisation und Steuerung von Arbeit

Anhand der beiden Fallbeispiele zeigen sich typische Belastungsphänomene, wie wir sie in ähnlicher Weise auch in anderen Unternehmen vorfinden.

6.1 Widersprüche zwischen neuen Steuerungsformen und inhaltlichen Arbeitsorientierungen

Was im skizzierten Beispielfall „Saturnia" als „ethische" Belastungen beschrieben wurde (der gefühlte Zwang zum Verstoß gegen die eigenen Ansprüche guter Kundenorientierung), lässt sich allgemeiner als typische Belastungsfolge benennen, die sich aus den Widersprüchen zwischen den neuen Ergebniszielen und den persönlichen inhaltlichen und professionellen Ansprüchen an das eigene Arbeitsverhalten ergibt. Belastend wirkt dieser Konflikt nicht zuletzt deshalb, weil er sich häufig „im eigenen Kopf" bewegt: Es handelt sich nicht notwendigerweise um einen Widerspruch zwischen „eigenem" Wollen und „fremden" Anforderungen, sondern um einen inneren Konflikt, werden doch die Markt- und Erfolgsorientierungen von vielen Beschäftigten durchaus geteilt. Dadurch fehlt ein Adressat, dem die Verantwortung für das Eintreten von Misserfolgen zugewiesen werden könnte. Stattdessen werden diese als individuelles Versagen erlebt und damit der eigenen Person zugeschrieben.

6.2 Gleichzeitigkeit neuer Leistungssteuerung und Standardisierung

So gering die Handlungsfreiheiten angesichts tendenziell maßloser Ergebnisziele in der Praxis auch sein mögen – ihrem Anspruch und ihrer Struktur nach beinhalten die neuen Steuerungsformen von Leistung durchaus neue Autonomiepotenziale, wenn sie das Prinzip detaillierter Tätigkeitsvorgaben und direkter hierarchischer Kontrolle durch eine Steuerung qua Rahmenbedingungen ersetzen. Wir beobachten allerdings immer wieder, dass diese Potenziale von den Unternehmen wieder begrenzt werden, und dies durchaus im Widerspruch zu ihren eigenen Prinzipien. So wird der eigenständigen Zielorientierung der Mitarbeiter nicht recht getraut, und dann werden die Ergebnisziele doch wieder durch konkrete Prozess- und Tätigkeitsvorgaben durchkreuzt. Unseren Ergebnissen zufolge sind die Beanspruchungen der Beschäftigten durch die aktuellen Leistungsbedingungen gerade dort besonders ausgeprägt, wo sich die typischen Belastungen aus neuen Steuerungsformen mit den Belastungen aus Standardisierungsprozessen gegenseitig überlagern.

Die neuen Verfahren der Kennzahlensteuerung entwickeln zudem eigentümliche expansive Tendenzen; die Unternehmen werden immer mehr von einer ausufernden Zahlenwirtschaft durchdrungen. Wenn Dokumentationsaufgaben und Kontrollarbeiten beständig ausgeweitet werden, bleibt für die Kerntätigkeiten, die durch die Kennzahlensteuerung eigentlich unterstützt werden sollen, immer weniger Zeit.

6.3 „Halbseitige" Entkopplung von Leistung und Erfolg

Die neuen Formen der Steuerung von Arbeit stellen die Leistungsanstrengungen der Beschäftigten unter dauerhaften Vorbehalt. Die Zielgrößen, an denen das Arbeitshandeln sich orientieren soll, sind in ständiger Bewegung und erfordern eine fortwährende Intensivierung des eigenen Bemühens – ohne dass ein dauerhaftes Vertrauen in die eigene Leistungsfähigkeit und die kalkulierbare Chance auf darauf basierenden Erfolg erzeugt wird („permanentes Ungenügen", „Prekarisierung des Leistungsbewusstseins"). Zugleich wird immer unsicherer, ob dieses Bemühen sich auch in angemessenen Formen der (monetären wie auch immateriellen) Anerkennung niederschlägt. Das typische Wechselverhältnis zwischen Organisation und Beschäftigten, das nicht zuletzt für die Arbeitsmotivation der Beschäftigten und ihr Gerechtigkeits- und Gratifikationsempfinden zentral ist, löst sich tendenziell auf: Leistung und Gegenleistung wiegen einander nicht mehr auf, aus ersterer folgt kein reziproker Anspruch mehr auf entsprechenden Lohn und Wertschätzung. Anerkennung wird abhängig von den Gelegenheitsstrukturen der Märkte.

6.4 Entkopplung von Leistung und Beschäftigungssicherheit als Vertrauenskrise

Ein weiterer Vorbehalt gegenüber den Leistungsanstrengungen von Beschäftigten entsteht dann, wenn hohe Leistung betrieblich zwar gefordert wird, das Erbringen der Leistung aber nicht dazu beiträgt, den eigenen Arbeitsplatz zu sichern, da dieser Gegenstand unternehmerischer Umstrukturierungen geworden ist. In dem Fallbeispiel „Kommunikationstechnik" ist diese Entkopplung bereits sehr weit fortgeschritten und hat zu einer massiven Erosion des Vertrauens der Beschäftigten gegenüber ihrem Unternehmen geführt. Gleichwohl strengt sich der Großteil der Beschäftigten weiterhin an, wohl wissend, dass eine Belohnung in Form einer langfristigen Beschäftigungsperspektive unwahrscheinlich ist. Motive wie die, gute Arbeit leisten zu wollen, die Kollegen nicht im Stich lassen zu können oder eben doch eine individuelle Nische zu finden, die das individuelle Überleben im Unternehmen sichern könnte, halten die Leistungsbereitschaft weiterhin hoch – und erhöhen mithin wiederum die Gefahr, sich selbst zu überlasten.

6.5 Dauerhafter Ausnahmezustand und Normalitätsfiktion

Die Leistungsvorgaben und -ziele in den Unternehmen orientieren sich häufig an einer Annahme von Normalität, die in der praktischen Arbeit Fiktion geworden ist. Bei auf Dauer gestellten Reorganisationsprozessen ist der Ausnahmezustand längst Normalität, während die Arbeitsanforderungen sich noch am Idealbild einer stabilen Organisation orientieren. Eine ähnliche Gleichgültigkeit gegenüber den Besonderheiten von Zeit und Raum zeigt sich in den neuen Instrumenten der Leistungssteuerung: Zielvorgaben berücksichtigen häufig nicht die regionalen Besonderheiten und Kundenstrukturen, sie vernachlässigen geschwundene Ressourcen (etwa reduzierten Personalstand bei Krankheit) ebenso wie veränderte Marktbedingungen (etwa in der gesamtwirtschaftlichen Krisensituation zur Zeit der Befragung). Die neuen Bedingungen mit den alten Normalitätsunterstellungen in Einklang zu bringen wird zur individuellen Anforderung an die Beschäftigten – eine Leistung, die häufig unsichtbar erbracht und damit kaum anerkannt wird.

Im Ergebnis löst sich das, was wir einleitend als die zwei Ausprägungen des fordistischen Wechselverhältnisses von Beschäftigten und Betrieb benannt haben – der kurzfristige, auf direkten Äquivalenzprinzipien beruhende Tausch zwischen Leistung und Lohn in der tayloristischen Leistungssteuerung, das komplexe Arrangement des impliziten Vertrags mit seinen vielschichtigen Reziprozitätsverhältnissen im System der verantwortlichen Autonomie –, der Tendenz nach auf. Der Betrieb schwindet als „Tauschpartner“, als Adressat von Forderungen und Ansprüchen; er inszeniert sich als Verwalter von Marktzwängen und Kalkulator von Ertragszielen. Dies hat Folgen für die subjektive Verarbeitung von Beanspruchungserfahrungen. Den Beschäftigten fehlt zunehmend der Widerpart, der verantwortlich gemacht werden kann für Missstände und Belastungen, der aber auch Quelle von Wertschätzung und Anerkennung sein kann. Wenn niemand Äußeres „schuld“ ist an den neuen Verhältnissen und ihren Überforderungen – die Vorgesetzten nicht, das Unternehmen nicht, und der Markt ist sowieso generell nicht schuldfähig –, können die Beschäftigten die Verantwortung nur bei sich selbst suchen.

7. Strategien der Beschäftigten im Umgang mit den Belastungen

In den PARGEMA-Betrieben ist es gang und gäbe, dass Beschäftigte ihre Arbeit als Stress erzeugend charakterisieren. Hieraus folgern sie in der Regel aber nicht, dass es primär der Betrieb ist, der als der für die Gesundheit seiner Mitarbeiter Verantwortliche gilt und die Arbeitsbedingungen entsprechend zu verändern hätte. Vielmehr wird Gesundheit überwiegend als individuelle Disposition gesehen: Der eine hält dem Stress stand, der andere nicht. Gesundheitsvorsorge und Behandlung von Erkrankungen werden deshalb auch überwiegend als Privatsache gesehen. Individuelle Aktivitäten – Sport, Entspannungstechniken, gesunde Ernährung – sollen den Belastungen entgegenwirken.

Dort, wo die Betriebe, wie im Fall von „Saturnia“, Angebote zu Stressprävention und Gesundheitsförderung machen, stoßen sie auf gute Resonanz. In den Interviews werden allerdings auch Befürchtungen geäußert, dass durch eine Teilnahme an solchen Veranstaltungen Zweifel an der eigenen Leistungsfähigkeit aufkommen könnten. „Unverfängliche“ Angebote der Gesundheitsförderung (wie etwa gesundes Kantinenessen) werden hingegen durchgehend begrüßt, haben aber nur begrenzte Relevanz für die Prävention psychischer Belastungen.

Während betriebliche Formen der Stressprävention häufig noch kaum ausgebaut sind, ließen sich in den an PARGEMA beteiligten Unternehmen vielfältige Varianten individueller Bewältigung (Coping) finden. Diese Varianten reichen von der schlichten Verleugnung von Gesundheitsgefährdungen (mitunter verbunden mit Erzählungen, dass diese Negation im Falle manifester psychischer Erkrankungen nicht mehr aufrecht zu erhalten ist) über die Relativierung von Gefährdungen (Stress gibt es überall; andere sind noch stärker belastet als ich) bis hin zu Versuchen, dem Stress etwas entgegenzusetzen. Die gängigste Variante besteht hier wiederum darin, einen Ausgleich außerhalb der Erwerbsarbeit (etwa im Sport, in der Gartenarbeit, in sozialen Beziehungen, im Faulenzen) zu suchen:

> „Früher hatt' ich einen Hund. Seit Januar hab ich einen Garten.“ (Mitarbeiterin Unternehmen „Kommunikationstechnik“)

Aber es gibt auch Formen des Coping (Bewältigung), die sich auf die Erwerbsarbeit selbst richten und die in drei Richtungen gehen können: Die erste besteht darin, die eigene Leistungsfähigkeit zu steigern (z.B. in einem verhaltenstherapeutischen Training, in dem Beschäftigte gezielt für besonders belastende Arbeitssituationen fit gemacht werden). Eine zweite Richtung besteht darin, Belastungen in der Erwerbsarbeit dadurch zu reduzieren, dass man die Arbeitsbedingungen zu eigenen Kosten verändert: durch einen Abteilungswechsel, durch eine Verringerung der Arbeitszeit, durch eine Reduzierung der Ansprüche auf Status, Bezahlung oder Karrierechancen. Ein gängiger Weg bei der „Saturnia“ besteht darin, den Vertrieb zu verlassen und in einen Abwicklungsbereich zu gehen. Schließlich findet sich drittens auch innere Distanzierung als Coping-Strategie: Unternehmerische Ziele werden nicht mehr als eigene Ziele wahrgenommen, man erfüllt zwar extern gesetzte Anforderungen, hält aber persönliches Engagement zurück. Eine solche Distanzierung bis hin zur inneren Kündigung bedeutet jedoch keineswegs Befreiung, sondern Enttäuschung. Denn sie steht im Widerspruch zu einer Haltung, die die große Mehrheit der in PARGEMA befragten Beschäftigten teilt: eine ausgeprägte intrinsische Arbeitsmotivation und eine hohe Bereitschaft, unternehmerische Ziele mitzutragen.

Genau diese Motivation macht indirekte Steuerung möglich, lässt aber zugleich einen Widerspruch entstehen, der für die Gesundheitssituation der Beschäftigten folgenreich sein kann: Wenn sich die Beschäftigten Unternehmensziele, die sich um wirtschaftlichen Erfolg und dessen weitere Steigerung in der Zukunft drehen, zu eigen machen, werden sie eine Verhaltenstendenz entwickeln, die Klaus Peters „interessierte Selbstgefährdung“ genannt hat (vgl. den Beitrag von Peters in diesem Band). Dabei wird die eigene Gesundheit um des Erfolgs willen sozusagen freiwillig riskiert, ohne dass der Erfolg in erster Linie den Beschäftigten zugute käme. Wenn die Beschäftigten unter Bedingungen ergebnisorientierter Steuerung ein *eigenes unternehmerisches Interesse* an der Zielerfüllung und Ergebniserreichung entwickeln, entsteht zugleich das Motiv für ein Verhalten, das die eigenen gesundheitlichen Ressourcen gefährdet (etwa durch eigenständige Verlängerung der Arbeitszeiten und den Verzicht auf Pausen oder krankheitsbedingte Abwesenheit) und bestehende gesundheitliche Schutzregelungen unterläuft.

8. Folgerungen für das betriebliche Gesundheitsmanagement

Ein grundlegender Befund des Projekts PARGEMA besteht darin, dass auch in solchen Unternehmen, die sich – unter anderem indem sie sich an dem Projekt beteiligen – durchaus mit der Problematik psychischer Belastungen auseinandersetzen, ein erheblicher Nachholbedarf bei der Prävention psychischer Belastungen besteht. Aufgrund der Dringlichkeit dieser Problematik wäre eine Neufokussierung betrieblichen Gesundheitsmanagements in höchstem Maße notwendig: Neben oftmals gut ausgebauten Systemen des Arbeitsschutzes (z.B. Schutz vor Unfällen) gilt es, die Prävention psychischer Belastungen systematisch aufzubauen. Allerdings wird ein solches Gesundheitsmanagement nicht nur einen veränderten Gegenstand haben, sondern auch eine veränderte Vorgehensweise entwickeln müssen. Diese wird in sehr viel stärkerer und in grundlegend anderer Weise auf Beteiligung der Beschäftigten zu setzen haben. Während der Status quo dadurch gekennzeichnet ist, dass Beschäftigte mit der Bewältigung psychischer Belastungen allein gelassen werden, müsste ein wirksames Gesundheitsmanagement dafür sorgen, die Individualisierung der Beschäftigten zu überwinden, zugleich aber berücksichtigen, dass Stressbewältigung ohne die aktive und selbstgesteuerte Leistung der Betroffenen nicht funktionieren kann. Darüber hinaus dürfte ein präventives Gesundheitsmanagement, das seinen Namen wert ist, nicht dabei stehen bleiben, Beschäftigte bei der Verarbeitung von Stress zu unterstützen, sondern es müsste sich zur Aufgabe machen, die betrieblichen Ursachen von Stress selbst anzugehen. Woran also kann Prävention ansetzen, die darüber hinausgehen will, den Umgang mit psychischen Belastungen als Privatsache der Beschäftigten zu begreifen?

Wenn ein zentrales Kennzeichen der neuen Belastungsformen darin besteht, dass der Umgang mit deren typischen Widersprüchen – zwischen Erfolgs- und Zielorientierung auf der einen und Gesundheitsinteressen sowie inhaltlichen Arbeitsorientierungen auf der anderen Seite – dem Einzelnen überantwortet wird, dann muss sich betriebliche Gesundheitspolitik zum Ziel setzen, die Beschäftigten zur eigenen Auseinandersetzung mit eben diesen widersprüchlichen Anforderungen zu befähigen. Nur in *kollektiven Diskussions- und Reflexionsprozessen,* bei deren Organisation die Betriebsräte eine wichtige Rolle spielen können, können die Tendenzen zur Individualisierung überwunden werden. Erst im Austausch miteinander nämlich wird deutlich, dass es sich bei den Erfahrungen permanenten Ungenügens und der Auffassung, dieses Ungenügen sei auf eigene Leistungsdefizite zurückzuführen, bei Gefühlen der Ohnmacht und der Wut keineswegs nur um rein persönliche Dinge handelt, sondern um typische Konsequenzen aktueller Formen der Organisation und Steuerung von Arbeit. Dies ist der erste Schritt zu einem verbesserten Coping-Verhalten.

Allerdings genügt es nicht, allein an der Seite der Belastungsbewältigung anzusetzen. Prävention psychischer Belastungen muss auch den Versuch unternehmen, die Belastungen selbst zu reduzieren. Ein erstes wichtiges Gestaltungsfeld stellt hierbei das Verhalten von Führungskräften dar. In unseren Untersuchungen hat sich gezeigt, dass dem *Führungsverhalten* eine nicht unwesentliche Bedeutung für die Belastungssituation zukommt. Vorgesetzte können die Überforderungstendenzen ergebnisorientierter Steuerungsformen noch verschärfen – etwa durch demotivierendes (und unter Bedingungen hochgradig intrinsisch motivierter Beschäftigter ganz und gar überflüssiges) Disziplinierungsverhalten –, sie können aber auch als Coaches und Unterstützer eines gleichermaßen erfolgsorientierten wie eigenverantwortlichen Leistungshandelns ihrer Mitarbeiter aktiv werden. Um ein „gesundheitsförderliches Führen" zu ermöglichen, ist es allerdings notwendig, die Belastungs- und Beanspruchungssituation der Führungskräfte selbst zum Thema zu machen (Wilde et al. 2009a, b) – denn auch ihre Handlungsspielräume sind natürlich durch das System der neuen Steuerungsformen definiert.

Ein zweites wichtiges Handlungsfeld besteht in der *Arbeitsgestaltung.* Erfolgsorientierte Steuerung ist häufig flankiert von steigendem bürokratischem Aufwand. Das Führen von Leistungsnachweisen zu Gunsten eines immer umfassenderen und detaillierteren Controllings führt dazu, dass für die eigentliche Leistungserbringung immer weniger Zeit bleibt. Abbau von Nachweispflichten, Reduzierung der Kommunikationsdichte und -geschwindigkeit, Vereinfachung komplizierter Prozessketten u.a.m. könnten hier zu Entlastungen führen und wurden von den Befragten der Fallbetriebe auch häufig gewünscht.

Letzten Endes aber muss den Belastungen und Gefährdungen genau dort begegnet werden, wo sie ihre Ursache haben, nämlich im Kernbereich der betrieblichen *Leistungssteuerung.* Es führt kein Weg daran vorbei, die tendenziell maßlosen markt- und ergebnisbezogenen Erfolgsziele immer wieder am Maßstab ihrer menschlichen und organisationalen „Leistbarkeit" zu überprüfen und das Prinzip des Arbeitskraft- und Aufwandsbezugs wieder zu stärken. Dies kann nur über „ehrliche" Rückkopplungsprozesse hinsichtlich Leistungsmöglichkeiten und Ressourcen von unten nach oben erfolgen, d.h. immer auch unter partizipativem Einbezug der Beschäftigten.

Eine wichtige Rolle spielt die *betriebliche Interessenvertretung.* Einerseits besteht ihre Aufgabe darin, betriebliche Thematisierungs- und Reflexionsprozesse von Gesundheit und Leistung anzustoßen und zu befördern und die Beschäftigten in ihren interessenpolitischen Auseinandersetzungen zu unterstützen. Andererseits muss es auch darum gehen, sich die neuen leistungspolitischen Steuerungsverfahren kollektiv anzueignen. So sind die neuen ergebnis- und ertragsorientierten Instrumente der Leistungssteuerung bislang kaum von Beschäftigten- und Betriebsratsseite her interessenpolitisch reguliert. In jahrzehntelangem Kampf ist es Gewerkschaften und Betriebsräten gelungen, innerhalb des tayloristischen Leistungsarrangements Einfluss zu gewinnen (z.B. durch Mitbestimmung bei der zunächst einseitigen Ermittlung der Leistungsvorgaben). Die aktuelle Herausforderung bestünde dann darin, einerseits Arbeitskraft- und Aufwandsbezug gegen die neue ökonomische Maßlosigkeit einzufordern, andererseits aber auch das neue betriebliche Marktregime interessenpolitisch zu besetzen, und zwar sowohl durch die Interessenvertretungen als auch unmittelbar durch die Beschäftigten. Ansatzpunkte dafür könnten im Metallbereich beispielsweise die neuen Instrumente des ERA bieten.

Damit betriebliche Gesundheitspolitik erfolgreich sein kann, muss sie systematisch mit dem Politikfeld der Leistungssteuerung verbunden werden. Unter aktuellen Bedingungen kann Arbeits- und Gesundheitsschutz nicht mehr getrennt von Leistungssteuerung gedacht und praktiziert werden, Leistungspolitik muss sich zentral an Kriterien von Gesundheit und Wohlbefinden orientieren. Erst dann verliert die betriebliche Gesundheitspolitik den Charakter eines Reparaturbetriebs, der die Beschäftigten dazu anhält, die maßlosen Anforderungen neuer Steuerungsformen individuell zu kompensieren, und führt zu wirklicher Prävention.

Literatur

Berger, U./Offe, C. (1981): Das Rationalisierungsdilemma der Angestelltenarbeit. In: Geschichte und Gesellschaft. Jg. 7, Sonderheft: Angestellte im europäischen Vergleich, S. 39–58

Boes, A./Bultemeier, A. (2008): Informatisierung – Unsicherheit – Kontrolle. Analysen zum neuen Kontrollmodus in historischer Perspektive. In: Dröge et al. 2008, S. 59–90

Braverman, H. (1977): Die Arbeit im modernen Produktionsprozess. Frankfurt/M., New York

Burawoy, M. (1979): Manufacturing Consent – Changes in the Labor Process under Monopoly Capitalism. Chicago, London

Dröge, K./Marrs, K./Menz, W. (Hg., 2008): Rückkehr der Leistungsfrage. Leistung in Arbeit, Unternehmen und Gesellschaft. Berlin

Düll, K./Bechtle, G. (1988): Die Krise des normierten Verhandlungssystems – Rationalisierungsstrategien und industrielle Beziehungen im Betrieb. In: Bolte, K. M. (Hg.): Mensch, Arbeit und Betrieb. Weinheim, S. 215–244

Ehrenberg, A. (2004): Das erschöpfte Selbst. Depression und Gesellschaft in der Gegenwart. Frankfurt/M., New York

Foucault, M. (1977): Überwachen und Strafen. Die Geburt des Gefängnisses. Frankfurt/M.

Friedman, A. L. (1977): Industry and Labour. Class Struggle at Work and Monopoly Capitalism. London

Gebbert, C. (1988): Qualifizierung im Akkord. Probleme der Entlohnung von Flexibilitätsleistungen. Bonn

Graefe, S. (2010): An den Grenzen der Verwertbarkeit. Erschöpfung im flexiblen Kapitalismus. In: Becker, K./Gertenbach, L./Laux, H./Reitz, T. (Hg.): Grenzverschiebungen des Kapitalismus. Umkämpfte Räume und Orte des Widerstands. Frankfurt/M., New York, S. 229–250

Haipeter, T. (2008): Arbeitszeit- und Leistungsregulierung – Neue Regulierungsformen und ihre Folgen für Beschäftigte und Betriebsräte. In: Dröge et al. 2008, S. 199–219

Kratzer, N. (2003): Arbeitskraft in Entgrenzung. Grenzenlose Anforderungen, erweiterte Spielräume, begrenzte Ressourcen. Berlin

Kratzer, N./Menz, W./Nies, S./Sauer, D. (2008): Leistungspolitik als Feld „umkämpfter Arbeit". In: Prokla, Jg. 38/Heft 1, S. 11–26

Kratzer, N./Nies, S. (2008): Leistungsgestaltung im Angestelltenbereich. Chancen und Risiken der ERA-Umsetzung. Bericht an die Hans-Böckler-Stiftung. München

Kratzer, N./Nies, S. (2009): Neue Leistungspolitik bei Angestellten. ERA, Leistungssteuerung, Leistungsentgelt. Berlin

Krell, G. (1984): Das Bild der Frau in der Arbeitswissenschaft. Frankfurt/M., New York

Lüthje, B. (2004): Kehrt der Fordismus zurück? Globale Produktionsnetze und Industriearbeit in der „New Economy". In: Berliner Debatte Initial, Jg. 15/Heft 1, S. 62–73

Lutz, B. (1975): Krise des Lohnanreizes – Ein empirisch-historischer Beitrag zum Wandel der Formen betrieblicher Herrschaft am Beispiel der deutschen Stahlindustrie. Frankfurt/M., Köln

Marrs, K. (2007): Zwischen Leidenschaft und Lohnarbeit. Berlin

Marrs, K. (2010): Herrschaft und Kontrolle in der Arbeit. In: Böhle, F./Voß, G. G./Wachtler, G. (Hg.): Handbuch Arbeitssoziologie. Wiesbaden, S. 331–356

Menz, W. (2008): „Techniken, welche nutzbringende Individuen fabrizieren" – Was nützt Foucault für eine kritische Analyse von Leistungsbeurteilungsverfahren? In: Dröge et al. 2008, S. 91–121

Menz, W. (2009): Die Legitimität des Marktregimes. Leistungs- und Gerechtigkeitsorientierungen in neuen Formen betrieblicher Leistungspolitik. Wiesbaden

Peters, K./Sauer, D. (2005): Indirekte Steuerung – eine neue Herrschaftsform. Zur revolutionären Qualität des gegenwärtigen Umbruchprozesses. In: Wagner 2005, S. 23–58

Pohlmann, M./Sauer, D./Trautwein-Kalms, G./Wagner, A. (Hg.) (2003): Dienstleistungsarbeit: Auf dem Boden der Tatsachen. Befunde aus Handel, Industrie, Medien und IT-Branche. Berlin

Rau, A. (2009): Suizid und neue Leiden am Arbeitsplatz. In: Widerspruch, Nr. 56, Jg. 29/Heft 1, S. 67–77

Rousseau, D. M. (1996): Psychological Contracts in Organizations. Understanding Written and Unwritten Agreements. Newbury Park/CA

Sauer, D. (2005): Arbeit unter (Markt-)Druck. Ist noch Raum für innovative Arbeitspolitik? In: WSI-Mitteilungen, Jg. 58/Heft 4, S. 179–185

Sauer, D. (2006): Von der systemischen Rationalisierung zur permanenten Reorganisation – Lange und kurze Wellen der Unternehmensreorganisation. In: Baukrowitz, A./Berker, T./Boes, A./Pfeiffer, S./Schmiede, R./Will, M. (Hg.): Informatisierung der Arbeit – Gesellschaft im Umbruch. Berlin, S. 84–97

Sauer, D./Döhl, V. (1997): Die Auflösung des Unternehmens? Entwicklungstendenzen der Unternehmensreorganisation in den 90er Jahren. In: IfS/INIFES/ISF/SOFI (Hg.): Jahrbuch sozialwissenschaftliche Technikberichterstattung '96 – Schwerpunkt: Reorganisation. Berlin, S. 19–76

Sauer, D./Döhl, V./Kratzer, N./Marrs, K. (2004): Arbeiten ohne (Zeit-)Maß? Ein neues Verhältnis von Arbeitszeit- und Leistungspolitik. In: Bsirske, F./Möning-Raane, M./Sterkel, G./Wiedemuth, J. (Hg.): Es ist Zeit: Das Logbuch für die ver.di-Arbeitszeitinitiative. Hamburg, S. 155–177

Schein, E. H. (1970): Organizational Psychology. Englewood Cliffs

Springer, R. (1999): Rückkehr zum Taylorismus? Arbeitspolitik in der Automobil-Industrie am Scheideweg. Frankfurt/M., New York

Wagner, H. (Hg., 2005): „Rentier' ich mich noch?" Neue Steuerungskonzepte im Betrieb. Hamburg

Die Bedeutung von Zielmerkmalen für Belastung und Beanspruchung von Beschäftigten in ergebnisorientiert gesteuerten Arbeitssystemen

Carolina Bahamondes Pavez, Stephan Hinrichs

Angesichts der Veränderung in der Steuerung von Arbeitsprozessen (stärkere Ergebnisorientierung, zunehmende Verantwortung für die Erreichung dieser Ergebnisse und daran orientierte Leistungsbewertung) gewinnen die Merkmale der zu erreichenden Ergebnisse oder Ziele an Bedeutung. Unsere Studien zeigen, dass Zielmerkmale wie die Erreichbarkeit sowie die Anpassbarkeit von Zielen und Ressourcen sich auf die Belastungen in der Arbeit auswirken und kritisch für das Befinden der Beschäftigten sind.

1. Veränderungen in der Arbeitswelt

In den letzten Jahrzehnten fanden bedeutende Veränderungen in der Arbeitswelt statt (International Labour Organization 2006; Smith 1997). Lange Zeit wurde versucht, Arbeitsprozesse durch zentrale Planung und Vorgaben zu steuern, doch die Dynamik der externen und internen Anforderungen an Unternehmen stellte stets ein Problem dar. In den letzten Jahrzehnten zeigt sich ein deutlicher Übergang von einer Vorgabe- zu einer Ergebnisorientierung in der Steuerung von Arbeit. Aus der Perspektive des soziotechnischen Systemansatzes werden Betriebe als offene Systeme in hoch dynamischen und nicht vorhersagbaren Umwelten („turbulent fields") verstanden, in denen eine Vielzahl von Schwankungen und Störungen auftritt (Emery/Trist 1965). Dieser Ansatz macht die Schwäche herkömmlicher Steuerung von Arbeit sichtbar und erklärt gleichzeitig den genannten Übergang zu einer Ergebnisorientierung. Dieser Wandel steht im Zusammenhang mit einer Dezentralisierung von Verantwortung und einer immer stärker an Ergebnissen orientierten Leistungsbewertung. Für die Beschäftigten bedeutet dies, dass ihr Arbeitsauftrag immer weniger auf detaillierten Vorgaben, sondern mehr auf vereinbarten oder festgelegten Ergebnissen bzw. Zielen beruht. Damit tragen sie in der Regel eine höhere Verantwortung für den Prozess sowie für die Zielerreichung und die Qualität der Ergebnisse. Auftretende Probleme und Störungen sind daher weitgehend selbstständig durch die Beschäftigten – individuell oder im Team – zu lösen. Zudem ist auch die Leistungsbewertung stark an das Ausmaß gekoppelt, in dem Ziele erreicht werden.

Beispiele für neue Steuerungsformen von Arbeit sind bekannte Konzepte wie „Management by Objectives“ (Drucker 1954; Odiorne 1980), „New Public Management“ (z.B. Noblet et al. 2006) oder „Teilautonome Arbeitsgruppen“ (z.B. Antoni 1997). Die ergebnisorientierte Steuerung von Arbeitsprozessen ermöglicht aus betrieblicher Sicht primär die Flexibilisierung der Arbeitsstrukturen und dadurch eine bessere Bewältigung der wachsenden Flexibilitätsanforderungen der Märkte sowie der Schwankungen und Störungen in der Auftragsabwicklung (Schüpbach 2007).

2. Folgen des Wandels

Aus arbeitspsychologischer Sicht bringt dieser Wandel in Richtung ergebnisorientierter Steuerung sowohl Chancen als auch Risiken für die Beschäftigten mit sich (siehe dazu auch den Beitrag von Schüpbach in diesem Band). Chancen werden vor allem darin gesehen, dass dieser Wandel grundsätzlich mit kompetenz- und gesundheitsförderlichen Potenzialen verbunden ist, die im Sinne der Humanisierung der Arbeit lange Zeit gefordert wurden. Denn durch ergebnisorientierte Steuerung können vollständigere, interessantere Aufgabenzuschnitte ermöglicht werden. Diese werden im Sinne von Hacker (Vollständige Tätigkeiten, 2005) oder Herzberg (Job Enrichment und Job Enlargement, 1968) als Potenziale angesehen und drücken sich konkret zum Beispiel in der Reduktion von Unterforderung und Monotonie sowie in der Erweiterung von Lernpotenzialen aus (vgl. etwa Bamberg et al. 2003). Andererseits stellen unvorhergesehene Ereignisse (Schwankungen und Störungen) im Sinne des transaktionalen Stressmodells (Lazarus/Launier 1978) per se Stress und daher auch Risiken für das Beschäftigtenbefinden dar. In Übereinstimmung damit deuten Ergebnisse von Jansen (2000) auf negative Entwicklungen der Arbeitsbelastung in Richtung einer Steigerung des Leistungsdrucks und der Arbeitsmenge hin. Einschätzungen von Arbeitsschutzexperten stützen diesen Befund (Paridon et al. 2004). Auch im Hinblick auf Beanspruchung zeigen sich ungünstige Entwicklungen: Die Statistiken der Krankenkassen weisen in den letzten Jahren auf einen Anstieg von Fehlzeiten aufgrund psychischer Erkrankungen hin. So stieg die Zahl der von psychischen Erkrankungen verursachten Arbeitsunfähigkeitsfälle seit 1995 um 80% (Badura et al. 2010). Weiterhin sind seit dem Jahr 2003 psychische Erkrankungen der häufigste Grund für Frühverrentungen (Rehfeld 2006). Es wird erwartet, dass psychische Erkrankungen in den nächsten zehn Jahren zunehmend Auslöser von Fehlzeiten werden (World Health Organization 2001).

Der Wandel scheint also neben Chancen auch Gefahren zu bergen, die entsprechend den berichteten Daten aktuell möglicherweise im Vordergrund stehen. Wie lässt sich dies erklären bzw. von welchen Merkmalen der Steuerungsform oder der Arbeitssituation hängt es ab, ob ergebnisorientierte Steuerung ihre Potenziale entfalten kann oder zusätzliche Risiken für das Wohlbefinden und die Gesundheit von Beschäftigten entstehen?

Ergebnisorientierte Steuerung stellt hohe Anforderungen an die Selbstständigkeit und Flexibilität der Beschäftigten. Hohe Anforderungen sind jedoch nicht per se als positiv oder negativ zu betrachten. Dies kann erst in Zusammenhang mit persönlichen Voraussetzungen (Fähigkeiten und Bedürfnissen der Person) sowie mit den zur Verfügung stehenden organisationalen und sozialen Ressourcen beurteilt werden (Person-Environment-Fit-Modell von Edwards et al. 1998). Dabei sind negative Folgen für das Befinden von Beschäftigten zu erwarten, wenn nicht ausreichend Ressourcen und Möglichkeiten zur aktiven Bewältigung der Anforderungen und zur Pufferung der Stressoren zur Verfügung stehen (Schüpbach 2007). Demzufolge könnten die aktuellen Befunde und die neuen Tendenzen der Fehlzeitstatistiken damit in Zusammenhang stehen, dass der Wandel in der Steuerung nicht in jedem Fall mit der Bereitstellung ausreichender Ressourcen einhergeht. Darüber hinaus gehen wir davon aus, dass in ergebnisorientiert gesteuerten Arbeitssystemen die Merkmale der zu erreichenden Ziele eine besonders wichtige Rolle spielen. Da der gesamte Arbeitsprozess auf die Erreichung der vereinbarten oder vorgegebenen Ziele ausgerichtet ist, sind Ziele ausschlaggebend für die Qualität der ergebnisorientierten Steuerung. Wie günstig Ziele gestaltet sind, sollte entscheidend dafür sein, ob ergebnisorientierte Steuerung ihre Potenziale entfalten kann oder nicht. In diesem Zusammenhang machen die Ergebnisse einer Expertenbefragung von Erke und Bungard (2006) darauf aufmerksam, dass die eingeschränkte Erreichbarkeit und Beeinflussbarkeit der Ziele die am häufigsten genannten Probleme bei der Arbeit mit Zielvereinbarungen darstellen.

Schwierige und spezifische Ziele führen zu hoher Leistung; dies ist allerdings nur der Fall, solange der Schwierigkeitsgrad die Kompetenzen und Möglichkeiten der Person nicht übersteigt und dadurch die Zielerreichung unmöglich gemacht wird (Locke/Latham 1990). Des Weiteren steht das Erreichen von Zielen im positiven Zusammenhang mit Zufriedenheit sowie positiven Affekten. Das Nicht-Erreichen von Zielen hängt hingegen mit negativen Affekten zusammen (Locke/Latham 1990; Kehr 2003). In einer im Jahr 2003 publizierten Studie von Konradt et al. wurde eine Reihe von Zielmerkmalen und Arbeitsbedingungen bei Telearbeitern erfasst und deren Auswirkungen auf das Befinden der Beschäftigten untersucht. Zehn verschiedene Merkmale (Goal Stress, Goal Clarity etc.) von Zielen wurden auf der Basis einer deutschen Übersetzung des Goal Setting Questionnaire (Locke/Latham 1984) erfasst und zusammengefasst als Quality of Management by Objectives (Quality of MbO) bezeichnet. Die Autoren fanden einen positiven Zusammenhang von Quality of MbO mit Arbeitszufriedenheit und eine negative Beziehung zu der Befindensbeeinträchtigung Irritation (Skala von Mohr et al. 2005). Sie konnten zeigen, dass insbesondere Quality of MbO sowie arbeitsbezogene Stressoren signifikante Effekte auf das Befinden aufweisen. Allerdings gehen die Autoren davon aus, dass Quality of MbO nicht einen weiteren unabhängigen Faktor mit Effekt auf das Befinden darstellt, sondern dass die Zielmerkmale die Merkmale der Arbeitsaufgabe und der Arbeitssituation beeinflussen und dadurch – also vermittelt – auf das Befinden wirken. Dies konnte in ihrer Studie allerdings nicht überprüft werden. Insgesamt unterstreicht sie die Bedeutung der Zielmerkmale in ergebnisorientiert gesteuerten Arbeitssystemen. Unklar bleibt dennoch, wie die Beziehung zwischen Merkmalen der Ziele und arbeitsbezogenen Stressoren aussieht und wie erstere genau auf das Befinden wirken.

Zusammenfassend kann anhand dieser theoretischen Ansätze und Befunde zum einen festgehalten werden, dass die Verfügbarkeit eines angemessenen Ausmaßes an organisationalen und sozialen Ressourcen unerlässlich ist. Erst dadurch können Beschäftigte die gestellten Anforderungen erfüllen und vorhandene (zum Teil unvermeidbare) Stressoren der Arbeitssituation gepuffert werden. Zum anderen wird die Bedeutung der Zielmerkmale für das Befinden deutlich. Unklar bleibt dabei, ob diese vermittelt durch andere Merkmale der Arbeitssituation wirken. Gerade die Möglichkeiten, Ziele und notwendige Ressourcen/Mittel wenn nötig anzupassen, sowie der damit verbundene Grad der Erreichbarkeit der (vorgegebenen oder vereinbarten) Ziele scheinen eine wichtige Rolle zu spielen. Die Tatsache, dass die Rahmenbedingungen der Arbeitssysteme sehr dynamisch sind und sich damit die Erfüllungsbedingungen der Ziele kontinuierlich verändern, unterstreicht die Bedeutung dieser Zielmerkmale. Gleichzeitig scheint dies jedoch gegenwärtig ein Manko ergebnisorientiert gesteuerter Arbeitssysteme zu sein.

3. Untersuchungsvorhaben und Ergebnisse

Im Rahmen des Verbundprojekts PARGEMA sind wir der Frage nachgegangen, wie ergebnisorientierte Steuerung zu beschreiben ist und mit welchen Merkmalen der Arbeitssituation sie assoziiert werden kann. Ferner interessierte uns die Frage, welche Faktoren oder Merkmale der Arbeitssituation dafür entscheidend sind, ob ergebnisorientierte Steuerung ihre theoretisch zugewiesenen Potenziale entfaltet oder eher zu neuen oder zusätzlichen Risiken für das Befinden der Beschäftigten führt.

Es wird erwartet, dass ergebnisorientierte Steuerung mit hohen Anforderungen an die Selbstständigkeit und Flexibilität von Beschäftigten assoziiert ist. Sie geht nicht erzwungenermaßen mit einem geringen Ausmaß an Ressourcen und mit hoch ausgeprägten Stressoren einher, wird derzeit jedoch anscheinend eher ungünstig umgesetzt. Des Weiteren nehmen wir eine hohe Bedeutung der Zielmerkmale in ergebnisorientiert gesteuerten Arbeitssystemen an und gehen gleichzeitig davon aus, dass deren Gestaltung gegenwärtig ebenfalls ein Problem darstellt. In unserer ersten Studie prüfen wir daher, inwieweit ergebnisorientierte Steuerung mit Befindensbeeinträchtigungen einhergeht, wenn eine geringe Zielqualität sowie ein hohes Ausmaß an Stressoren bei gleichzeitig niedrigen Ressourcen vorliegt.

In unserer zweiten Studie gehen wir der Frage der Wichtigkeit der Zielmerkmale nach. Daher wird zum einen geprüft, wie hoch der erwartete Zusammenhang zwischen geringer Zielqualität und Befindensbeeinträchtigungen ist. Zum anderen wird geprüft, ob die Zielqualität zunächst auf die Arbeitsbedingungen wirkt und diese wiederum das Befinden beeinflussen.

3.1 Stichprobe und Methode

Für die Studien wurden 173 Beschäftigte in Kooperationsunternehmen von PARGEMA (Finanzdienstleistung und Produktion), die vorwiegend ergebnisorientiert gesteuert werden, schriftlich befragt. Ob ergebnisorientierte Steuerung vorliegt, wurde mittels Experteneinschätzung anhand folgender Merkmale beurteilt:

- Der Arbeitsauftrag wird hauptsächlich anhand von Zielvorgaben oder -vereinbarungen vergeben *(Steuerung durch Ziele).*
- Die Arbeitsleistung wird vorwiegend durch Arbeitsergebnisse bzw. das Ausmaß der Zielerreichung beurteilt. Der geleistete Aufwand (z.B. Arbeitsstunden) erhält dagegen eine geringere Bedeutung für die Leistungsbewertung *(ergebnisorientierte Leistungsbewertung).*
- Der einzelne Beschäftigte bzw. das Team trägt die Verantwortung für das Erreichen der Ziele sowie für den Umgang mit Veränderungen und auftretenden Schwierigkeiten im Prozess der Zielerreichung *(Dezentralisierung von Verantwortung).*

Als Befragungsinstrument wurde ein Fragebogen entwickelt und eingesetzt. Dabei wurden *Anforderungen* (an die zeitliche und funktionale Flexibilität sowie an die Selbstorganisation), *Stressoren* (Arbeitsunterbrechungen, kognitive Widersprüche, Work-Life Conflict) und *Ressourcen* (Tätigkeitsspielräume, soziale Unterstützung) der Arbeitssituation erfasst. Die einzelnen Skalen wurden zwecks besserer Darstellung zu Faktoren (Anforderungen, Stressoren und Ressourcen) zusammengefasst. Darüber hinaus haben wir die wahrgenommene Erreichbarkeit von Zielen sowie die Anpassbarkeit von Zielen und Ressourcen erfasst. Diese Zielmerkmale fassen wir unter dem Begriff *Zielqualität* zusammen. Als Indikator für Befindensbeeinträchtigung wurde die Skala *Irritation* (Mohr et al.

2005; Itemzahl: 8; Cronbachs Alpha = .93) verwendet. Irritation erfasst einen psychischen Erschöpfungszustand, der so weit fortgeschritten ist, dass er in alltäglichen Pausen nicht abgebaut werden kann. Sie stellt eine Befindensbeeinträchtigung dar und kann psychischen Störungen (z.B. Depression) vorgelagert sein. In Studie 2 berücksichtigten wir zusätzlich die Skala *Somatische Beschwerden* (Ducki 2000; Itemzahl: 10; Cronbachs Alpha = .84) als einen weiteren Indikator für Fehlbeanspruchungsfolgen. Die Zuverlässigkeitskoeffizienten für die verwendeten Skalen zu den Arbeitsbedingungen und zu den Zielmerkmalen sind ebenfalls im akzeptablen Bereich. Die Skalen, die Itemzahl sowie die Autoren der jeweiligen Skala sind weiter unten in Tabelle 1 dargestellt.

3.2 Studie 1: Arbeitsbedingungen in ergebnisorientiert gesteuerten Arbeitssystemen

Ziel unserer ersten Studie war es, zu beleuchten, wie ergebnisorientierte Steuerung umgesetzt wird. Zusätzlich wollten wir mehr darüber erfahren, welche Konstellation von Arbeitsbedingungen in ergebnisorientiert gesteuerten Arbeitssystemen im Zusammenhang mit Befindensbeeinträchtigungen steht. Zu diesem Zweck wurde ein Extremgruppenvergleich (Mittelwertunterschiede zwischen den Gruppen) durchgeführt. Dafür wurde die Stichprobe anhand der Irritationswerte der Beschäftigten in drei Gruppen geteilt. Die beiden „Extreme", d.h. zum einen die Gruppe der Beschäftigten mit geringen und zum anderen die Gruppe mit hohen Irritationswerten, wurden dann miteinander hinsichtlich der Anforderungen, Stressoren und Ressourcen der Arbeitssituation sowie der Zielqualität verglichen. In Abbildung 1 sind die Ausprägungen der erfassten Indikatoren für die Beschäftigten mit geringer und mit hoher Irritation dargestellt.

Abb. 1: Vergleich der Extremgruppen – Zusammengefasste Skalen

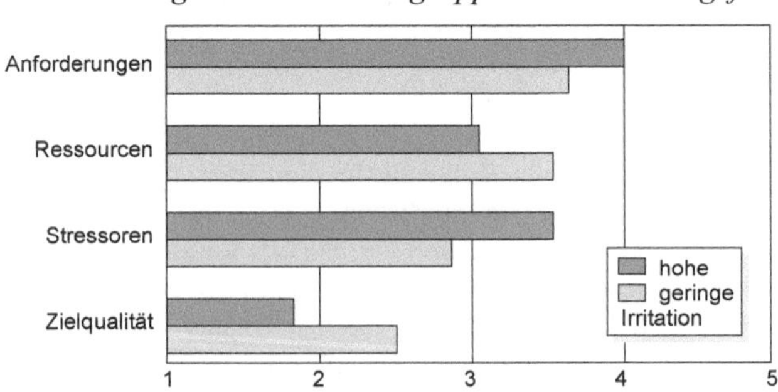

Verglichen mit dem Durchschnittswert der Normstichprobe (MW = 3,1; n = 4030)[1] zeigt unsere Stichprobe einen insgesamt erhöhten Durchschnittswert bei Irritation (MW = 3,61; SD = 1,43; n = 170). Wie in Abbildung 1 dargestellt, geben die Befragten erwartungsgemäß hohe Anforderungen an. Die wahrgenommenen Stressoren sowie die organisationalen und sozialen Ressourcen weisen ebenfalls eher hohe Ausprägungen auf. Als auffallend gering wird insgesamt die Zielqualität wahrgenommen, was im Einklang mit dem Befund von Erke und Bungard (2006) steht. Demzufolge weisen unsere Ergebnisse durchaus auf eine eher ungünstige Umsetzung ergebnisorientierter Steuerung hin. Die erhöhten Irritationswerte lassen vermuten, dass die verfügbaren Ressourcen in der Regel nicht zur Bewältigung der Anforderungen bzw. zur Pufferung der Stressoren ausreichen und die Qualität der Ziele nicht hoch genug ist.

Aus Abb. 1 ist außerdem zu entnehmen, dass ein hoher Irritationswert mit starken oder zahlreichen Stressoren, einem geringen Ausmaß an Ressourcen und einer geringen Zielqualität assoziiert ist. Beschäftigte mit hohen Irritationswerten geben erwartungsgemäß signifikant höhere Stressoren, eingeschränkte Ressourcen sowie eine geringere Zielqualität an. Hinsichtlich der wahrgenommenen Anforderungen hatten wir allerdings eine insgesamt hohe Ausprägung, jedoch keinen Unterschied zwischen den Gruppen erwartet. Entgegen dieser Erwartung nehmen aber Befragte mit höheren Irritationswerten auch signifikant höhere Anforderungen wahr als diejenigen mit geringeren Befindensbeeinträchtigungen. Wie oben erläutert, wird davon ausgegangen, dass die Höhe der Anforderungen zu den Fähigkeiten, Bedürfnissen oder Einstellungen der Person sowie zu den Ressourcen der Arbeitssituation passen soll. In diesem Zusammenhang bietet Höge (2007) eine mögliche Erklärung für diese Ergebnisse. Der Autor konnte zeigen, dass die Anforderungshöhe in Abhängigkeit von der individuellen Erwerbsorientierung wirkt. Personen mit ausgeprägtem Bedürfnis nach Leistungsoptimierung, Selbstbestimmung und Autonomie geben bei hohen Anforderungen an Flexibilität und Selbstorganisation ein signifikant höheres Wohlbefinden an als Beschäftigte mit deutlichem Bedürfnis nach Sicherheit und einer klaren Trennung zwischen Arbeits- und Nicht-Arbeitsleben. Demnach könnte eine unterschiedlich gute Passung zwischen der Anforderungshöhe und der individuellen Erwerbsorientierung der Befragten in den jeweiligen Gruppen für den signifikanten Unterschied hinsichtlich der Anforderungshöhe im Extremgruppenvergleich verantwortlich sein.

In Tabelle 1 werden die Skalenwerte für die Extremgruppen und die Detailergebnisse der Unterschiedstests dargestellt. Im Bezug auf die Stressoren zeigen sich bei allen Einzelskalen signifikante Unterschiede. Bei den Ressourcen hingegen können nicht bei allen Tätigkeitsspielräumen signifikante Unterschiede

---

1 MW = Mittelwert, SD = Standardabweichung.

festgestellt werden. So finden wir bei den Entscheidungsspielräumen insgesamt eine geringe Ausprägung und daher keinen signifikanten Unterschied zwischen den Gruppen. Das heißt, Beschäftigte mit geringer Irritation geben höhere Werte bei den Handlungs- und Gestaltungsspielräumen – nicht jedoch bei den Entscheidungsspielräumen – an als die Gruppe mit hohen Irritationswerten.

Tab. 1: Extremgruppenvergleich – Skalenausprägung und Ergebnisse der Unterschiedstests

	Geringe Irritation		Hohe Irritation				
Skala (Quelle; Itemzahl; Cronbachs Alpha)	*MW*	*SD*	*MW*	*SD*	*df*	*T*	*sig.*
Anforderungen (gesamt)	*3,66*	*0,49*	*4,01*	*0,47*	*114*	*–3,97****	.000
Funktionale und zeitliche Flexibilität (Höge 2006; 8; .83)	3,19	0,68	3,66	0,63	115	–3,91**	.000
Selbstkontrolle und Selbstorganisation (Höge 2006; 8; .76)	4,13	0,44	4,34	0,52	115	–2,46**	.015
Stressoren (gesamt)	*2,87*	*0,50*	*3,57*	*0,44*	*109*	*–7,92****	.000
Quantitative Anforderungen (COPSOQ: Nübling et al. 2005; 7; .85)	3,16	0,65	3,80	0,68	114	–5,17**	.000
Arbeitsunterbrechungen (ISTA: Semmer et al. 1999; 5; .72)	3,17	0,64	3,63	0,51	114	–4,23**	.000
Work-Life Conflict (COPSOQ: Nübling et al. 2005; 5; .92)	2,41	0,72	3,59	0,81	116	–8,303**	.000
Kognitive Widersprüche (Eigenkonstruktion; 9; .85)	2,70	0,48	3,28	0,53	112	–6,00**	.000
Ressourcen (gesamt)	3,55	0,44	3,06	0,58	114	5,21**	.000
Tätigkeitsspielräume (gesamt) (TAA-KH-S: Büssing/Glaser 2002; 18; .93)	3,12	0,55	2,86	0,57	114	2,49	.014
– Handlungsspielraum (8; .84)	3,48	0,58	3,19	0,63	116	2,68*	.009
– Entscheidungsspielraum (5; .77)	2,82	0,64	2,65	0,64	114	1,440	.153
– Gestaltungsspielraum (5; .87)	3,07	0,71	2,73	0,72	114	2,51	.014
Soziale Unterstützung (SALSA: Udris/Rimann 1999; 6; .92)	4,01	0,63	3,27	0,80	116	5,62**	.000
Zielqualität (gesamt)	*2,50*	*0,74*	*1,79*	*0,58*	*78*	*4,01****	*.000*
– *Erreichbarkeit von Zielen* (Eigenkonstruktion; 4; .81)	2,80	0,80	1,97	0,59	103	6,33**	.000
– *Anpassbarkeit von Zielen und Ressourcen* (Eigenkonstruktion; 3; .79)	2,22	0,92	1,62	0,77	109	3,74**	.000

Note: * = p < .05: ** = p <. 01

Insgesamt legen diese Ergebnisse nahe, dass die Kombination von hohen Anforderungen und hohen Stressoren bei gleichzeitig geringen Ressourcen und geringer Zielqualität mit ausgeprägten Befindensbeeinträchtigungen assoziiert ist. Unklar bleibt hier allerdings, wie diese Faktoren zueinander in Beziehung stehen.

3.3 Studie 2: Die Qualität von Zielen und Beeinträchtigungen des Befindens

Wie stark ist Zielqualität mit Befindensbeeinträchtigungen assoziiert? Inwieweit wirkt sich Zielqualität vermittelt über bestimmte Merkmale der Arbeitssituation auf das Befinden aus? Diesen Fragen sind wir in Studie 2 anhand von Zusammenhangs- und Regressionsanalysen nachgegangen.

Erwartungsgemäß zeigen unsere Ergebnisse einen deutlichen Zusammenhang zwischen Zielqualität und Befindensbeeinträchtigungen. Dieser ist stärker für die Fehlbeanspruchungsfolge Irritation ($r = -.431$, $p < .01$) als für die somatischen Beschwerden ($r= -.272$, $p < .01$). Der engere Zusammenhang zwischen geringer Zielqualität und hoher Irritation kann damit in Verbindung stehen, dass Irritation eine eher mittelfristige Fehlbeanspruchungsfolge darstellt, während die Skala „Somatische Beschwerden" längerfristige Gesundheitsbeeinträchtigungen erfasst. Irritation stellt demzufolge ein sensibleres Maß für ungünstig gestaltete Ziele dar, sie kann unter Umständen in weitere langfristige Gesundheitsbeeinträchtigungen oder gar Erkrankungen münden.

Zusätzlich haben wir überprüft, wie die Zielqualität mit den erhobenen Stressoren der Arbeitssituation zusammenhängt. Dabei zeigt sich bei allen erfassten Stressoren erwartungsgemäß ein negativer Zusammenhang. Niedrige Zielqualität ist insbesondere mit quantitativen Anforderungen ($r = -.627$, $p < .01$), kognitiven Widersprüchen ($r = -.555$, $p < .01$) und Work-Life Conflict ($r = -.536$, $p < .01$) assoziiert. Auch mit Arbeitsunterbrechungen ($r = -.386$, $p < .01$) zeigt sich ein signifikant negativer Zusammenhang. Die Korrelation von Zielqualität mit dem integrierten Stressorwert erweist sich ebenfalls als sehr hoch ($r = -.654$, $p < .01$). Diese Ergebnisse können als ein erster Hinweis darauf verstanden werden, dass durch geringe Erreichbarkeit von Zielen und eingeschränkte Anpassbarkeit von Zielen und Ressourcen möglicherweise Stressoren verstärkt werden könnten. Dies haben wir – wie in Abbildung 2 und Abbildung 3 dargestellt – durch Mediationsanalysen überprüft.

Die Ergebnisse der Mediationsanalysen zeigen sowohl für die Irritation als auch für die somatischen Beschwerden das gleiche Muster: Die Effekte der Zielqualität auf das Befinden werden vollständig durch die Stressoren vermittelt. Wie erwartet, können unerreichbare Ziele bzw. starre/inflexible Ziele und nicht anpassbare Ressourcen Stressoren verstärken. Auch denkbar ist allerdings, dass ungünstige Ziele zur Entstehung neuer Stressoren führen.

Abb. 2: Ergebnisse der Mediationsanalyse – Irritation

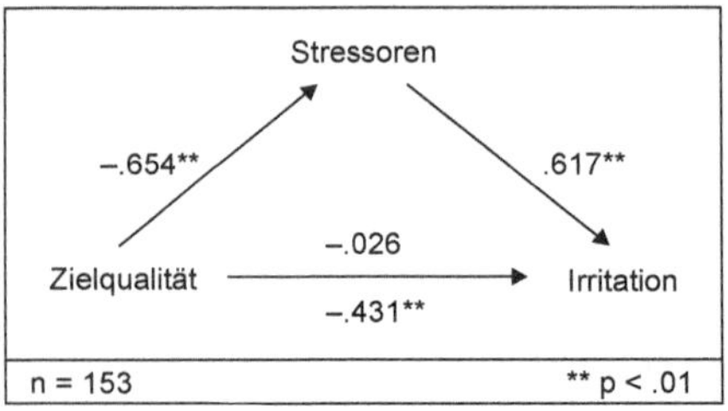

Stressoren
–.654**
.617**
–.026
Zielqualität
Irritation
–.431**
n = 153
** p < .01

Abb. 3: Ergebnisse der Mediationsanalyse – Somatische Beschwerden

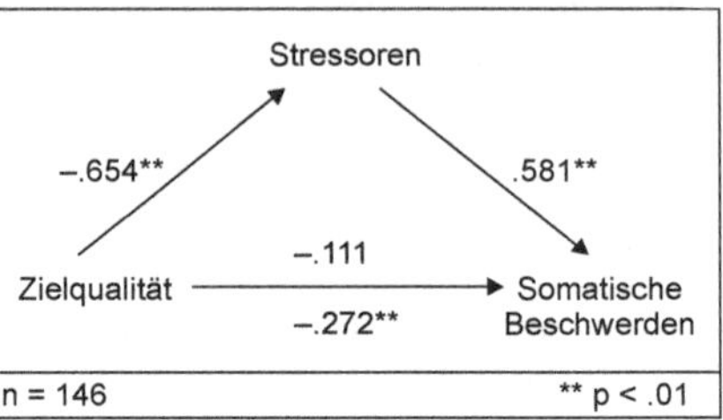

4. Zusammenfassung der Ergebnisse und Implikationen für die Praxis

Die Veränderungen in der Arbeitswelt und die Komplexität der Arbeitssysteme haben es für Unternehmen notwendig gemacht, Beschäftigte über Zielvereinbarungen zu führen und ihnen relative Freiräume bei der Abarbeitung ihrer Aufgaben zu gewähren. Diese zunächst einmal positive Entwicklung scheint sich aber umgekehrt zu haben. Möglicherweise sind Zielvorgaben schnell an den Markt angepasst worden, während die benötigten Ressourcen für die Beschäftigten gekappt wurden (z.B. geringere Mittel, weniger Personal etc.). Die Situation der Beschäftigten in der dargestellten Untersuchung lässt sich wie folgt nachzeichnen:

- In ergebnisorientiert gesteuerten Arbeitssystemen zeigen sich hohe Befindensbeeinträchtigungen.
- Hohe Befindensbeeinträchtigungen gehen einher mit hohen Anforderungen und Stressoren sowie geringen Ressourcen und einer geringen Zielqualität.
- In Bezug auf die Befindensbeeinträchtigungen kommt der Zielqualität eine besondere Bedeutung zu: Je höher die Zielqualität, desto geringer die Befindensbeeinträchtigungen.
- Zielqualität wirkt über die Stressoren auf die Befindensbeeinträchtigungen: Eine gute Zielqualität verringert die Stressoren und damit die Befindensbeeinträchtigungen.

Ein möglicher Hebel für die Praxis ist nach den vorliegenden Ergebnissen eine Verbesserung der Erreichbarkeit und Anpassbarkeit der Ziele. Unrealistisch hohe Ziele sind nach Locke und Latham (1990) nicht motivationsförderlich, sondern scheinen „unnötigen" Stress auslösen zu können. Mit unrealistischen Zielen wird also das Gewünschte (z.B. höhere Leistung) nicht erreicht und – vor allem langfristig betrachtet – das Unerwünschte gefördert (z.B. höherer Krankenstand). Zielvereinbarungen sollten also tatsächlich verhandelt werden und Einflussnahme und Partizipation seitens der Beschäftigten ermöglichen. Dabei sollten realistische Ziele vereinbart werden. Dies erfordert, dass von Seiten des Unternehmens eine Einschätzung vorliegen muss, was denn ein realistisches Ziel ist. Darüber hinaus könnte dies gegebenenfalls dazu führen, dass Unternehmen eine „Kontrollfunktion" ausüben und unrealistische Zielvorschläge der Beschäftigten, Teams oder Abteilungen nach unten korrigiert werden, um so negativen Auswirkungen entgegenzuwirken.

Die reale Möglichkeit, gesetzte Ziele sowie Ressourcen/Mittel anzupassen, stellt hingegen eine Ressource dar, die sich positiv auf das Befinden auswirkt, unabhängig davon, ob sie tatsächlich genutzt wird oder nicht. Die flexiblen Anpassungsmöglichkeiten von Zielen sind in erster Linie eine „kostenneutrale" Maßnahme, die ohnehin erst genutzt wird, wenn das Ziel nicht oder nicht mehr zu erreichen ist und weitere Mittel, Ressourcen, Terminverschiebungen etc. notwendig werden. Das Problem erledigt sich nicht durch Ignorieren oder Beharren auf entsprechenden Zielvorgaben.

Die Erreichbarkeit und die Anpassbarkeit von Zielen ist demnach eine aussichtsreiche Möglichkeit, Beschäftigten einen Teil ihrer Belastungen zu nehmen, ohne dabei auf eine hohe Leistung verzichten zu müssen.

5. Ausblick

Unternehmen haben in der Regel eine Geschichte, die aktuelle Situation lässt sich letztlich nur mit den Entwicklungen erklären, die zur jeweiligen Situation geführt haben. Diese Entwicklungen sind häufiger schleichende Prozesse als radikale den Arbeitsplatz betreffende Veränderungen. Die hier dargestellte dysfunktionale ergebnisorientierte Steuerung mit ihren negativen Auswirkungen auf die Beschäftigten und damit zumindest langfristig auch auf das Unternehmen wurde nicht „über Nacht" eingeführt. Je komplexer das Arbeitssystem und je umfangreicher die Flexibilitätsanforderungen an das Unternehmen, desto schwieriger ist es, die Prozesse zentral zu steuern und zu kontrollieren, wenn es nicht gar unmöglich wird. Es besteht also eine Notwendigkeit, Beschäftigten mehr Autonomie bei der Durchführung ihrer Aufgaben zu gewähren. Dabei darf aber nicht vernachlässigt werden, dass die notwendigen Ressourcen zur Verfügung gestellt und Ziele realistisch vereinbart werden müssen, um Beschäftigten die für ihre Gesundheit und die Erledigung ihrer Aufgaben notwendige Kontrolle über die Arbeitssituation zu ermöglichen.

In Abbildung 4 werden vermutete Abstufungen der ergebnisorientierten Steuerung (EOS) als Reaktion auf die wachsenden externen Flexibilitätsanforderungen (z.B. durch den Markt) dargestellt. Dabei ist die angenommene kritische Rolle der zur Verfügung stehenden Ressourcen zu erkennen, die für die Qualität und die Folgen ergebnisorientierter Steuerung entscheidend sind. Diese Stufen können als Verlauf interpretiert werden. Unternehmen können jedoch zwischen den Stufen vor und zurück springen.

In der Stufe „Keine EOS“ sind Unternehmen mit einem „klassischen“ vorgabenorientierten Arbeitssystem zu finden. Auf Flexibilitätsanforderungen wird von Unternehmensseite reagiert und diese werden durch entsprechende Vorgaben an die Beschäftigten umgesetzt. Der Autonomiegrad der Beschäftigten ist demnach gering, während die notwendige Kontrolle der Flexibilität durch das Unternehmen als hoch einzustufen ist.

In der Stufe „Funktionale EOS, niedriges Niveau“ wandelt sich diese Konstellation. Die Komplexität von Arbeitsprozessen und die Flexibilitätsanforderungen haben einen Grad erreicht, an dem die Kontrolle durch das Unternehmen

Abb. 4: Unterschiedliche Grade und Qualitäten ergebnisorientierter Steuerung (EOS)

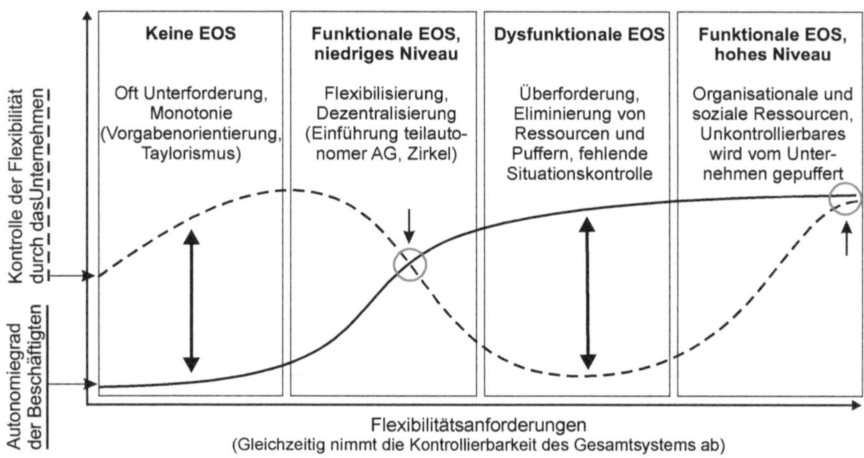

nicht mehr gewährleistet ist und daher Arbeit, Entscheidungen und Verantwortung dezentral organisiert sind. Der Autonomiegrad der Beschäftigten nimmt also zu, während das Unternehmen die Kontrolle des Arbeitssystems zurückfährt. Funktional wird die EOS durch die Passung zwischen Autonomiegrad der Beschäftigten auf der einen Seite sowie der Einflussnahme und der Zurverfügungstellung von notwendigen Ressourcen durch das Unternehmen auf der anderen Seite. Wird jedoch die dargestellte Entwicklung unreflektiert weitergeführt, kann dies zur Stufe „Dysfunktionale EOS“ führen: Beschäftigte erhalten einen hohen Grad an Autonomie und Verantwortung, gleichzeitig stellt das Unternehmen nicht mehr die notwendigen Ressourcen zur Verfügung, was bei den Beschäftigten zu Überforderung und Kontrollverlust führen kann. Betrachtet man die Passung von Autonomiegrad der Beschäftigten und Kontrolle der Flexibilität durch das Unternehmen als wohl günstigste Variante, so ist die Stufe „Funktionale EOS, hohes Niveau“ der konsequente nächste Schritt: Beschäftigte haben einen höchstmöglichen Grad an Autonomie. Gleichzeitig stellt das Unternehmen alle notwendigen organisationalen und sozialen Ressourcen zur Verfügung und übt gegebenenfalls eine kontrollierende oder schützende Funktion aus, indem es Grenzen setzt (z.B. für unrealistische Ziele), Schwankungen bei Überschreitung eines bestimmten Grads zentral ausgleicht und dadurch den Beschäftigten den Rücken freihält.

Eine funktionale EOS auf hohem Niveau kann dauerhaft nur unter dem Fokus des langfristigen Erhalts der Arbeitsfähigkeit der Beschäftigten sowie unter einer langfristigen wirtschaftlichen Perspektive gelingen. Unternehmen stehen in der Verpflichtung, Ziele realistisch und anpassbar zu gestalten und die notwendigen Ressourcen zur Verfügung zu stellen. Erst dadurch können die Potenziale ergebnisorientierter Steuerung für alle Beteiligten sinnvoll genutzt werden.

Literatur

Antoni, C. (1997): Soziale und ökonomische Effekte der Einführung teilautonomer Arbeitsgruppen – eine quasiexperimentelle Längsschnittstudie. In: Zeitschrift für Arbeits- und Organisationspsychologie, Jg. 41 (N. F. 15)/Heft 3, S. 131–142

Badura, B./Schröder, H./Klose, J./Macco, K. (Hg.) (2010): Fehlzeiten-Report 2009. Schwerpunktthema: Arbeit und Psyche: Belastungen reduzieren – Wohlbefinden fördern. Berlin

Bamberg, E./Busch, C./Ducki, A. (2003): Stress- und Ressourcenmanagement. Strategien und Methoden für die neue Arbeitswelt. Bern

Büssing, A./Glaser, J. (2002): Das Tätigkeits- und Arbeitsanalyseverfahren für das Krankenhaus – Selbstbeobachtungsversion (TAA-KH-S). Göttingen

Drucker, P. (1954): The Practice of Management. New York

Ducki, B. (2000): Diagnose gesundheitsförderlicher Arbeit. Zürich

Edwards, J. R./Caplan, R. D./Van Harrison, R. (1998): Person-Environment Fit Theory: Conceptual Foundations, Empirical Evidence, and Direction for Future Research. In: Cooper, C. L. (Hg.): Theories of Organizational Stress. Oxford, S. 28–67

Emery, F. E./Trist, E. L. (1965): The causal texture of organizational environments. In: Human Relations, Jg. 18, S. 21–32

Erke, A./Bungard, W. (2006): Erfahrungen mit Zielvereinbarungen bei teilautonomer Gruppenarbeit – Ergebnisse einer Expertenbefragung. In: Zeitschrift für Arbeits- und Organisationspsychologie, Jg. 50/Heft 3, S. 155–162

Hacker, W. (2005): Allgemeine Arbeitspsychologie. Psychische Regulation von Wissens-, Denk- und körperlicher Arbeit (2. vollständig überarbeitete und erweiterte Auflage. Schriften zur Arbeitspsychologie, Band 64). Bern

Herzberg, F. (1968): Work and the Nature of Man. London

Höge, T. (2006): Innsbrucker Fragebogen zur Erwerbsorientierung (IFEO) und Skalen zur Analyse subjektiver Flexibilitätsanforderungen (FLEX-AN). Innsbruck: Universität Innsbruck (unveröffentlichtes Manuskript, Institut für Psychologie)

Höge, T. (2007): Organisationale Flexibilitätsanforderungen und individuelle Erwerbsorientierungen: Eine Untersuchung zu den Konsequenzen eines Fits bzw. Misfits für das psychophysische Wohlbefinden. Präsentation auf der 5. Tagung der Fachgruppe Arbeits- und Organisationspsychologie der DGPs. Trier

International Labour Organization (2006): Changing patterns in the world of work. International Labour conference, 95th Session 2006, Report I (C) Geneva (Internet: http://www.ilo.org/public/english/standards/relm/ilc/ilc95/pdf/rep-i-c.pdf; zuletzt aufgesucht am 08.10.2009)

Jansen, R. (2000): Arbeitsbelastungen und Arbeitsbedingungen. In: Badura, B./Litsch, M./Vetter, C. (Hg.): Fehlzeiten-Report 1999. Berlin, S. 5–30

Kehr, H. M. (2003): Goal conflicts, attainment of new goals, and well-being among managers. In: Journal of Occupational Health Psychology, Jg. 8, S. 195–208

Konradt, U./Hertel, G./Schmook, R. (2003): Quality of management by objectives, task-related stressors and non-task-related stressors as predictors of stress and job satisfaction among teleworkers. In: European Journal of Work and Organizational Psychology, Jg. 12, S. 61–79

Lazarus, R. S./Launier, R. (1978): Stress-related transactions between person and environment. In: Pervin, L. A./Lewis, M. (Hg.): Perspectives in international psychology. New York, S. 287–327

Locke, E. A./Latham, G. P. (1984): Goal setting: A motivational technique that works! Englewood Cliffs/NJ

Locke, E. A./Latham, G. P. (1990): A theory of goal setting and task performance. Englewood Cliffs/NJ

Mohr, G./Rigotti, T./Müller, A. (2005): Irritation – ein Instrument zur Erfassung psychischer Beanspruchung im Arbeitskontext. Skalen- und Itemparameter aus 15 Studien. In: Zeitschrift für Arbeits- und Organisationspsychologie, Jg. 49, S. 44–48

Noblet, A. J./Rodwell, J. J./McWilliams, J. (2006): Organisational Change in the Public Sector: Augmenting the Demand Control Model to Predict Employee Outcomes under New Public Management. In: Work and Stress, Jg. 20/Heft 4, S. 335–352

Nübling, M./Stößel, U./Hasselhorn, H.-M./Michaelis, M./Hofmann, F. (2005): Methoden zur Erfassung psychischer Belastungen – Erprobung eines Messinstruments (COPSOQ). Bremerhaven

Odiorne, G. S. (1980): Management by Objectives. München

Paridon, H./Bindzius, F./Windemuth, D./Hanßen-Pannhausen, R./Boege, K./Schmidt, N./Bochmann, F. (2004): Ausmaß, Stellenwert und betriebliche Relevanz psychischer Belastungen bei der Arbeit. IGA Report 5. Dresden, Essen

Rehfeld, U. G. (2006): Gesundheitsbedingte Frühberentung – Themenheft 30. Berlin: Robert-Koch-Institut

Schüpbach, H. (2007): Arbeitstätigkeit und Arbeitshandeln in soziotechnischen Systemen – ein Beitrag zur Diskussion. In: Richter, P. G./Rau, R./Mühlpfordt, S. (Hg.): Arbeit und Gesundheit – Zum aktuellen Stand in einem Forschungs- und Praxisfeld. Festschrift für Peter Richter. Lengerich, S. 28–41

Semmer, N./Zapf, D./Dunckel, H. (1999): Instrument zur Stressbezogenen Tätigkeitsanalyse (ISTA). In: Dunckel, H. (Hg.): Handbuch psychologischer Arbeitsanalyseverfahren. Zürich, S. 179–204

Smith, V. (1997): New forms of work organization. In: Annual Review of Sociology, Jg. 23, S. 315–339

Udris, I./Rimann, M. (1999): SAA und SALSA: Zwei Fragebögen zur subjektiven Arbeitsanalyse. In: Dunckel, H. (Hg): Handbuch psychologischer Arbeitsanalyseverfahren. Zürich, S. 397–419

World Health Organization (2001): The World health report 2001. Mental Health: New understanding, new hope. Ginebra (Internet: http://www.who.int/whr/2001/en/whr01_en.pdf; zuletzt aufgesucht am 08.10.2009)

Auch das noch!?

Gesundheit als Führungsaufgabe in ergebnisorientiert gesteuerten Arbeitssystemen

Barbara Pangert, Wolfgang Dunkel, Wolfgang Menz

„Auch das noch!" tönt es einem des Öfteren entgegen, wenn man sich mit Führungskräften über Themen wie betriebliche Gesundheitsförderung oder gesundheitsförderliches Führen unterhält.[1] Wenngleich meist Einigkeit darüber herrscht, dass die Beschäftigtengesundheit ein hohes Gut ist, wird die Gesundheitsförderung nicht als zentrale Führungsaufgabe begriffen. Dabei zeigt sich in verschiedener Hinsicht ein Zusammenhang zwischen Führung und Gesundheit.

Führung wird bei von Rosenstiel (2009) als zielbezogene Einflussnahme beschrieben. „Die Geführten sollen dazu bewegt werden, bestimmte Ziele, die sich meist aus den Zielen des Unternehmens ableiten, zu erreichen" (ebd., S. 3). Dabei lassen sich insbesondere zwei Wege der Einflussnahme unterscheiden: Führung durch Strukturen und Führung durch Personen. *Führung durch Strukturen* zeichnet sich dadurch aus, dass Beschäftigte zielbezogen beeinflusst werden, ohne „dass unmittelbar irgendeine Person diesen Einfluss ausübt" (ebd.). Stattdessen wird das Handeln der Beschäftigten von Strukturen gesteuert und koordiniert. Die in diesem Band beschriebenen Prinzipien der indirekten, ergebnisorientierten Steuerung lassen sich als eine bestimmte Ausprägung einer solchen strukturellen Führung begreifen. Welche Auswirkungen für die Gesundheit der Beschäftigten mit solchen neuen Steuerungsformen einhergehen, wird in den verschiedenen Beiträgen dieses Bandes dargestellt.

Dieser Beitrag befasst sich vor dem Hintergrund der zunehmenden Bedeutung struktureller Führung – in Form von ergebnisorientierter Steuerung – mit der Rolle der direkten *Führung durch Personen* für die Beschäftigtengesundheit. Erstens beschreiben wir die Grundprinzipien ergebnisorientierter Steuerungsformen und den damit in Zusammenhang stehenden Wandel im betrieblichen Gesundheitsmanagement, um darauf die Rolle zu analysieren, die Führungskräften in ergebnisorientiert gesteuerten Arbeitssystemen zukommt. Zweitens werden die

---

1 Teile dieses Beitrags basieren auf einem Beitrag von Barbara Wilde (= Barbara Pangert), Wolfgang Dunkel, Stephan Hinrichs und Wolfgang Menz (Wilde et al. 2009) im „Fehlzeiten-Report 2009" (Badura et al. 2009) sowie auf einem Beitrag von Barbara Pangert und Heinz Schüpbach (Pangert/Schüpbach, im Druck) im „Fehlzeiten-Report 2011" (Badura et al., im Druck).

Aufgaben und Herausforderungen beleuchtet, die Führungskräfte im Hinblick auf die Beschäftigtengesundheit zu bewältigen haben – generell sowie speziell in ergebnisorientiert gesteuerten Arbeitssystemen. Drittens wird untersucht, inwiefern es Führungskräften gelingt, gesundheitsförderliches Führungshandeln zu realisieren, und von welchen Faktoren dies abhängt. In diesem Zusammenhang kommt die eigene Arbeits- und Gesundheitssituation von Führungskräften in den Blick, der wir uns im vierten Abschnitt zuwenden. Abschließend werden Handlungsmöglichkeiten aufgezeigt, wie Führungskräfte unter Bedingungen ergebnisorientierter Steuerungsformen gesundheitsförderlich führen können.

Der Beitrag stützt sich auf empirische Befunde aus qualitativen Interviews und einer quantitativen Erhebung. Zum einen wurden in drei PARGEMA-Kooperationsunternehmen aus den Branchen Finanzdienstleistungen, Kommunikationstechnik und Konsumelektronik rund 100 qualitative Expertengespräche und Intensivinterviews mit Beschäftigten und Führungskräften geführt. Zum anderen wurden 221 Führungskräfte der unteren und mittleren Führungsebene in drei PARGEMA-Kooperationsunternehmen aus den Branchen Finanzdienstleistungen, Messtechnik und Kontaktteile anhand eines Fragebogens zu verschiedenen Aspekten ihrer Tätigkeit befragt.

1. Die Rolle von Führungskräften in ergebnisorientiert gesteuerten Arbeitssystemen

Ergebnisorientiert gesteuerte Arbeitssysteme zeichnen sich dadurch aus, dass die Beschäftigten anhand von Ergebniszielen (die vorgegeben oder vereinbart sein können; welcher bedeutende Unterschied damit verbunden ist, wird an späterer Stelle erläutert) geführt werden. An die Stelle einer prozessbezogenen Detailsteuerung tritt die Definition von marktorientierten Ergebniszielen, in deren Kontext die Beschäftigten eigenständig agieren sollen. Die Vorgabe von Rahmenbedingungen des eigenen Handelns ersetzt die Vorbestimmung der konkreten Tätigkeitsabläufe. Diese Rahmenbedingungen ergeben sich einerseits aus den wechselhaften Überlebensbedingungen des Unternehmens am Markt und andererseits aus der unternehmensinternen Definition von Erfolgsmaßstäben wie Benchmarks und Kennziffern.

Parallel zum Umbruch in den betrieblichen Steuerungsformen wandeln sich die Prinzipien und Instrumente des betrieblichen Gesundheitsmanagements. Bisher fielen Schutz und Erhalt der Gesundheit der Beschäftigten überwiegend in den Aufgaben- und Verantwortungsbereich spezialisierter Fachkräfte – ebenso zentral organisiert wie die leistungspolitische Detailsteuerung in Unternehmen. Parallel zur steigenden dezentralen Verantwortlichkeit für die Realisierung der markt- und ergebnisbezogenen Zielgrößen wird aktuell auch die Verantwortung für Gesundheit und Wohlbefinden dezentralisiert (Schüpbach 2008). War der klassische Gesundheitsschutz vor allem durch die direktive Umsetzung definierter Standards und die Kontrolle ihrer Einhaltung durch Führungskräfte und Sicherheitsfachkräfte geprägt, so gewinnt nunmehr die Eigenverantwortung der Beschäftigten eine größere Bedeutung. Überspitzt formuliert: Die betriebliche Gesundheitspolitik stellt ein Angebot an Instrumentarien zur Verfügung, aus denen sich die Beschäftigten als eigenständige Akteure und Experten ihrer eigenen Gesundheit bedienen können (und sollen). Die Beschäftigten werden nicht nur verantwortlich für ihre „Selbststeuerung von Leistung" im Kontext definierter Rahmenbedingungen, sondern auch für das Selbstmanagement der eigenen Gesundheit.

Die Verantwortung für das Erreichen der Leistungsziele und die Verantwortung für den Erhalt der eigenen Gesundheit können dabei in Widerspruch zueinander geraten – wie das Phänomen der „interessierten Selbstgefährdung" (siehe den Beitrag von Peters in diesem Band) zeigt: Wenn die Beschäftigten unter Bedingungen indirekter Steuerung ein eigenes Interesse an der Zielerfüllung und Ergebniserreichung entwickeln, funktioniert dies für sie zugleich als ein unternehmerisches Motiv für ein Verhalten, das die eigene Gesundheit gefährdet und bestehende gesundheitliche Schutzregelungen eigenständig unterläuft.

Dies ist insbesondere dann der Fall, wenn Leistungs- und Gesundheitspolitik vom Unternehmen unabhängig voneinander betrieben werden und es die Aufgabe des einzelnen Arbeitenden ist, beide Dimensionen irgendwie in Balance zu bringen. Mit genau dieser Herausforderung sind auch Führungskräfte in ergebnisorientiert gesteuerten Arbeitssystemen konfrontiert, und zwar in zweifacher Weise, indem – wie wir noch genauer sehen werden – sich dieses Dilemma sowohl in ihrer eigenen wie auch in der Situation der Untergebenen wiederfindet. So können sich Führungskräfte selbst im Spannungsfeld von Leistung und Gesundheit befinden, während es gleichzeitig ihre Aufgabe ist, die Beschäftigten dabei zu unterstützen, dieses Dilemma erfolgreich zu bewältigen. Erfolgreich bewältigt werden können diese Aufgaben allerdings nur dann, wenn allen Beteiligten neben den nötigen individuellen Kenntnissen und Kompetenzen auch die notwendigen Ressourcen zur Verfügung stehen (Schüpbach 2008).

Welche Rolle kommt Führungskräften also zu, wenn in ergebnisorientiert gesteuerten Arbeitssystemen die Beschäftigten über Ergebnisvorgaben oder Zielvereinbarungen geführt werden und dabei gleichzeitig eine stärkere Eigenverantwortung für ihre Gesundheit bekommen? Auf den ersten Blick könnte man meinen, dass die ergebnisorientierte Steuerung von Arbeitssystemen untere und mittlere Führungskräfte überflüssig macht. Beim genaueren Hinsehen wird aber deutlich, dass das Potenzial ergebnisorientierter Steuerung sich nicht „von allein" entfaltet, sondern an verschiedene Voraussetzungen geknüpft ist.

Wenn „indirekte Steuerung" heißt, dass die Beschäftigten nicht durch direkte Eingriffe, sondern vielmehr durch die Schaffung von Rahmenbedingungen, innerhalb derer sie eigenständig ihr Leistungsverhalten regulieren, gesteuert werden, macht dies ein ganz neues Verständnis von Führung notwendig. Dies besteht erstens darin, diese Rahmenbedingungen in klarer und handlungsrelevanter Weise zu definieren und den Beschäftigten zu vermitteln. Und zweitens besteht es in der Unterstützung der Beschäftigten bei der Aufgabe, innerhalb dieser Rahmenbedingungen erfolgreich zu agieren – und zwar ohne in Konflikt mit den Bedingungen gesundheitsgerechten Arbeitens zu geraten.

Führungskräfte haben die Aufgabe, diese Voraussetzungen herzustellen und die Beschäftigten im Hinblick auf die Bewältigung ihrer Aufgaben – Verantwortlichkeit für Leistungsziele und Verantwortlichkeit für die eigene Gesundheit – zu unterstützen. Führungskräften kommt damit eine wichtige Rolle für die Beschäftigtengesundheit in ergebnisorientiert gesteuerten Arbeitssystemen zu. Wie sieht diese Rolle aus und was können Führungskräfte konkret für die Gesundheit der Beschäftigten tun?

2. Gesundheitsförderliches Führungshandeln – Aufgaben und Herausforderungen

Die Arbeits- und Organisationspsychologie befasst sich schon lange mit den Auswirkungen des Führungshandelns auf verschiedene Führungserfolgskriterien. Vermehrt werden dabei in den letzten Jahren auch die Zusammenhänge mit Gesundheitsindikatoren betrachtet. Dabei zeigt sich ganz allgemein gesprochen, dass Führungskräfte einen Einfluss auf die Beschäftigtengesundheit haben (vgl. zum Beispiel die Übersichtsbeiträge von Nyberg et al. 2005 und Kuoppala et al. 2008). Konkret lassen sich aus der bestehenden Literatur folgende drei Komponenten gesundheitsförderlichen Führungshandelns ableiten, welche sich auch in den Arbeiten von Spieß und Stadler (2007) sowie Zimber und Gregersen (2007) wiederfinden:

- gesundheitsförderliche *Interaktion* mit den Beschäftigten;
- gesundheitsförderliche *Gestaltung* von Arbeitstätigkeiten;
- Unterstützung betrieblicher *Gesundheitsförderung.*

Die Ergebnisse der *qualitativen Interviews* zeigen für alle drei Bereiche jeweils spezifische Gefährdungen und Herausforderungen, vor die die Beschäftigtengesundheit im Kontext ergebnisorientierter Arbeitssysteme gegenwärtig gestellt wird, wenn die Führungsmethoden den neuen Anforderungen nicht angemessen angepasst werden.

2.1 Widersprüche zwischen alten Führungsmethoden und neuen Steuerungsformen

Halten Führungskräfte auch angesichts neuer Steuerungsformen an einem traditionellen Aufgaben- und Rollenverständnis fest, verschenken sie nicht nur deren motivationssteigernde und salutogene Potenziale – die Führungskräfte werden gleichsam selbst zu einem Belastungsfaktor für die Beschäftigten. In der Unternehmenspraxis begegnet uns dies an zwei Punkten:

- Nicht selten erfolgt die Zielkontrolle in klassischer Manier des überkommenen Kommandosystems. Eine solche direkte Disziplinierung durch autoritäres Führungsverhalten – beispielsweise in wöchentlichen Gesprächen, in denen der aktuelle Zielstand überprüft wird – wird nicht nur von den Beschäftigten als belastend erlebt; sie ist häufig auch ganz und gar unnötig, entwickeln die Beschäftigten unter ergebnisorientiert gesteuerten Arbeitssystemen doch in der Regel selbst eine genuine eigene Zielorientierung, die überkommene Kontrollbemühungen der Führungskräfte ganz einfach überflüssig macht.
- Aufgrund mangelnden Vertrauens in die Beschäftigten werden die gesetzten bzw. vereinbarten unternehmerischen Ziele doch wiederum durch genaue Prozessvorgaben überlagert. Die Beschäftigten geraten dadurch in eine widersprüchliche Anforderungssituation: Sie sollen einerseits eigenverantwortlich die Ziele erreichen, andererseits wird ihnen der Weg dorthin genau vorgegeben. Daraus ergibt sich eine typische Doppelbelastung aus dynamischer Ziel- und Ergebnisorientierung und weiterhin bestehender Vorgabenorientierung.

2.2 Ressourcengleichgültige Zieldefinition und Controlling-Bürokratie

Während die erste Gruppe potenzieller Belastungen durch solche Verhaltensweisen entsteht, die gewohnte Führungsstrategien unter neuen Bedingungen einfach fortsetzen, liegen weitere Herausforderungen in der Umsetzung der ergebnisorientierten Steuerung selbst.

- Wenn Ziele nicht vereinbart, sondern – gleichgültig gegenüber den bestehenden Ressourcen – diktiert werden, entstehen typische Insuffizienzerfahrungen und Überlastungssituationen. Die auf Dauer gestellte Dynamik der Ergebnisziele führt zu einer Verunsicherung der Beschäftigten hinsichtlich ihrer eigenen Leistungsfähigkeit. Es entsteht die Erfahrung eines *„permanenten Ungenügens"*. Die Aufgabe der Führungskräfte liegt hier darin, sensibel gegenüber differierenden Fähigkeiten und Möglichkeiten der Beschäftigten zu agieren (etwa durch eine Differenzierung in den Zielen) und not-

wendige Ressourcen für die Zielerreichung bereitzustellen – dazu gehört auch, solche Ressourcen wiederum gegenüber ihren eigenen Vorgesetzten einzuklagen und unrealistische Ziele zu monieren.
- Ergebnisorientierte Steuerung ist häufig von ganz eigenen Bürokratisierungstendenzen begleitet. Die neue „Kennzahlenbürokratie“ produziert umfassende Zahlenwerke, die der markt- und ergebnisorientierten Durchleuchtung der gesamten Organisation dienen. Die kontinuierliche Pflege dieser Zahlenwerke wird dabei selbst zur Belastung. Vielfältige Controlling-Instrumente und detaillierte Dokumentationspflichten schränken den Raum für das intendierte unternehmerische Handeln der Beschäftigten wieder ein und lassen immer weniger Zeit für die „eigentliche“ Arbeit.

2.3 Fehlende Unterstützung neuer Gesundheitspolitik

Wenn modernes Gesundheitsmanagement dazu tendiert, ein zentrales Angebot an Fördermaßnahmen zu entwickeln, aus dem die Beschäftigten sich eigenverantwortlich und selbstständig „bedienen“, wenn das Gesundheitsmanagement also gleichsam zwischen dezentralem „Selbstmanagement“ und zentralisierter „Angebotspolitik“ aufgeteilt wird, bleibt die Rolle der Führungskräfte als Akteure der intermediären Ebene oft unklar.

- Daraus entsteht die Gefahr, dass die Sorge um die Gesundheit allein den Beschäftigten überantwortet bleibt. Ob die Beschäftigten allerdings selbst überhaupt über die notwendigen Ressourcen für ein gesundheitsgerechtes Arbeiten verfügen, bleibt häufig unthematisiert. Gesundheit als Führungsaufgabe droht in den Hintergrund zu geraten.
- Eine Orientierung an klassischen Kennzahlen der Gesundheitspolitik wie etwa Fehlzeiten läuft ins Leere, wenn (dem Befund der „interessierten Selbstgefährdung“ zufolge) die zentrale Herausforderung heute weniger in Absentismus – also der Abwesenheit von der Arbeit trotz Gesundheit –, sondern vielmehr in *Prä*sentismus – der Anwesenheit bei der Arbeit trotz Krankheit – liegt.
- Gesundheits- und Leistungspolitik, die unter Bedingungen neuer Steuerungsformen gerade näher aneinander rücken, werden in der betrieblichen Praxis wieder auseinander dividiert: Leistung als Steuerungsaufgabe der Führungskräfte, Gesundheit als Selbstmanagement der Beschäftigten. Die leistungspolitischen Bedingungen der Beschäftigtengesundheit geraten aus dem Blick.

Vor besondere Schwierigkeiten sind die Führungskräfte allerdings nicht nur durch diese strukturellen Herausforderungen, wie ergebnisorientiert gesteuerte Arbeitssysteme sie aufwerfen, gestellt, sondern auch durch den besonderen Charakter der in diesem Zusammenhang entstehenden Belastungen und der daraus entstehenden Krankheiten. Allgemein zeigt sich, dass steigender Ertragsdruck auf die Beschäftigten insbesondere mit psychischen Belastungen verbunden ist. Die allgemeine Entwicklung einer zunehmenden Bedeutung psychischer Belastungen spiegelt sich auch in den untersuchten Betrieben wider: Führungskräfte wie Beschäftigte bestätigen, dass der Leistungsdruck in den zurückliegenden Jahren gewachsen ist und vermehrt Krankheitsfälle zu beobachten sind, die sich mit dem populären Begriff des *Burn-out* beschreiben lassen. Gesundheitsförderliches Führen ist hier mit mehreren Problemen konfrontiert:

- Psychische Probleme bleiben oft verborgen. Hierzu trägt der Betroffene bei, da er sich in einem leistungsorientierten Umfeld keine Blöße geben möchte und deshalb seine Probleme so lange zu verbergen versucht, bis eine manifeste Erkrankung eintritt. Dies erschwert präventive Maßnahmen. Es gilt von Vorgesetztenseite eine Vertrauensbasis herzustellen, auf der psychische Probleme frühzeitig angesprochen werden können.
- Die Führungskraft hat ein Interesse daran, dass die Beschäftigten hohe Leistungen erbringen. Dies ist insbesondere dann der Fall, wenn die Führungskraft stark karriereorientiert handelt und versucht, mit ihrer Abteilung in möglichst kurzer Zeit ein Maximum an Erfolg zu erreichen, um so schnell im Unternehmen aufzusteigen. Dies begrenzt das Interesse der Führungskraft an einem längerfristigen Erhalt der Arbeitskraft der Beschäftigten.
- Psychische Probleme sind weder für Außenstehende ohne weiteres zu erkennen, noch ist ihre Ursache leicht zu bestimmen (privat oder arbeitsbedingt?). Auch ihr Schweregrad ist kaum offensichtlich, und nur selten liegen die Handlungsoptionen klar auf der Hand (Wie ist vorzugehen, wenn Beschäftigte beispielsweise depressiv oder alkoholabhängig erscheinen?). Dies stellt hohe Anforderungen an die Führungskraft, wenn sie rechtzeitig und in der richtigen Weise für die Gesundheit ihrer Mitarbeiter Sorge tragen möchte.

3. Gesundheitsförderliches Führungshandeln – Realisierung und Bedingungsfaktoren

Im Rahmen der *Fragebogenstudie* wurden Führungskräfte der unteren und mittleren Führungsebene nach ihrer Einschätzung gefragt, inwiefern es ihnen gelingt, die Beschäftigten gesundheitsförderlich zu führen. Gesundheitsförderliches Führen wurde dabei anhand 30 konkreter Verhaltensweisen erfasst (vgl. Wilde et al. 2009a, b). Die Ergebnisse der Befragung zeigen, dass die überwiegende Anzahl der Führungskräfte zwar zu der Einschätzung kommt, einen mitarbeiterorientierten Führungsstil zu praktizieren. Weit weniger Führungskräfte jedoch geben an, dass es ihnen gelingt, die Arbeitsbedingungen gesundheitsförderlich zu gestalten:

- Es gelingt nur 24% der Führungskräfte überwiegend oder völlig, ausreichend Zeitpuffer bei der Bearbeitung von Aufgaben zur Verfügung zu stellen;
- und nur 29% gelingt es überwiegend oder völlig zu erreichen, dass ihre Mitarbeiter Aufgaben bearbeiten, die sie nicht stressen.

Insgesamt am wenigsten jedoch übernehmen die Führungskräfte aktiv Aufgaben der betrieblichen Gesundheitsförderung:

- Nur 10% gelingt es überwiegend oder völlig, das Thema Gesundheit regelmäßig in Mitarbeitergesprächen oder Teambesprechungen aufzugreifen;
- und nur 18% gelingt es überwiegend oder völlig, ihre Mitarbeiter regelmäßig nach Gesundheitsgefährdungen am Arbeitsplatz zu fragen.

Darüber hinaus gibt es erwartungsgemäß Unterschiede bezüglich des Ausmaßes, in dem Führungskräfte gesundheitsförderlich führen. Dabei stellt sich die für die Ableitung von Interventionsmaßnahmen hoch relevante Frage, was Führungskräfte, die angeben, in relativ hohem Ausmaß gesundheitsförderlich zu führen, von denen unterscheidet, die angeben, in relativ geringem Ausmaß gesundheitsförderlich zu führen. Hierfür wurden vier organisationale und personale Faktoren betrachtet, die auf Basis der Theorie des geplanten Handelns (Theory of Planned Behavior; Ajzen 1991) abgeleitet wurden. Die Kernzüge der Theorie lassen sich folgendermaßen zusammenfassen: Eine normative, eine Einstellungs- und eine Kontrollkomponente beeinflussen das Verhalten, teilweise bzw. vollständig mediiert durch die Intention. Mit Blick auf den betrieblichen Kontext gesundheitsförderlichen Führens erschienen folgende Faktoren relevant:

- *Kultur gesundheitsförderlichen Führens* (Welche Bedeutung kommt der Beschäftigtengesundheit im Unternehmen zu? Inwiefern besteht die Erwartung des Unternehmens, dass gesundheitsförderlich geführt wird?);
- *persönliche Einstellung* (Welche Bedeutung misst eine Führungskraft der Gesundheit der Beschäftigten sowie dem gesundheitsförderlichen Führen bei?);
- *persönliche Kompetenzen, gesundheitsförderlich zu führen* (Fähigkeiten der Führungskraft);
- *betriebliche Möglichkeiten, gesundheitsförderlich zu führen.*

Der Vergleich dieser organisationalen und personalen Faktoren zwischen Führungskräften, die stärker (n = 75) und weniger stark ausgeprägt (n = 70) gesundheitsförderlich führen, ergibt folgendes Bild: Erstere berichten im Vergleich zu Letzteren eher von einer Kultur gesundheitsförderlichen Führens im Unternehmen, haben eine andere Einstellung zu gesundheitsförderlichem Führen (messen dem Thema mehr Bedeutung bei), schreiben sich mehr persönliche Kompetenzen zu und berichten von besseren betrieblichen Möglichkeiten, gesundheitsförderlich zu führen (vgl. Abb. 1).

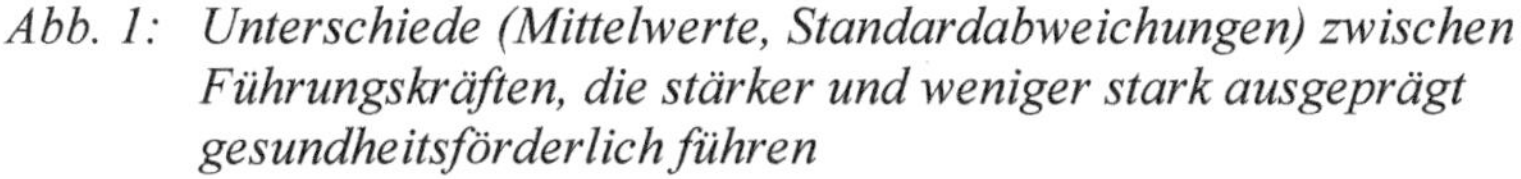

Abb. 1: Unterschiede (Mittelwerte, Standardabweichungen) zwischen Führungskräften, die stärker und weniger stark ausgeprägt gesundheitsförderlich führen

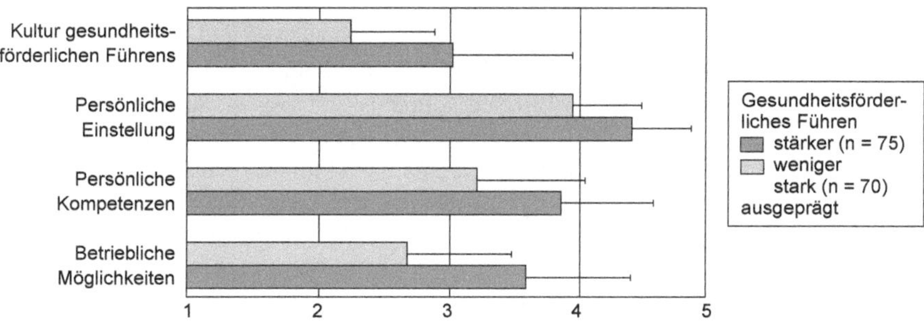

Dieses Muster gibt Hinweise darauf, wie gesundheitsförderliches Führen in Unternehmen gestärkt werden kann: Es sollte an organisationalen Bedingungen (Kultur gesundheitsförderlichen Führens, betriebliche Möglichkeiten) wie auch an personalen Faktoren (persönliche Einstellung und Kompetenzen) angesetzt werden, um Änderungen im Führungsverhalten herbeizuführen. In den Daten der Befragung zeigt sich, dass insbesondere die organisationalen Bedingungen Entwicklungspotenzial aufweisen:

- Der Aussage „Die Gesundheit meiner Mitarbeiter liegt mir sehr am Herzen" stimmen 94% der Führungskräfte ziemlich oder völlig zu;
- der Aussage „Betriebliche Gesundheitsförderung ist in unserem Unternehmen nicht nur irgendwo festgeschrieben, sondern wird auch tatsächlich gelebt" stimmen nur 16% ziemlich oder völlig zu;
- ähnlich gering (14%) fällt die ziemliche oder völlige Zustimmung aus bei der Aussage „Der langfristige Erhalt der Gesundheit der Beschäftigten ist in unserem Unternehmen wichtiger als der kurzfristige Unternehmenserfolg".

Vor diesem Hintergrund sind die Ansatzpunkte bislang vorherrschender Interventionsansätze zur Förderung gesundheitsförderlichen Führens kritisch zu hinterfragen. Trainings oder Seminare zielen auf die Erweiterung von Kompetenzen und eventuell auch die Änderung von Einstellungen von Führungskräften und damit primär auf personale Faktoren ab und bleiben so hinter den vorhandenen Möglichkeiten zurück. Wenn Führungskräfte den Eindruck haben, dass die Gesundheit der Beschäftigten im Unternehmen dem Erreichen der Quartalsziele untergeordnet ist und das Ausmaß der Ziele es z.B. zeitlich gar nicht erlaubt, sich um das Befinden der Beschäftigten zu bemühen, haben sie auch bei guten Kompetenzen und positiver Einstellung zum Thema Probleme, dem Anspruch an eine gesundheitsförderliche Führung gerecht zu werden.

Es gilt somit, die notwendigen betrieblichen Rahmenbedingungen für gesundheitsförderliches Führen zu schaffen. Interessant in diesem Kontext ist die Belastung und Beanspruchung der Führungskräfte selbst. In der Fragebogenstudie zeigen sich signifikante Zusammenhänge zwischen der Wahrnehmung der betrieblichen Bedingungsfaktoren gesundheitsförderlichen Führens (Kultur gesundheitsförderlichen Führens, betriebliche Möglichkeiten) und der Einschätzung der Arbeitsbedingungen (Stressoren, Ressourcen) und Gesundheit der Führungskräfte. Je mehr Stressoren (z.B. Zeitdruck, Arbeitsunterbrechungen) und je weniger Ressourcen (Tätigkeitsspielräume, soziale Unterstützung) die Führungskräfte für sich wahrnehmen und je schlechter die Gesundheitsindikatoren der Führungskräfte ausfallen, desto geringer werden die Kultur gesundheitsförderlichen Führens sowie die betrieblichen Möglichkeiten eingeschätzt und desto weniger gesundheitsförderlich wird geführt. Dabei lassen sich auf Basis der Befragungsdaten keine Ursache-Wirkung-Aussagen in eine bestimmte Richtung ableiten, es ist vielmehr von zirkulären Einflüssen auszugehen. So kann beispielsweise eine ungünstige Belastungs- und Beanspruchungssituation dazu führen, dass die Kultur gesundheitsförderlichen Führens sowie die betrieblichen Möglichkeiten negativ beurteilt werden. Ebenso können eine fehlende Kultur gesundheitsförderlichen Führens und geringe betriebliche Möglichkeiten, gesundheitsförderlich zu führen, zu einer ungünstigen Belastungs- und Beanspruchungssituation der Führungskraft führen. Der bestehende Zusammenhang aber führt uns zu der Frage, wie es eigentlich um die Arbeitsbedingungen und die Gesundheit von Führungskräften in ergebnisorientiert gesteuerten Arbeitssystemen bestellt ist.

4. Belastungs- und Beanspruchungssituation von Führungskräften

In der *Fragebogenstudie* wurden die Führungskräfte auch nach ihrer Arbeits- und Gesundheitssituation befragt. Sie gaben dabei einen sehr geringen Krankenstand an. Demnach waren sie in den vergangenen zwölf Monaten an durchschnittlich 4,8 Tagen (SD = 9,4)[2] wegen Krankheit abwesend. Des Weiteren wurde nach Präsentismus gefragt, also danach, an wie vielen Tagen die Führungskräfte in den vergangenen zwölf Monaten trotz Krankheit anwesend waren. Durchschnittlich wurden auf diese Frage 8,3 Tage (SD = 24,2) angegeben – ein Ergebnis, das das vorherige in anderem Licht erscheinen lässt. Führungskräfte scheinen also nicht besonders selten krank zu sein, sondern vielmehr häufig trotz Krankheit zur Arbeit zu kommen. Als weiterer Indikator für die Gesundheit von Führungskräften wurde *Irritation* anhand einer Skala von Mohr et al. (2004)

2 MW = Mittelwert, SD = Standardabweichung.

erfasst. Diese Skala reicht von 1 bis 7 – je höher der Wert, desto höher ist die Erschöpfung. Irritation ist ein psychischer Erschöpfungszustand, der so weit fortgeschritten ist, dass er in alltäglichen Belastungspausen nicht abgebaut werden kann. Der Mittelwert der Führungskräftestichprobe (MW = 3,5; SD = 1,2) unserer Befragungsunternehmen ist gegenüber dem von Mohr et al. (2004) für die Normstichprobe angegebenen (M = 3,1; SD = 1,2; n = 4.030) signifikant erhöht ($p < .05$).

Zur Beschreibung der Arbeitssituation der Führungskräfte wurde nach Stressoren und Ressourcen gefragt. Als Stressoren wurden Zeitdruck, Unsicherheit, arbeitsorganisatorische Probleme, Arbeitsunterbrechungen (jeweils aus ISTA; Semmer et al. 1999), emotionale Dissonanz (aus FEWS; Zapf et al. 2000), soziale Stressoren (aus TAA-KH-S; Büssing/Glaser 2002) und kognitive Widersprüche in der Tätigkeit (zehn selbst entwickelte Items, Beispielfrage: „Wie häufig kommt es vor, dass Sie an Ihrem Arbeitsplatz Ihren Mitarbeitern gegenüber Dinge vertreten müssen, weil sie von einer höheren Führungsebene angeordnet wurden, obwohl diese gegen Ihre Meinung sprechen?“) erhoben. Als Ressourcen wurden Handlungs-, Entscheidungs- und Gestaltungsspielräume (jeweils aus TAA-KH-S; Büssing/Glaser 2002) sowie soziale Unterstützung durch Vorgesetzte und Kollegen (aus SALSA; Udris/Rimann 1999) erhoben. Des Weiteren wurde soziale Unterstützung durch die Beschäftigten mit einer angepassten Version der Skala von Udris und Rimann (1999) erfragt. Die zugehörigen Items wurden alle auf fünfstufigen Ratingskalen beantwortet. Die Skalierung ist so gestaltet, dass hohe Werte einer hohen Ausprägung der Stressoren bzw. Ressourcen entsprechen. Abbildung 2 zeigt die Ergebnisse im Vergleich für die drei Unternehmen. Dabei wird zum einen deutlich, dass sich über die verschiedenen Unternehmen ein ziemlich ähnliches Stressoren- und Ressourcenmuster findet. Die Führungstätigkeit scheint also über verschiedene Unternehmen unterschiedlicher Branchen hinweg mit ähnlichen Stressoren und Ressourcen verbunden zu sein. Bei den Stressoren stechen insbesondere Zeitdruck und Arbeitsunterbrechungen hervor. Bei den Ressourcen zeigt sich insgesamt eine positive Bewertung von Tätigkeitsspielräumen und sozialer Unterstützung. Die soziale Unterstützung durch die Beschäftigten wird dabei besonders ausgeprägt wahrgenommen.

Innerhalb der Unternehmen ist insbesondere der Vergleich der Arbeitsbedingungen auf verschiedenen Führungsebenen interessant, der hier am Beispiel eines Industrieunternehmens (n = 69) dargestellt werden soll. In Abbildung 3 findet sich die Ausprägung der Stressoren und Ressourcen, wie sie von Führungskräften der unteren (n = 32) und der mittleren Führungsebene (n = 37) wahrgenommen wird. Auch wenn sich wiederum in beiden Gruppen ein ähnliches Stressoren- und Ressourcenmuster zeigt, finden sich gleichzeitig auch systematische Unterschiede in der Ausprägung der Stressoren und Ressourcen. Die

Abb. 2: Mittelwerte und Standardabweichungen der Stressoren (oben) und Ressourcen (unten) in den drei Unternehmen

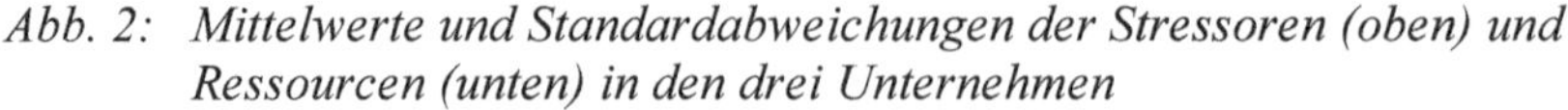

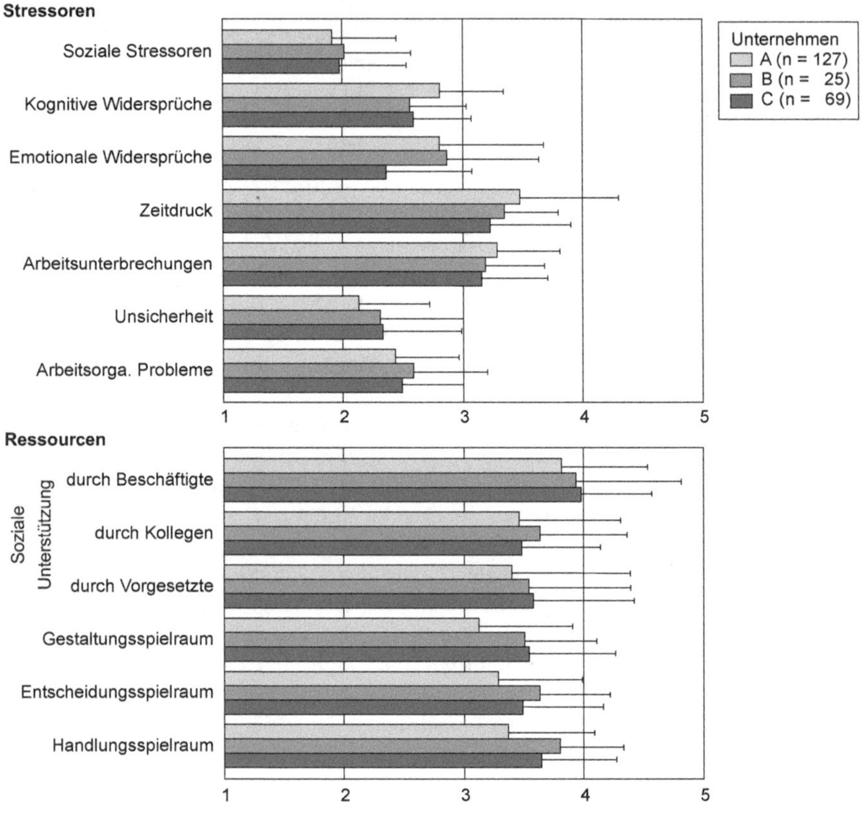

Ressourcen sind häufig auf der unteren Führungsebene geringer, die Stressoren häufig stärker ausgeprägt als auf der mittleren Führungsebene. Entsprechende Unterschiede finden sich auch in verschiedenen Beanspruchungsindikatoren: Die untere Führungsebene weist höhere Fehlbeanspruchungswerte auf. Hier scheint die oft beschriebene Sandwich-Position von Führungskräften am deutlichsten zum Ausdruck zu kommen. Die Spielräume, Anforderungen „von oben" mitzubestimmen, sind gering, während man gleichzeitig mit begrenzten Möglichkeiten, den Anforderungen gerecht zu werden, konfrontiert ist. Da ist es nahe liegend, dass bestimmte kognitive Widersprüche bei dieser Tätigkeit eine zentrale Belastung darstellen. So geben zum Beispiel 41% dieser unteren Führungskräfte an, dass sie an ihrem Arbeitsplatz oft Dinge, die ihnen wichtig sind, nicht umsetzen können, während dies nur 16% ihrer Kollegen der mittleren Führungsebene von sich sagen.

Zusätzlich zu den Fragen nach Stressoren und Ressourcen der Arbeitssituation wurden vier Fragen zu den Zielen gestellt, die die Führungskräfte erreichen sollen. Hier finden sich über alle drei Unternehmen und Führungsebenen hinweg betrachtet besonders auffällige Antworten:

Abb. 3: Mittelwerte der Stressoren und der Ressourcen von unteren und mittleren Führungskräften eines Industrieunternehmens

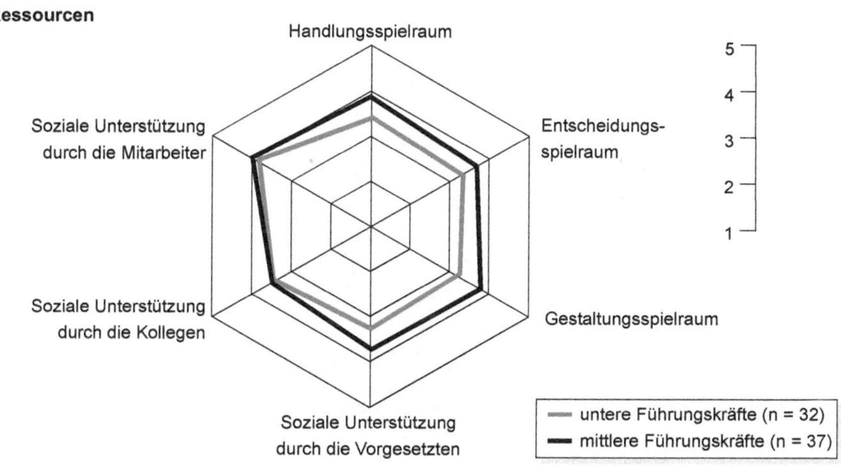

- Ca. 40% der Führungskräfte geben an, dass oft oder immer von Beginn an nicht ausreichend Ressourcen (personell oder materiell) zur Verfügung stehen, um die Ziele zu erreichen;
- ca. zwei Drittel der Führungskräfte geben an, dass oft oder immer etwas nicht Eingeplantes dazwischen kommt, was das Erreichen der Ziele erschwert;
- in diesen Fällen ist es nach Aussage von ca. zwei Dritteln der Befragten nie oder selten möglich, die Ziele zu verändern oder zusätzliche Ressourcen zu erhalten, um die Ziele dennoch zu erreichen.

Diese Befunde deuten darauf hin, dass häufig bereits von Beginn an unrealistische Ziele vereinbart oder vorgegeben werden. Es ist dann eher die Regel als die Ausnahme, dass das Erreichen der Ziele zusätzlich durch nicht Eingeplantes erschwert wird. Dies wäre nicht weiter problematisch, wenn sich Ziele oder Ressourcen anpassen lassen würden; genau dies ist aber eher die Ausnahme als die Regel. Unter diesem Blickwinkel sind weder die erhöhten Irritationswerte und die vielen Präsentismustage erstaunlich, noch ist es verwunderlich, dass die Führungskräfte eine wenig entwickelte Kultur und schlechte Möglichkeiten, gesundheitsförderlich zu führen, wahrnehmen. Gleichzeitig wird erklärbar, warum es Führungskräften nicht so gut gelingt, den Beschäftigten zum Beispiel ausreichend Zeitpuffer bei der Bearbeitung von Aufgaben zur Verfügung zu stellen. Es scheint, als würde man die eigene Überforderung mehr oder weniger stark nach unten weitergeben.

Auch die *qualitativen Interviews* zeigen, dass Führungskräfte der unteren und mittleren Ebene in besonderer Weise selbst gefährdet sind, da zum einen auf ihnen erheblicher Ertragsdruck lastet, zum anderen die Bewältigung beschleunigter betrieblicher Reorganisation zu Arbeitsüberlastung führen kann. Eine solche Gefährdung wird noch einmal verstärkt, wenn gesundheitsförderliches Führen nur schwach ausgeprägt ist. Als Beispiel für eine solche vielfältig belastende Arbeitssituation sei eine Führungskraft aus dem IT-Bereich eines Unternehmens zitiert, das mehrere Phasen der Restrukturierung durchlaufen hat. Diese Führungskraft hat eine exemplarische Karriere auf Dauer gestellter Überforderung und Selbstüberforderung erlebt:

> „Also ich werde vielleicht noch ein paar Worte dazu sagen – ich bin jetzt im März und April ausgefallen, für einen Zeitraum von sieben Wochen, und hab dann auch zwei Wochen Urlaub noch drangehängt und ich sag mal, aus medizinischer Sicht bin ich halt an der Grenze zum Burn-out gewesen. Ich bin immer noch in Behandlung – medikamentös – und es hat auch ein bisschen eine Historie – also wir haben, wenn ich jetzt gucke, den Job, den ich die letzten drei Jahre hier gemacht habe, die Verantwortung, dass die Infrastruktur funktioniert mit einem schwierigen Provider, die Mannschaft ist halbiert worden, zwei Jahre lang jeweils 20 Millionen Euro eingespart, zusätzlich ein IT-Projekt hingelegt, ein weiteres Projekt

> vorbereitet – dann sind das Sachen, die über einen längeren Zeitraum bei mir also enorm viel Stress hinterlassen haben, was ich teilweise gleich bemerkt habe, teilweise vielleicht auch nicht. Also das erste Mal letztes Jahr bin ich schon mal drei Wochen ausgefallen – und bin dann entgegen dem medizinischen Rat dann wieder arbeiten gegangen – und dann irgendwann, also nachdem ich jetzt im Februar halt eine Woche Urlaub hatte, hab ich halt die Reißleine gezogen – weil es ging halt einfach nicht mehr – aufgrund bestimmter Probleme etc. Und ich denke, wenn ich jetzt also mich anschaue, kommen zwei Sachen zusammen: Das eine, dass einfach über die Jahre zuviel Arbeit da gewesen ist – vielleicht auch, dass ich mich für zu viele Sachen verantwortlich gefühlt habe –, das ist das eine. Ich denke, so ein Auslöser war, dass man mir dann letztes Jahr, nachdem ich nach drei Jahren das erste Mal drei Wochen Urlaub am Stück machen wollte, also hat man mich wegen [der jüngsten Restrukturierungsmaßnahme] am ersten Urlaubstag wieder zurückgeholt – und davon hab ich mich eigentlich nicht erholt, das ist einfach so. Das heißt, also ich hab da sicherlich ein Stück weit – also das, was ich mitschleppe, wenn ich auf die aktuelle Situation komme, dann hat das, denke ich mal – mein Stressor ist meine Mailbox, also ganz klar, das ist der Stressor Nummer 1. Also ich habe je nachdem zwischen 70 und 150 E-Mails am Tag, die da halt drin sind, wo ich – also wo ich immer das Gefühl Sisyphus habe – oder Don Quichotte –, also weil diesen Kampf kann man eigentlich nicht, also ich kann ihn nicht gewinnen, da fehlt mir noch ein bisschen was. Und immer wieder diese Entscheidung, was ist jetzt wichtig, diese Konsequenz also der Entscheidung. Der zweite Stressor, das hatte ich schon gesagt, das ist das Chaos, das existiert, das hat auch was – meiner Meinung nach – mit der Führungsschwäche meines jetzigen Chefs zu tun, der eigentlich ein Techniker ist, aber keine Führungskraft, der eben keinen Wert darauf gelegt hat, also ein Team zu formen und das Thema Abhängigkeiten in den Griff zu bekommen. Das ist ganz klar ein Thema – und das dritte Thema ist – da weiß ich nicht, ob das bewusst so gemacht worden ist oder eher zufällig ist – ich bin halt in so einer Sandwich-Position zwischen meinem Chef und einem anderen drin, wo ich nicht weiß, ist das so eine Art Parkposition, weil man mich ganz bewusst also da ausbremsen will – weiß ich nicht. Das ist aber auch ein Thema, was gelöst werden muss, das sind eigentlich so meine größten Stressoren. Ich empfinde das Thema Reise nicht als Stress, das ist eher angenehm, nach den eher wenigen Dienstreisen [in dem Unternehmen vor der Fusion], weil das wirklich den Blick weitet, also das stresst mich im Moment noch nicht. Genau. Was hab ich noch vergessen – die größten Stressoren – genau, was mich noch stresst, sind halt die unselbstständigen Leute, also bei mir, die ich im Team zum Teil habe. Genau."

Unser Interviewpartner berichtet am Anfang des Interviews über seine berufliche Laufbahn: Er hat nach einigen Jahren vor allem fachlich-technisch interessierter Arbeit im IT-Bereich Karriereambitionen entwickelt und diese in dem Unternehmen zu verwirklichen versucht, in dem er heute noch arbeitet. Dabei hat er auch eine Leitungsposition erreicht. In der zitierten Passage nimmt er allerdings eine Reformulierung („Also ich werde vielleicht noch ein paar Worte dazu sagen ...“) seiner Selbstdarstellung vor: Es handelt sich nun nicht mehr um eine Erfolgs-, sondern um eine Leidensgeschichte. Erfolge werden zwar noch genannt (er zählt auf, was er in den letzten Jahren alles geleistet hat), im Vordergrund stehen nun jedoch die allzu hohen Kosten, die diese Erfolge mit sich gebracht haben: Seit über einem Jahr durchlebt er wiederholt Erschöpfungsphasen bis hin zu manifesten Burn-out-Symptomen, die eine medizinische Behandlung notwendig machen und bis in die Gegenwart (wie er an anderer Stelle ausführt) seine Belastbarkeit einschränken. Wie erklärt er sich selbst, dass es hierzu kommen konnte?

Der Befragte sieht seine Situation als Folge einer längeren Entwicklung („Historie“), die sich dadurch auszeichnete, dass er mit einer permanenten Überlastung seiner Arbeitskraft zu tun hatte. Primär dafür verantwortlich war die Vielzahl der Aufgaben, die ihm von Seiten des Unternehmens gestellt worden war. Mehrfach weist er darauf hin, dass er auch selbst zu seiner Überforderung beigetragen hat: Er hat bereitwillig Verantwortung übernommen, er hat die eigene Überlastung teilweise ignoriert, er hat gearbeitet, obgleich er nach ärztlicher Einschätzung nicht arbeitsfähig war. Das Zusammenspiel sehr hoher Anforderungen von Seiten des Unternehmens und sehr hoher Leistungsbereitschaft auf Seiten des Befragten hat dazu geführt, dass dieser die Belastungssituation so lange aufrechterhalten hat, bis er manifest krank wurde, ihm eine Weiterarbeit nicht mehr möglich war und er die „Reißleine gezogen“ hat. Auch wenn er kritische Kommentare für sein eigenes Verhalten findet, schreibt er die Verantwortung dafür, dass es ihm schon lange nicht mehr gut geht, dem Unternehmen zu. Das Schlüsselerlebnis war für ihn, dass er aus einem dringend notwendigen Urlaub vom Unternehmen wieder zurückgeholt wurde. Die Erholung, die ihm dadurch versagt blieb, konnte er nicht mehr nachholen. Außerdem ist ihm offenbar deutlich geworden, dass seine Arbeitnehmerinteressen an Erholung und Gesundheit für das Unternehmen ohne Belang sind und sein großes Engagement in den Jahren zuvor keine angemessene Anerkennung erfahren hat. Das Unternehmen ging offenkundig davon aus, dass er unbegrenzt belastbar ist. Bezahlt hat es dies damit, dass er seitdem wiederholt nicht arbeitsfähig war und weiterhin nicht so belastbar ist wie ehedem.

Im zweiten Abschnitt der Bestandsaufnahme geht es für die befragte Führungskraft aus dem IT-Bereich um die aktuelle Arbeitssituation. Diese ist vor allem dadurch gekennzeichnet, dass sie keine günstigen Rahmenbedingungen dafür bietet, wieder gesund zu werden: Der Befragte nimmt seine Arbeitsumgebung vor allem als Quelle von Stress wahr und benennt einzelne Stressoren, die ihm weiterhin das Leben schwer machen: die tägliche E-Mail-Flut, die verschiedenen Folgeerscheinungen der Fusion seines Unternehmens mit einem anderen großen Unternehmen (die nicht nur zum Abbruch seines Urlaubs geführt hat, sondern auch zu Kooperationsproblemen zwischen zwei reichlich divergenten Unternehmenskulturen, und die eine Kette von Restrukturierungsmaßnahmen angestoßen hat), die Führungsschwäche seiner Vorgesetzten und die fehlende Selbstständigkeit der Beschäftigten seines eigenen Teams. Hilfreiche Ressourcen, die zu einer Verbesserung der Lage beitragen könnten, sind aus der Sicht dieses Befragten nicht vorhanden.

Auf solche Beispiele, dass gerade diejenigen, die sich im Unternehmen als besonders leistungsbereit und leistungsfähig erwiesen haben, dem Druck nicht standhalten, sind wir in den Untersuchungsbetrieben von PARGEMA immer wieder gestoßen. Fast jeder Beschäftigte weiß von entsprechenden Fällen aus seiner eigenen Arbeitsumgebung zu berichten oder ist gar selbst betroffen. Für diese Berichte typisch ist eine Verwunderung darüber, dass es auch die scheinbar stabilsten Beschäftigten treffen kann. Dies wiederum legt nahe, sich nicht nur über individuelle Leistungsfähigkeit, sondern auch über die Bedingungen der Leistungserbringung Gedanken zu machen und nach Änderungsmöglichkeiten zu suchen.

5. Wege gesundheitsförderlichen Führens in ergebnisorientiert gesteuerten Arbeitssystemen

Gesundheit als Führungsaufgabe – dies gewinnt insbesondere in ergebnisorientiert gesteuerten Arbeitssystemen an Bedeutung. Wenn Arbeitsprozesse nicht mehr im Detail zentral gesteuert werden, kann auch das betriebliche Gesundheitsmanagement nicht die alleinige Aufgabe von Stabsstellen sein. Mit der Dezentralisierung der Verantwortlichkeit für die Leistungsziele wird auch die Verantwortung für die Gesundheit dezentralisiert. Damit Beschäftigte nicht in einen Konflikt zwischen diesen Verantwortlichkeiten geraten, muss es Aufgabe der Führungskräfte sein, die Beschäftigten darin zu unterstützen, nicht nur die geforderte Leistung zu erbringen, sondern dabei auch auf ihre Gesundheit zu achten. Die Möglichkeiten dafür schaffen sie z.B., indem sie ein Gleichgewicht von Anforderungen und Ressourcen herstellen. Damit den Führungskräften dies gelingt, muss allerdings ihre eigene Arbeits- und Leistungssituation so gestaltet sein, dass sie überhaupt über die entsprechenden Spielräume verfügen. Das heißt nicht zuletzt: Die Arbeitsbedingungen der Führungskräfte selbst müssen gesundheitsgerecht sein. „Gesundheitsförderliches Führen" ist also nicht nur Aufgabe der Führungskräfte gegenüber den Beschäftigten; vielmehr gehört es zur Verantwortlichkeit des Unternehmens, seinen Führungskräften entsprechende Bedingungen zu gewähren. Wenn Führungskräfte sich selbst in einer optimierten Belastungs-/Beanspruchungssituation befinden, ist es wahrscheinlicher, dass sie auch gesundheitsförderlich führen.

Gesundheitsförderliches Führen in ergebnisorientiert gesteuerten Arbeitssystemen zeichnet sich dabei zusammenfassend durch folgende Aspekte aus:

(1) *Gesundheit als zentrale Führungsaufgabe begreifen:* Gesundheit ist nicht einfach eine „Zusatzaufgabe" für Vorgesetzte, sondern ist als zentrale Führungsaufgabe anzusehen, die unmittelbar mit allen Fragen der Leistungssteuerung verbunden ist.

(2) *Gemeinsam mit den Beschäftigten gute Arbeitsbedingungen schaffen:* Gesundheit als Führungsaufgabe ernst zu nehmen bedeutet, die Arbeitsbedingungen der Beschäftigten so zu gestalten, dass besondere Belastungskonstellationen erst gar nicht auftreten. Mögliche Ansatzpunkte sind hier:

- Bei der Zieldefinition (etwa in Zielvereinbarungsgesprächen) ist die Frage der notwendigen Ressourcen systematisch mitzuthematisieren, um eine Entkopplung von Ergebniszielen und bestehenden Möglichkeiten zu vermeiden. Dies gilt sowohl für die Zieldefinition mit dem eigenen Vorgesetzten als auch für die Zieldefinition mit den Beschäftigten. ‚Partizipatives Vereinbaren statt autoritäres Vorgeben von Ergebniszielen' lautet das Leitprinzip.
- Ziele und/oder Ressourcen müssen angepasst werden, wenn deutlich wird, dass im Laufe des Zielerreichungsprozesses durch unkontrollierbare Einflüsse wieder ein Ungleichgewicht von Anforderungen und Ressourcen entstanden ist.
- Angemessene Handlungsspielräume sind zu gewährleisten – das heißt, das Prinzip ergebnisorientierter Steuerung ist ernst zu nehmen. Dort, wo es immer wieder durch direkt steuernde Durchgriffe konterkariert wird, kann das salutogene Potenzial neuer Steuerungsformen nicht realisiert werden. Zugleich ist eine einengende und Misstrauen fördernde Controlling-Bürokratie zu verhindern.
- Überkommene disziplinierende Führungsstile sind durch wertschätzendes und unterstützendes Führungskräfteverhalten zu ersetzen. Dabei sollte nicht nur die Zielerreichung honoriert und anerkannt werden, sondern bereits der erbrachte Leistungsbeitrag der Beschäftigten.

(3) *Individuelle und kollektive Gesundheitskompetenzen aufbauen:* Neben gesunden Arbeitsbedingungen sind die Gesundheitskompetenzen der Beschäftigten entscheidend für die Prävention von Befindensbeeinträchtigungen. Hier liegt die Aufgabe der Führungskräfte in der aktiven Information und dem Werben für die Nutzung der Angebote des betrieblichen Gesundheitsmanagements durch die Beschäftigten.

Wenn die Beschäftigten eine höhere Mitverantwortung für ihre eigene Gesundheit im Betrieb erhalten, müssen sie mit ihren widersprüchlichen Handlungsanforderungen umzugehen lernen. Die Gefahren der „interessierten

Selbstgefährdung“ können nur dann reduziert werden, wenn es den Beschäftigten gelingt, eigenständig Grenzen gegenüber den neuen Leistungsansprüchen zu ziehen. Führungskräfte sollten die Beschäftigten dabei unterstützen, diese Kompetenz zu entwickeln.

(4) *Sensibilität für die Befindlichkeit von Beschäftigten entwickeln:* Führungskräfte sind gefordert, Befindensbeeinträchtigungen bei den Beschäftigten zu erkennen und konstruktiv darauf zu reagieren. Zur Einschätzung der Befindlichkeit von Beschäftigten reicht der Krankenstand als Indikator nicht aus, das Augenmerk von Führungskräften muss ebenso auf Beschäftigten liegen, die trotz Erkrankung arbeiten.

Um frühzeitig Warnsignale für Befindensbeeinträchtigungen zu erkennen, sollten Führungskräfte regelmäßig das Gespräch mit den Beschäftigten suchen und nach Zufriedenheit und Problemen mit den Arbeitsbedingungen fragen. Basis dafür muss die eindeutige Botschaft sein, dass die Gesundheit der Beschäftigten zentrales Ziel für die Führungskraft ist. Sobald Beschäftigte der Führungskraft kein wirkliches Interesse an ihrem Befinden unterstellen oder sogar vermuten, dass ihnen ein Nachteil entsteht, wenn sie über Befindensbeeinträchtigungen reden, laufen solche Gespräche ins Leere oder haben gegenteilige Effekte.

Die Möglichkeiten von Führungskräften, gesundheitsförderlich zu führen, sind also vielfältig. Dies verdeutlicht die wichtige Rolle der Führungskräfte im Rahmen des betrieblichen Gesundheitsmanagements. Führungskräfte gelten als (Pro-)Motoren der betrieblichen Gesundheitsförderung, weil sie Maßnahmen der betrieblichen Gesundheitsförderung unterstützen, dulden oder torpedieren können (Bamberg 2002). Doch nicht nur das, auch darüber hinaus haben sie durch ihr Handeln einen bedeutenden Einfluss auf die Gesundheit der Beschäftigten, z.B. durch die Gestaltung der Arbeitsbedingungen. Führungskräfte sind deshalb eine wichtige Zielgruppe, wenn die Beschäftigtengesundheit gefördert werden soll. Dabei ist aber keinesfalls zu vergessen, dass es immer auch eine Frage der Bedingungen ist, unter denen die Führungskraft agiert, inwiefern ein gesundheitsförderliches Führen gelingt. Entsprechend unseren Ergebnissen scheitern die Gesundheitsförderungsaktivitäten der Führungskräfte weniger an ihren eigenen Einstellungen und Kompetenzen, sondern eher an mangelnden betrieblichen Realisierungsmöglichkeiten sowie einer fehlenden betrieblichen Gesundheitskultur. Worin also liegt die vermutlich größte Herausforderung? Gesundheitsförderung ist nicht lediglich „nice to have“ – sie muss zu einer zentralen Dimension der Unternehmensziele werden. Sonst werden Führungskräfte ihrerseits Gesundheitsförderung wohl kaum als zentrale Führungsaufgabe begreifen. Und dann heißt es wieder: „Auch das noch!“

Literatur

Ajzen, I. (1991): The theory of planned behavior. In: Organizational Behavior and Human Decision Processes, Jg. 50, S. 179–211

Badura, B./Schröder, H./Klose, J./Macco, K. (Hg., 2009): Fehlzeiten-Report 2009. Arbeit und Psyche: Belastungen reduzieren – Wohlbefinden fördern. Berlin

Badura, B./Schröder, H./Klose, J./Macco, K. (Hg., im Druck): Fehlzeiten-Report 2011. Führung und Gesundheit. Berlin

Bamberg, E. (2002): Editorial. In: Gruppendynamik und Organisationsberatung, Jg. 33, S. 367–368

Büssing, A./Glaser, J. (2002): Das Tätigkeits- und Arbeitsanalyseverfahren für das Krankenhaus – Selbstbeobachtungsversion (TAA-KH-S). Göttingen

Kuoppala, J./Lamminpää, A./Liira, J./Vainio, H. (2008): Leadership, Job Well-Being, and Health Effects – A Systematic Review and a Meta-Analysis. In: Journal of Occupational and Environmental Medicine, Jg. 50/Heft 8, S. 904–915

Mohr, G./Rigotti, T./Müller, A. (2004): Irritation – ein Instrument zur Erfassung psychischer Beanspruchung im Arbeitskontext. Skalen- und Itemparameter aus 15 Studien. In: Zeitschrift für Arbeits- und Organisationspsychologie, Jg. 49, S. 44–48

Nyberg, A./Bernin, P./Theorell, T. (2005): The impact of leadership on the health of subordinates. Report No. 1: 2005. National Institute for Working Life, Stockholm

Pangert, B./Schüpbach, H. (im Druck): Arbeitsbedingungen und Gesundheit von Führungskräften auf mittlerer und unterer Hierarchieebene. In: Badura et al. (im Druck)

Rosenstiel, L. v. (2009): Grundlagen der Führung. In: Rosenstiel, L. v./Regnet, E./Domsch, M. E. (Hg.): Führung von Mitarbeitern. Stuttgart, S. 3–27

Schüpbach, H. (2008): Die Rolle der Führungskräfte bei der Entwicklung und Umsetzung partizipativer Konzepte der Gesundheitsförderung. In: Henning, K./Richert, A./Hess, F. (Hg.): Präventiver Arbeits- und Gesundheitsschutz 2020. Tagungsband zur Jahrestagung 2007 des BMBF-Förderschwerpunkts. Aachen, S. 167–174

Semmer, N./Zapf, D./Dunckel, H. (1999): Instrument zur Stressbezogenen Tätigkeitsanalyse (ISTA). In: Dunckel, H. (Hg.): Handbuch psychologischer Arbeitsanalyseverfahren. Zürich, S. 179–204

Spieß, E./Stadler, P. (2007): Gesundheitsförderliches Führen – Defizite erkennen und Fehlbelastungen der Mitarbeiter reduzieren. In: Weber, A./Hörmann, G. (Hg.): Psychosoziale Gesundheit im Beruf. Stuttgart, S. 255–264

Udris, I./Rimann, M. (1999): SAA und SALSA: Zwei Fragebögen zur subjektiven Arbeitsanalyse. In: Dunckel, H. (Hg.): Handbuch psychologischer Arbeitsanalyseverfahren. Zürich, S. 397–419

Wilde, B.[3]/Dunkel, W./Hinrichs, S./Menz, W. (2009a): Gesundheit als Führungsaufgabe in ergebnisorientiert gesteuerten Arbeitssystemen. In: Badura et al. 2009, S. 147–155

Wilde, B./Hinrichs, S./Bahamondes Pavez, C./Schüpbach, H. (2009b): Führungskräfte und ihre Verantwortung für die Gesundheit ihrer Mitarbeiter – Eine empirische Untersu-

3 B. Wilde in dieser und der folgenden Literaturangabe ist identisch mit Barbara Pangert, der Koautorin dieses Beitrags.

chung zu den Bedingungsfaktoren gesundheitsförderlichen Führens. In: Wirtschaftspsychologie, Jg. 11/Heft 2, S. 74–89

Zapf, D./Mertini, H./Seifert, C./Vogt, C./Isic, A./Fischbach, A. (2000): FEWS (Frankfurt Emotion Work Scales). Version 4.0. Johann Wolfgang Goethe-Universität, Frankfurt/M.

Zimber, A./Gregersen, S. (2007): „Gesundheitsfördernd führen“: Eine Pilotstudie in ausgewählten BGW-Mitgliedsbetrieben. Bisherige Entwicklungsschritte mit Testmaterialien. Berufsgenossenschaft für Gesundheitsdienst und Wohlfahrtspflege, Hamburg

„Management by Voice“

Betrieblicher Arbeits- und Gesundheitsschutz als Teststrecke für einen demokratischen Steuerungsmodus

Karina Becker, Ulrich Brinkmann, Thomas Engel

1. (Die Krise als) Suche nach einer neuen Kontroll- und Koordinierungslogik

Befragt man die jüngere Zeitgeschichte nach Stellungnahmen der deutschen Arbeitgeber(-Vereinigungen) zur Mitbestimmung, so findet man erstaunlich wenige Zeugnisse, die diese spezifische Teilhabemöglichkeit der abhängig Beschäftigten im ökonomischen System in Bausch und Bogen verdammen. Äußerungen wie jene des ehemaligen BDI-Präsidenten Rogowski, der vor einigen Jahren die Mitbestimmung als „Irrtum der Geschichte“ bezeichnete, stellen eher eine Ausnahme dar. Auch in den Wirtschaftswissenschaften scheint sich eine ähnliche stillschweigende Übereinkunft eingestellt zu haben. Insbesondere diejenigen Ansätze, die der Mitbestimmung aus Kostengründen eine Absage erteilten (z.B. Schmid/Seger 1998), sind entweder ganz verschwunden oder im Diskurs in den Hintergrund getreten. Dagegen werden einzelne Funktionselemente von partizipatorischem Handeln in den öffentlichen Debatten sogar bemerkenswert positiv aufgeladen. Wenn etwa systematisches Fehlverhalten in Unternehmen offenkundig wird, wie im Korruptionsfall bei Siemens, erfährt die betriebliche Kontrollfunktion durch Beschäftigte eine gewichtige Aufwertung. Selbst der Rogowski-Nachfolger Thumann forderte laut einer AP-Meldung (10. August 2008) „die Einrichtung anonymer Beschwerdestellen in Betrieben, bei denen Mitarbeiter Straftaten ihrer Vorgesetzten anzeigen können“. Der Hintergrund dafür ist, dass viele problematische oder gar illegale Aktivitäten dieser Art von Externen oft nicht identifiziert werden können. Deshalb führt an einer systematischen internen Kontrolle kein Weg vorbei. Selbst ein US-amerikanisches Gericht verpflichtete 2002 im Zuge des damals größten Insolvenzfalls Worldcom dazu, ein „Ethik-Büro“ (Scharff 2005) einzurichten, das genau die Funktion erfüllen soll, das Kontrollpotenzial der Beschäftigten stärker zu nutzen und sie gleichzeitig vor beruflichen Nachteilen zu schützen, sofern sie Transparenz in problematischen Fällen auch gegen manageriale Anweisungen herstellen.

Debatten dieser Art lassen sich auch im Umgang mit der hundertfach missbräuchlich angewendeten Kurzarbeit in der Krise 2009/2010 finden.[1] Auch hier waren es nicht selten erst die Hinweise von Beschäftigten, die dabei halfen, Missstände aufzuzeigen. Ebenfalls im Zuge der Finanzkrise häuften sich Diskussionen darüber, ob es nicht auch für die Beschäftigten in der Finanzsparte eine Pflicht sei, die Entwicklung nicht handhabbarer Produkte öffentlich und rechtzeitig zu problematisieren, also bevor sie betrieblichen oder gar gesamtgesellschaftlichen Schaden anrichten können. Auch hier wurde deutlich, dass Intransparenz in Unternehmen, fehlende Artikulationsmöglichkeiten und bedingungslose Sach- sowie Unterordnungszwänge verheerende ökonomische Folgen zeitigen können. „Keiner ist so klug wie alle", lautet deshalb etwa der Fingerzeig des Ökonomen Heinz-J. Bontrup in seiner Philippika für die Ausweitung der Mitbestimmung. Tatsächlich stellen verbesserte Kontrollen und die Optimierung von Entscheidungsfindungen Aspekte dar, die nicht selten auch in der Unternehmensrhetorik, vor allem aber in der Öffentlichkeit wertgeschätzt werden.

Gute Zeiten für mehr Demokratie im Wirtschaftsleben, insbesondere im Betrieb, könnte man schlussfolgern; das aber wäre voreilig. Es ist zwar gegenwärtig so, dass die Mitbestimmung selbst unter einer konservativ-liberalen Regierung kaum von einer ideologisch motivierten Kritik geschwächt wird. Allerdings gerät sie aufgrund der realen betrieblichen Reorganisationsprozesse unter Druck. Es sind die strukturellen Umbrüche der vergangenen zwei Jahrzehnte im Prozess der Marktzentrierung und Wertsteuerung von Unternehmen, die zu einer eher impliziten Infragestellung und schleichenden Entwertung eingespielter Mitbestimmungsprozesse führen. Man könnte diesen Vorgang mit einer anderen, ebenfalls eher unbemerkten Veränderung analogisieren. In einem Experteninterview wunderte sich ein Manager, dass die „alte Debatte über Aussperrung" in der Gegenwart kaum noch eine Rolle spiele: „Seit die Globalisierung auf der Tagesordnung steht, kann man den Knüppel der Aussperrung im Sack lassen." Das Auftauchen eines neuen (Disziplinierungs-)Arguments hat das Akteurshandeln im tradierten institutionellen Kontext demnach nachhaltig modifiziert, ohne dass eine weltanschauliche Debatte über die Aussperrung stattgefunden hätte. Nun ist weder die Aussperrung aus dem Arsenal der industriellen Beziehungen endgültig verschwunden noch sollte man die Analogie zu weit treiben, dennoch bleibt festzuhalten: Marktförmige Einbindung und kulturelle Vereinnahmung haben zwar vielerorts das starre Korsett traditioneller betrieblicher Bürokratien ergänzt oder gar ersetzt und damit neue Realitäten geschaffen (Brinkmann et al. 2008) – die Bedeutung von demokratischer Beteiligung in den Gestaltungs-

1 Vgl. etwa einen Spiegel-Artikel vom 2. Januar 2010: „Staatsanwälte ermitteln gegen 132 Unternehmen" (Internet: http://www.spiegel.de/wirtschaft/soziales/0,1518,669789,00.html).

prozessen oder gar als widerständiges Element scheint indes (noch) keine Renaissance zu erfahren.

Anhand von Hirschmans „Exit, Voice, and Loyalty“-Heuristik (1970) lässt sich dieser Gedankengang systematisieren: Exit (Abwanderung) und Voice (Widerspruch) sind die jeweils genuinen Handlungslogiken von Markt und Politik. Hirschmans Fragestellung war, was sich im Verhältnis und damit auch im Verhalten von Kunden gegenüber einem Unternehmen ändert, wenn sich bei diesem die Qualität der Waren oder Dienstleistungen verschlechtert. Der Ausdruck von Unzufriedenheit und damit auch das Signal an die Organisation zur Verbesserung ihres Output bricht sich – so Hirschman – in Politik und Markt unterschiedlich Bahn: Während Kund/inn/en in der Regel den Weg über den Markt gehen, also zu einem anderen Anbieter wechseln werden (Exit), tendiere der politische Mensch dazu, seine Unzufriedenheit zu verbalisieren (Voice), um auf diese Weise eine Verbesserung in seinem Sinne herbeizuführen. Überträgt man diese Ausgangsüberlegung von den bei Hirschman beschriebenen Produktmärkten auf innerorganisatorische Prozesse, Strukturen und Beziehungen, könnte man von einer Exit- und einer Voice-Orientierung sprechen. Unter einer Exit-Orientierung können jene Grundhaltungen zusammengefasst werden, die marktförmige Koordination und Kontrolle innerhalb von Unternehmen präferieren und diese auch vorantreiben. In der Voice-Variante können Steuerungsformen zusammengefasst werden, die demokratische oder zumindest auf Demokratie zielende Verhaltensweisen (Mitbestimmung, Partizipation) betonen. Neben Exit und Voice misst Hirschman der Variable „Loyalty“ einen eigenständigen Interventionsstatus zu. Von der blanken Exit-Logik betroffene Unternehmen hätten nämlich aufgrund einer einmütigen ablehnenden Wahlhandlung ihrer Kund/inn/en (oder auch der Mitglieder einer Organisation) kaum Reaktionschancen. Das retardierende Moment verortet Hirschman daher jenseits der Abwanderung: „Loyalty holds exit at bay and activates voice“ (1970, S. 78) – die Voraussetzung dafür sei allerdings der Glaube an die prinzipielle Reformfähigkeit der Organisation:

> „It is true that, in the face of discontent with the things going in an organization, an individual member can remain loyal without being influential himself, but hardly without the expectation that someone will act or something will happen to improve matters.“ (Ebd.)

Eine Loyalty-Orientierung zeichnet sich dementsprechend durch ein abpufferndes, retardierendes Moment aus, das verhindert, dass sich eine Exit-Logik bruchlos durchsetzt – das aber andererseits auch eine disziplinierende Funktion hinsichtlich weit reichender Voice-Ansprüche haben kann: Eine strikte kulturelle Einbindung in das Unternehmen fungiert dann als Interventionsbremse. Zählt man etwa Vertrauen zu den Grundbedingungen für Loyalty, dann kann eine offensive Bezugnahme des Managements auf ein bestehendes Vertrauensverhältnis gegenüber dem Betriebsrat auch dem Zweck dienen, indirekt die Mitbestimmung zu beschränken.

Und je mehr beispielsweise im Zuge der Marktzentrierung die Exit-Orientierung überhand nimmt, umso schwieriger ist es für die konventionelle Mitbestimmung, ihre Funktion zu erfüllen. Grund dafür sind auch die Machtverschiebungen in den betrieblichen Arbeitsbeziehungen, die eher subkutan in einer formal noch intakten Institutionenhülle ablaufen: Die bisherigen Kompromisse und Institutionalisierungen werden vielfach auf den Prüfstand gestellt und auf ihren Beitrag zur Unternehmenswertsteigerung hin neu beleuchtet. Sozialer Fortschritt über die Einbindung der abhängigen Arbeit durch materielle und demokratische Teilhabe und Sicherheiten im Fordismus muss sich daher neu positionieren. Mehr noch: Klassisches Mitbestimmungshandeln zieht nunmehr nicht selten Implikationen nach sich, die aus der Sicht der Beschäftigten eher kontraproduktiv sind. Dies lässt sich am Beispiel der Arbeitszeit zeigen: Viele Jahre zielten Betriebsräte und Gewerkschaften darauf, das „Diktat der Stechuhr“ in den Betrieben abzuschaffen und stattdessen mehr Zeitsouveränität an die Betroffenen zu delegieren. Die Einführung von „Vertrauensarbeitszeit“ wurde demgemäß zunächst als Erfolg gewertet. Diese Sicht veränderte sich aber umso mehr, je deutlicher wurde, dass die gewonnene Zeitsouveränität vor allem eine unkontrollierte Ausweitung der unbezahlten Arbeitszeit bedeutete.

Lässt man nun organisationssoziologische Debatten der letzten Jahrzehnte Revue passieren (z.B. Sorge 1993; Wiesenthal 2005), so lassen sich regelmäßig drei zentrale Ansätze identifizieren, die auf dem „Markt“ der Meta-Konzepte für Koordinations- und Kontrolllogiken um Vorherrschaft konkurrieren:

a) der tradierte hierarchisch-tayloristische Ansatz,
b) der Ansatz der Marktzentrierung und
c) netzwerktheoretische Zugänge, die oftmals auch so genannte weiche Merkmale wie „Vertrauen“ oder „Kultur“ beinhalten.

Es ist auffällig, dass unter diesen Ansätzen keine explizite Voice-Variante zu finden ist – doch zu dieser Überlegung später mehr. Jede der drei Varianten wurde in den letzten Jahren hinsichtlich verschiedener Aspekte kritisiert. Einige dieser Kritikpunkte wollen wir im Folgenden kurz nachzeichnen. Vor diesem Hintergrund entwickeln wir die zentrale These dieses Beitrages: Beschäftigtenteilhabe – organisiert als demokratischer Gestaltungsprozess („Management by Voice“) – stellt in ihren unterschiedlichen betrieblichen Spielarten eine vierte und vielversprechende Koordinationsweise dar, die auf viele aktuelle betriebliche Steuerungsprobleme eine Antwort gibt (Abb. 1). Als Teststrecke im Parcours betrieblicher Handlungsfelder absolvieren wir den Arbeits- und Gesundheitsschutz, der einige günstige Voraussetzungen für Beschäftigtenteilhabe bietet, und untersetzen dies mit einer Reihe von empirischen Befunden.

Abb. 1: Schematische Darstellung von Ansätzen für Kontroll- und Steuerungslogiken

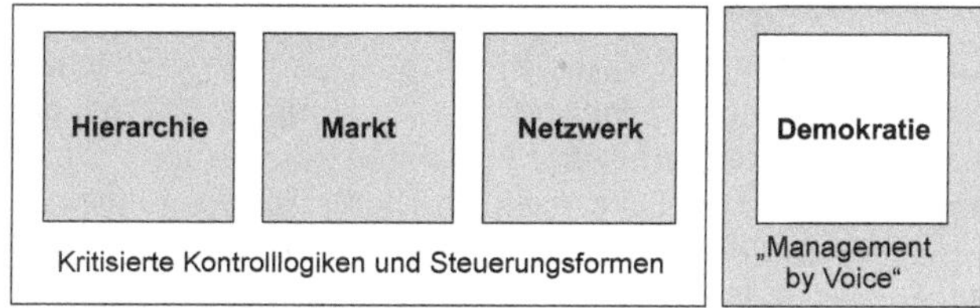

2. Kritisierte Steuerungsformen

2.1 Hierarchie und Taylorismus

Dieser an Webers bürokratietheoretische Überlegungen anknüpfende Diskurs, der bis in die 1970er Jahre mit wenigen Modifikationen (z.B. aus der Human-Relations-Bewegung) in den konzeptiven Management-Überlegungen weitgehend hegemonial war (vgl. dazu Boltanski/Chiapello 2003), ist deutlich in die Defensive geraten. Die Großkomplexe vertikal, horizontal und diagonal integrierter Unternehmen taugen spätestens seit dem Scheitern der (Edzard) Reuter'schen Vision des Großkonzerns Daimler-MBB-AEG nicht mehr als ökonomische Rollenvorbilder. An die Stelle des lange vorherrschenden Glaubens an die Überlegenheit der Economies of Scale and Scope ist seither die Devise „klein und flexibel“ getreten. Auch die damit eng verbundene Ausprägung klassisch fordistisch-tayloristischer Arbeitsorganisationen geriet seit den 1970er Jahren in die Krise: Nachlassende Produktivitätssteigerungen und entfremdende Arbeitsverhältnisse waren hier die entscheidenden, die Debatte prägenden Argumente. Der Zusammenbruch des Realsozialismus tat sein Übriges. Belege dafür lassen sich zahlreich anführen, nicht immer sind sie so explizit wie bei Halal (1996, S. 31):

> „Major corporations comprise economic systems that are as large and complex as national economies, yet they are commonly viewed as ‚firms' to be managed by executives who move resources about like a portfolio of investments, form global strategies, restructure the organization, and set financial targets. How does this differ from the central planning that failed in the Communist bloc? Why would such control be bad for a national economy but good for a corporate economy? Can any fixed structure remain useful for long in a world of constant change?“ (Vgl. ebenso: Ackoff 1993; Pinchot/Pinchot 1993)

Vor dem Hintergrund eines allgegenwärtigen „Freiheitsversprechens“ der hierarchiekritischen Literatur wäre es aus Sicht der betroffenen Akteure daher kaum rational, sich gegen ein solches Szenario der Befreiung von hierarchisch-bürokratischen Zwängen zu entscheiden, im Gegenteil:

> „Given this starting point, it is no surprise that both researchers and practitioners would turn to the price system as a way to improve the allocation of corporate resources." (Ellig 2001, S. 229)

Kritik vor allem an den Entfremdungsaspekten bürokratischer Vergesellschaftung kam aber auch aus anderer Richtung: Autoren wie Habermas monierten die Entmündigung durch die Dominanz systemischer Imperative, die beispielsweise dazu führen konnte, dass Sozialstaatsprojekte sich von ihrer Begründungsidee verabschiedeten und geradezu in ihr Gegenteil verkehrten (Habermas 1981) – eine Entwicklungstendenz, die in der Funktionsweise typischer Top-down-Ansätze verortet wurde. Spätestens seit den 1980er Jahren wird daher – aus unterschiedlichen Quellen gespeist – eine deutliche Krise hierarchisch-bürokratischer Vergesellschaftung konstatiert.

2.2 Kommodifizierung und Marktzentrierung

Die Krise der hierarchischen ging mit dem Aufstieg der marktförmigen Organisationsmuster einher. Mit Blick auf das dargestellte hierarchiebedingte Vermachtungsargument wird der Markt oftmals als Gegenmodell apostrophiert. Die FAZ (vom 23. Juni 2007, Nr. 143, S. 11) schrieb dazu:

> „Nach der berühmten Formulierung von Franz Böhm, einem der Väter unserer Sozialen Marktwirtschaft, ist der Wettbewerb ‚das großartigste und genialste Entmachtungsinstrument der Geschichte'."

Im Anschluss an bekannte Positionen in der wirtschaftswissenschaftlichen Theorielandschaft (z.B. Hayek 1976) vollzieht sich in der Marktsteuerung von Arbeit im Allgemeinen eine Versachlichung sozioökonomischer Beziehungen, durch die die Abhängigkeit der Parteien von personenbezogenen Bindungen schwindet. In der Literatur wird dieser Vorgang offensiv als „Ent-Feudalisierung" der Management-Arbeitnehmer-Beziehungen (z.B. Reiss 2000) sowie als Freiheitszugewinn für die Beschäftigten gepriesen: „Units are converted into intraprises by accepting controls on *performance* in return for freedom of *operations*" (Halal 1996, S. 36, Hervorhebung im Original).

Auch bei bestimmten Beschäftigtengruppen ist durchaus zu vermuten, dass Konzepte der Marktzentrierung mit ihrem neuen Rollenvorbild, dem „Intrapreneur", im Zuge der Zurückdrängung tayloristischer Arbeitsorganisation und der gleichzeitigen Schaffung von „Zonen kontrollierter Autonomie" (vgl. Dörre 2001) eine positive Wertschätzung erfahren, da sie ihrem eigenen Wunsch nach „Leistungsoptimierung" (Pongratz/Voß 2002, S. 140–149) und „Beitragsorientierung" (Kotthoff 1997) entgegenkommen. Das von Baethge (1991) schon früh identifizierte Bedürfnis nach einer normativen Subjektivierung von Arbeit, das leicht variiert in der späteren Subjektivierungsdebatte in Form der „reklamierenden Subjektivität" (Kleemann et al. 2002) wieder auftaucht, erfährt hier zumindest partiell eine Erfüllung: Insbesondere bei vielen „High-Flyers" werden die Autonomiezugewinne als Freisetzung wertgeschätzt (Brinkmann 2003). Aus empirischen Untersuchungen (z.B. Dörre et al. 2004) sind auch Fälle bekannt, in denen die im Zuge von „Marktgrenzenverschiebungen" (zu diesem Konzept vgl. Becker et al. 2007) dieser Art in die Unternehmen eingeführten Zielvereinbarungssysteme gerade den geringer Qualifizierten erstmals eine definierte Handhabe gegen willkürliche Zumutungen von Vorgesetzten gegeben haben. Eine ähnlich positive Bewertung erfährt das (tendenzielle) Verschwinden des „Kasernenhoftons" im Gefolge des Übergangs von bürokratischer zu marktförmiger Koordination.

Insgesamt sind für potenzielle Intrapreneure verschiedene Versprechen in der Debatte. Dazu zählen

- eine Versachlichung innerbetrieblicher Sozialbeziehungen;
- die Delegation von Autonomie und Verantwortung von oben nach unten;
- die Erfüllung subjektiver Ansprüche an Arbeit;
- das Durchbrechen bürokratischer Blockaden und die Schaffung eines innovativen und dynamischen Arbeitskontexts;
- eine „leistungsgerechtere" Entlohnung beispielsweise durch vermehrte Leistungslohnbestandteile oder die Simulation unternehmerischer Risikoentlohnung;
- ein deutlicher Flexibilitätszugewinn und Innovationsschub durch die Verlagerung von Verantwortung und Risiko „nach unten".

Nicht erst die letzte Krise hat jedoch gezeigt, dass marktzentrierte Organisationen in vielerlei Hinsicht anfällig sind. Mit der Verschiebung der Marktgrenzen in die Unternehmen sind unter anderem eine Reihe von – auch unbeabsichtigten – Folgewirkungen verbunden. Zunächst folgt aus einer stärkeren Marktzentrierung in der Regel auch ein Verlust betrieblicher Binnenkohäsion, da das Prinzip der individuellen Nutzenmaximierung (z.B. in Form von Abteilungsegoismen) innerbetrieblich salonfähig gemacht wird und desintegrative und zentrifugale Kräfte befördert:

> „Als Schlüsselproblem für die Integration dezentraler Unternehmen erweisen sich die Effekte des ‚strukturellen Egoismus' der einzelnen Unternehmenseinheiten, ihre Orientierung am jeweils eigenen Geschäftserfolg und ihre Konkurrenz mit anderen Unternehmenseinheiten." (Hirsch-Kreinsen 1995, S. 429)

Zugleich sinkt die Integrationskraft über ein konkretes Unternehmensziel, wenn die einzelnen Untereinheiten verstärkt eigenlogisch handeln. Die von Durkheim diagnostizierte, durch Arbeitsteilung induzierte „organische Solidarität" wird in der marktförmigen Unternehmung daher in der Tendenz wieder zurückgenommen. Denn mit der konsequenten Betonung des Wettbewerbs beraubt die Marktzentrierung die Arbeitsteilung ihrer integrationsstiftenden Kraft und zieht zwischen die Profit-Center neue Segmentationslinien – neben der Kurzfristorientierung einer der zentralen Faktoren für die fehlende Nachhaltigkeit dieser Form des Wirtschaftens. Dazu – und dies ist bereits an anderer Stelle verdeutlicht worden (Brinkmann/Dörre 2006) – entbehrt das Rollenmodell des Intrapreneurs, der sich im innerorganisatorischen Markt wie ein Fisch im Wasser bewegen soll, einer empirischen Erdung. Es werden eine Reihe von Vorbedingungen gesetzt, die in der Regel nicht erfüllt sind, so z.B. die Freiwilligkeit unternehmerischen Handelns und die Kompetenz für unternehmerisches Handeln. Zudem evoziert dieses Modell harte Rollenkonflikte, wenn es etwa von Beschäftigten gleichzeitig verlangt, Subjekt und Objekt unternehmerischer Prozesse zu sein. Die Frage nach dem eigenen Beitrag zur Wertschöpfung im Unternehmen erlaubt dann unter Umständen nur eine schizophrene Antwort, dass man sich nämlich konsequenterweise selbst zu entlassen hätte. „Come to work each day willing to be fired" – so lautet eines der einschlägigen Gebote für den Intrapreneur (Pinchot 1986, S. 22). Auch das Argument des Empowerments, das ja von den Marktbefürwortern gegenüber den hierarchischen Modellen als „Entmachtungsinstrument" ins Feld geführt wird, setzt voraus, dass es für die Betroffenen tatsächlich eine Exit-Möglichkeit gibt. Schaut man auf die Verhältnisse am Arbeitsmarkt, so ist dies im Zeitalter struktureller Massenarbeitslosigkeit und prekärer Arbeitsverhältnisse nur für wenige Beschäftigtengruppen der Fall. Und schließlich: Die Ideen der Deregulierung und Re-Kommodifizierung haben generell im Verlauf der Finanzkrise eine deutliche Delegitimierung erfahren, da sie als zentrale Ursache für die krisenhafte ökonomische Zuspitzung gesehen werden.

2.3 Netzwerk, Vertrauen und Kultur

Netzwerksteuerung (sowie ihr Rückgriff auf Vertrauen als konstitutive Ressource und eine starke Kultur als Kohäsionsstifterin) stellt die dritte Form der Steuerung dar. Sie gilt als diejenige Variante, die vor allem den steigenden Komplexitätsanforderungen, mit denen Organisationen zunehmend konfrontiert sind, gerecht wird. Netzwerke zielen auf eine Verknüpfung marktförmiger und hierarchischer Koordinationsmechanismen.

> „Diese geht allerdings nicht in einer bloßen Vermischung dieser beider Koordinationsmechanismen sowie der Verbindung ihrer jeweiligen ökonomischen Vorteilhaftigkeit auf, sondern ermöglicht die Organisation ökonomischer Aktivitäten auf einem höheren, insgesamt für die Akteure, vor allem für das Management, vorteilhafteren Niveau." (Sydow/Wirth 1999, S. 160)

Die Versprechen, die mit dieser Steuerungsform verknüpft werden, reichen damit noch weiter als im Kontext des in den 1990er Jahren diskutierten Konzepts der Lean Production, mit dem den Unternehmen durch die Kombination der Vorteile handwerklicher Produktion mit der Massenfertigung überdurchschnittliche Wettbewerbsvorteile in Aussicht gestellt wurden (Womack et al. 1997, 1998).

Folgt man Castells, so ist die Steuerung über Netzwerke die Antwort auf die

> „Krise eines alten, machtvollen, aber übermäßig starren Modells, das im Zusammenhang des vertikalen Großkonzerns und der oligopolistischen Kontrolle von Märkten steht.“ (2001, S. 190)

Im Vergleich zu hierarchisch ausgelegten Organisationsformen, wie der vertikal integrierten Unternehmung oder dem Konzern, sind netzwerkförmig gesteuerte Organisationen daher loser gekoppelt. Damit sollen Kontrolle und Herrschaft einer Organisation über andere selbstständige Organisationen in Zeit und Raum ausgedehnt bzw. verfestigt werden (vgl. ebd.). Im Vergleich zu marktförmigen Organisationsformen weisen sowohl inter- als auch intraorganisationale Netzwerke daher stärker institutionalisierte, kulturell fundierte und auf gemeinsamen (Wert-)Vorstellungen basierende Beziehungen auf, die sowohl Ergebnis als auch Medium intensiverer Interaktionen sein können. Die Beziehungen zwischen den Netzwerkpartnern bzw. -organisationen sind typischerweise komplex-reziprok, „eher kooperativ als kompetitiv“ und relativ stabil (Ortmann et al. 1997, S. 350). Die in sie eingeschlossenen Organisationen bleiben weiterhin an den Markt gekoppelt, sollen aber auch kooperieren.

Diese Beziehungen erlauben auf der einen Seite einen schnelleren und offeneren Informationsaustausch, verlangen aber auf der anderen Seite auch nach Vertrauen und Loyalität. Der besondere Stellenwert von Vertrauen und Loyalität gründet auf deren funktionalem Gehalt: Vertrauenswürdige Unternehmensordnungen sind in der Lage, Transaktionskosten gering zu halten (Meifert 2003) und damit Überleben und Wachstum von Organisationen zu gewährleisten. Die ökonomische Relevanz von Loyalität zeigt sich unter anderem in Hirschmans (1970) und Williamsons (1974) Hinweisen, dass durch die Abwanderung gerade derjenigen, deren Widerspruch unüberhörbar wäre, ein besonders wirksames Mittel gegen den Niedergang verloren gehen könnte. Loyalität kann Abwanderung verhindern, fördert die Bindung von Beschäftigten und Kunden und ist damit wirtschaftlich erwünscht. Sowohl Vertrauen als auch Loyalität sind demnach Kapital, mit dem Netzwerkorganisationen Kooperationsvorteile erzielen können. Kooperation wiederum setzt Selbstverpflichtung und Reziprozität voraus. Darin unterscheidet sich das Netzwerk idealtypisch sowohl von der Marktsteuerung als auch von der Hierarchie. Auch auf das bereits angesprochene Problem der erhöhten Komplexität und Widersprüchlichkeit der Rollenbilder hat der Netzwerkansatz eine anspruchsvolle Antwort, denn hier gewinnt der Rückgriff auf Vertrauen eine besondere Bedeutung:

> „The greater indeterminacy and the greater negotiability of role expectations lead to the greater possibility for the development of trust as a form of social relations.“ (Seligman 1997, S. 39)

Diese Unbestimmtheitslücke, die einerseits für viele der Beteiligten die Chance für flexiblere Arrangements impliziert, stellt andererseits auch ein Problem dar. Wer auf situative Zusagen angewiesen ist, muss auch die damit verbundene fehlende Sicherheit in Kauf nehmen. Gerade kulturelle Übereinkünfte sind aber sensibel für Schwankungen, wie sie in nicht-institutionalisierten Kontexten üblich sind. Das bedeutet, dass insbesondere in Krisenzeiten Bindungen dieser Art in Gefahr sind. Selbiges gilt mit Blick auf Vertrauen als Grundbaustein von Netzwerken. Mit sinkenden Puffern in Krisenzeiten wächst gleichzeitig die Gefahr von opportunistischem Handeln – eine höchst problematische Entwicklung für Vertrauensbeziehungen (Seifert/Brinkmann 2003). Während also in ökonomischen Schönwetterperioden mit Vertrauensrenditen zu rechnen ist, kann dieser Effekt in der Krise ins Gegenteil umschlagen. Wie die Finanzkrise gezeigt hat, reicht dazu schon die Möglichkeit von vertrauensunwürdigem Verhalten – es bedarf nicht einmal tatsächlicher Opportunismushandlungen. Die Vermutung etwa von hohem Abschreibungsbedarf bei Banken aufgrund „fauler“ Kredite führte zu einem zeitweise fast vollständigen Zusammenbruch des Interbankenverkehrs, dessen ökonomische Transaktionen ganz wesentlich auf wechselseitigem Vertrauen beruhen.

3. Hierarchie, Markt, Netzwerk und die Krise des Arbeits- und Gesundheitsschutzes

Alle drei skizzierten Koordinations- und Kontrollvarianten (Hierarchie, Markt, Netzwerk) weisen aber nicht nur allgemein krisenförmige Entwicklungstendenzen auf, sondern haben auch problematische Implikationen für den Arbeits- und Gesundheitsschutz. Im hierarchischen Modell der Unternehmung etwa wird der Arbeits- und Gesundheitsschutz in der Regel an eine spezifische Funktionsstelle – die Sicherheitsfachkraft – delegiert, deren Inhaber mit seinem Spezialwissen und mit oftmals externer Unterstützung in einem Top-down-Verfahren in mehr oder weniger regelmäßigen Verfahrensdurchgängen die betrieblichen Arbeitsplätze inspiziert und gegebenenfalls Maßnahmen anordnet. Dieses Vorgehen hat gewisse Vorteile: In einem unübersichtlichen Feld der gesetzlichen Vorgaben kann der Experte kraft seiner Wissensautorität und seiner akkumulierten Erfahrungen Prozesse in Gang setzen und sukzessive Verbesserungen erreichen. Ist er dann noch mit weit reichenden Vollmachten und einem Budget (das ist allerdings nicht die Regel) ausgestattet, kann er oft sogar das Problem der relativen Machtlosigkeit seiner Querschnittsposition kompensieren. Zudem agiert er in einem gesellschaftlichen und betrieblichen Umfeld, in dem die Verbesserung des Arbeits- und Gesundheitsschutzes und Investitionen in die Beschäftigtengesundheit als implizite Normen und zum Teil sogar als einklagbare Rechte akzeptiert sind.

Das größte Problem dieses Ansatzes besteht in einer Entmündigung der Beschäftigten, die bei der Erhebung, Beurteilung und Bearbeitung von Belastungen lediglich als Objekte wahrgenommen und behandelt werden. Folge dieses Vorgehens ist eine mangelnde Akzeptanz von „oben" gesetzter Maßnahmen durch die Beschäftigten, bis hin zu ihrer Unterminierung. Zugleich werden entscheidende Potenziale beteiligungsorientierter Ansätze, nämlich Beschäftigte als Experten ihrer eigenen Gesundheit zu begreifen – so der Anspruch eines modernisierten Arbeits- und Gesundheitsschutzes –, verschenkt. Auch neue Belastungsformen geraten auf diesem Weg kaum ins Blickfeld. Für viele Sicherheitsfachkräfte in den Unternehmen ist das stetige Anwachsen psychischer Fehlbelastungen bis heute kein Thema, obwohl diese seit der Novellierung des Arbeitsschutzgesetzes, also seit über zehn Jahren Bestandteil von Gefährdungsbeurteilungen sein müssen. Verbesserungen im Arbeits- und Gesundheitsschutz ist aufgrund der fehlenden Lernkurve und Teilhabe der Betroffenen auf diese Weise keine große Nachhaltigkeit beschieden – ein stetiges Ärgernis für betriebliche Experten. Schließlich: Wird von einer Sicherheitsfachkraft verlangt, managerialem Kostenspardruck zu folgen, statt auf der Einhaltung der Standards zu insistieren, so fehlt ihr in der Regel eine Machtressource, um sich dagegen zur Wehr zu setzen. Hier können beteiligte Beschäftigte eine wichtige unterstützende Rolle spielen.

Die Rahmenbedingungen für den Steuerungsmodus „Management by Voice" sind im betrieblichen Arbeits- und Gesundheitsschutz durchaus günstig: Die Modernisierungsimpulse des Arbeitsschutzgesetzes, die unter anderem in verschiedenen BAG-Urteilen nochmals bestätigt wurden, haben den Weg für eine stärkere Berücksichtigung von Interessenvertretung und Beschäftigten bei der personellen und inhaltlichen Ausgestaltung des Gesundheitsmanagements geebnet. Auch Expertenempfehlungen zielen in die Richtung stärkerer Beschäftigtenbeteiligung, sowohl aus arbeitswissenschaftlicher als auch aus organisationstheoretischer Sicht (vgl. Ulich/Wülser 2009). So stellen Einrichtungen des Bundes wie die BAuA ebenso wie korporatistisch getragene Netzwerkinitiativen (etwa INQA) Methoden zur Verfügung, die in der Regel Befragungen von Beschäftigten vorsehen und teilweise auch Abstimmungsprozesse über die Reihenfolge beschlossener Maßnahmen vorschlagen. Beteiligung muss in der Praxis jedoch nicht selten gegen andere – häufig marktzentrierte – Steuerungslogiken ankämpfen.

Auch in marktzentrierten Unternehmen gilt zwar nach wie vor: Im Zweifelsfall sind die gesetzlichen Standards einklagbar. Outputorientierte Arbeitsorganisation und innerbetriebliche Wettbewerbssituation sorgen allerdings dafür, dass die Gesundheit vom Management und gelegentlich auch von den Beschäftigten selbst mit Verweis auf die vermeintlichen Sachzwänge des Marktes als variable Ressource gesehen wird. So lässt sich beispielsweise beobachten, wie frühere so genannte „Schonarbeitsplätze" (Pförtner, Wache, Gärtner o.ä.) abgebaut oder ausgegliedert werden. Die Externalisierung des Problems der sinkenden Einsatzfähigkeit von älteren oder „verschlissenen" Beschäftigten nimmt sich so betriebswirtschaftlich als Kostensenkungsmaßnahme aus. In dieser Weise kann der vom Markt induzierte Druck auf verschiedenen Ebenen innerhalb der Organisation oder der Wertschöpfungskette seine Wirkung entfalten – Kosten verursachender Arbeits- und Gesundheitsschutz wirkt da wie Sand im Getriebe einer hochtourig laufenden Maschine. Nachgerade durchschlagend wird diese Kommodifizierungstendenz, wenn auch der Arbeits- und Gesundheitsschutz selbst als Funktionsbereich an Wettbewerbsprinzipien und seinem Beitrag zur kurzfristigen Wertsteigerung gemessen wird (mehr dazu unten). Dies alles muss schließlich vor dem Hintergrund gesehen werden, dass es gerade die marktzentrierte Unternehmenssteuerung ist, die neue, vor allem psychische Gesundheitsgefährdungen hervorbringt.

Die bereits allgemein am Paradigma des Netzwerks (bzw. Kultur und Vertrauen) formulierte Kritik lässt sich auch auf die Thematik des Arbeits- und Gesundheitsschutzes herunterbrechen. Insbesondere in kleinen und mittelständischen Unternehmen findet sich nicht selten ein stillschweigender Konsens, problematischen Arbeitsbedingungen nicht an die Wurzeln zu gehen. Für die Beschäftigten ist es Teil des betriebsgemeinschaftlichen Arrangements – wie es vielen mittelständischen Unternehmen eigen ist (Becker 2009) –, keine Forderungen in diesem Bereich zu stellen. Eine professionelle Interessenvertretung oder Gesundheitsschutzfachkraft ist oftmals nicht vorhanden oder wird sporadisch als externer Dienstleister hinzugezogen. Aufgrund des Einvernehmens der Belegschaft ist dieses durch falsch verstandene Loyalität bedingte Schweigen in der betrieblichen Praxis meist nicht zu durchbrechen. Anforderungen von einzelnen internen Akteuren oder den Berufsgenossenschaften werden – so sie überhaupt geäußert werden – von verschiedenen Seiten als Zumutungen abgetan, Interessendivergenzen werden kulturell überspielt. „Belastungskumpaneien" dieser Art führen nicht selten zum Aufbau betrieblicher Fassaden im Arbeits- und Gesundheitsschutz (Becker et al. 2007). In der Missachtung der gesetzlichen Standards ähnelt dieses Paradigma dem marktzentrierten.

Unabhängig davon, welches Paradigma oder welche Mischung von Paradigmen vorherrscht, ist die empirische Erfahrung, die im PARGEMA-Forschungsverbund gesammelt werden konnte, dass eine Verbesserung der Beteiligungsmöglichkeiten der Beschäftigten im Arbeits- und Gesundheitsschutz erhebliche Vorteile nach sich ziehen kann. Mehr „Voice" hilft, die Zumutungen hierarchisch bedingter funktionaler Entmündigung und die Vernachlässigung neuer Belastungsformen zu überwinden sowie die betrieblichen Prozesse der impliziten marktförmigen Inwertsetzung von Gesundheit oder der Belastungskumpanei auf die Tagesordnung zu setzen. Beteiligung kann demnach einige Schwachstellen der bekannten Steuerungsmodelle beheben, die im Folgenden mit Bezug auf das Thema Arbeits- und Gesundheitsschutz genannt werden. Wenn man so will, tritt „Management by Voice“ mit einem eigenen Katalog an Zusagen an:

- Überwindung funktionaler Entmündigung von Beschäftigten;
- Kontrolle über die eigenen Ressourcen sowie Sanktionierung von Missbrauch und Zumutung;
- sensiblere Wahrnehmung neuer (psychischer) Fehlbelastungen;
- stärkere Wahrnehmung des Ressourcen- statt eines Verwertungscharakters von Gesundheit;
- Verankerung nachhaltiger Lernkurven in Organisationen und Verringerung von Akzeptanzproblemen für arbeitspolitische (im Sinne gesundheitsgerechter) Maßnahmen.

4. Beteiligung zwischen situativer Intervention und systematischer Handlungsstrategie

Die folgenden Fallbeispiele fächern das Spektrum von Beteiligung zwischen gezielter, eher punktueller Intervention durch Beschäftigte und strategischen Ansätzen der gezielten, langfristigen Einbeziehung auf.

Das Beispiel eines Dienstleistungsunternehmens illustriert, dass Instrumente der Beteiligung dabei helfen können, den Beschäftigten die Angst zu nehmen, ihren Anspruch auf Voice geltend zu machen. Das Management dieses Unternehmens orientiert sich zunehmend an Prinzipien der Unternehmenswertsteigerung, einzelne Führungskräfte greifen jedoch zugleich auf hierarchisch-bürokratische Disziplinierungsinstrumente zurück. Hier wurden die Ergebnisse einer vom Betriebsrat durchgeführten Beschäftigtenbefragung zur Erfassung psychischer Belastungen auf einer Betriebsversammlung vorgestellt. Die Geschäftsführung hatte das Kooperationsangebot des Betriebsrats zur gemeinsamen Durchführung einer Gefährdungsbeurteilung psychischer Belastungen zuvor mehrfach abgelehnt – nicht ohne Grund, denn die Befragungsergebnisse dokumentierten den enormen Leistungsdruck, mit dem sich die Beschäftigten konfrontiert sehen, bis hin zu geradezu vormodern anmutenden autoritären Steuerungsmethoden in einzelnen Unternehmensbereichen.

Um die Beschäftigten in das weitere Vorgehen zur Verbesserung des Gesundheitsmanagements einzubeziehen und so eine höhere Legitimität in das Verfahren zu bringen, entschied sich der Betriebsrat dafür, die durch die Befragung ermittelten zehn stärksten Arbeitsbelastungen als betriebliche Handlungsfelder für Arbeits- und Gesundheitsschutzmaßnahmen in den Mittelpunkt des Gesundheitsschutzes zu stellen. Die Beschäftigten wurden gebeten, mit Hilfe von Klebepunkten die für sie wichtigsten sechs Handlungsfelder auf Wandzeitungen zu gewichten. Die zunächst zurückhaltende Reaktion der Beschäftigten auf diese Beteiligungsmethode ist Ausdruck eines Führungsverhaltens, das systematisch mit Einschüchterungsstrategien arbeitet: Nach Erläuterung der Methode erkundigten sich die Beschäftigten, wie das Verfahren Anonymität sicherstellen könne. Eine Personalentwicklerin kommentierte die Befangenheit der Beschäftigten in einem Gespräch im Anschluss an die Betriebsversammlung wie folgt: „Die haben einfach Angst, sich im Beisein der Geschäftsführung zu solchen Themen zu äußern, und sei es nur durch Verteilen von Klebepunkten an Wandzeitungen“ – obwohl die Wandzeitungen außerhalb des Gesichtsfeldes der Geschäftsführung standen, sodass diese die Klebepunktaktion nicht beobachten konnte. Letztlich, so resümierte eines der Betriebsratsmitglieder im Anschluss,

> „war diese Beteiligungsmethode allerdings ein Erfolg, denn sie hat die Angst, die hier im Unternehmen herrscht, öffentlich gemacht. Das hat in dem Moment auch jeder der Anwesenden gespürt.“

Das Setzen auf eine öffentliche und kollektive Beteiligungsmethode erwies sich in diesem Beispiel als erfolgreiche Strategie, die aus dem Einsatz verschiedener Steuerungsformen resultierende Diskrepanz allen Beteiligten vorzuführen. Denn zum einen ist die Geschäftsführung bemüht, subjektbezogene Prozesse der Marktgrenzenverschiebung einzuführen, die neue elaborierte Rollenvorbilder wie den beschriebenen Intrapreneur beinhaltet. Im Zuge dessen werden den Beschäftigten formal mehr Gestaltungs- und Entscheidungsfreiheiten eingeräumt. Zum anderen setzt sie die Beschäftigten systematisch unter Druck, indem sie Angst als Machtinstrument nutzt: Die Nichteinhaltung bestimmter enger Vorgaben zieht unmittelbar eine Abmahnung nach sich, in deren Zuge die entsprechende Führungskraft das Vorhandensein „personeller Alternativen“ in einer konjunkturell ohnehin angespannten Lage explizit anführt. Der Erfolg des eingeschlagenen Beteiligungswegs führt inzwischen dazu, dass die öffentliche Thematisierung von Angst die Chance zu deren Überwindung in sich birgt: Für die Arbeitsgruppen, deren Organisierung der Betriebsrat anbot und in denen konzentriert Maßnahmen zur Verbesserung des Arbeits- und Gesundheitsschutzes erarbeitet werden sollen, gab es zahlreiche Anmeldungen. Derartige Beteiligungsinitiativen waren bislang aufgrund der (angstbegründeten) mangelnden Bereitschaft der Beschäftigten fehlgeschlagen. Dazu beigetragen hat auch das jüngste Kooperationsangebot des Managements, das die nunmehr erfolgreiche Mobilisierung der Beschäftigten nicht negieren kann und seiner gesetzlichen Pflicht zur Durchführung einer Gefährdungsbeurteilung nachkommen will.

Von dieser Form des Empowerments sind die Akteure eines IT-Unternehmens noch weit entfernt. Die weitgehende Durchökonomisierung in diesem Unternehmen hat zur Folge, dass sich die Interessenvertreter selbst als relativ machtlos begreifen: Als ein Beschäftigter mit Burn-out-Symptomen einem Betriebsratsmitglied davon berichtete, dass ihm sein Hausarzt ein Attest mit der Empfehlung ausgestellt hatte, innerhalb des Unternehmens auf einer anderen Stelle zu arbeiten, riet der Beschäftigtenvertreter ihm davon ab, sich mit dem Attest an die Geschäftsführung zu wenden. Er nahm das Argument der Geschäftsleitung vorweg, dass der Beschäftigte dann „als leistungsgemindert gilt und somit auf der Abschussliste steht“. Hier stellt sich das Problem, Beteiligung in einem Umfeld zu organisieren, das keine angstfreie, konstruktive Bewältigung von Gesundheitsproblemen möglich macht und in der Folge Krankheit verleugnet (vgl. Kocyba/Voswinkel 2007).

Dieses Beispiel verdeutlicht, wie inkompatibel Markt und Demokratie in vielfacher Hinsicht sind: Anders als behauptet, bietet der Markt durch die Versachlichung von Beziehungen kein Durchbrechen hierarchischer Schweigespiralen, sondern trägt in einem ungünstigen Umfeld sogar zu deren Verstärkung bei, verhindert also Voice. Versachlichung lässt keine Schwächen zu, sondern führt oft dazu, dass das bedingungslose Einbringen der Arbeitskraft erwartet wird. Argumentieren Beschäftigte mit der Gesunderhaltung in einer Umgebung der strikten Marktsteuerungslogik, rufen sie das traditionelle hierarchische Muster an, das immer auch eine paternalistische Komponente der Fürsorge enthält. Denkbar ist ein Nachgeben in Form der Aufweichung von Kontrolllogiken, strukturell verweist jedoch die managerielI gepflegte Kontrolllogik des Marktes auf die individuelle Verantwortung für den eigenen Wettbewerbsfaktor Gesundheit – fordert also deren Selbstbewirtschaftung. Das angeführte Beispiel zeigt zudem, dass die behauptete Freiheit von Marktsubjekten nur die Freiheit der Mächtigen am Markt ist.

Um die hohen und widersprüchlichen Rollenanforderungen in diesem Unternehmen zu erfüllen, errichten viele Beschäftigte eine Fassade um sich herum, hinter der psychische Belastungen versteckt oder heruntergespielt werden. Wenn die Marktlogik bereits so weit internalisiert ist, ringen Leistungsanforderung (bei Angestellten oft auch Elitenbewusstsein) einerseits und Burn-out-Symptome andererseits oft direkt miteinander:

> „Unsere Sozialberatung berichtet mir immer davon, dass die Burn-out-Fälle drastisch ansteigen. Sie kommen mit ihrer Arbeit nicht mehr hinterher. Offen jammert niemand, aber die Beschäftigten leiden. Trotzdem bitten sie darum, dass die Sozialberatung nicht auf dem Firmengelände stattfinden soll, weil sie sich trotz allem fit zeigen wollen und niemand sehen soll, dass sie Hilfe brauchen.“

Dass die Koordination durch organisationsinterne Märkte in betrieblichen Feldern, die bisher eher von Kooperations- und Vertrauensbeziehungen getragen waren, dysfunktionale Effekte nach sich zieht, zeigt das folgende Beispiel eines Stahlbauunternehmens. Die letzten Jahre waren von Bemühungen des Managements geprägt, Arbeitsformen zu implementieren, die „offen und flexibel gegenüber variablen Marktanforderungen sind und auch mehr Eigenverantwortung bedingen“ (Personalleitung). Das Unternehmen hat zahlreiche „Verschlankungskuren“ und Kosteneinsparprogramme hinter sich. Die drei Geschäftsfelder sind als Divisionen mit weitgehender Autonomie und Erfolgsverantwortung im Sinne von Profit-Centern organisiert und verfügen über ein Budget. Über Benchmarking-Prozesse wird versucht, einzelne Einheiten als ökonomisch überlegen auszuweisen und so Unterschiede in der organisatorischen Gestaltung aufzudecken. Alle nicht direkt wertschöpfenden betrieblichen Felder, wie der Arbeits- und Gesundheitsschutz, erscheinen somit ausschließlich als Kostentreiber. Investitionen zur Verbesserung des Arbeits- und Gesundheitsschutzes müssen aus den Bereichsbudgets gedeckt werden, was dazu führt, dass sie von Jahr zu Jahr verschoben werden.

> „Das Problem ist, dass man hier eine Menge Ausgaben produziert, die alle vom Budget abgehen, rein kommt erstmal nix. Das geht so weit, dass kein Geld für die Reinigung der Hallenbeleuchtung da ist, obwohl die Leute bereits über Augenschmerzen klagen“, so ein Abteilungsleiter.

In einem weiteren Unternehmen hatte die Einführung eigener Budgetverantwortung für alle Unternehmensbereiche den Effekt, dass auch die für die Sicherheitsberatung im Unternehmen Verantwortlichen mit paradoxen Anreizstrukturen dazu angeregt werden, ihre Aktivitäten eher zu minimieren. Das unmittelbar an den Markt gekoppelte Leistungs- und Steuerungssystem und dessen Implikationen werden von der verantwortlichen Sicherheitsfachkraft wie folgt beschrieben:

> „Unser Gehalt besteht aus den drei Bausteinen: individuelles Grundgehalt, Erfolgsbeteiligung des Bereichs und Erfolgsbeteiligung der Firma. Wenn ich nun als Sicherheitsfachkraft in einer Abteilung bemängele, dass eine Maschine zur Absicherung umgebaut werden muss, dann stellt dies Kosten für die Abteilung dar, die direkt auf die Gehaltshöhe der Beschäftigten und auf meine Gehaltshöhe durchschlagen. Wenn ich also als Sicherheitsbeauftragter in Erfüllung meiner Aufgaben Kosten für den Arbeits- und Gesundheitsschutz verursache, sinkt automatisch in der Folge mein Gehalt. Und ebenso das Gehalt der Beschäftigten dort, die natürlich kein Interesse mehr haben, kostenträchtige Sicherheitsgefährdungen zu melden.“

Um die so geschaffene Sachzwanglogik des Marktes auszuhebeln, wandte sich die Sicherheitsfachkraft, als es um die Erneuerung der Sprinkleranlage ging, an den Sachverständigen der zuständigen privatwirtschaftlichen Brandschutzversicherung, der sich, von seinen eigenen Marktzwängen getrieben, auf seine widerstreitenden Interessen besann und einer vom Management verlangten Investitionsverschiebung nebst Kosten- und Risikoverlagerung nicht zustimmte. Damit diese durchaus kreative Strategie kein einmaliges Strohfeuer blieb und Gesundheitsschutzfragen nicht der beschriebenen Steuerungsform zum Opfer fielen, startete die Sicherheitsfachkraft mit der betrieblichen Interessenvertretung eine breit angelegte betriebliche Aufklärungskampagne, die das Ziel verfolgte, den Beschäftigten vor Augen zu führen, welchen geringen Stellenwert Gesundheit im Betrieb hat. Dafür wurden die drastisch gesunkenen Investitionen in den letzten sieben Jahren in diesem Bereich bilanziert und dem in jüngerer Zeit dramatisch ansteigenden Krankenstand gegenübergestellt. Diese auf Aufklärung setzende Form der Beteiligung führte unter anderem dazu, dass Beschäftigte und Teile des Managements sich dafür stark machten, ein Budget einzurichten, aus dem einzig Investitionen bestritten werden, die dem Arbeits- und Gesundheitsschutz dienen. In dieses Budget fließen auch Einsparungen durch Verbesserungen und Effektivitätssteigerungen ein, die von Beschäftigten im Rahmen von Workshops erarbeitet wurden.

Ein anderer Fall zeigt, dass das Schmieden von Beteiligungskoalitionen auch die Überwindung von „Standesdenken“ voraussetzt: In einem Krankenhaus werden die Räume von Beschäftigten gereinigt, die kürzlich in eine unternehmensinterne Leiharbeitsfirma ausgegliedert wurden. Die Bemühungen des Betriebsrats, für diese Beschäftigten eine angemessene Entlohnung zu erwirken, schlugen fehl. Zum Erfolg führte erst die Intervention eines Arztes, der sich über die mangelhafte Reinigung der Operationsräume beklagte und vom Betriebsrat darüber aufgeklärt wurde, dass sich Lohnstruktur und Arbeitsbedingungen der Reinigungskräfte durch ihren veränderten Beschäftigtenstatus verschlechtert hätten. Der Arzt wandte sich darauf hin an die Geschäftsleitung und setzte sich (erfolgreich!) für eine Verbesserung der Bedingungen ein.

Beispiele wie diese zeigen, dass Beschäftigte auch unter erschwerten Bedingungen einer forcierten Marktzentrierung handlungsmächtig in die Gestaltung der Arbeitsbedingungen eingreifen können. Dafür, dass Beteiligungsorientierung eine zentrale Voraussetzung für ein wirksames Gesundheitsmanagement ist, lassen sich zwei aufeinander aufbauende Argumente anführen: Es sind die Beschäftigten, die die Experten ihrer eigenen Arbeitssituation, ihres Arbeitsplatzes, ihres Umgangs mit Belastungen und Gefährdungen und letztlich auch die Experten ihrer eigenen Gesundheit sind. Daher sind sie es auch, die spezifische Erfahrungen und konkretes Wissen in Prozesse des Arbeits- und Gesundheitsschutzes einbringen können. Erfahrungen, die in verschiedenen Modellbetrieben gesammelt wurden, in denen ein beteiligungsorientierter Ansatz der Durchführung einer Gefährdungsbeurteilung verfolgt wurde, zeigen, dass die Wirksamkeit und Nachhaltigkeit von Verbesserungen im Arbeits- und Gesundheitsschutz mit dem Umfang und der Intensität des Beteiligungsprozesses stehen und fallen. Die Beschäftigten erwiesen sich denn auch als die entscheidenden Impulsgeber und

Kontrolleure für Maßnahmen zur Minimierung von Belastungen und Gefährdungen. Je eher ihre Vorschläge in konkrete Maßnahmen gegossen wurden, desto stärker war die gesundheitsförderliche Wirksamkeit und desto nachhaltiger arbeitete das darauf ausgerichtete Gesundheitsmanagement.

Diese Beispiele führen aber auch vor Augen, auf welche Schwierigkeiten die Etablierung von Beschäftigtenteilhabe stößt. Die Durchführung einer ganzheitlichen Gefährdungsbeurteilung mit Ableitung wirksamer Maßnahmen für die Beschäftigten durch einen konsequent von Betriebsratsseite aufrechterhaltenen Beteiligungsanspruch in einem Maschinenbauunternehmen liefert einen Beleg dafür, dass die Etablierung der demokratischen Steuerungslogik vor allem durch eine strategische Herangehensweise geprägt sein muss. Ein Erfolgsfaktor war hier die Durchsetzung so genannter „hybrider Beteiligungsformen" (Brinkmann/Speidel 2006), also interessenvertretungsgeleiteter Hinzuziehung von sachkundigen Beschäftigten zur Arbeit an der Gefährdungsbeurteilung. Zur Bilanz des Projekts gehört auch eine dauerhafte Reaktivierung von Sicherheitsbeauftragten, zu der – obwohl dies eigentlich Aufgabe der auf Weisung der Geschäftsleitung handelnden Sicherheitsfachkraft ist – der Betriebsrat entscheidend beigetragen hat:

> „Wir haben volle Mitbestimmung, Initiativrecht, damit kann man das als Betriebsrat schon in die Hand nehmen, die Sicherheitsbeauftragten zusammenzutrommeln, die richtigen Leute dafür zu suchen und anzusprechen."

Steuerung durch Beteiligung wird sowohl durch diese „neue" Akteursgruppe realisiert, die den Arbeits- und Gesundheitsschutz kontrollierend und Ideen von Beschäftigten aufgreifend agiert, als auch durch einen Machtzugewinn des Betriebsrats, der jetzt durch reichhaltige Begehungsprotokolle der Sicherheitsbeauftragten einen detaillierten Einblick in die Bereiche hat und Interventionen veranlassen kann.

5. Institutionelle Mitbestimmung und hybride Beteiligungsformen

Um eine weitere empirische Fundierung des demokratischen Kontroll- und Steuerungsmodus vorzunehmen, soll eine Unterscheidung von direkter Partizipation, institutioneller Mitbestimmung und – wie bereits angedeutet – einer Zwischenform aus beiden, einer hybriden Beteiligung[2], vorgenommen werden. Die direkte Teilnahme an betrieblichen Entscheidungen wurde spätestens mit der „Entdeckung" von Netzwerken und Vertrauenskultur und im Kontext von Lean

2 Zwischenformen von Teilhabe dieser Art wurden schon in den 1980er Jahren vorgefunden (vgl. Fricke 1985). Mit dem novellierten Betriebsverfassungsgesetz hat diese Debatte einen neuen Schub erhalten.

Management populär. Die Ermöglichung direkter Partizipation folgt jedoch nicht selten primär einer strengen Verwertungslogik und stellt somit eine stark eingeschränkte Variante der Verfügung über Entscheidungs- und Gestaltungsspielräume dar. Eingeschränkt deshalb, weil sich daraus z.B. keine Rechte zur Durchsetzung von Vorschlägen ableiten, den Beschäftigten also letztlich ein durchgreifender Beteiligungsanspruch nicht zugestanden wird. Wirklich abgesicherte Freiräume können nach dem Personalvertretungsrecht beispielsweise nur Mitgliedern von gewählten Interessenvertretungen garantiert werden. Diese Gremien sind aber wiederum in der Einbindung von Beschäftigten formal eingeschränkt. Eine Form hybrider Beteiligung, wie sie in rechtlich abgesicherten Ansätzen durch das Betriebsverfassungsgesetz, somit nicht für alle Beschäftigungsbereiche, angeboten wird, ermöglicht es, die Vorteile beider Teilhabemodi zu verbinden.

Gemeint sind die im Jahr 2001 ins Betriebsverfassungsgesetz aufgenommenen bzw. erweiterten neuen Beteiligungsinstrumente (§ 80 Abs. 2 Satz 3 und § 28a). Sie bieten die Möglichkeit einer interessenvertretungsgeleiteten und beteiligungsorientierten Bearbeitung von betrieblichen Themen wie dem Arbeits- und Gesundheitsschutz. In der Praxis werden diese hybriden Beteiligungsformen zum Teil informell angewendet; in diesen Fällen ist entscheidend, dass die Interessenvertreter jederzeit auf die gesetzliche Absicherung verweisen und auf diesbezügliche Ansprüche gegebenenfalls zurückgreifen können. § 80 Abs. 2 Satz 3 regelt, dass Betriebsräte sachkundige Arbeitnehmer zur Unterstützung ihrer Arbeit heranziehen können. Die Grundidee dieses Paragraphen ist, dass der Betriebsrat, bevor er auf externe Sachverständige (nach § 80 Abs. 3) – mit zum Teil hohen Kosten – zurückgreift, den „internen Sachverstand" der Beschäftigten nutzen sollte (vgl. Becker/Thomas 2005; Becker et al. 2002; Brinkmann/ Speidel 2006; Gramm 2005). § 28a regelt, dass Betriebsräte betriebsverfassungsrechtliche Aufgaben an Arbeitsgruppen übertragen können. Damit folgt er einer ähnlichen Intention der Nutzung interner Wissensressourcen wie das Sachkundigen-Instrument (vgl. Hromadka/Maschmann 2007; Busch 2003).

Solche interessenvertretungsseitig initiierten Beteiligungsformen zeichnen sich dadurch aus, dass sich Beschäftigte sowohl in die Ausgestaltung als auch in die Kritik von Betriebspolitik einbringen und dabei im Betriebsrat einen Katalysator ihres Teilhabeinteresses haben. Damit verringert sich die Gefahr einer Instrumentalisierung durch das Management, wie sie sich in den direkten Partizipationsangeboten verbirgt (vgl. Becker et al. 2008).

Im Folgenden werden dazu einige Befunde aus der WSI-Betriebsrätebefragung 2004, der Betriebsrätebefragung des WSI unter Beteiligung des PARGEMA-Projekts 2007 und 2008/2009 sowie der DGB-Index-Beschäftigtenbefragung 2008 diskutiert. Im Fokus stehen hier eben diese Formen institutioneller Mitbestimmung und hybrider Beteiligung sowie deren Nutzung für den betrieblichen Arbeits- und Gesundheitsschutz. Formen der direkten Partizipation bleiben aus den genannten Gründen außen vor.

Konkret wird eine Abschätzung der Wirksamkeit von Mitbestimmung bzw. Beschäftigtenteilhabe auf die Verbreitung und Qualität von Gefährdungsbeurteilungen vorgenommen. Zunächst kann festgehalten werden, dass Betriebsräte einen entscheidenden Einfluss darauf haben, ob Gefährdungsbeurteilungen in Betrieben überhaupt durchgeführt werden. Auswertungen von Daten der DGB-Index-Befragung zeigen, dass 38% der Befragten in Unternehmen mit Betriebs- oder Personalräten die Durchführung einer Gefährdungsbeurteilung bestätigen, während dies in Betrieben ohne Interessenvertretung nur 17% angeben (vgl. Lenhardt et al. 2010, S. 462, Abb. 28). Dieser Effekt zeigt sich auch, wenn nach Art der Gefährdungsbeurteilung (hier: mit oder ohne Erfassung psychischer Belastungen) unterschieden wird.

Mit Hilfe der WSI-Betriebsrätebefragung 2004 und bestätigt durch die Folgeerhebung von 2008 und 2009 lässt sich zeigen, dass die Wahrscheinlichkeit für eine qualitativ hochwertige Gefährdungsbeurteilung erheblich steigt, wenn Betriebsrat und/oder Beschäftigte an der Durchführung von Gefährdungsbeurteilungen beteiligt waren. Auf Grundlage einer ordinalen Regression in Bezug auf die abhängige Variable „Qualität der im Betrieb durchgeführten Gefährdungsbeurteilung" haben Betriebsrats- und Beschäftigtenbeteiligung den stärksten Einfluss, mit großem Abstand vor dem Bestand eines „betrieblichen Gremiums zu Fragen der Mitarbeitergesundheit" und einem „hohen Stellenwert des Themas Gesundheit in der Geschäftsführung".[3] Neben dem Befund an sich, dass Beteiligung erheblich zu einer qualitativ hochwertigen Gefährdungsbeurteilung beiträgt, sprechen die Daten für eine breite legitimatorische Einbettung durch Beteiligung als Voraussetzung für die Wirkung der Gefährdungsbeurteilung auf das betriebliche Gesundheitsschutzsystem.

Zu diesem Legitimationsgewinn können auch die genannten hybriden Beteiligungsformen beitragen. Den Daten der WSI-Betriebsrätebefragung 2007 zufolge sind die Kenntnis und der bewusste Einsatz der neu geschaffenen hybriden Beteiligungsinstrumente nach siebenjähriger Geltungsdauer überraschend hoch ausgeprägt. Auf die Gesamtstichprobe bezogen, sind es 18% bzw. 14% der Unternehmen mit Betriebsräten ab 20 Beschäftigten, die die neuen Beteiligungsmöglichkeiten des novellierten Betriebsverfassungsgesetzes kennen und bereits

3 Als Qualitätskriterien für Gefährdungsbeurteilungen wurden die Regelmäßigkeit der Durchführung, eine vorliegende Dokumentation, die Berücksichtigung psychischer Belastungen sowie die Umsetzung von Maßnahmen und die Kontrolle ihrer Wirksamkeit zusammengefasst. Erklärungsanteil des Modells an der Variation der abhängigen Variablen: 62%; kontrolliert für Branchenzugehörigkeit und Beschäftigtengröße als Einflussfaktoren auf Gefährdungsbeurteilungen.

mindestens einmal in der praktischen Arbeit darauf zurückgegriffen haben. Von den „Kennern“ nutzen 63% das Instrument der sachkundigen Arbeitnehmer, 39% die Arbeitsgruppen zur Unterstützung der Betriebsratsarbeit. Bemerkenswert ist die inhaltliche Ausgestaltung der beiden Beteiligungsformen. Sachkundige Beschäftigte werden in erster Linie herangezogen, wenn es um Projekte im Arbeits- und Gesundheitsschutz (61% der Befragten, die § 80 Abs. 2 Satz 3 sowohl kennen als auch nutzen) sowie um Gestaltung der Arbeitszeit (56%) und Arbeitsorganisation geht (52%). Im Falle der Arbeitsgruppen nach § 28a handelt es sich um die gleichen Themen, wenn auch in der Priorität leicht verschoben. Offenkundig erweisen sich hybride Beteiligungsformen als geeignete Instrumente für die Ausgestaltung des betrieblichen Gesundheitsschutzes. Diesen Eindruck bestätigt auch ein Interessenvertreter eines PARGEMA-Fallstudienbetriebs, der sich für eine informelle Nutzung hybrider Beteiligung entschied, nachdem sie als Präzedenzfall in einem vorangegangenen Arbeitszeitprojekt durch eine Betriebsvereinbarung erfolgreich geregelt und angewendet werden konnte: „Wenn es keine Widerstände dagegen gibt, dass ich Kollegen für meine Arbeit heranziehe, brauche ich auch keine Betriebsvereinbarung.“ Die Ergebnisse der auf diese Weise erarbeiteten „Gefährdungsbeurteilung von unten“ (Becker et al. 2009a) können sich sehen lassen: Beschäftigte erarbeiteten sowohl kurzfristige, dringliche Maßnahmen wie Veränderungen der Verkehrsführung auf dem Werksgelände, die Einrichtung neuer Umkleiden, Aufstellung von Wasserspendern als auch mittel- und langfristige Maßnahmen, die z.B. eine Schulung der Leitungsteams zum Thema psychische Belastungen und Führung einschlossen (vgl. Becker et al. 2010).

6. Ausblick: Nachhaltige Etablierung von Beteiligungsprozessen

Der vorliegende Beitrag ruft mit der demokratischen Beteiligung einen vernachlässigten betrieblichen Steuerungs- und Kontrollmodus in Erinnerung, der (mitunter aktuell schon wirksame) Antworten auf akute Fragen der Unternehmenssteuerung liefert, die nicht zuletzt im Zuge der Krise offenkundig wurden. Vor dem Hintergrund der Kritik problematischer Implikationen der Steuerungsformen Hierarchie, Markt oder Netzwerk vermag eine Hinwendung zu demokratischen Prinzipien Steuerungsprobleme nachhaltiger und durchaus effizient zu lösen. Im betrieblichen Arbeits- und Gesundheitsschutz fällt die Wirksamkeit eines „Management by Voice“ besonders deutlich ins Gewicht, weil hier die Beschäftigten unmittelbar von Veränderungen profitieren können. Darüber hinaus können auch andere betriebspolitische Felder wie die Gestaltung von Innovationsprozessen (Forschung und Entwicklung) von Beschäftigtenteilhabe profitieren. Es bedarf allerdings einer sicheren institutionellen Einbettung dieser Beteiligungsprozesse, die nicht nur von einer Zustimmung der Geschäftsleitung, sondern auch von Kontroll- und Initiativrechten der Interessenvertretungen abhängt.

Die Vorteile einer Beteiligungsstrategie im Arbeits- und Gesundheitsschutz sind nicht ohne gehörige Kraftanstrengungen zu realisieren. Sie setzen in vielen Fällen den Verzicht auf eine Stellvertreter- und Expertenpolitik voraus. Sie erfordern ein hohes Maß an Strategiefähigkeit, um das mikropolitische Spiel und die Machtkonstellationen im Betrieb zu durchschauen und eigene Handlungsansätze dagegen zu stellen. Sie beinhalten auch den Kampf um die Diskurshoheit im Betrieb, also beispielsweise darum, wer darüber befindet, ob psychische Belastungen für die Beschäftigten eine Rolle spielen oder nicht (vgl. Becker et al. 2009b). Damit deutet sich an, welche offenen Fragen vor allem in Form von Nachhaltigkeitsproblemen die Etablierung des demokratischen Steuerungsmodus aufwerfen dürfte. Einführungs-, Übergangs- und Konsolidierungsphase bedürfen je eigener Strategien, um dem demokratischen Kontrollmodus zu dauerhafter und breiter Wirksamkeit zu verhelfen.

Literatur

Ackoff, R. L. (1993): Foreword. In: Geranmayeh, A./Halal, W. E./Pourdehnad, J. N. (Hg.): Internal Markets: Bringing Power of Free Enterprise Inside Your Organization. New York, S. XV–XVIII

Baethge, M. (1991): Arbeit, Vergesellschaftung, Identität – Zur zunehmenden normativen Subjektivierung der Arbeit. In: Soziale Welt, Jg. 42/Heft 1, S. 6–19

Becker, I./Thomas, A. (2005): Hilfe für den Betriebsrat. Wie sachkundige Arbeitnehmer sinnvoll in die Arbeit des Betriebsrats einbezogen werden können. In: Arbeitsrecht im Betrieb, Jg. 26/Heft 4, S. 209–213

Becker, I./Kunz, O./Schneider, W. (2002): Die betriebliche Auskunftsperson nach § 80 Abs. 2 Satz 3 BetrVG. In: Arbeitsrecht im Betrieb, Jg. 23/Heft 9, S. 537–541

Becker, K. (2009): Die Bühne der Bonität. Wie mittelständische Unternehmen auf die neuen Anforderungen des Finanzmarktes reagieren. Berlin

Becker, K./Brinkmann, U./Engel, T. (2007): Die Haut auf dem Markte. Betrieblicher Gesundheitsschutz im Marktkapitalismus. In: PROKLA. Zeitschrift für kritische Sozialwissenschaft, Nr. 148, S. 383–401

Becker, K./Brinkmann, U./Engel, T. (2008): „Hybride Beteiligung" im Betrieb? Sachkundige Beschäftigte und Arbeitsgruppen. In: WSI-Mitteilungen, Jg. 61/Heft 6, S. 305–311

Becker, K./Brinkmann, U./Engel, T. (2009a): Gefährdungsbeurteilung von unten: Die Beschäftigten selbst sind die eigentlichen Akteure. In: Gute Arbeit, Jg. 21/Heft 1, S. 19–22

Becker, K./Engel, T./Lehmann, D. (2009b): Aktivierung zur Beteiligung im betrieblichen Arbeits- und Gesundheitsschutz. In: WSI-Mitteilungen, Jg. 62/Heft 10, S. 560–566

Becker, K./Brinkmann, U./Engel, T./Satzer, R. (2010): Beteiligung in der Gefährdungsbeurteilung – Der Weg zu einem nachhaltigen Gesundheitsmanagement. In: Schröder, L./Urban, H.-J. (Hg.): Gute Arbeit. Handlungsfelder für Betriebe, Politik, Gewerkschaften (Ausgabe 2010). Frankfurt/M., S. 282–297

Boltanski, L./Chiapello, E. (2003): Der neue Geist des Kapitalismus. Konstanz

Brinkmann, U. (2003): Die Verschiebung von Marktgrenzen und die kalte Entmachtung der Wissensarbeiter/innen. In: Schönberger, K./Springer, S. (Hg.): Subjektivierte Arbeit: Mensch – Technik – Organisation in einer entgrenzten Arbeitswelt. Frankfurt/M., New York, S. 63–94

Brinkmann, U./Benthin, R./Dörre, K. (2008): „Culture Club“ oder demokratische Teilhabe? Unternehmenskultur und Mitbestimmung im neuen Marktkapitalismus. In: Benthin, R./ Brinkmann, U. (Hg.): Unternehmenskultur und Mitbestimmung. Betriebliche Integration zwischen Konsens und Konflikt. Frankfurt/M., New York, S. 23–72

Brinkmann, U./Speidel, F. (2006): Hybride Beteiligungsformen am Beispiel ‚sachkundiger Arbeitnehmer'. In: WSI-Mitteilungen, Jg. 59/Heft 2, S. 86–91

Brinkmann, U./Dörre, K. (2006): Die neue Unternehmerkultur – Zum Leitbild des „Intrapreneurs“ und seinen Implikationen. In: Brinkmann, U./Krenn, K./Schief, S. (Hg.): Endspiel des Kooperativen Kapitalismus? Institutioneller Wandel unter den Bedingungen des marktzentrierten Paradigmas. Wiesbaden, S. 136–168

Busch, M. (2003): Arbeitsgruppen und Gruppenarbeit im Betriebsverfassungsgesetz. Berlin

Castells, M. (2001): Der Aufstieg der Netzwerkgesellschaft. Teil 1 der Trilogie: Das Informationszeitalter. Opladen

Dörre, K. (2001): Das deutsche Produktionsmodell unter dem Druck des Shareholder Value. In: Kölner Zeitschrift für Soziologie und Sozialpsychologie, Jg. 53/Heft 4, S. 675–704

Dörre, K./Kraemer, K./Speidel, F. (2004): Prekäre Beschäftigungsverhältnisse. Ursache von sozialer Desintegration und Rechtsextremismus? Projektzwischenbericht. Recklinghausen

Fricke, W. (1985): Betriebsverfassung und Mitbestimmung am Arbeitsplatz. Beteiligung der Arbeitnehmer an der Gestaltung ihrer Arbeitsbedingungen. Friedrich-Ebert-Stiftung

Gramm, R. (2005): Betriebliche Auskunftspersonen. Experten in eigener Sache. In: Mitbestimmung, Jg. 51/Heft 11, S. 54–57

Habermas, J. (1981): Theorie des kommunikativen Handelns. Zur Kritik der funktionalistischen Vernunft. Band 1. Frankfurt/M.

Halal, W. E. (1996): The New Management. Democracy and Enterprise are Transforming Organizations. San Francisco

Hayek, F. A. v. (1976): Law, Legislation, and Liberty, Vol. II: The Mirage of Social Justice. Chicago

Hirsch-Kreinsen, H. (1995): Dezentralisierung: Unternehmen zwischen Stabilität und Desintegration. In: Zeitschrift für Soziologie, Jg. 24/Heft 6, S. 422–435

Hirschman, A. O. (1970): Exit, Voice, and Loyalty. Responses to Decline in Firms, Organizations and States. Cambridge/Mass., London

Hromadka, W./Maschmann, F. (2007): Arbeitsrecht. Band 2: Kollektivarbeitsrecht und Arbeitsstreitigkeiten. Berlin, Heidelberg, New York

Kleemann, F./Matuschek, I./Voß, G.G. (2002): Subjektivierung von Arbeit – Ein Überblick zum Stand der soziologischen Diskussion. In: Moldaschl, M. F./Voß, G. G. (Hg.): Subjektivierung von Arbeit. München, Mering, S. 53–100

Kotthoff, H. (1997): Hochqualifizierte Angestellte und betriebliche Umstrukturierung: Erosion von Sozialintegration und Loyalität im Großbetrieb. In: Kadritzke, U. (Hg.): ‚Unternehmenskulturen' unter Druck. Neue Managementkonzepte zwischen Anspruch und Wirklichkeit. Berlin, S. 163–184

Lenhardt, U./Kuhn, J./Reusch, J. (2010): Die Arbeitswelt von heute. Daten, Schwerpunkte, Trends. In: Schröder, L./Urban, H.-J. (Hg.): Gute Arbeit. Handlungsfelder für Betriebe, Politik, Gewerkschaften (Ausgabe 2010). Frankfurt/M., S. 432–491

Meifert, M. (2003): Vertrauensmanagement in Unternehmen. München, Mering

Ortmann, G./Sydow, J./Winkler, A. (1997): Organisation als reflexive Strukturation. In: Ortmann, G./Sydow, J./Türk, K. (Hg.): Theorien der Organisation. Die Rückkehr der Gesellschaft. Opladen, S. 315–354

Pinchot, G. (1986): Intrapreneuring. New York

Pinchot, G./Pinchot, E. (1993): The end of bureaucracy and the rise of the intelligent organisation. San Francisco

Pongratz, H. J./Voß, G. G. (2002): ArbeiterInnen und Angestellte als Arbeitskraftunternehmer? Erwerbsorientierungen in entgrenzten Arbeitsformen. Düsseldorf

Reiss, M. (2000): Interpreneure – Unternehmertum in Netzwerken. In: Frankfurter Allgemeine Zeitung, 09.10.2000, S. 33

Scharff, M. M. (2005): WorldCom: A Failure of Moral and Ethical Values. In: Journal of Applied Management and Entrepreneurship, Jg. 10/Heft 3, S. 35–47

Schmid, F./Seger, F. (1998): Arbeitnehmermitbestimmung, Allokation von Entscheidungsrechten und Shareholder Value. In: Zeitschrift für Betriebswirtschaft, Jg. 68/Heft 5, S. 453–474

Seifert, M./Brinkmann, U. (2003): Organisationales Vertrauen, Reziprozität und Interessen – Eine Replik auf Martin K. W. Schweer. In: Zeitschrift Erwägen – Wissen – Ethik, Jg. 14/Heft 2, S. 374–377

Seligman, A. B. (1997): The Problem of Trust. New York

Sorge, A. (1993): Arbeit, Organisation und Arbeitsbeziehungen in Ostdeutschland. In: Berliner Journal für Soziologie, Jg. 3/Heft 4, S. 549–567

Sydow, J./Wirth, C. (1999): Von der Unternehmung zum Unternehmensnetzwerk – Interessenvertretungsfreie Zonen statt Mitbestimmung? In: Müller-Jentsch, W. (Hg.): Konfliktpartnerschaft. Akteure und Institutionen der industriellen Beziehungen (3. Auflage). München, Mering, S. 157–183

Ulich, E./Wülser, M. (2009): Gesundheitsmanagement in Unternehmen. Arbeitspsychologische Perspektiven (3. Auflage). Wiesbaden

Wiesenthal, H. (2005): Markt, Organisation und Gemeinschaft als ‚zweitbeste' Verfahren sozialer Koordination. In: Jäger, W./Schimank, U. (Hg.): Organisationsgesellschaft – Facetten und Perspektiven. Wiesbaden, S. 223–264

Williamson, O. E. (1974): Exit and voice: Some implications for the study of the modern corporation. In: Social Science Information, Jg. 13/Heft 6, S. 61–72

Gefährdungsbeurteilungen als Präventionsspiralen zur Gestaltung von Arbeit

Karina Becker, Ulrich Brinkmann, Thomas Engel, Rolf Satzer

1 Die Gefährdungsbeurteilung nach Arbeitsschutzgesetz: Fundament für eine Modernisierung betrieblicher Arbeitspolitik

Das seit August 1996 geltende deutsche Arbeitsschutzgesetz, das die EG-Rahmenrichtlinie 89/391/EWG umsetzt, beinhaltet Rechte und Pflichten im betrieblichen Arbeitsschutz für fast alle Bereiche und Beschäftigtengruppen – von den Bildschirmarbeitsplätzen in der Verwaltung bis zu den Arbeitsplätzen in der Produktion. Kernelement ist die gesetzliche Festschreibung, für jeden Arbeitsplatz eine Gefährdungsbeurteilung durchzuführen und diese auch zu dokumentieren. Zielstellung des Gesetzes ist die Schaffung menschengerechter Arbeitsbedingungen. Die Arbeit ist demnach so zu organisieren, dass sie keine Erkrankungen oder Gesundheitsbeeinträchtigungen nach sich zieht. Dies soll durch einen präventiven Handlungsansatz im Arbeits- und Gesundheitsschutz sichergestellt werden.

Das deutsche Arbeitsschutzgesetz folgt – neben der gebotenen Harmonisierung des Arbeitsschutzrechts mit den EU-Vorgaben – im Kern zwei Intentionen:

(1) Einerseits bietet die Reform die Chance zu einer *Modernisierung* im Sinne einer systemischen Verankerung von Arbeits- und Gesundheitsschutzroutinen im Betrieb mit der Perspektive einer stetigen Verbesserung zur Schaffung menschengerechter Arbeitsplätze. Zur Verdeutlichung dieser angestrebten nachhaltigen Wirksamkeit hat sich der Begriff der „Präventionsspirale" etabliert, die Schritt für Schritt im Kreislaufprozess der Gefährdungsbeurteilung zu einer kontinuierlichen Verbesserung des Gesundheitsschutzniveaus führen soll (vgl. Abb. 1). Modernisiert wurde der Arbeitsschutz zudem durch seine stärkere partizipative Ausrichtung – an die Stelle des klassischen Top-down-Vorgehens wurde ein Beteiligungsansatz gesetzt, der die Beschäftigten systematisch aufwertet und sie vom Objekt- in den Subjektstatus erhebt. Sowohl Beschäftigte als auch ihre Interessenvertreter sind nun bei der Gefährdungsbeurteilung systematisch einzubeziehen. Damit einher geht eine Verlagerung überbetrieblicher Regeln und Vorschriften auf die betriebliche Aushandlungsebene. Schließlich kann als inhaltlicher Modernisierungsimpuls für den betrieblichen Arbeits- und Gesundheits-

schutz die Ausweitung der betrieblichen Verantwortung auf die psychische Gesundheit von Beschäftigten konstatiert werden.

(2) Die Neufassung beinhaltet andererseits aber auch einen *Deregulierungsimpuls,* indem sie eine Reihe von detaillierten Vorschriften, Verordnungen und Auflagen des Arbeitsschutzes aufgibt. Damit wurde im arbeitspolitischen Interessenkonflikt einem Schwerpunkt der Arbeitgeberforderungen nach „Entbürokratisierung" und „Abbau von Überregulierung" im Arbeits- und Gesundheitsschutz entsprochen. Begründet wurden diese Schritte mit den spezifischen betrieblichen Bedingungen, denen standardisierte Vorgaben und Richtlinien im Arbeitsschutz nicht ausreichend gerecht würden. Das Hauptproblem liegt hierbei allerdings in einer unzureichenden Kontrolle gesetzlicher Regelungen durch staatliche Aufsichtsbehörden.

Abb. 1: Die Präventionsspirale

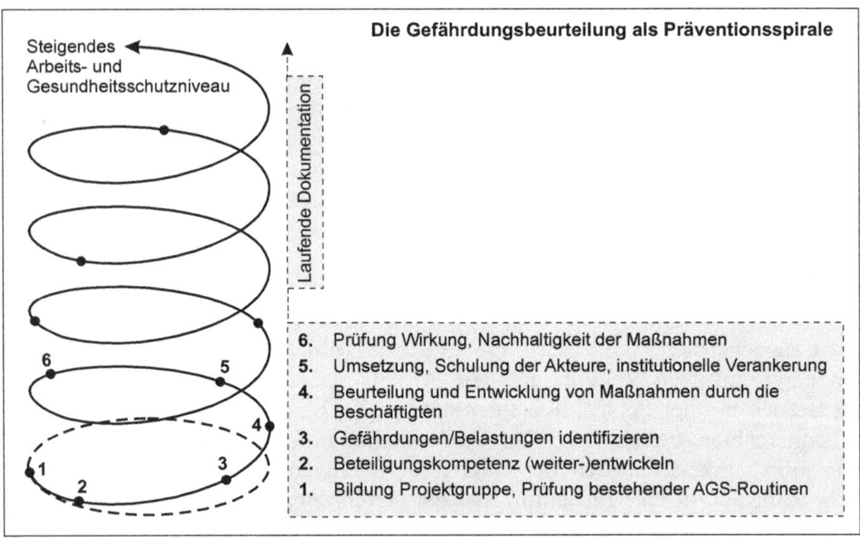

Zu den Verfechtern des Modernisierungsanspruchs gehören die Gewerkschaften, in der Regel die Beschäftigten und ihre Interessenvertreter, aber auch kirchliche Organisationen, Ärzte, Gesundheitspolitiker und Sozialwissenschaftler (stellvertretend für diesen Ansatz sei hier nur mit Lehndorff 2006, Oppolzer 2006 und Ulich/Wülser 2009 auf vier Autoren aus dem Wissenschaftsbereich verwiesen). Manifest wird das breite Spektrum dieser Bewegungsrichtung aber auch in zahlreichen Veranstaltungen und Initiativen von der Arbeitsschutzmesse bis zur Gemeinsamen Deutschen Arbeitsschutzstrategie (GDA), in Zeitschriften und Kampagnen rund um das gewerkschaftliche Konzept „Gute Arbeit" u.ä. Deren grundlegendes Verständnis von Gesundheit als zu schützendem Gut findet sich auch in verschiedenen in der Öffentlichkeit ausgetragenen Debatten, zum Beispiel in der ablehnenden Haltung zur Liberalisierung von Organhandel oder zur Privatisierung von Gesundheitsversicherungsrisiken. Ausgangspunkt ist somit eine breite Verankerung des Anspruchs in der Gesellschaft.

Den verschiedenen überbetrieblichen und betrieblichen Akteuren gemein – so die *erste These des Beitrags* – ist die Hoffnung, dass die Präventionsorientierung und die Verlagerung der Auseinandersetzung um Gesundheit und Arbeitspolitik auf die betriebliche Ebene zu einem produktiven Prozess im Sinne menschengerechter Arbeits- und Lebensbedingungen führt.

Mit dieser These verknüpft ist die Frage, unter welchen Bedingungen ein solches Positivszenario wirksam werden kann. Dafür müssen in erster Linie die spezifischen Akteurskonstellationen in den Blick genommen werden, die an einer Ingangsetzung der Gefährdungsbeurteilung als Präventionsspirale beteiligt sind bzw. sein müssten.

Vor diesem Hintergrund lässt sich als *zweite These* formulieren, dass die Durchsetzung besserer Arbeitsbedingungen und eines wirksamen Gesundheitsschutzes nur durch die produktive Zusammenarbeit interessierter und machtvoller Beschäftigter und ihrer Vertreter (Betriebs-/Personalräte) und einer für einen modernen Arbeits- und Gesundheitsschutz zugänglichen Sicherheitsfachkraft gelingen kann.

Für eine realistische Bewertung der Gefährdungsbeurteilung ist es notwendig, sich mit der tatsächlichen Umsetzung dieses zentralen Instruments auseinanderzusetzen. Die Bilanz nach 13 Jahren des Bestands der gesetzlichen Grundlagen fällt ernüchternd aus:

Die Gefährdungsbeurteilung nach Arbeitsschutzgesetz bietet zwar eine Reihe von Chancen, es muss jedoch – so die *dritte These* – nach mehr als zehn Jahren Gültigkeit eine defizitäre Umsetzung in der Unternehmenslandschaft konstatiert werden. Häufig werden Gefährdungsbeurteilungen dazu genutzt, eine Fassade zu errichten, mit deren Hilfe sich gute Arbeits- und Gesundheitsstandards ausweisen lassen, hinter der sich faktisch jedoch problematische Zustände verbergen.

Stellt sich die Frage nach den Ursachen für die Lücke zwischen Anspruch und Wirklichkeit. Die Gründe werden in der betrieblichen Praxis immer dann offenkundig, wenn es um die Umsetzung von Maßnahmen zum Abbau der ermittelten Belastungen geht. Es sind also weniger die Erfassung (beispielsweise in Form von Beschäftigtenbefragungen) und die Beurteilung der Belastungen, bei denen die verschiedenen Akteursgruppen unterschiedliche Ansätze und Interessen verfolgen. Konflikte entstehen insbesondere immer dann, wenn die abgeleiteten Maßnahmen Kosten verursachen – Kosten, die das Management häufig nicht zu investieren bereit ist.

Deshalb formulieren wir als *vierte These* einen offenkundigen, häufig jedoch nicht explizit thematisierten Sachverhalt: Das Management vieler Betriebe beschränkt durch einen grundsätzlichen Finanzierungsvorbehalt bei der Ableitung und Umsetzung von Maßnahmen und bei der Entscheidung für beteiligungsorientierte Verfahren die Wirksamkeit von Gefährdungsbeurteilungen in erheblichem Maße.

Diesem Vorbehalt eines eher an kurzen Fristen orientierten Managements müssen sowohl ein normatives als auch ein analytisches Argument entgegengestellt werden. Beide können helfen (jedoch nicht sicherstellen), die Kostenhürde zu relativieren: Zunächst darf Gesundheit als Wert an sich keinen Kostenfragen untergeordnet werden. Dieser Anspruch findet sich auch in der Präambel der europäischen Arbeitsschutz-Rahmenrichtlinie, der gemäß Verbesserungen des Gesundheitsschutzes der Beschäftigten Zielstellungen sind, „die keinen rein wirtschaftlichen Überlegungen untergeordnet werden dürfen".

Des Weiteren ist keineswegs immer ausschließlich von finanziellen Belastungen für das Unternehmen auszugehen, jedenfalls dann nicht, wenn in die Bilanzierung auch die Nutzeneffekte wirksamen Arbeits- und Gesundheitsschutzes einfließen, z.B. in Form gestiegener Produktivität. Voraussetzung für eine solche positive Bilanz sind jedoch managerielle Orientierungen, die nicht ausschließlich auf eine Externalisierung von Kosten gerichtet sind, sondern auch die Bereitschaft beinhalten, in dieses betriebliche Feld und damit in das Humankapital zu investieren.

Im folgenden zweiten Abschnitt werden die Gründe für das Fazit einer gemischten Bilanz in der Umsetzung des Instruments dargelegt, wobei die besondere Relevanz der Verletzung des Beteiligungsgebots deutlich wird. Abschnitt 3 befasst sich mit den Grundhaltungen der beteiligten betrieblichen Akteure zum Gesundheitsschutz und mit dem Stellenwert von Beteiligung der Beschäftigten. Nachdem im Abschnitt 4 kurz auf das empirische Material der Analysen eingegangen wird, machen im fünften Abschnitt mehrere Fallbeispiele das breite Spektrum des betrieblichen Zugangs zum Thema deutlich. Dabei wird gezeigt, wie die betrieblichen Akteurskonstellationen und Beteiligungsmodelle die Chancen für nachhaltige Gefährdungsbeurteilungen beeinflussen.

2. Verletzung des Beteiligungsgebots: Die Lücke zwischen Anspruch und Wirklichkeit bei der Umsetzung des Arbeitsschutzgesetzes

13 Jahre nach der verbindlichen Einführung der Gefährdungsbeurteilung durch das deutsche Arbeitsschutzgesetz muss eine defizitäre Umsetzung in der Unter-

nehmenslandschaft konstatiert werden. Zwar geben knapp die Hälfte der Betriebsräte in den Panel-Befragungen des WSI an, dass Gefährdungsbeurteilungen in ihren Unternehmen durchgeführt werden, allerdings entspricht die praktische Umsetzung nicht dem (auch gesetzlich verankerten) Anspruch dieses Präventionsinstruments zur Bewertung von Gefährdungen und Belastungen am Arbeitsplatz sowie zur präventiven Maßnahmenumsetzung (vgl. Lenhardt et al. 2010).

In den Worten eines betrieblichen Experten: „Nicht überall, wo Gefährdungsbeurteilung drauf steht, ist Gefährdungsbeurteilung drin." In erster Linie bezieht sich diese Einschätzung auf die Vernachlässigung psychischer Belastungen, die – obwohl sie verpflichtend zentraler Bestandteil von Gefährdungsbeurteilungen sein sollten – in nur etwa einem Viertel der Betriebe, die eine Gefährdungsbeurteilung vornehmen, berücksichtigt werden (Ahlers/Brussig 2005).

Andere gesetzliche Anforderungen sind in der Regel ebenfalls nicht Bestandteil der betrieblichen Umsetzungspraxis: die Dokumentationspflicht, die Ableitung und Umsetzung von Maßnahmen sowie die im ArbSchG geforderte Unterweisung der Beschäftigten, was die Informierung der Beschäftigten über neue Belastungsformen in der Arbeitswelt einschließt.

Die Durchführung von Gefährdungsbeurteilungen erfolgt häufig in traditioneller Herangehensweise durch Arbeitsschutzexperten und unter ausschließlicher Berücksichtigung der klassischen bzw. körperlichen Belastungen. Das zeigen nicht zuletzt die Erfahrungen im PARGEMA-Projekt, aber auch die Unterscheidung der konventionellen Gefährdungsbeurteilung von der Gefährdungsbeurteilung nach ArbSchG in den Auswertungen zum DGB-Index „Gute Arbeit" (Lenhardt et al. 2010).

Die Einsicht oder Kenntnis, dass der präventive Anspruch nicht nur eine Erfassung von Gefährdungen und Belastungen erfordert, sondern auch zu einer Unfällen und Erkrankungen vorbeugenden Maßnahmenableitung führen muss, ist häufig nicht vorhanden:

> „Mit Burn-out-Geschichten und so weiter haben wir hier nichts zu tun. Das ist wohl eher in anderen Branchen ein Problem und dann doch auch eher bei den Leitungskräften." (Sicherheitsfachkraft eines Betriebs aus dem verarbeitenden Gewerbe)

Der Verdacht drängt sich auf, dass, indem Gefährdungsbeurteilungen nur formal durchgeführt werden, mit der Einführung der Gefährdungsbeurteilung in den Betrieben vielfach Potemkin'sche Dörfer des Arbeits- und Gesundheitsschutzes errichtet wurden. Etablierte Unterweisungs- und Begehungsroutinen, konkrete Arbeitsschutzregulierungen entlang von Vorschriften und definierten Grenzwerten haben allmählich ihre Bindekraft verloren und geraten im betrieblichen Alltag zum Teil in Vergessenheit bzw. werden zugunsten der Anforderungen des operativen Geschäfts zurückgestellt. Deutlich wurde dieser Verlust an konkreten

Orientierungspunkten z.B. dem Betriebsratsvorsitzenden im Fallbetrieb Motorenwerk, der sich deshalb dazu entschloss, die alten Richtlinien aus den nicht mehr gültigen Sicherheitsverordnungen weiterhin als Maßstab für seine Interventionen im betrieblichen Arbeitsschutz heranzuziehen. Eine Verankerung der im Gesetz angelegten Präventionsspirale findet durch diesen – durchaus gelungenen, weil in der gegebenen Situation alternativlosen – Rückgriff auf etablierte Routinen und Normen jedoch nicht statt.

Die mangelhafte Umsetzung der Gefährdungsbeurteilung lässt sich zum einen mit dem relativ voraussetzungsvollen Konzept des Arbeitsschutzes erklären: präventiver Charakter, psychische Belastungen, Minimierungsgebot für Gefährdungen und Fehlbelastungen, Prozesshaftigkeit, Beteiligungspflicht – ein Konzept mit hohen Ansprüchen, das viele Unternehmen mit erheblichen Anforderungen konfrontiert, die sich nicht von einem Tag auf den anderen umsetzen lassen. Zum anderen beinhalten die Erneuerungen der gesetzlichen Grundlagen des Arbeitsschutzes auch eine Deregulierung von Standards: Zwar wird den Betrieben respektive dem Management mehr Freiraum zur Anpassung des Arbeits- und Gesundheitsschutzes an die betriebliche Spezifik eingeräumt, dieser wird jedoch häufig nicht dazu genutzt, ein neues Arbeitsschutzniveau aufzubauen, sondern man fällt faktisch oft hinter bereits etablierte Standards zurück. Statt konkreter Normsetzungen und Verfahrensanleitungen wird die Ausgestaltung des betrieblichen Arbeits- und Gesundheitsschutzes auf die Aushandlungsebene der betrieblichen Parteien verlagert. Dies überfordert jedoch viele Betriebsakteure – sowohl die des Managements, insbesondere die von ihm beauftragte Sicherheitsfachkraft und die Betriebsärzte, als auch die Betriebs- und Personalräte, die nun mit verstärkter Intensität ein bisher eher randständiges Thema bearbeiten müssen.

Da insbesondere Gefährdungsbeurteilungen zu psychischen Belastungen häufig erst gegen die Arbeitgeberseite durchgesetzt werden müssen, bedarf es auf Seiten der Interessenvertreter einer ausgesprochenen Konfliktfähigkeit, um Belegschaften mobilisieren und notfalls Gefährdungsbeurteilungen in rechtlichen Auseinandersetzungen und Einigungsstellenverfahren durchsetzen zu können (vgl. hierzu die Rechtsprechung des Bundesarbeitsgerichts, die den Betriebsräten weitgehende Mitbestimmungsrechte einräumt, wiedergegeben etwa in Satzer/Geray 2008 sowie Gäbert/Maschmann-Schulz 2008). Das Hauptproblem bei der Umsetzung der Gefährdungsbeurteilung bleibt jedoch die unzureichende Kontrolle der Einhaltung geltender Gesetze, eine Kontrolle, die insbesondere in den vielen Betrieben ohne Betriebsrat dringend geboten ist. Letztlich kann dies nur durch eine intensivierte Aufsicht der Behörden geleistet werden.

Auf der anderen Seite zeigen große Umsetzungskampagnen etwa der IG Metall zur Gefährdungsbeurteilung bei psychischen Belastungen, wie hier weit reichende Fortschritte erzielt werden können (vgl. hierzu Lersmacher/Satzer

2009). Mit dieser überbetrieblichen Unterstützung nutzten die betrieblichen Interessenvertreter in einigen Fällen auch ihren rechtlich abgesicherten Spielraum zur Erzwingung einer Gefährdungsbeurteilung durch die Einberufung einer Einigungsstelle. Bevor sich Betriebsräte jedoch auf das Procedere einer Einigungsstelle einlassen, wollen sie sich in der Regel sicher sein, dass sie einen starken Rückhalt in der Belegschaft haben, denn Einigungsstellen (auch zum Arbeits- und Gesundheitsschutz) können zermürbende Prozesse sein – insbesondere wenn die Unternehmensseite die Standortkarte oder generell „auf Zeit“ spielt.

Die praktischen Erfahrungen mit dem novellierten Arbeitsschutzgesetz und auch die neuen Möglichkeiten des Betriebsverfassungsgesetzes weisen dafür den Weg: Ob auf Basis von konfliktorientierter Durchsetzung oder im gegenseitigen Einverständnis mit dem Management, Beteiligung der Beschäftigten ist der Schlüssel für die Nachhaltigkeit von Maßnahmen und damit letztlich auch für den Gesamterfolg eines Projekts zum Arbeits- und Gesundheitsschutz. Wie Beteiligungsprozesse im betrieblichen Arbeits- und Gesundheitsschutz verlaufen können, wo sie an ihre Grenzen stoßen und welche Akteure Promotoren partizipativer Ansätze sind, soll in diesem Beitrag deutlich werden.

Zum besseren Verständnis lohnt ein Blick auf die gesetzlichen Grundlagen, mit deren Hilfe sich Beteiligung von Beschäftigten systematisch organisieren lässt. Sowohl das Arbeitsschutz- als auch das Betriebsverfassungsgesetz bieten einander ergänzende Rechtsgrundlagen dafür, Beschäftigte und ihre Interessenvertreter systematisch in die verschiedenen Stufen einer Gefährdungsbeurteilung einzubeziehen. Etwas schwieriger stellt sich die Situation bei der Personalvertretungsgesetzgebung dar, aufgrund der hoch divergenten Länderregelungen.[1]

Das Betriebsverfassungsgesetz legt in § 87 Abs. 1 Satz 7 generell das Mitbestimmungsrecht von Betriebsräten bei „Regelungen über die Verhütung von Arbeitsunfällen und Berufskrankheiten sowie über den Gesundheitsschutz im Rahmen der gesetzlichen Vorschriften oder der Unfallverhütungsvorschriften“ fest. Die gesetzlichen Vorschriften, von denen hier die Rede ist, finden sich auch im § 5 des Arbeitsschutzgesetzes, der die Gefährdungsbeurteilung regelt. Neben der Absicherung der institutionellen Mitbestimmung in diesen Fragen finden sich dort auch Hinweise auf die Beteiligung von Beschäftigten, so regelt ArbSchG § 7 die Übertragung von Aufgaben, § 12 die Informationspflicht des Arbeitgebers gegenüber den Beschäftigten in Form der Unterweisung, die §§ 15, 16 die Mitwirkungspflichten und § 17 die Mitwirkungsrechte von Beschäftigten.

---

1 Um diese Unausgewogenheit ein wenig auszugleichen, regelt das ArbSchG in § 14 speziell für den öffentlichen Dienst die Unterrichtung und Anhörung der Beschäftigten: „(2) Soweit in Betrieben des öffentlichen Dienstes keine Vertretung der Beschäftigten besteht, hat der Arbeitgeber die Beschäftigten zu allen Maßnahmen zu hören, die Auswirkungen auf Sicherheit und Gesundheit der Beschäftigten haben können.“

Kommt es zu Konflikten z.B. über den Grad der Beteiligung von Beschäftigten und Interessenvertretern bei der Gefährdungsbeurteilung, wird wiederum das Betriebsverfassungsgesetz berührt, das in § 87 Abs. 2 eine fehlende Einigung in Gesundheitsschutzfragen zur Angelegenheit einer bindenden Einigungsstelle macht. Nicht zuletzt verlangt der zentrale und grundlegend neue Ansatz des Gesetzes, nämlich Arbeit generell menschengerecht zu gestalten (§ 2 ArbSchG), auch die damit verbundene und unverzichtbare Beteiligung der Beschäftigten.

3. Experten versus Laien: Beteiligung von Beschäftigten im Kontext betriebspolitischer Akteurskonstellationen

Es lässt sich somit eine Reihe von Regelungen in den Gesetzestexten finden, die die Möglichkeit und Notwendigkeit von Beteiligung grundsätzlich betonen und absichern. Wie Beteiligung jedoch konkret auszusehen hat, wie stark die Beschäftigten im Detail einzubeziehen sind, wann nur die Zustimmung des Betriebsrats und wann eine echte Mitsprache notwendig wird, ist Sache der Aushandlung im Betrieb und gestaltet sich damit in Abhängigkeit von den Arbeitsbeziehungen vor Ort. Dafür müssen Interessenvertreter nicht nur Überzeugungsarbeit gegenüber dem Management leisten, sondern häufig auch bei den Zuständigen des Arbeitsschutzes um Anerkennung dieser beteiligungsorientierten Herangehensweise kämpfen. So lautet eine typische Reaktion einer Sicherheitsfachkraft, dass „fehlende Qualifikationen“ in Arbeitsschutzfragen gegen eine zu starke Einbindung von (Arbeitsschutz-)Laien bei der Gefährdungsbeurteilung sprechen:

> „Wenn man die Beschäftigten fragt, ob sie glauben, ihr Arbeitsplatz sei ergonomisch eingerichtet, können die das doch gar nicht vernünftig beantworten. Die wissen nicht, wie hoch ihr Schreibtisch sein soll oder welche anderen arbeitswissenschaftlich begründeten Vorschriften es gibt.“

Erweist sich dieser verpflichtende Beteiligungsanspruch am Ende als Kür für einen besonders gelungenen Arbeitsschutz – eine Pirouette, ein Nice-to-Have, das den Arbeits- und Gesundheitsschutz qualitativ jedoch eigentlich nicht aufzuwerten vermag?

Gegen diese Annahme sprechen sowohl Befunde aus größeren Studien verschiedener Forschungsinstitute wie auch die Erfahrungen aus den hier vorgestellten Fallstudienbetrieben. In einer Befragung von Beschäftigten durch das Bundesinstitut für Berufsbildung (BiBB) und die Bundesanstalt für Arbeitsschutz und Arbeitsmedizin (BAuA) 2005/2006 stellte sich heraus, dass nur 28% der Beschäftigten angeben, für ihren Arbeitsplatz liege eine Gefährdungsanalyse vor. Die Analyse ist jedoch nur ein Bestandteil des gesamten Gefährdungsbeurteilungsprozesses, der immer auch die Maßnahmenableitung und -umsetzung beinhalten muss.

Die defizitäre Umsetzung des Arbeitsschutzgesetzes zeigt sich neben der Vernachlässigung psychischer Belastungen in dreierlei Hinsicht:

(1) Gefährdungsbeurteilungen werden häufig nur in Teilbereichen der Unternehmen durchgeführt und erfassen damit nicht alle Arbeitsplätze in den Unternehmen.
(2) In kleinen und Kleinstunternehmen und
(3) in Betrieben ohne Interessenvertretungen spielt das Instrument der Gefährdungsbeurteilung eine untergeordnete bis gar keine Rolle.

Der letztgenannte Punkt ist für unsere Argumentation entscheidend, denn im Umkehrschluss könnte das heißen: Betriebs- und Personalräte sind häufig Garanten für die Durchführung und Umsetzung der Gefährdungsbeurteilung. Der Mitbestimmungseffekt kann mit Hilfe der Befragung von Beschäftigten zum DGB-Index „Gute Arbeit“[2] verdeutlicht werden: Die Beteiligung von Betriebsräten (aber auch von Beschäftigten direkt) setzt entscheidende Impulse für die Verbesserung der Qualität von Gefährdungsbeurteilungen. Dieser Zusammenhang lässt sich nachweisen für die Berücksichtigung psychischer Belastungen (Lenhardt et al. 2010, S. 461f.) sowie eine verbesserte Dokumentation und Maßnahmenableitungspraxis (Ahlers/Brussig 2005).

Auch die Auswertung der WSI-Betriebsrätebefragung 2004 weist auf der Betriebsebene in diese Richtung: Die Wahrscheinlichkeit für eine qualitativ hochwertige Gefährdungsbeurteilung steigt erheblich, wenn der Betriebsrat an der Durchführung beteiligt war.[3] Selbst eine nur teilweise Beteiligung des Betriebsrats kann als wertvoller Beitrag zum Gelingen von Gefährdungsbeurteilungen gesehen werden (Ahlers 2009). Auch die Beteiligung von Beschäftigten und die regelmäßige Arbeit von betrieblichen Gremien zur Beschäftigtengesundheit erweisen sich als signifikante Faktoren: Je stärker die Beschäftigten eingebunden sind, desto erfolgreicher, ertragreicher, umsetzungsorientierter werden die Ergebnisse der Gefährdungsbeurteilungen bewertet.

Einfluss hat aber auch der Rückgriff auf externe Beratung. Die folgende Einschätzung eines Betriebsratsmitglieds im Fallstudienbetrieb Motorenwerk verdeutlicht die Relevanz externen Sachverstands bei der Durchführung einer ganzheitlichen Gefährdungsbeurteilung:

---

2 Die Sonderauswertung der DGB-Index-Daten 2009 wurde dankenswerterweise von *Tatjana Fuchs* (INIFES Augsburg) übernommen.

3 Grundlage für diese Aussage ist eine Auswertung des WSI-Datensatzes durch *Elke Ahlers* im Rahmen des PARGEMA-Projekts mit Hilfe einer ordinalen Regression mit der abhängigen Variablen „Qualität der im Betrieb durchgeführten Gefährdungsbeurteilung“. Erklärungsanteil des Modells an der Variation der abhängigen Variablen: 62%; kontrolliert für Branchenzugehörigkeit und Beschäftigtengröße als Einflussfaktoren auf Gefährdungsbeurteilungen (vgl. auch den Beitrag von Ahlers in diesem Band).

> „Ohne Fachexperten für psychische Belastungen und für Befragungen von Beschäftigten hätten wir die Gefährdungsbeurteilung so nicht hingekriegt. Aber ohne unsere Aktionen, die Kollegen dafür zu gewinnen, hätte diese Befragung auch niemals so durchgeführt werden können."

Eine entscheidende Begründung für den Erfolg von Beteiligung im Arbeits- und Gesundheitsschutz liefert derselbe Betriebsrat gleich mit:

> „Das Management kann das Arbeits- und Gesundheitsschutzthema z.B. durch Kostenargumente nicht zurückdrängen, wenn es eine breite, rechtlich abgesicherte Verankerung im Betrieb durch Einbeziehung aller Beschäftigten gibt."

4. Gefährdungsbeurteilung in der Praxis: Das empirische Analysematerial des PARGEMA-Projekts

Die intensive Arbeit in den Unternehmen erlaubte im Projekt PARGEMA den Einsatz verschiedener Methoden; damit konnte die Vielschichtigkeit von Arbeitsanforderungen und daraus resultierenden Belastungen gut abgebildet werden. In allen vier hier vorgestellten Fallbetrieben wurden schriftliche Beschäftigtenbefragungen mit standardisierten und auf die betriebsspezifischen Bedürfnisse zugeschnittenen Fragebögen durchgeführt. In drei der Unternehmen (Motorenwerk, Kontaktteile, Stahlbetrieb) konnten alle Bereiche und Abteilungen durch diese Befragung erfasst werden, in einem Fall (Industriemaschinenhersteller) konzentrierte sich die Befragungsaktion auf einen zentralen Werksteil.

Mit Hilfe der schriftlichen Befragungen wurden 1.400 Beschäftigte in vier Betrieben der Metallindustrie angesprochen. Davon antworteten jeweils zwischen 32% und 60% der Belegschaften. Die Auswertungen hinsichtlich Alter, Geschlecht, Status (Arbeiter/Angestellte) ergaben repräsentative Querschnitte der Befragungsteilnehmer/innen in Bezug auf die erfassten Betriebe bzw. Werksteile.

Diese Erhebungen lieferten in erster Linie einen Überblick über das Belastungsspektrum für die Beschäftigten und erlaubten es, Schwerpunkte (Belastungen/Gefährdungen, besonders betroffene Abteilungen, Beschäftigtengruppen u.a.) zu identifizieren. Die offenen Antwortfelder ermöglichten es den Befragten zudem, eine Vielzahl von Ideen und Verbesserungsvorschlägen zu formulieren, eine Möglichkeit, die sie häufig und teilweise sehr ausführlich nutzten. Diese wurden im Verlauf der Projektarbeit systematisch aufbereitet und gaben entscheidende Impulse für die Ableitung von Maßnahmen.

Das auf diese Weise sichtbar werdende Potenzial der Beschäftigten konnte in den Fällen noch besser genutzt werden, in denen vertiefende (Gruppen-)Interviews durchgeführt wurden (je zehn à durchschnittlich 50 Minuten im Stahlbetrieb und beim Industriemaschinenhersteller). Dafür wurde ein Leitfaden entwickelt, die Interviews wurden protokolliert oder, wenn es keine Einwände gegen einen Interviewmitschnitt gab, transkribiert.

In allen Betrieben fanden zudem Begehungen und Gespräche direkt am Arbeitsplatz statt, die sich in ihrer Intensität und Dauer stark unterschieden. In den Fällen Motorenwerk und Kontaktteile, also in den Betrieben mit dem Anspruch, eine ganzheitliche Gefährdungsbeurteilung durchzuführen, fanden entsprechende Bewertungen der Arbeitsplätze sowie eine Konkretisierung der Befragungsergebnisse mit den Beschäftigten vor Ort statt. Im Stahlbetrieb ging es in 60 Arbeitsplatzgesprächen darum, die Arbeits- und Beschäftigungsbedingungen zu analysieren mit dem Ziel, alternsgerechte Arbeitsbedingungen zu schaffen. Die Teilnahme an regelmäßig stattfindenden Begehungen gehörte zu den Gesprächsgelegenheiten, die sich mit Beschäftigten insbesondere beim Industriemaschinenhersteller ergaben.

Darüber hinaus konnte eine Reihe von Expert/inn/eninterviews mit den betrieblichen Praktikern und Teilen des Managements geführt werden. Schließlich erwiesen sich die regelmäßig (je Betrieb etwa acht- bis zwölfmal im Jahr) stattfindenden Projektgruppensitzungen als wichtige Quelle, um die verschiedenen Akteurspositionen in Form teilnehmender Beobachtungen studieren und analysieren zu können. Weitere Gelegenheiten boten die Teilnahme an Arbeitsschutzausschüssen und Analyseteams zur Gefährdungsbeurteilung.

Ein Auswahlkriterium für die Betriebsfälle in der Projektantragsphase war der Stellenwert der Gefährdungsbeurteilung im Unternehmen und der Stand bisher absolvierter Schritte innerhalb der Präventionsspirale. Nach drei Jahren zeigt sich unter anderem, dass für das erfolgreiche Durchlaufen einer Gefährdungsbeurteilung der Ausgangspunkt nicht allein ausschlaggebend sein kann. Vielmehr sind die Interessenlagen und die innerbetriebliche Stellung der beteiligten Akteure entscheidend:

– Die Ausgangsbedingungen im Motorenwerk waren vergleichsweise schlecht, führt man sich vor Augen, dass ein erster Versuch zur Durchführung einer Gefährdungsbeurteilung fünf Jahre vor dem Start des PARGEMA-Projekts gescheitert war. Damals waren Betriebsrat und Beschäftigte nicht einbezogen. Nicht zuletzt aufgrund der konsequenten und systematischen Beteiligung der Beschäftigten und einer massiven Unterstützung und Steuerung des Vorhabens durch den Betriebsrat gestaltete sich der Prozess nunmehr umfassend und hoch wirkungsvoll.
– Das Unternehmen „Kontaktteile“ knüpfte an eine vorhandene Gefährdungsbeurteilung psychischer Belastungen an und hatte durch das PARGEMA-Projekt den Prozesszyklus ein zweites Mal zu durchlaufen. Hier erwiesen sich erwartungsgemäß die etablierten Routinen als förderlich für einen weit-

gehend reibungsfreien Ablauf der Analyse und für eine Erweiterung um stärker beteiligungsorientierte Maßnahmenentwicklungsschritte.

- Im Stahlwerk – einem Betrieb, in dem „klassische" Belastungen dominieren – führten die Aktivitäten des PARGEMA-Projekts dazu, dass sich das Klima für eine Befürwortung der Gefährdungsbeurteilung psychischer Belastungen und damit verbundener Partizipation gewandelt hat: Arbeitsschutzakteure, Geschäftsleitung und Betriebsrat planen eine entsprechende Umsetzung für das Folgejahr nach Projektabschluss.
- Im Betrieb des Industriemaschinenherstellers verwies die Sicherheitsfachkraft auf eine detaillierte Gefährdungserfassung nach klassischem Muster, in Form selbst entwickelter Checklisten und einer komplexen Dokumentationsform. Die Bereitschaft, diese Routinen in der Projektgruppe zur Diskussion zu stellen mit dem Ziel, sie künftig beteiligungsorientiert zu gestalten, war jedoch gering. Auch über eine Erweiterung des Instruments auf die psychischen Belastungen ließ sich nicht verhandeln. Die Sicherheitsfachkraft scheute die Erfassung psychischer Belastungen vor allem deshalb, weil sie Sanktionen des Managements befürchtete, das aus Kostengründen kein Interesse an der Erfassung hatte. Der Betriebsrat überließ das Thema Arbeits- und Gesundheitsschutz weitgehend der Sicherheitsfachkraft und dem Betriebsarzt.

5. Fallbeispiele zur beteiligungsorientierten Gefährdungsbeurteilung

In allen vier nachfolgend vorgestellten – weitgehend anonymisierten – Betriebsfällen spielt die Interessenvertretung durch den Betriebsrat eine entscheidende Rolle bei dem Vorhaben, den Prozess der Gefährdungsbeurteilung auf den Weg zu bringen. Statistisch gesehen, stehen die Chancen dadurch zunächst besser als in Betrieben ohne Betriebsrat, dass am Ende eine ganzheitliche Gefährdungsbeurteilung einschließlich Maßnahmenableitung und Dokumentation durchgeführt wird.

Dass Betriebsakteure bei diesem Prozess mit vielfältigen Hindernissen und Herausforderungen konfrontiert werden, zeigt sich daran, dass die Umsetzung der Gefährdungsbeurteilung in den Betrieben selten einer geradlinigen Entwicklung folgt (für einen Überblick siehe Tab. 1). Während sich im Betrieb „Kontaktteile" und im Motorenwerk der Prozess von der Analyse der Gefährdungen über die Bewertung der Belastungen bis hin zur Ableitung von Maßnahmen, Dokumentation und Bewertung der Maßnahmenumsetzung vollzieht, werden diese Schritte im Stahlbetrieb und beim Industriemaschinenhersteller nicht konsequent umgesetzt.

Wie bereits ausgeführt, erfordert das Verfahren mehr als nur einen engagierten Betriebsrat. Mit dem hier eingestellten Fokus auf den Handlungsrahmen von Personalvertretungen ist jedoch generell davon auszugehen, dass sich Betriebsräte machtpolitische Freiräume sichern oder erkämpfen müssen – das gilt auch für Aktivitäten im Arbeits- und Gesundheitsschutz. Freiräume lassen sich im Wesentlichen durch folgende Herangehensweisen gewinnen:

- die Aneignung von *Kompetenzen* zur Analyse der Arbeitsbedingungen im Betrieb;
- den Gewinn von innerbetrieblicher *Diskurshoheit,* d.h. Einfluss auf die Diskussion von Themen;
- die Schaffung und Verstetigung *strategischer Handlungsfähigkeit,* d.h. man ist in der Lage, aus Defiziten Forderungen abzuleiten, diese in die arbeitspolitische Gesamtstrategie einzubetten und eine Vorstellung zu entwickeln, wie sich diese Forderungen durchsetzen lassen; und
- die *Beteiligung* von Beschäftigten.[4]

In den nun folgenden Fallstudien wird vor allem der Aspekt der Beschäftigtenbeteiligung systematisch unter die Lupe genommen. Dass unter anderem diese Strategie für die erfolgreiche Durchführung einer Gefährdungsbeurteilung elementar ist, wird daran deutlich, dass die dazu notwendigen Schritte in den Fallstudienbetrieben unterschiedlich konsequent umgesetzt wurden. Im Stahlbetrieb und im Betrieb des Industriemaschinenherstellers blieb der Prozess regelrecht stecken, weil bestimmte Informationsblockaden nicht überwunden und Beteiligungshürden nicht genommen wurden. Im Motorenwerk und im Betrieb „Kontaktteile" konnte die Betriebsöffentlichkeit in den Prozess eingebunden und konnten die Beteiligungsschritte weitgehend umgesetzt werden.

5.1 Fallbeispiel Motorenwerk: „Gefährdungsbeurteilung von unten"

Die ökonomische Situation stellte sich für das Unternehmen zum Zeitpunkt der Projektanbahnung günstig dar. Die Auslastung der Produktion war hoch, die Auftragslage auf lange Zeit günstig, „der Laden brummt", wie ein Betriebsratsmitglied es beschrieb. Hinzu kam ein Wechsel in der Werksleitung. Der neue Werksleiter zeigte sich für das Thema Arbeits- und Gesundheitsschutz offen und war bereit, neue Wege zu gehen.

Der die Gefährdungsbeurteilung initiierende Betriebsratsvorsitzende sprach sich von Anfang an dafür aus, dass sich die Beschäftigten einbringen sollten.

---

4 Diese Faktoren sind an anderer Stelle ausführlicher dargestellt und begründet (Becker et al. 2009).

Tab. 1: Überblick über vier Betriebsfälle auf dem Weg zur Gefährdungsbeurteilung

Ablaufschritte	Motorenwerk	Kontaktteile	Stahlbetrieb	Industriemaschinenhersteller
1. Bildung Projektgruppe, Prüfung bestehender AGS-Routinen	sechsköpfig, paritätische Besetzung, Sprecher: BRV	Analyseteam aus GL, BR und SIFA	ständig: zwei, paritätische Besetzung (+Stellvertreter) + ein Qualitätsmanagementbeauftragter	ständig: 5 (2 BR- und 3 GL-Vertreter) + 2 AL
2. Beteiligungskompetenz (weiter)entwickeln: Informationsangebote	Elf Abteilungsversammlungen, ausführl. FB-Erläuterung, 90% der Beschäftigten wurden angesprochen	umfangreiche Planungen zur Vorinformation der Belegschaft konnten aus betriebsinternen Gründen nicht umgesetzt werden	BR-Infoblatt, Ankündigung im Intranet, Gespräche mit den Meistern, die in ihrer Abteilung informieren	Ankündigung auf Betriebsversammlung, zwei Schichtversammlungen
3. Identifizierung von Gefährdungen und Belastungen: Befragung	325 ausgefüllte FB (Rücklauf 65%)	Rücklauf bei zwei Befragungen zwischen 55 und 66% – FB-Optimierung in der zweiten Runde	60 Interviews (37 Arbeiter, 23 Angestellte) aus vier Bereichen 444 ausgefüllte FB (Rücklauf 59%)	Sieben Interviews bzw. Gruppengespräche in einem Bereich; 41 ausgefüllte FB aus einem Bereich (Rücklauf 32%)
4. Beurteilung und Entwicklung von Maßnahmen durch die Beschäftigten	Elf Abteilungsversammlungen: Präsentation der Ergebnisse, Poster, Vorher-Nachher-Fotos, „Belastungsklimakarte“, Intranet	Ergebnispräsentation an Q-Punkten	Auswertungen im Intranet, Ergebnisbericht	Informelle Kommunikation, kurzzeitiger Aushang
5. Umsetzung, Schulung der Akteure, institutionelle Verankerung	M-Entwicklung durch Projektgruppe, „kleine“ Bereichsbegehungen mit Beschäftigtendiskussion zur M-Entwicklung	Diskussion zum M-Prozess an den Q-Punkt-Veranstaltungen	durch Projektgruppe, Abstimmung mit der GL, weitere Beteiligung konjunkturbedingt ausgebremst: „Zeit der Konzeptentwicklung“	M-Katalog Ampelstruktur, Abstimmung mit GL über weiteres Vorgehen steht noch aus
6. Prüfung Wirkung, Nachhaltigkeit der Maßnahmen	„kleine“ Begehungen: Gespräche mit Beschäftigten, Meldung von Verstößen an BR (Anonymität ggü. GL sichergestellt)	Fortlaufende Q-Punkt-Veranstaltungen	Dazu wurden bisher keine Überlegungen angestellt	Dazu wurden bisher keine Überlegungen angestellt

Abkürzungen:

AGS = Arbeits- und Gesundheitsschutz, AL = Abteilungsleiter, BR = Betriebsrat, BRV = Betriebsratsvorsitzender, FB = Fragebogen, GL = Geschäftsleitung, M = Maßnahmen, SIFA = Sicherheitsfachkraft, Q-Punkt-Veranstaltung: Regelmäßige Veranstaltung im Rahmen der kontinuierlichen Verbesserung der Qualität

„Das, was wir bisher zu wenig genutzt haben, ist das Wissen der Mitarbeiter an der Maschine", so bestätigt es nach anfänglicher Skepsis schließlich auch die Sicherheitsfachkraft. Dieser Ansatz einer systematischen Beteiligung über den gesamten Prozess wurde zu einem wesentlichen Merkmal des Projekts, das auch von der gesamten Steuerungsgruppe getragen wurde und für das sich die Bezeichnung „Gefährdungsbeurteilung von unten" etablierte. Damit soll der Bottom-up-Perspektive bei der Durchführung des Prozesses Rechnung getragen werden, wobei Beteiligung in mehreren Stufen möglich wurde:

Die sechsköpfige Projektgruppe wurde paritätisch besetzt, also zu gleichen Teilen aus Vertretern der Leitungsebene (z.B. Meister) bzw. Personen im Auftrag des Managements (z.B. Sicherheitsfachkraft, Qualitätsmanagement) und aus Beschäftigtenvertretern (z.B. Betriebsratsvorsitzende, Belegschaftsangehörige). Die Gruppe einigte sich darauf, dass die Gefährdungsbeurteilung physischer und psychischer Belastungen durch eine umfassende Befragungsaktion aller Beschäftigten zu starten ist.

Mit dem in der Projektgruppe entwickelten zwölfseitigen Fragebogen zur Erfassung der Belastungen und Gefährdungen wurden die Beschäftigten aller Abteilungen in einer Vollerhebung befragt. Die Ausgabe erfolgte in Abteilungsversammlungen, die sich als geeignete Plattform für eine ausführliche Einführung und Erläuterung zu den Fragebögen erwiesen:

> „Dass wir die Fragebögen in elf Abteilungsversammlungen ausgegeben haben, war gut, denn in einem größeren Kreis, bei 500 Leuten, traut sich keiner Fragen zu stellen. So ist man an den Leuten näher dran",

so der Betriebsratsvorsitzende, der einen Großteil dieser Eröffnungsrunden bestritt.

Sowohl die hohe Teilnahme an der Befragung (knapp 66% Rücklauf) als auch die gute Qualität der Antworten zeigen, dass die Beschäftigten diese Befragung als echte Chance begriffen, ihre Arbeitsbedingungen zu beschreiben und Arbeitsbelastungen zu benennen. Die Ergebnisse wurden kurz nach der Befragung wiederum in Abteilungsversammlungen vorgestellt, dabei wurde darauf geachtet, dass neben den betriebsallgemeinen immer auch die abteilungsspezifischen Ergebnisse detailliert erläutert wurden. Vor den Augen der Beschäftigten entstand damit ein Überblick, der es ihnen ermöglichte, die eigene Abteilung und damit auch indirekt den eigenen Arbeitsplatz in Beziehung zum Gesamtunternehmen zu setzen. Die rasche Rückmeldung der Befragungsergebnisse an die Beschäftigten erwies sich als einer der Erfolgsfaktoren für das Projekt. Überhaupt setzte der Betriebsrat sehr stark darauf, den Diskussionsstand der Projektgruppe und die Ergebnisse von Gesprächen mit der Geschäftsleitung in die Betriebsöffentlichkeit zu tragen und auf diese Weise machtvoll für die Durchsetzung von Maßnahmenforderungen aus der Gefährdungsanalyse zu sorgen.

Die Auswertung der gewonnenen Daten ergab klare handlungsleitende Hinweise, die für alle Unternehmensbereiche Geltung haben. Darüber hinaus wurden spezifische Belastungs- und Gefährdungsaspekte für die jeweiligen Abteilungen, Arbeitsbereiche oder Gruppen ähnlicher Arbeitsplätze identifiziert. Es ließen sich zudem Aktionsfelder von Vorgesetzten benennen und die jeweiligen Führungskräfte hinsichtlich der Umsetzung ihrer Aufgaben bewerten. Auf diese Weise entstand ein Maßnahmenkatalog, der kurz- sowie mittel-/langfristige Probleme und Veränderungsnotwendigkeiten kurz und prägnant beschreibt und Verantwortlichkeiten bestimmt.

Zunächst wurden die dringlichsten Maßnahmen wie Veränderungen in der Verkehrsführung auf dem Werksgelände, die Einrichtung neuer Umkleiden und Waschgelegenheiten umgesetzt. Hierbei erwies sich die Interessenkonvergenz von Betriebsrat und Werksleitung als hilfreich. Gleichwohl war es nötig – als es beispielsweise um die Anschaffung einer Klimaanlage im Verwaltungsgebäude ging –, auf einer Betriebsversammlung durch die Interessenvertretung machtvoll auf Umsetzungshemmnisse hinzuweisen, um diese relativ kostspielige Investition durchzusetzen.

Für die mittel- und langfristigen Maßnahmen kam ein Diskussionsprozess auf Abteilungsebene in Gang. Sicherheitsbeauftragte aus den Abteilungen, die lange Zeit als ungenutzte Ressource „brachlagen", wurden durch Schulungen reaktiviert, neue konnten gewonnen werden. Sie sind für die Projektgruppe die Ansprechpartner in ihrem Bereich, diskutieren die Befragungsergebnisse und prüfen die Maßnahmenumsetzung. Für diesen Beteiligungsschritt wird die Absicherung durch das Betriebsverfassungsgesetz genutzt (konkret: Heranziehen sachkundiger Beschäftigter nach § 80 Abs. 2 Satz 3), aber auch eine Reihe von bereits bestehenden Betriebsvereinbarungen, die bei der Maßnahmenumsetzung einen wichtigen Orientierungsrahmen bieten.

5.2 Fallbeispiel Kontaktteile: Erneuerte Gefährdungsbeurteilung psychischer Belastungen

Nach längeren Auseinandersetzungen mit dem Management konnte der Betriebsrat 2005 erstmals die Durchführung einer Gefährdungsbeurteilung zu psychischen Belastungen durchsetzen. In der Folge konnten zahlreiche Arbeits- und Gesundheitsschutzmaßnahmen zu Umgebungsbelastungen, z.B. eine Klimatisierung in mehreren Produktionshallen oder Maßnahmen zur Lärmminimierung, umgesetzt sowie erste Verbesserungen auf arbeitsorganisatorischer Ebene, beispielsweise durch Verbesserungen der Ablauforganisation, durchgesetzt werden.

Lassen sich die ersten Aktivitäten als eher pragmatischer Einstieg in den Gefährdungsbeurteilungsprozess charakterisieren, folgte der zweite Durchlauf 2008 einem optimierten Konzept, welches die Beteiligung der Beschäftigten bei der Ergebnisdiskussion nach der Gefährdungsermittlung vorsah. Realisiert wurde dies, indem die Ergebnisse der Gefährdungsbeurteilung flächendeckend in Abteilungsversammlungen mit jeweils 15 bis 20 Beschäftigten diskutiert wurden. In den ca. 30-minütigen Besprechungen wurden die Ergebnisse – begleitet vom Analyseteam – von den Vorgesetzten vorgestellt. Die Beschäftigten erhielten ein kurzes Infoblatt mit Resultaten der Gefährdungsbeurteilung und machten in der Diskussion weitere Vorschläge und Anregungen, die protokolliert und dokumentiert wurden, um sie in den weiteren Schritten der Maßnahmenableitung und Umsetzung zu berücksichtigen. Dieser Prozess geriet Ende 2008 ins Stocken, weil es zu einem Personalabbau um knapp 25% mit den entsprechenden Folgewirkungen kam.[5]

5.3 Fallbeispiel Stahlbetrieb: Aktivierende Befragung als Vorstufe der Gefährdungsbeurteilung

Der Betrieb mit Schwerindustrieproduktion und entsprechend großen körperlichen Beanspruchungen der Beschäftigten verfügt über ein hohes Niveau bei der Arbeitssicherheit, das in den zurückliegenden, wirtschaftlich guten Jahren systematisch aufgebaut wurde. In der Projektanbahnung hatte sich bereits herausgestellt, dass beim Betriebsrat das Interesse an der Etablierung einer Gefährdungsbeurteilung psychischer Belastungen groß war, allerdings gab es beim Management und der in der Projektgruppe vertretenen Sicherheitsfachkraft eine große Unsicherheit darüber, wie das Thema anzugehen sei. Die daraus resultierenden Vorbehalte wurden mit der schwierigen Erfassbarkeit und Handhabbarkeit psychischer Belastungen begründet, sind aber auch auf strukturelle Unsicherheiten wie etwa einen Gesellschafterwechsel zurückzuführen. Als Kompromiss handelte die Projektgruppe einen Methodenmix aus schriftlicher und mündlicher Befragung von Beschäftigten aus, bei der nicht nur klassische Gefährdungen, sondern auch ein Teil der psychischen Belastungen erfasst wurden.

Eine Auswahl von Bereichen erlaubte spezifische Belastungen und Beanspruchungen zu messen: In zwei Abteilungen des gewerblichen Bereichs ging es in erster Linie um den Zeit- und Leistungsdruck und die Qualifizierungs- und Entwicklungsmöglichkeiten, insbesondere mit der Perspektive auf die Schwierigkeit, auf diesen Arbeitsplätzen gesund das Rentenalter erreichen zu können. In zwei Abteilungen des Angestelltenbereichs wurden in erster Linie Fragen zur Auswirkung der Neueinführung von Großraumbüros und der Entwicklung des Betriebsklimas gestellt. Diese bereichsspezifischen Untersuchungen fanden in Form von Interviews am Arbeitsplatz statt, insgesamt wurden 60 Gespräche geführt.

---

5 Vgl. die ausführlichere Schilderung dieser Fallstudie im Beitrag von Satzer in diesem Band.

Darüber hinaus konnte eine alle zwei Jahre stattfindende Befragung der Beschäftigten dazu genutzt werden, die wichtigsten psychischen Belastungen zu erfassen. Diese standardisierte schriftliche Befragung erfüllte (neben den Erkenntnissen über die Belastungslage der Beschäftigten) zwei Funktionen: Zum einen hatte sie einen aktivierenden Charakter, d.h. die Beschäftigten erhielten zugleich Informationen über Arbeits- und Gesundheitsschutzprozesse wie die Gefährdungsbeurteilung psychischer Belastungen. Zum anderen wurde dem Management durch diese Vorgehensweise vor Augen geführt, wie psychische Belastungen erfassbar und bearbeitbar sind. Die Sicherheitsfachkraft, wie im Fall des Industriemaschinenherstellers zunächst eher skeptisch ob der Erfassung psychischer Belastungen, formulierte im Nachgang der Erhebung das Ziel, den Prozess einer Gefährdungsbeurteilung psychischer Belastungen forciert anzugehen und – gemeinsam mit dem Betriebsrat – bei der Geschäftsleitung für eine Durchführung zu werben.

Die Beteiligungsbilanz fällt durchwachsen aus. Die Information der Beschäftigten über das Anlaufen des Projekts und die Entscheidung, mit den Beschäftigten in ausgewählten Bereichen das Gespräch zu suchen, funktionierten sehr gut. Auf diese Weise war das Projekt bekannt, Beteiligungswege für die Beschäftigten wurden zumindest angedeutet und für die schriftliche Befragung konnte ein Rücklauf von 59% realisiert werden. Mit Hilfe der Interviews konnten problematische Arbeitsbedingungen und Entlastungsmöglichkeiten identifiziert werden.

Allerdings hakte es beim zügigen Rückmelden der Ergebnisse. Die Beschäftigten erfuhren nur sporadisch über die weitere Projektdiskussion. Im Intranet, das in erster Linie von Führungskräften und einigen Angestellten (weniger von den gewerblichen Beschäftigten und mittleren Angestellten) als Informationsquelle genutzt wird, wurden die Befragungsergebnisse bereitgestellt. Erst einige Monate nach der Befragung wurden Zusammenfassungen in Form eines zehnseitigen Berichts ausgelegt. Die Ergebnisse wurden jedoch kaum in interpretative Vergleiche einbezogen. Aus den erfassten Belastungen wurden kaum Konsequenzen abgeleitet, die zudem nur unzureichend in der Betriebsöffentlichkeit diskutiert wurden.

Als Grund für diese „ausgebremste" Informationspolitik lässt sich sowohl der Eigentümerwechsel an einen ausländischen Investor – es standen dadurch lange Zeit andere Themen auf der Tagesordnung – anführen als auch „ein gegenwärtig angespanntes Marktumfeld für das Unternehmen, das", so der Geschäftsführer im Interview, „im Moment keine Investitionen in alternsgerechte Arbeitsplätze und neue Altersteilzeitlösungen zulässt". Mit Blick auf den Prozess des demografischen Wandels sieht die Geschäftsleitung zwar einen sich langfristig aufbauenden Handlungsdruck, auf den sie – anders als andere Unternehmen – in der derzeitigen Konjunkturflaute zumindest planerisch reagieren will: „Wir haben ja noch ein bisschen Zeit. Jetzt ist die Zeit der Konzeptentwicklung." Tatsächlich sind dem Betriebsrat aber durch den Einsatz von Kurzarbeit die Möglichkeiten, kurzfristig Beschäftigte zu mobilisieren und zu beteiligen, weitgehend verbaut. Allerdings hätte das Projekt heute mit hoher Sicherheit größere Umsetzungschancen, wenn von Anfang an die Beschäftigten systematischer in die Projektdiskussion einbezogen worden wären.

5.4 Fallbeispiel Industriemaschinenhersteller: Blockierung der Gefährdungsbeurteilung psychischer Belastungen

Wie ein Arbeits- und Gesundheitsschutz-Projekt durch den Mangel an Beschäftigtenbeteiligung und Betriebsöffentlichkeit ausgebremst werden kann, wird anhand des vierten Unternehmensfallbeispiels deutlich. Dieses Unternehmen hatte sich in der Projektgruppe darauf festgelegt, einen spezifischen Maschinenarbeitsplatz mit einem Querschnitt von im Unternehmen auftretenden Belastungen und eine komplette Abteilung im gewerblichen Bereich mit besonders schweren Beanspruchungen zu untersuchen. Diese Einschränkung der Bereichsauswahl hatte unter anderem einen Nachteil in der Schaffung von Analysekompetenz für die in die Durchführung des Projekts einbezogenen Akteure zur Folge. Mit der Einschränkung der Untersuchungen wurde die „Karte der Repräsentativität" verspielt, also die Möglichkeit, angemessene innerbetriebliche Vergleiche vorzunehmen und anhand methodisch abgesicherter Befunde dem Management die „Kennzahlen" für hohe Arbeitsbelastungen und geringe Arbeitszufriedenheit entgegenzuhalten.

Im Gegensatz zu den anderen Betrieben gelang es hier zudem nicht, eine paritätische Projektgruppe zu etablieren. Nachdem zunächst eine beteiligungsorientierte Vorgehensweise eingeschlagen worden war, dominierten letztlich die pragmatischen Kostenargumente die Diskussion – nicht zuletzt, weil in der Maßnahmenableitungsphase immer stärker die Abteilungsleiter die Debatte bestimmten.

Für den Maschinenarbeitsplatz wurde über Gespräche (Interviews und Gruppendiskussionen) die Belastungssituation ermittelt. In dem zweiten Untersuchungsbereich, einem Werksteil mit knapp 100 Beschäftigten, wurden in zwei extra dafür einberufenen Schichtversammlungen Fragebögen ausgegeben, die während der Arbeitszeit ausgefüllt werden konnten. Obwohl das Projekt zudem in einer Betriebsversammlung angekündigt worden war, konnte selbst durch diese Direktansprache der Beschäftigten während ihrer Schicht nur knapp ein Drittel zur Beteiligung an der Befragung bewegt werden.

Die Voraussetzungen für ein Beteiligungsprojekt waren alles in allem eher ungünstig, weil ein Großteil der Diskussion nur in der vom Management dominierten Projektgruppe stattfand. Vor allem als es um die Maßnahmenentwicklung ging und eine Bewertung der einzelnen Vorschläge durch die Beschäftigten eingesammelt werden sollte, behielten sich die Abteilungsleiter eine abschließende Bewertung in Form redaktioneller Formulierung der Kommentare vor. Die Information der Beschäftigten über die Ergebnisse erfolgte nur sporadisch und bediente eher den Weg des informellen, wenig verlässlichen Informationsaustauschs. Dies bestärkte die Beschäftigten letztlich in ihrer Skepsis, dass ihre Beteiligung eigentlich nicht gefragt sei.

Die schwache Beschlussfähigkeit der Projektgruppe hing schließlich auch mit der besonderen Rolle, die die Sicherheitsfachkraft in dem Gremium spielte, zusammen. Diese hatte in jahrelanger Eigenentwicklung im Top-down-Verfahren eine Gefährdungsbeurteilung ausschließlich physischer Gefährdungen erstellt, mit der sich Tätigkeitsprofile (jedoch keine konkreten Arbeitsplätze) klassifizieren ließen. Formal erfüllte dieses System zwar die Ansprüche der Berufsgenossenschaft und Gewerbeaufsicht, faktisch bildeten diese Unterlagen jedoch nicht die tatsächliche betriebliche Belastungssituation ab. Eine Erweiterung in Richtung psychischer Belastungen durch einen Beteiligungsansatz und eine Offenlegung der Kriterien, wie Belastungen gemessen werden, wurde insbesondere von der Sicherheitsfachkraft abgelehnt.

Der Betriebsrat war als Minderheitenposition in der Projektgruppe nicht in der Lage, diese Konstellation im Betrieb öffentlich zu machen und die Perspektive der Beschäftigten systematisch in diesen Prozess einzubauen. Seine starke Orientierung auf Stellvertreterpolitik äußerte sich auch darin, dass originäre Betriebsratsaufgaben im Rahmen des Projekts häufig an die begleitenden Wissenschaftler/innen delegiert wurden. Auftritte auf Betriebsversammlungen, die Ausgabe der Fragebögen, der Dank für die Befragungsteilnahme über Aushänge, die Ergebnispräsentation, Auftritte vor der Geschäftsleitung – alles Gelegenheiten, die der Betriebsrat kaum nutzte, um sich dadurch gegenüber der Sicherheitsfachkraft zu profilieren und für einen anderen Weg der Gefährdungsbeurteilung zu positionieren.

6. Gefährdungsbeurteilung nach Arbeitsschutzgesetz – Eine Bewertung der empirisch beobachtbaren Praxis

Die dargelegten Untersuchungen zeigen, dass die Gefährdungsbeurteilung zum zentralen und unverzichtbaren Präventionsansatz im Betrieb werden *kann,* um arbeitsbedingte Fehlbeanspruchungen und Erkrankungen zu verhindern. Vor dem Hintergrund der vorgestellten Befunde lässt sich folgendes Fazit ziehen:

- Das Gesetz enthält zahlreiche innovative Elemente, die einen Paradigmenwechsel im Arbeitsschutz im Sinn eines modernen Verständnisses von Gesundheit bei der Arbeit beinhalten. Dazu zählen die Entwicklung vom expertenorientierten zum beteiligungsorientierten Gesundheitsschutz und die erstmalige Vorgabe einer systematischen Einbeziehung psychischer Belastungen sowie der Ansatz eines umfassenden betrieblichen Präventionshandelns.

- Das Arbeitsschutzgesetz soll somit als Präventionsgesetz wirken, dessen zentrales Instrument der Gefährdungsbeurteilung an der Vermeidung von Gefährdungen und arbeitsbedingten Gesundheitsrisiken mit arbeitswissenschaftlich begründeten Methoden ansetzt. Hieraus resultieren Anknüpfungspunkte und Unterstützungspotenziale für die im PARGEMA-Projekt zu behandelnden Fragestellungen (Partizipation, psychische Belastungen, neue Belastungsformen): Die betrieblichen Erfahrungen mit diesem Ansatz betrieblicher Prävention zeigen auf, dass dieser genutzt werden kann und nicht erst „erfunden" werden muss. Von entscheidender Bedeutung ist ferner, dass dieser Weg durch das Gesetz und auch durch die aktuelle Rechtsprechung weitgehend abgesichert und nicht ausschließlich abhängig von freiwilligen Aktivitäten oder Zugeständnissen der Betriebs- und Unternehmensleitungen ist.
- Den genannten Potenzialen stehen vor allem die folgenden Barrieren gegenüber: Gesetz wie auch Rechtsprechung setzen sich nicht von selbst durch. Es erfolgt faktisch keine ausreichende staatliche Kontrolle, auch wenn die Arbeitsschutzbehörden den Paradigmenwechsel etwa in Handlungsanleitungen, einzelnen Projekten und Aktionen mitvollzogen haben. In Betrieben ohne Betriebsrat fehlt der Hebel des Betriebsverfassungsgesetzes zur Durchsetzung der Gefährdungsbeurteilungen und zur Umsetzung des Gesetzes.
- Die qualitativ am weitesten entwickelten Gefährdungsbeurteilungen wurden in der Regel durch Betriebsräte – und, wie sich in anderen Betrieben zeigt, auch durch Gewerkschaften – initiiert. Der zentrale Ansatzpunkt zur Vermeidung bzw. Minimierung psychischer Fehlbelastungen, einschließlich der aus „neuen" Management-, Steuerungs- und Organisationsformen von Arbeit resultierenden Belastungen, besteht in den vorhandenen und weiterzuentwickelnden Präventionsinstrumenten des Arbeitsschutzgesetzes. Die betrieblichen Erfahrungen wie auch die Einschätzungen und Erkenntnisse der modernen Gesundheitswissenschaften belegen, dass die Beschäftigten auch für dieses Themenfeld die tatsächlichen Experten ihrer eigenen Arbeitsbedingungen sind, als solche ernst genommen werden müssen und somit keineswegs der Entwicklung neuer Präventionsstrategien im Wege stehen, sondern vielmehr die entscheidenden Träger dieser Entwicklung sind.
- Gefragt ist einerseits eine pragmatische (Sofort-)Strategie, die sich mit dem Instrument der Gefährdungsbeurteilung umsetzen lässt, nicht zuletzt wegen der vielen drängenden alten und neuen Fehlbelastungen, die aktuell zu dra-

matischen arbeitsbedingten Gesundheitsrisiken führen. Andererseits bedarf es zu ihrer erfolgreichen Umsetzung eines hohen Maßes an Konfliktfähigkeit der Beschäftigten und ihrer Betriebsräte, um der in der europäischen Rahmenrichtlinie formulierten Utopie – ein verbesserter Gesundheitsschutz darf nicht rein wirtschaftlichen Interessen untergeordnet werden! – eine nachhaltige Machtbasis zu verschaffen.

Führt man sich den Umsetzungsstand der Gefährdungsbeurteilung psychischer Belastungen in den letzten zehn Jahren vor Augen, kommt man zu einem ernüchternden Fazit. Nur in einer verschwindenden Minderheit von Betrieben sind die Arbeitgeber bislang ihrer gesetzlichen Verpflichtung zur Durchführung einer ganzheitlichen, d.h. psychische Belastungen beinhaltenden Gefährdungsbeurteilung nach § 5 ArbSchG nachgekommen (zur Bilanzierung des Umsetzungsstands vgl. auch: Satzer/Langhoff 2009). In einer von Resch (2003) vorgenommenen Bewertung von elf Erhebungen zur Umsetzung der Gefährdungsbeurteilung wird betont, „dass die Annahme, 40 bis maximal 60% der Betriebe hätten bereits eine erwähnenswerte Gefährdungsanalyse durchgeführt, realistisch ist. Für den Bereich der psychischen Belastungen ist jedoch, soweit überhaupt Aussagen dazu getroffen werden, eine deutlich geringere Zahl angegeben worden. Der Anteil der Betriebe, die bereits eine Gefährdungsanalyse unter Berücksichtigung psychischer Belastungen durchgeführt haben, dürfte eher zwischen 5 und 15% liegen" (ebd.).

Dass sich an dieser Einschätzung bis heute nur wenig geändert hat, wurde bereits anhand der Erwerbstätigenbefragung von BAuA und BiBB deutlich, wonach deutlich weniger als ein Drittel der Befragten die Durchführung einer Gefährdungsbeurteilung bestätigte (Beermann et al. 2007). Auch die DGB-Index-Auswertungen weisen die schwache Verbreitung insbesondere der ganzheitlichen Gefährdungsbeurteilung nach (einschließlich der Erfassung psychischer Belastungen: 18%; Lenhardt et al. 2010).

Für die Praxis resultiert daraus hinsichtlich der Umsetzung und Wirkung der Gefährdungsbeurteilung ein erheblicher Handlungs- und Gestaltungsbedarf, um die weit reichenden Präventionspotenziale des Arbeitsschutzgesetzes zu nutzen. Schätzungen gehen z.B. davon aus, dass sich mit einer geeigneten betrieblichen Prävention bis zu 10.000 Herzinfarkte jährlich verhindern lassen (Heuchert et al. 2001; Siegrist 2002).

Die vielfältigen Gründe für die mangelhafte Umsetzung der Gefährdungsbeurteilung sind genauer zu betrachten und zu analysieren. Erste Anhaltspunkte liefert die WSI-Betriebsrätebefragung, wie in diesem Band im Beitrag von Ahlers vorgestellt, oder auch Ertel (2008):

> „Die Beurteilung psychischer (Fehl-)Belastungen am Arbeitsplatz entsprechend den Anforderungen des Arbeitsschutzgesetzes stößt in vielen Betrieben auf Pro-

bleme. Dies betrifft insbesondere die Auswahl geeigneter Methoden und den mit der Umsetzung verbundenen Aufwand in personeller, finanzieller und zeitlicher Hinsicht. Dagegen sehen bisher nur vergleichsweise wenige Unternehmensleitungen die Chancen, die mit der Umsetzung einer ganzheitlichen Gefährdungsbeurteilung im Sinne einer nachhaltigen Arbeitsgestaltung verbunden sind."

7. Fazit und Ausblick: Mit Beteiligung, Strategien autonomen Handelns und Vertretungsmacht zu wirkungsvollen Präventionsspiralen

Die ganzheitliche Gefährdungsbeurteilung hat sich als Präventionsinstrument in der Praxis bewährt. Sie kann durch geeignete Beteiligungsstrategien zu einer partizipativen *Gefährdungsbeurteilung von unten* entwickelt werden. Als wichtige Ergänzung für eine Verbesserung der Wirksamkeit und Nachhaltigkeit von Arbeits- und Gesundheitsschutz erweist sich z.B. ein gut funktionierendes Zusammenspiel von Gefährdungsbeurteilung und Betrieblichem Eingliederungsmanagement (BEM) sowie von vorausschauender Gefährdungsbeurteilung und Planung von Investitionen, in deren Folge Arbeitsplätze neu entstehen oder umstrukturiert werden.

Gefährdungsbeurteilungen nach ArbSchG stellen Präventionsspiralen dar. Sie schließen die Umsetzung von Maßnahmen zu einer menschengerechten Arbeitsgestaltung ein. Diese Herangehensweise erfordert eine neue Diskussion und Bewertung der Probleme, weil Gesundheitsschutz bzw. die damit verbundene Mitbestimmung der gewählten Interessenvertretung zum betrieblichen Konfliktthema wird. Betriebsräte und Belegschaften benötigen deshalb Strategien zur Herstellung von Konfliktfähigkeit und echter Partizipation der Belegschaften sowie unterstützende überbetriebliche Kampagnen, wie sie in der Metallindustrie Baden-Württemberg durch die Gewerkschaften angeboten werden.

Bisher erfolgt keine ausreichende überbetriebliche Kontrolle darüber, wie Gesetz und Rechtsprechung in den Betrieben Anwendung finden. Das bundesweite Projekt der Gemeinsamen Deutschen Arbeitsschutzstrategie (GDA) mit einem Schwerpunkt auf der breiten Kontrolle des Verbreitungsgrads und der Durchsetzung der Gefährdungsbeurteilung durch Multiplikatoren ist zunächst der richtige Ansatz, um den Rückgang der Wahrnehmung von Überwachungsaufgaben der überbetrieblichen Arbeitsschutzinstitutionen zu kompensieren. Langfristig bedarf es jedoch einer dauerhaften und nicht nur projektförmigen Lösung, um das quantitative und qualitative Niveau der Gefährdungsbeurteilung in der Breite weiter dauerhaft heben zu können.

In Betrieben ohne Betriebsrat oder im Bereich des öffentlichen Dienstes mit Personalvertretungsgesetzlichkeit fehlen bisher die absichernden Hebel für die Durchsetzung der Gefährdungsbeurteilung im Konfliktfall (z.B. über eine Einigungsstelle) und auch für die Maßnahmenumsetzung sowie die Beteiligung von Beschäftigten (Betriebsverfassungsgesetz, Personalvertretungsgesetze). Bei dieser Gruppe von Betrieben bzw. den dort arbeitenden Beschäftigten zeigt sich insbesondere die Deregulierungswirkung der Reform des Arbeitsschutzgesetzes. Die Verlagerung auf Aushandlungsstrukturen der betrieblichen Ebene gelingt nur dort, wo sich eine machtvolle Interessenvertretung auf Augenhöhe mit dem Management auseinandersetzt und wo sie sich im Konfliktfall durch Mobilisierung der Beschäftigten potenziell auch durchsetzen kann.

Literatur

Ahlers, E. (2009): WSI-Betriebsrätebefragung 2008. Innovationsfähigkeit, Arbeitsbedingungen und Gesundheit im Betrieb (Internet: http://www.boeckler.de/32014_94842.html; abgerufen am 03.11.2009)

Ahlers, E./Brussig, M. (2005): Gefährdungsbeurteilungen in der betrieblichen Praxis. In: WSI-Mitteilungen, Jg. 58/Heft 9, S. 517–523

Becker, K./Engel, T./Lehmann, D. (2009): Aktivierung zur Beteiligung im betrieblichen Arbeits- und Gesundheitsschutz. In: WSI-Mitteilungen, Jg. 62/Heft 10, S. 560–566

Beermann, B./Brenscheidt, F./Siefer, A. (2007): Arbeitsbedingungen in Deutschland. Belastungen, Anforderungen und Gesundheit. In: BAuA (Hg.): Gesundheitsschutz in Zahlen. Dortmund (Internet: http://www.baua.de/de/Informationen-fuer-die-Praxis/Statistiken/Arbeitsbedingungen/pdf/GIZ2005-Arbeitsbedingungen.pdf?__blob=publicationFile&v=3)

Ertel, M. (2008): Vorwort. In: Satzer/Geray 2008, S. 5–10

Gäbert, J./Maschmann-Schulz, B. (2008): Mitbestimmung im Gesundheitsschutz. Handlungshilfe für Betriebsräte (2., überarbeitete und aktualisierte Auflage). Frankfurt/M.

Heuchert, G./Hort, A./Kuhn, K. (2001): Arbeitsbedingte Erkrankungen. Probleme und Handlungsfelder. In: Bundesarbeitsblatt 2, S. 24–28

Lehndorff, S. (Hg., 2006): Das Politische in der Arbeitspolitik. Ansatzpunkte für eine nachhaltige Arbeits- und Arbeitszeitgestaltung. Berlin

Lenhardt, U./Kuhn, J./Reusch, J. (2010): Die Arbeitswelt von heute. Daten, Schwerpunkte, Trends. In: Schröder, L./Urban, H.-J. (Hg.): Gute Arbeit. Handlungsfelder für Betriebe, Politik, Gewerkschaften (Ausgabe 2010). Frankfurt/M., S. 432–491

Lersmacher, M./Satzer, R. (2009): 20 Jahre Tatort Betrieb der IG Metall Baden-Württemberg. In: Gute Arbeit, Heft 9, S. 15–18

Oppolzer, A. (2006): Gesundheitsmanagement im Betrieb. Integration und Koordination menschengerechter Gestaltung der Arbeit. Hamburg

Resch, M. (2003): Analyse psychischer Belastungen. Bern

Satzer, R./Geray, M. (2008): Stress – Psyche – Gesundheit. Das START-Verfahren zur Gefährdungsbeurteilung von Arbeitsbelastungen. Frankfurt/M.

Satzer, R./Langhoff, T. (2009): Aufarbeitung betrieblicher Erfahrungen zur Umsetzung der Gefährdungsbeurteilung bei psychischen Belastungen (unveröffentlichter Zwischenbericht zum Forschungsprojekt der Bundesanstalt für Arbeitsschutz und Arbeitsmedizin: www.gefaehrdungsbeurteilung-forschung.de)

Siegrist, J. (2002): Stress. Wie meistern wir die schöne neue Arbeitswelt? In: GEO, Heft 3, S. 142–169

Ulich, E./Wülser, M. (2009): Gesundheitsmanagement in Unternehmen. Arbeitspsychologische Perspektiven (3. Auflage). Wiesbaden

Die vorausschauende Gefährdungsbeurteilung als neues Instrument partizipativer Gestaltung von Arbeitsbedingungen

Rolf Satzer

1. Vorbemerkung

Auch der Forschungsertrag des Projekts PARGEMA belegt: Die ganzheitliche Gefährdungsbeurteilung nach § 5 Arbeitsschutzgesetz hat sich als zentrale Präventionsstrategie im betrieblichen Gesundheitsschutz bewährt, auch wenn nach wie vor relevante Umsetzungsdefizite zu registrieren sind (vgl. den Beitrag von Becker/Brinkmann/Engel/Satzer in diesem Band). Im vorliegenden Beitrag wird nun auf einen erweiterten Ansatz bzw. eine Weiterentwicklung der Gefährdungsbeurteilung eingegangen, die den Präventionsansatz noch stärker hervorhebt und auf Anforderungen reagiert, die aus der Realität häufiger betrieblicher Umstrukturierungen resultieren. In einem Workshop im April 2009 beschrieb eine Betriebsrätin aus einem metallverarbeitenden Betrieb in Baden-Württemberg diese Ausgangslage auf dem Hintergrund jahrelanger Umsetzungserfahrungen mit der Gefährdungsbeurteilung bei psychischen Belastungen folgendermaßen:

> „Ständige Veränderungen und Umstrukturierungen erschweren massiv die Reflexion über Belastungsabbau und die Suche nach Beeinflussungsmöglichkeiten – wie gehen wir als Betriebsräte damit um?“

Die bewährte Gefährdungsbeurteilung kann an dieser Stelle durch den Neuansatz einer vorausschauenden Gefährdungsbeurteilung ergänzt werden. Hierzu kann der *Planungs-* und *Gestaltungsansatz* des Gesetzes aufgegriffen werden: Eine prospektive Gefährdungsbeurteilung kann die Gestaltung von bzw. den Einfluss auf Arbeitsbedingungen schon im Planungsstadium ermöglichen, gerade auch in Umstrukturierungsprozessen oder generell bezogen auf „instabile“, sich permanent verändernde Bedingungen von Flexibilisierung oder prekärer Beschäftigung. Bevor hierauf näher eingegangen wird, geht es im folgenden Abschnitt zunächst um den Zusammenhang zwischen Restrukturierung und psychischen Belastungen – auch unter Krisenbedingungen.

2. Restrukturierung, Gesundheit und Krise

In der arbeits- und gesundheitswissenschaftlichen Forschung der letzten zehn Jahre hat sich ein weitgehender Grundkonsens herausgebildet, der von einer Zunahme psychischer Fehlbelastungen bei der Arbeit ausgeht. Der Zusammenhang zwischen dieser Entwicklung und der Entstehung weitverbreiteter Erkrankungen (wie z.B. Herz-Kreislauf-Erkrankungen) wird verstärkt diskutiert. Einerseits zeigen viele Untersuchungen, dass die Beschäftigten mit einem gestiegenen Arbeits- und Leistungsdruck konfrontiert sind, der mit deutlich negativen Konsequenzen für Wohlbefinden und Gesundheit verbunden sein kann. Es sind insbesondere wachsende psychische Belastungen, die sich auf die Leistungsfähigkeit, die Regeneration und die Vereinbarkeit von Arbeit und Leben negativ auswirken (Pröll/Gude 2003; Sonnentag/Frese 2003; Zapf/Semmer 2004).

Diese Einschätzungen werden durch eine Reihe aktueller Studien, Erhebungen und Forschungsprojekte aus den letzten Jahren weiter untermauert, die zum Teil explizit die Zusammenhänge dieser Entwicklung mit einem forcierten Ökonomisierungsdruck und verstärkten Reorganisations- und Umstrukturierungsprozessen herausarbeiten:

– Der wohl umfassendste Überblick zu den Auswirkungen von Restrukturierungsprozessen in Betrieben auf die Gesundheit der Beschäftigten ist aktuell von der europäischen Expertengruppe „Gesundheit in Restrukturierungen“ (HIRES) im Auftrag des Generaldirektorats der EU-Kommission vorgelegt worden. Die Fachleute aus mehreren EU-Ländern haben den gegenwärtigen Forschungsstand zu Restrukturierung und Gesundheit zusammengestellt und kommen in der Analyse zu einem eindeutigen Ergebnis:

  > „Die von der HIRES-Gruppe untersuchten empirischen Erfahrungen belegen eindrucksvoll, dass der Restrukturierungsprozess bedeutende schädliche Auswirkungen auf die Gesundheit der betroffenen Beschäftigten, inklusive der so genannten Überlebenden von Entlassungen (diejenigen, die nach der Restrukturierung in der Firma verbleiben), haben kann.“ (Kieselbach 2009, S. 10f.)

  Die Studie weist europaweit nach, dass nicht nur die direkten Opfer der Umstrukturierung „unter gravierenden gesundheitlichen Belastungen leiden“, sondern eben auch die im Betrieb Verbliebenen mit erhöhten Arbeitsbelastungen und entsprechenden negativen Gesundheitsfolgen rechnen müssen. Anders gesagt: Aus gesundheitlicher Sicht gibt es – zumindest im Regelfall – keine Restrukturierungsgewinner. Auf die Studie wird weiter unten noch ausführlich eingegangen, weil sie unmittelbare Anknüpfungspunkte zu unserem Konzept einer vorausschauenden Gefährdungsbeurteilung enthält und diese ansatzweise auch in Empfehlungen formuliert.

- Eine ebenfalls aktuelle Studie der Goethe-Universität Frankfurt (Haubl/Voß 2009) im Auftrag der Deutschen Gesellschaft für Supervision geht von zunehmenden psychischen Belastungen und einem deutlich verschlechterten Betriebsklima aus und kommt u.a. zu folgendem Fazit:

  „Der ökonomische Druck der letzten Jahre und der daraus entstehende ständige Reformzwang hat zu einer höchst problematischen ‚Blase' sich verdichtender Probleme in Organisationen geführt, die lange Zeit kaum wahrgenommen wurde, nun aber ‚platzen' könnte."

  Die Autoren verweisen dabei auf die Parallelen zur Wirtschafts- und Finanzkrise.

  „Den permanenten Umbau können die Beschäftigten oft nicht mehr nachvollziehen. Das führt dazu, dass sich viele Mitarbeiter nicht mehr mit ihrer Organisation identifizieren können und sie sich gleichzeitig gezwungen sehen, professionelle Standards und Arbeitsqualität zu verletzen, um kurzfristige ökonomische Zielmargen zu erfüllen." (Zitiert nach Jaspers 2009)

- Regelmäßige Basisdaten liefert die zuletzt Ende 2005/Anfang 2006 durchgeführte Repräsentativerhebung „Arbeit und Beruf im Wandel" des Bundesinstituts für Berufsbildung (BiBB) und der Bundesanstalt für Arbeitsschutz und Arbeitsmedizin (BAuA). Bezogen auf psychische Belastungen wird der erwähnte Trend ausdrücklich bestätigt, z.B. sind inzwischen 53,3% der Beschäftigten in Deutschland von starkem Termin- und Leistungsdruck betroffen (Beermann et al. 2007; Lenhardt 2007; BAuA 2008). Hier finden sich im Übrigen auch Zahlen zu Restrukturierungen, zu relevanten Veränderungen am Arbeitsplatz sowie zum Technikeinsatz. Bezogen auf die letzten zwei Jahre berichten 44% der Erwerbstätigen über wesentliche Umstrukturierungen in ihrem unmittelbaren Arbeitsumfeld (in Betrieben mit mehr als 500 Beschäftigten sind es 57%), 41% über Entlassungen und Stellenabbau, 47% über neue Computerprogramme und 42% über neue Maschinen/Anlagen (BiBB/BAuA 2006; Kuhn 2009).
- Bestätigung finden Zahlen und Aussagen zum Anstieg psychischer Belastungen auch in EU-weiten Studien etwa der Europäischen Stiftung in Dublin oder der Europäischen Agentur für Sicherheit und Gesundheitsschutz am Arbeitsplatz (vgl. Gute Arbeit 2008).
- Aktuelle und wiederum repräsentative Zahlen liefert der DGB-Index Gute Arbeit bezogen auf psychische Fehlbelastungen sowie den Umsetzungsstand der Gefährdungsbeurteilung. Diese Befunde bestätigen die oben erwähnten Zahlen aus der BiBB-BAuA-Befragung (Koch/Schulz 2008).
- Eine breite Öffentlichkeit erreichte die umfangreiche Studie des Berufsverbands deutscher PsychologInnen (BDP) „Psychische Gesundheit am Arbeitsplatz in Deutschland", die sich ausführlich mit verschiedenen Aspekten

von Arbeit und psychischen Belastungen beschäftigt und u.a. einen Gesamtüberblick über die arbeitsbedingten Ursachen psychischer Störungen liefert (BDP 2008).

– Hinweise zu Erkrankungsrisiken bei psychosozialen Belastungen (vgl. Müller 2008) resultieren auch aus internationalen Studien (vgl. Siegrist/Dragano 2008) und neuen Befunden zu Arbeitsstress und krankheitsbedingter Frühberentung (Dragano 2008) sowie zum Zusammenhang zwischen Umstrukturierung und erhöhten Belastungen (Dragano 2010).
– Aktuelle Untersuchungen und Daten zu den Folgen psychischer Fehlbelastungen und zur Gesundheitssituation bei der Arbeit liefern regelmäßig die gesetzlichen Krankenkassen, u.a. der DAK-Gesundheitsreport 2008, die Berichte der AOK und der Gesundheitsreport der BKK für 2007 (vgl. Gute Arbeit 2008; Müller 2008) sowie eine Studie der Technikerkrankenkasse zur Gesundheit in kleinen und mittleren Unternehmen (TK 2008). Dazu kommen Vorträge auf wissenschaftlichen Expertenworkshops im Rahmen des PARGEMA-Projekts (vgl. www.pargema.de).
– In einem Themendossier des BKK-Bundesverbands werden Forschungsergebnisse des Projekts WORKHEALTH zusammengefasst, das von der EU im Rahmen des *Public Health Programme* gefördert wurde:

  „Dort wird unterstrichen: Mit dem strukturellen Wandel der modernen Arbeitswelt ist das moderne Arbeitsleben psychisch belastender geworden. Vor allem als Krankmacher bei Herz-Kreislauf-Erkrankungen und psychischen Erkrankungen spielt Stress eine wichtige Rolle.“ (Gute Arbeit 2008, S. 20; vgl. auch http://ec.europa.eu/eahc/projects/linkedocument/sanco/2004/2004101_1_en.pdf).

Die Arbeitsbedingungen, so wie sie sich in den oben aufgelisteten Forschungsergebnissen widerspiegeln, haben sich somit schon vor der Finanzkrise von 2008/2009 dramatisch verschlechtert. Schon jetzt arbeiten viele Beschäftigte an der Leistungsgrenze, was sich nicht zuletzt in psychosomatischen Erkrankungen und psychischen Störungen niederschlägt. Bezogen auf den Ansatz einer vorausschauenden Gefährdungsbeurteilung (insbesondere zu psychischen Belastungen) lassen sich zwei Thesen formulieren:

(1) In Krisenzeiten werden tiefgreifende Umstrukturierungs- und Reorganisationsprozesse in den Betrieben eher noch stärker vorangetrieben werden, was zu weiteren Gesundheitsgefahren für die Beschäftigten führen wird, die durch die Angst um den Arbeitsplatz verschärft werden.

(2) Die ganzheitliche Gefährdungsbeurteilung und insbesondere die vorausschauende Gefährdungsbeurteilung unter Beteiligung der Beschäftigten könnte dagegen als starkes (Abwehr-)Instrument eingesetzt werden, um drohende Gesundheitsgefahren zu begrenzen und Gesundheitsressourcen der Beschäftigten zu mobilisieren.

In diesem Zusammenhang sind die aktuellen Ergebnisse der europäischen Expertengruppe zur „Gesundheit in Restrukturierungen" (HIRES, vgl. Kieselbach 2009) von besonderer Bedeutung, die im September 2009 in Berlin vorgestellt wurden. Im Auftrag der Generaldirektion Beschäftigung der EU-Kommission hat die Expertengruppe aus mehreren europäischen Ländern Restrukturierungsprozesse und ihre Auswirkungen auf die Gesundheit der Beschäftigten untersucht und Handlungsempfehlungen vorgelegt. Umstrukturierungsprozesse wie Fusionen, Schließungen oder Outsourcing belasten danach Beschäftigte auf allen Ebenen im Unternehmen. Dabei verschlechtert sich der Gesundheitszustand nicht nur bei den Entlassenen, sondern auch bei denen, die im Unternehmen verbleiben. Interessant sind vor allem einige Zahlen, die den Beschleunigungseffekt der Krise in diesem Zusammenhang verdeutlichen:

> „Alljährlich entstehen und verschwinden zehn Prozent der europäischen Unternehmen, und Schätzungen zufolge werden in jedem Mitgliedstaat täglich im Durchschnitt 5.000 bis 15.000 Arbeitsplätze geschaffen und wieder vernichtet. Allein zwischen dem 1. April 2009 und dem 30. Juni 2009 hat der Europäische Restrukturierungsmonitor der EU 370 Fälle von größeren Unternehmensumstrukturierungen erfasst, die in der Bilanz mit 125.000 Arbeitsplatzverlusten und 31.000 Arbeitsplatzgewinnen einhergingen. Laut Angaben des Statistischen Bundesamtes stieg die Zahl der Insolvenzen im 1. Halbjahr 2009 um rund 15 Prozent. 1,4 Millionen Kurzarbeiter in Deutschland werden durch das Instrument der Kurzarbeit vor weiteren Folgen zurzeit geschützt. Insbesondere vor dem Hintergrund der derzeitigen Krise gewinnen die Ergebnisse von HIRES deshalb an Bedeutung. So ist ein organisatorischer Wandel im Unternehmen immer ein Stressfaktor sowohl für die Entlassenen (‚victims') als auch für die ‚Verbleibenden' (‚survivors'). In Zeiten voller Turbulenzen bleiben jedoch auch Führungskräfte und das Management nicht verschont. Unsicherheiten und Irritationen treten auf allen Ebenen der Organisation auf, was auch manchmal als sozialer Krieg im Unternehmen wahrgenommen werden kann." (BAuA 2009)

Ein Lösungsvorschlag der Expertengruppe bezieht sich auf das Konzept des „sozialen Geleitschutzes", mit dem Folgen für die Beschäftigten und das Unternehmen abgemildert werden könnten. Dazu zählen u.a. Maßnahmen zum Erhalt der Beschäftigungsfähigkeit oder transparente und faire Entscheidungsprozesse bis hin zu „aktiven Sozialplänen". Diese tendenziell eher defensive Strategie ließe sich mit Bezug auf unser Konzept einer vorausschauenden Gefährdungsbeurteilung im Fall von Umstrukturierungen in Richtung einer präventiven und offensiven (Abwehr-)Strategie weiterentwickeln. Tatsächlich formuliert die Expertengruppe den Anspruch:

> „Auch die Rolle des betrieblichen Gesundheitsschutzes sollte sich wandeln, um möglichst frühzeitig in die Prävention einsteigen zu können. Zugleich lassen sich

> hier wichtige Informationen über die Wirksamkeit der getroffenen Maßnahmen ermitteln.“ (BAuA 2009)

Genau dieser präventive Ansatz ist allerdings im Arbeitsschutzgesetz bzw. im dort festgelegten Instrument der Gefährdungsbeurteilung bereits vorgesehen. Ändern müsste sich folglich hier vor allem die Praxis des betrieblichen Gesundheitsschutzes und die Praxis der verantwortlichen Arbeitgeber, die diese gesetzlichen Vorgaben endlich einhalten müssen und im Idealfall (initiiert durch entsprechendes Handeln der Betriebsräte) *vor* dem Veränderungsprozess in Richtung einer prospektiven Beurteilung der Arbeitsbedingungen unter Beteiligung der Beschäftigten weiterentwickeln sollten. Die im Gesetz festgelegte Verpflichtung, Arbeit menschengerecht zu *gestalten,* bedeutet letztlich, dass auch die Umstrukturierungs- bzw. Restrukturierungsprozesse selbst der Prüfung im Rahmen der Gefährdungsbeurteilung unterzogen werden können und müssen. Darauf verweist explizit auch die HIRES-Studie, die eine Risikoanalyse und -abschätzung im Rahmen der Gefährdungsbeurteilung und auch das Instrument der Gefährdungsanalyse selbst als äußerst wichtig einstuft:

> „Organisationeller Wandel/Restrukturierung kann als ein bedeutsames Risiko eingeschätzt werden und sollte in den auf Unternehmensebene durchgeführten Risikoabschätzungen berücksichtigt werden. Alle mit Restrukturierung assoziierten Gefahren sollten einbezogen werden. Potentielle Gefahren müssen nicht nur der Restrukturierung als solcher zugeschrieben, sondern auch Veränderungen der psychosozialen Arbeitsbedingungen, die mit der Restrukturierung einhergehen können, wie Arbeitsintensivierung, verringerte Kontrolle über die Arbeitsbedingungen, Abnahme der Aufgabentransparenz usw. Der Einfluss solcher Faktoren auf die Gesundheit sollte anschließend evaluiert werden. Auf dieser Grundlage sollten Gefährdungen hinsichtlich ihrer Bedeutung priorisiert werden.“ (Kieselbach 2009, S. 99)

Es liegt nahe, gerade bezogen auf geplante Restrukturierungsprozesse diesen Ansatz nicht nur retrospektiv zu verfolgen, sondern mit dem hier formulierten Konzept einer vorausschauenden Gefährdungsbeurteilung zu ergänzen, weiterzuentwickeln und tatsächlich präventiv im Vorfeld Einfluss auf die Arbeitsbedingungen zu nehmen. Damit könnte ein konkreter Ansatz realisiert werden, mit dem der in der HIRES-Studie allgemein formulierte Anspruch umgesetzt werden könnte:

> „Um mögliche ungünstige Auswirkungen der Restrukturierung auf die Gesundheit und Sicherheit der Beschäftigten zu minimieren, sollte die Bewertung der Risiken sowohl vor, während als auch nach der Restrukturierung erfolgen und anschließend in einem Maßnahmenprogramm zur Lösung der aufgedeckten Probleme umgesetzt werden.“ (Kieselbach 2009, S. 126)

Dies bedeutet, dass auch die Restrukturierungsmaßnahmen selbst der Gefährdungsbeurteilung unterzogen werden müssen und über die Mitbestimmungsrechte des Betriebsrats in den Einflussbereich der betroffenen Beschäftigten geraten. Die Rechtsprechung des Bundesarbeitsgerichts eröffnet auch in diesem Fall eine gegebenenfalls rechtlich abgesicherte, praktikable Abwehrstrategie des Betriebsrats.

Wenn der in vielen Betrieben schon vor der Krise betriebene „Umstrukturierungswahn" zu Belastungen und Gesundheitsgefährdungen geführt hat, wie oben beschrieben und von der Expertenkommission festgestellt, dann können Betriebsräte unter Nutzung ihrer weitgehenden Mitbestimmungsrechte bei der Gefährdungsbeurteilung eben dieses Instrument als Bremse und Schutzschild einsetzen und im Rahmen der Gefährdungsbeurteilung – am besten vorausschauend und partizipativ – die Wirkungen derartiger Prozesse beurteilen lassen, geeignete Maßnahmen dagegen einfordern und zumindest den Verlauf des Prozesses aufhalten bzw. eine betriebliche Öffentlichkeit hierzu schaffen. Die oben genannten Zahlen zur Kurzarbeit während der Krise deuten darauf hin, auf welchem schwierigen Hintergrund der Einsatz solcher Strategien zeitweise erfolgen muss. Das Szenario lässt sich folgendermaßen beschreiben:

> „Obwohl es fatal, ja irrational wäre, die Krise mit jenen Konzepten zu bearbeiten, die mitursächlich für den dramatischen Gegenwartszustand sind, droht sich in den Unternehmen eine ‚Weiter-so-Strategie' durchzusetzen. Nachdem die Verabsolutierung der Finanzmärkte als Taktgeber für die Realwirtschaft erst einmal gründlich diskreditiert erschien, zeichnet sich derzeit die Orientierung auf radikalisierte Cost-Cutting-Programme ab, die den überfälligen arbeitspolitischen Paradigmenwechsel blockiert. Es ist absehbar, dass die Unternehmen, die die kritische Phase der Liquiditätsengpässe überleben werden, mit Arbeitsplatzabbau und gleichzeitig mit neuen Reorganisations- und Umstrukturierungsplänen reagieren. Zugleich ist zu befürchten, dass der Anteil prekärer Beschäftigungsverhältnisse systematisch erhöht werden wird, zumal sich die ‚Puffer-Funktion' der Leiharbeit gerade in der Krise aus Unternehmenssicht durchaus bewährt hat. All dies wird den Druck auf die Standards guter Arbeit erhöhen." (Urban/Pickshaus 2010)

Mit Blick auf die Finanz- und Wirtschaftskrise und ihre Bedeutung für Restrukturierungen kommen die Wissenschaftler der europäischen Expertengruppe zu bemerkenswerten Schlussfolgerungen, die sich auch in Richtung einer demokratischen Legitimation für Mitbestimmung und verstärkte Mitentscheidung der Beschäftigten in Bezug auf den gesamten Arbeitsprozess interpretieren lassen:

> „Sind die Regierungen jedoch bereit, Hunderte Milliarden von Dollar der Steuergelder ihrer Bürger für eine Verbesserung der Rezession einzusetzen, so kann davon ausgegangen werden, dass auch für weitere Formen von Interventionen zum Schutz der Beschäftigten Spielräume vorhanden sein sollten. [...] Personen, die sich momentan in einer unsicheren Beschäftigungssituation befinden, fragen sich natürlich, was die Regierung eigentlich für sie tut." (Kieselbach 2009, S. 17 und 19)

3. Der Weg zu einer vorausschauenden Gefährdungsbeurteilung

Die Durchführung einer Gefährdungsbeurteilung bei psychischen Belastungen nach dem Arbeitsschutzgesetz umfasst immer die drei Schritte der Gefährdungsermittlung, Beurteilung und Maßnahmenableitung sowie die Umsetzung dieser Maßnahmen im Betrieb. Dies verdeutlicht bereits, dass hier ein langfristiger Prozess abläuft, der in der betrieblichen Realität, in der noch verschiedene weitere, zeitaufwändige Hemmnisse zu überwinden sind, nicht selten einen Zeitraum von einem Jahr umfasst. So gesehen stellen Gefährdungsbeurteilungen ein mächtiges Instrument dar, das Zeit, Ressourcen und nachhaltige Strukturen benötigt. In der Praxis machen die Beteiligten allerdings häufig die Erfahrung, dass sich nach einem Durchlauf der Gefährdungsbeurteilung die Ausgangsbedingungen an den Arbeitsplätzen, auf die sich die Gefährdungsermittlung und -beurteilung bezogen hat, bereits wieder fundamental geändert haben, zum Beispiel durch den erwähnten Prozess permanenter betrieblicher Umstrukturierung.

In einer Situation im Vorfeld einer geplanten Restrukturierung (z.B. Personalabbau mit veränderter Arbeitsorganisation und gewandeltem Technikeinsatz) könnte der Betriebsrat nun vom Arbeitgeber mit dem Verweis auf das Arbeitsschutzgesetz eine Art vorausschauende Gefährdungsbeurteilung im Sinn einer „Veränderungsplanung menschengerechter Arbeitsgestaltung“ einfordern. Das würde bedeuten: Schon bei der Konzeption von Restrukturierungsmaßnahmen müsste der Arbeitgeber prüfen, ob die dabei entstehenden Arbeitsbedingungen mit den Grundkriterien menschengerechter Arbeit in Einklang stehen, und diese Veränderungsplanung sowie seine Prüfergebnisse hierzu konkret und arbeitsplatzbezogen dem Betriebsrat vorlegen. Durchsetzbar ist dies durch die weit reichenden, starken Mitbestimmungsrechte nach § 87 Abs. 1 Nr. 7 Betriebsverfassungsgesetz bezogen auf alle relevanten Aspekte der Gefährdungsbeurteilung. Erste Überlegungen hierzu wurden u.a. in einem Betrieb in Norddeutschland angestellt und fanden auch Eingang in eine Betriebsvereinbarung, auf die unten noch im Detail eingegangen wird. Der Begriff *menschengerechte Arbeitsgestaltung* ist von fundamentaler Bedeutung, weil er erstens den Paradigmenwechsel im betrieblichen Arbeits- und Gesundheitsschutz hin zu echter Prävention umschreibt, zweitens arbeitswissenschaftlich definiert ist, drittens erstmals 2004 in einem höchstrichterlichen Urteil des Bundesarbeitsgerichts im Zusammenhang mit der Mitbestimmung bei der Gefährdungsbeurteilung angesprochen wird, was wiederum von zentraler Relevanz für die (rechtlich erzwingbare) Durchsetzung von Maßnahmen zum Gesundheitsschutz ist (vgl. Gäbert/Maschmann-Schulz 2008), und viertens explizit auf die Beteiligung der Beschäftigten bei der Gestaltung von Arbeit verweist. Der im Gesetz verwendete Begriff bzw. eingeforderte Anspruch der menschengerechten Arbeitsgestaltung ist in den Arbeitswissenschaften folgendermaßen allgemein definiert:

- Arbeit soll für die Beschäftigten ausführbar und schädigungslos sein.
- Beschäftigte sollen frei von Beeinträchtigungen und Zumutungen arbeiten können.
- Sie sollen erworbene Fähigkeiten und Fertigkeiten einbringen und weiterentwickeln können.
- Arbeit ist unter dem Aspekt der Zufriedenheit auch persönlichkeitsfördernd bzw. gesundheitsförderlich zu gestalten.
- Arbeit soll sozialverträglich und unter Beteiligung der Beschäftigten organisiert werden.

Diese allgemeinen Maßstäbe finden sich in weiter konkretisierter Form ausgearbeitet in Normen wie etwa im Teil 2 der DIN ISO 10075 und vor allem in der DIN ISO 9241-2, die ursprünglich für Bildschirmarbeitsplätze entwickelt wurde. Die in ihr enthaltenen konkreteren „Übersetzungen" der Leitlinien menschengerechter Arbeitsgestaltung (Humankriterien) können auf andere Arbeitsplätze übertragen und zur Beurteilung der Arbeitsbedingungen im Rahmen der Gefährdungsbeurteilung herangezogen werden. Die letztere ISO-Norm wird im Urteil des Bundesarbeitsgerichts explizit benannt. Für die betriebliche Praxis bedeutet das: Sie ist verpflichtend für die vom Arbeitgeber vorzunehmende Arbeitsgestaltung (vgl. Satzer/Geray 2008). Normen wie ISO 9241 bzw. DIN EN 29241 sind somit als zulässiger Prüfmaßstab anerkannt; d.h. gesicherte arbeitswissenschaftliche Erkenntnisse gelten bei Abschluss einer Betriebsvereinbarung zwingend für den gesamten Betrieb. Weiter hat das BAG klargestellt, dass Gefährdungsbeurteilungen im Sinn präventiver Strategien bereits durchzuführen sind, wenn noch keinerlei Gefährdungen erkennbar sind, und dass Gefährdungsbeurteilungen an *allen* Arbeitsplätzen durchgeführt werden müssen.

Im Arbeitsschutzgesetz ist auf den ersten Blick keine Konzeption einer vorausschauenden, proaktiven Gefährdungsbeurteilung enthalten. Nach § 5 ArbSchG setzt die Gefährdungsbeurteilung immer erst an vorhandenen Arbeitsplätzen an, wobei Gefährdungen bzw. Belastungen ermittelt, beurteilt und geeignete Maßnahmen menschengerechter Arbeitsgestaltung abgeleitet und umgesetzt werden sollen. Erst im Rahmen des Kreislaufprozesses kontinuierlicher Verbesserung aus wiederholten Gefährdungsbeurteilungen und Wirksamkeitskontrollen im Sinne des PDCA-Prinzips (Plan-Do-Check-Act) entwickelt sich die im Gesetz angelegte Wirkung der Präventionsspirale. Die ungenügende Anwendung des PDCA-Prinzips kann als eine Ursache der bislang unzureichenden Umsetzung des Arbeitsschutzgesetzes und der Gefährdungsbeurteilung identifiziert werden. Das PDCA-Prinzip trägt in erheblichem Maße zur Integrationsfähigkeit und zur Lernfähigkeit bei: zur Integrationsfähigkeit insofern, als dieses ubiquitäre Prinzip Grundlage jedes operativen Managementhandelns ist, und zur Lernfähigkeit insofern, als die Prozessschritte „Check" und „Act" als reflexive Handlungsschritte einen Beitrag zur Organisationsentwicklung leisten. Langhoff et al. (2001) haben in einer Evaluation zur Umsetzung des Arbeitsschutzgesetzes gezeigt, dass die Prozessschritte „Check“ und „Act“ weder umfassend noch systematisch umgesetzt werden – im Mittel nur zu 17,5%. Die Kernprozesse Ressourcenbereitstellung und Wirkungskontrolle lagen im präventiven Gesundheitsschutzmanagement bei lediglich 10%. Insgesamt kann eine konsequente Umsetzung des PDCA-Prinzips im Sinne mehrerer Durchläufe in der Praxis kaum beobachtet werden. Das PDCA-Prinzip wird allgemein unterschätzt und auf einen Prozess kontinuierlicher Verbesserung reduziert. Durch die reflexiven Handlungsschritte kommt es jedoch zu Prozessen der Verbesserung von Zielen und Mitteln (Effektivität und Effizienz) und damit zu betriebsbezogenen, auch betriebswirtschaftlich relevanten Alleinstellungen. Das PDCA-Prinzip ist insbesondere über den Planungsansatz anschlussfähig zu einem Konzept vorausschauender Gefährdungsbeurteilung. Denn in der betrieblichen Realität sind stabile, langfristige Gegebenheiten am Arbeitsplatz eher die Ausnahme und ständige, oft kurzfristige Umstrukturierungsprozesse bzw. instabile Gegebenheiten immer mehr der Normalfall. Um nun in diesen Fällen den Ansatz menschengerechter Arbeitsgestaltung im ArbSchG als weiteren Hebel des präventiven Gesundheitsschutzes zu nutzen (ähnlich wie bei der Gefährdungsbeurteilung nach § 5), lässt sich aus dem Gesetz indirekt ein Konzept vorausschauender Gefährdungsbeurteilung ableiten. Es setzt an der allgemeinen Verpflichtung des Arbeitgebers an, Arbeit menschengerecht zu planen und zu gestalten (§§ 2 und 4 ArbSchG), und leitet daraus die Notwendigkeit ab, eine Art vorausschauende Gefährdungsbeurteilung z.B. schon vor der Umsetzung eines Umstrukturierungsprozesses oder der Neugestaltung von Arbeitsplätzen vorzunehmen. Somit kann der Betriebsrat ein Konzept menschengerechter Arbeitsgestaltung im Vorfeld einfordern und in einer Betriebsvereinbarung festlegen, was in exemplarischen Fällen bereits umgesetzt wurde (vgl. Gäbert/Maschmann-Schulz 2008). Hierbei können die Mitbestimmungsrechte des Betriebsrats genutzt werden, wie auch generell bei der Gefährdungsbeurteilung nach § 5 ArbSchG. In ähnlicher Weise kann dieses Vorgehen auch in anderen Fällen „untypischer“ Arbeitsverhältnisse genutzt werden, wie oben kurz angedeutet wurde. Zum Beispiel kann der Betriebsrat vom Arbeitgeber ein Einsatzkonzept für die Beschäftigung von Leiharbeitern im Einsatzbetrieb einfordern, in dem der Arbeitgeber vor dem Arbeitseinsatz die menschengerechte Gestaltung der entsprechenden Arbeitsplätze belegen müsste (vgl. hierzu auch Satzer 2010).

Die zentralen Ansatzpunkte einer vorausschauenden Gefährdungsbeurteilung lassen sich aus den Paragraphen 2 und 4 des Arbeitsschutzgesetzes ableiten. In § 2 ArbSchG wird zunächst festgelegt, dass es bei Maßnahmen im Sinne des Gesetzes auch um Maßnahmen menschengerechter Arbeitsgestaltung geht. Dies bezieht sich nun erstmals auch auf Maßnahmen, die „die Gestaltung von Arbeits- und Fertigungsverfahren, Arbeitsabläufen und Arbeitszeit und deren Zusammenwirken“ sowie die „unzureichende Qualifikation und Unterweisung der Beschäftigten“ (§ 5 ArbSchG Abs. 3 Nr. 4 und 5) betreffen. Damit sind insbesondere auch Belastungen aus der Arbeitsorganisation und nicht zuletzt psychische Belastungen als Gegenstand der Gefährdungsbeurteilung angesprochen, die sich z.B. eben auch aus einer Restrukturierungsmaßnahme ergeben können. Wie oben bereits erwähnt, verlässt das Gesetz mit der Begriffssetzung der *menschengerechten Arbeitsgestaltung* den Bereich des traditionellen, klassischen Arbeitsschutzes (Arbeitssicherheit, Mängelbeseitigung usw.) und verändert sich zu einem modernen Präventionsgesetz, das auf den bekannten erweiterten Gesundheitsbegriff der International Labour Organization abzielt und nicht nur das Freisein von Krankheit betont, sondern z.B. auch die Berücksichtigung psychischer Faktoren vorsieht, die die Gesundheit am Arbeitsplatz beeinflussen können. Dieser Paradigmenwechsel ist nach wie vor sowohl in der betrieblichen Praxis als auch bei Experten oder Wissenschaftlern nicht vollständig angekommen oder wird dramatisch unterschätzt. Der Präventionsansatz wird auch aus der dem Arbeitsschutzgesetz zugrundeliegenden EU-Rahmenrichtlinie Gesundheitsschutz 89/391 EWG deutlich, die die Berücksichtigung des Faktors Mensch bei der Gestaltung von Arbeitsplätzen, insbesondere auch bei der Auswahl von Arbeitsmitteln und Arbeits- und Fertigungsverfahren einfordert; also bei der Planung im Vorfeld. Die Richtlinie schreibt weiterhin den Planungsansatz als allgemeinen Grundsatz der Gefahrenverhütung vor, indem eine kohärente Planung von Technik, Arbeitsorganisation, Arbeitsbedingungen, sozialen Beziehungen und dem Einfluss der Umwelt auf den Arbeitsplatz verlangt wird. Diese Planungsvorgabe verweist unmittelbar auf den Ansatz bzw. den im Gesetz angelegten Charakter einer vorausschauenden Gefährdungsbeurteilung im Planungsstadium. Diese Planungsvorgabe ist als verpflichtender allgemeiner Grundsatz in § 4 ArbSchG übernommen worden (vgl. Gäbert/Maschmann-Schulz 2008). Hier sind die für eine vorausschauende Gefährdungsbeurteilung maßgeblichen Grundsätze aufgeführt, an denen sich der Arbeitgeber bei Maßnahmen des Arbeitsschutzes orientieren muss:

> „Die Arbeit ist so zu gestalten, daß eine Gefährdung für Leben und Gesundheit möglichst vermieden und die verbleibende Gefährdung möglichst gering gehalten wird“ (§ 4 Nr. 1);
>
> „Gefahren sind an ihrer Quelle zu bekämpfen“ (§ 4 Nr. 2);
>
> „bei den Maßnahmen sind der Stand der Technik, Arbeitsmedizin und Hygiene sowie sonstige gesicherte arbeitswissenschaftliche Erkenntnisse zu berücksichtigen“ (§ 4 Nr. 3);
>
> „Maßnahmen sind mit dem Ziel zu planen, Technik, Arbeitsorganisation, sonstige Arbeitsbedingungen, soziale Beziehungen und Einfluß der Umwelt auf den Arbeitsplatz sachgerecht zu verknüpfen“ (§ 4 Nr. 4);
>
> „individuelle Schutzmaßnahmen sind nachrangig zu anderen Maßnahmen“ (§ 4 Nr. 5).

Diese allgemeinen Grundsätze hat der Arbeitgeber nun durch die Anwendung des zentralen Präventionsinstruments des Arbeitsschutzgesetzes – der Gefährdungsbeurteilung nach § 5 ArbSchG – umzusetzen bis hin zur Maßnahmenableitung. Dabei greift, abgesichert durch höchstrichterliche Urteile des Bundesarbeitsgerichts, das weitgehende Mitbestimmungsrecht des Betriebsrats nach § 87 Abs. 1 Nr. 7 Betriebsverfassungsgesetz. In aller Regel kann der Betriebsrat das konkrete Vorgehen in einer Betriebsvereinbarung festschreiben; bei Nichteinigung kann er seine Mitbestimmungsrechte im Rahmen eines Einigungsstellenverfahrens durchsetzen, in dem selbstverständlich die Grundsätze des Gesetzes und die Rechtsprechung des BAG berücksichtigt werden müssen. Konkret kann der Betriebsrat somit im Fall einer Restrukturierung eine Betriebsvereinbarung zur Umstrukturierung abschließen, in der er faktisch eine vorausschauende Gefährdungsbeurteilung zur Vermeidung von restrukturierungsbedingten Gesundheitsgefahren einfordern kann, worauf im abschließenden Kapitel anhand betrieblicher Fälle aus der PARGEMA-Untersuchung eingegangen wird.

4. Die mögliche Praxis: vorausschauend und partizipativ

Die in Abschnitt 2 allgemein geschilderten Ausgangsbedingungen einer Umstrukturierung können exemplarisch an einem der PARGEMA-Projektbetriebe in Baden-Württemberg erläutert werden, in dem eine derartige Umstrukturierung verbunden mit Personalabbau Ende 2008 und Anfang 2009 den Prozess der laufenden Gefährdungsbeurteilung zu psychischen Belastungen überlagerte und zunächst blockierte bzw. zum Stillstand brachte. Die Initiative zur Umsetzung der Gefährdungsbeurteilung psychischer Belastungen in diesem metallverarbeitenden Betrieb der Kontakttechnik ging vom Betriebsrat aus, der Ende 2002 an Seminaren im Rahmen der IG-Metall-Aktion „Tatort Betrieb“ teilnahm (vgl. Lersmacher/Satzer 2010). Gegen den Widerstand der Arbeitgeberseite und nach einem Beschluss zu einem Einigungsstellenverfahren wurde 2004 eine Betriebsvereinbarung abgeschlossen, in der u.a. ein Analyseteam aus Betriebsrat und Arbeitgebervertretern mit der Durchführung und Steuerung der Gefährdungsbeurteilung beauftragt wurde. Im Anschluss konnte erstmals eine Beurteilung zu psychischen Belastungen durchgeführt werden. Den schriftlichen Fragebogen zur Gefährdungsermittlung füllten ca. 70% der über 500 Beschäftigten aus. In der Folge konnten zahlreiche Arbeits- und Gesundheitsschutzmaßnahmen zu Umgebungsbelastungen, etwa zur Lärmminimierung umgesetzt werden. Gleichzeitig gelang es, erstmals auch arbeitsorganisatorische Veränderungen mit einer Reduzierung von psychischen Fehlbelastungen zu thematisieren.

Diese Aktivitäten bildeten einen ersten Einstieg ins Thema. Die Beteiligung der Beschäftigten sollte dann in einer zweiten Runde der Gefährdungsbeurteilung im Jahr 2008 optimiert werden. Hierzu wurde ein Beteiligungskonzept zur Ergebnisdiskussion nach der Gefährdungsermittlung entwickelt, die Ergebnisse der Gefährdungsbeurteilung wurden flächendeckend in Abteilungsversammlungen diskutiert. In den ca. 30-minütigen Besprechungen wurden die Ergebnisse von den Vorgesetzten vorgestellt (begleitet vom Analyseteam), die Beschäftigten erhielten ein Infoblatt mit den wichtigsten Ergebnissen der Gefährdungsbeurteilung und machten in der Diskussion Vorschläge, die bei weiteren Schritten der Maßnahmenableitung und Umsetzung berücksichtigt werden sollten. Dieser Prozess geriet Ende 2008 ins Stocken, weil es zu einem Personalabbau auf ca. 400 Beschäftigte kam, was eine weitere Arbeit an den Umsetzungsmaßnahmen unter den nunmehr veränderten Bedingungen nicht mehr zuließ. Der Betriebsrat überlegte daraufhin, ob er auf den Umstrukturierungsprozess mit einer vorausschauenden Gefährdungsbeurteilung antworten sollte, in der die menschengerechte Gestaltung der geplanten Arbeitsbedingungen überprüft werden könnte. Zum Ende des Forschungsprojekts waren diese Überlegungen noch nicht abgeschlossen. Immerhin hatten sie jedoch bereits dazu geführt, dass der Betriebsrat und auch der innerbetriebliche Arbeitsschutz die Umsetzung von relevanten Arbeits- und Gesundheitsschutzmaßnahmen gerade auch unter diesen Krisenbedingungen forcierten und hier u.a. im Bereich der Absaugungen und der Gestaltung von Schweißarbeitsplätzen im Jahr 2009 relevante Investitionen in den Gesundheitsschutz und eine Reduzierung von Arbeitsbelastungen durchsetzen konnten. Ein deutliches Zeichen, den betrieblichen Gesundheitsschutz und den Anspruch auf humane Arbeitsbedingungen nicht aufzugeben. Nicht zuletzt lassen sich die hier gemachten Erfahrungen mit einem breiten Beteiligungskonzept in Form von Gruppenbesprechungen auch auf den Fall einer vorausschauenden Gefährdungsbeurteilung übertragen und – entsprechend angepasst auf den Umstrukturierungsplan – nutzen.

Wie der praktische Versuch einer so konstruierten vorausschauenden und partizipativ ausgerichteten Gefährdungsbeurteilung aussehen kann, soll abschließend am Beispiel eines weiteren PARGEMA-Betriebs in Norddeutschland erläutert werden, in dem bereits 2005 eine Betriebsvereinbarung hierzu abgeschlossen wurde (vgl. im Einzelnen dazu Gäbert/Maschmann-Schulz 2008). Die Vereinbarung zur Umstrukturierung wurde durch weitere Vereinbarungen (Sozialplan, Interessenausgleich) ergänzt. Ausgangspunkt war ein mehrere Jahre zurückliegender Umstrukturierungsplan der Unternehmensleitung, in dem neben veränderten Arbeitsbedingungen in dem Vertriebsunternehmen auch eine Personalreduzierung angestrebt wurde. Für die verbliebenen Beschäftigten handelte der Betriebsrat damals eine Vereinbarung aus, die zunächst von folgenden Grundsätzen ausging:

> „Das Umstrukturierungskonzept wird zu erheblichen Veränderungen im Betrieb führen. Hierbei sollen Arbeitsaufgaben, Arbeitsabläufe, Arbeitsmittel und Arbeitsumgebung vernünftig gestaltet werden. Es sind die Anforderungen von § 4 ArbSchG zu berücksichtigen. Bei der Neugestaltung von Arbeitsaufgaben sind die Beschäftigten und der Betriebsrat entsprechend den gesetzlichen Regelungen zu beteiligen. Dies setzt voraus, dass Arbeitnehmer und Arbeitnehmerinteressenvertretung so rechtzeitig informiert und in die Beratungsphase mit einbezogen werden, dass diese in der Lage sind, Einfluss auf die Planungen zur Umsetzung des Umstrukturierungskonzeptes zu nehmen." (Gäbert/Maschmann-Schulz 2008, S. 180f.)

Mit diesem Grundsatz schreibt die Vereinbarung verbindlich Vorschläge fest, die auch von der oben erwähnten europäischen Expertengruppe HIRES mit Blick auf die gesundheitlich relevanten positiven Aspekte frühzeitiger Information, Partizipation und Mitentscheidung formuliert wurden. In der Vereinbarung heißt es weiter:

> „Die Betriebsparteien sind sich darüber einig, dass bei der Umsetzung des Umstrukturierungskonzeptes auch die Aspekte der menschengerechten Gestaltung der Arbeit berücksichtigt werden müssen. Diese Betriebsvereinbarung soll einen möglichst reibungslosen Planungs- und Umsetzungsprozess des Umstrukturierungskonzeptes ermöglichen und zugleich auch sicherstellen, dass Anforderungen der gesicherten arbeitswissenschaftlichen Erkenntnisse über die Gestaltung von Arbeit hierbei berücksichtigt werden." (Ebd.)

Mit dem Verweis auf die gesicherten arbeitswissenschaftlichen Erkenntnisse (vgl. § 4 Nr. 3 ArbSchG) zielt die Vereinbarung auf die Regeln zur menschengerechten Arbeitsgestaltung, wie sie etwa in der internationalen Norm ISO 9241 festgelegt und konkretisiert sind. Darauf bezieht sich die Vereinbarung im weiteren Text:

> „Die Anforderungen an die menschengerechte Gestaltung der Arbeit richten sich nach den gesicherten arbeitswissenschaftlichen Erkenntnissen, wie sie z.B. in der ISO 9241 Teil 2 normiert sind. Für die Umsetzung des Umstrukturierungskonzeptes sollen insbesondere die in Anlage A 2 genannten Kriterien für alle betroffenen Arbeitsplätze maßgeblich sein. Die dort genannten Grundsätze sollen bei der Umsetzung konkretisiert werden. [...] In der Anlage A 2 sind die Grundsätze der Arbeitsgestaltung enthalten. Die Betriebsparteien sollen diese Grundsätze entsprechend den Regelungen dieser Vereinbarung als Gestaltungs- und Prüfkriterien anwenden, um Belastungen für die Beschäftigten durch die Umsetzung des Umstrukturierungskonzeptes möglichst gering zu halten. Sollten derartige Belastungen/Fehlbeanspruchungen nicht vermieden werden können, ist über entlastende Maßnahmen mit dem Ziel der Einigung zu verhandeln." (Ebd., S. 181)

In der Vereinbarung wird weiter festgehalten, dass der Arbeitgeber dem Betriebsrat rechtzeitig eine konkrete Veränderungsplanung vorlegen muss, aus der detailliert die geplanten Veränderungen z.B. im Bereich Arbeitsorganisation hervorgehen müssen (Anzahl der veränderten Arbeitsplätze, Tätigkeitsbeschreibungen, Qualifizierungsbedarf usw.). Die oben erwähnten Kriterien menschengerechter Arbeitsgestaltung, wie sie in der genannten Anlage zur Vereinbarung aufgeführt sind, können dann bezogen auf diese konkreten Planungsunterlagen als Prüfkriterien herangezogen werden. Ein Ausschnitt aus dieser Anlage verdeutlicht das Verfahren beispielhaft:

> „Arbeitsorganisation:
>
> – Die Arbeit muss so organisiert werden, dass Arbeiten unter starkem Zeit- bzw. Termindruck vermieden wird (zeitlicher Spielraum).
> – Die Tätigkeiten müssen so organisiert sein, dass die Arbeitsabläufe für die Beschäftigten transparent sind (Transparenz der Tätigkeiten).
> – Es müssen häufige Änderungen der Arbeitsabläufe und/oder Unterbrechungen vermieden werden, um ein kontinuierliches Arbeiten zu ermöglichen (Vermeidung von Störungen des Arbeitshandelns).
> – Die Tätigkeiten müssen so geplant und organisiert werden, dass sie innerhalb der regelmäßigen betrieblichen Arbeitszeiten erledigt werden können (den Tätigkeiten angemessene Arbeitszeiten).
> – Es muss sichergestellt sein, dass die gesetzlich festgelegten Ruhepausen eingehalten werden können (ausreichende Organisation der Erholungspausen).
>
> Qualifizierung der Beschäftigten:
>
> – Der Qualifizierungsbedarf muss ausreichend ermittelt werden (ausreichende Qualifizierung).
> – Es müssen Qualifizierungskonzepte erstellt werden (ausreichende Planung der Qualifizierung).
> – Die Qualifizierung der Beschäftigten im Zusammenhang mit dem Umstrukturierungskonzept während der Arbeitszeit darf nicht zu Belastungen der übrigen Beschäftigten führen (ausreichende Organisation der Personalbesetzung).“ (Ebd., S. 185)

Von besonderer Bedeutung ist nicht zuletzt die in der Vereinbarung ausdrücklich fixierte Beteiligung der Beschäftigten:

> „Durch die Einbeziehung der Beschäftigten entsprechend §§ 15 bis 17 ArbSchG soll gewährleistet werden, dass Sachkunde und Erfahrung der Betroffenen bei der Neugestaltung von Arbeitsabläufen und der Änderung von Aufgabenzuschnitten angemessen berücksichtigt wird, um zu optimalen Ergebnissen zu gelangen. Hierzu werden die Beschäftigten, in deren Abteilung sich Aufgabenstellung bzw. Arbeitsabläufe ändern, abteilungsweise über die Veränderungsplanungen generell informiert, und zwar zunächst ohne personelle Zuordnung der Veränderungen. Im Rahmen dieser Information soll Gelegenheit gegeben werden, die Vor- und Nachteile der beabsichtigten Maßnahmen zu erörtern. Ausdrücklich werden die Beschäftigten gebeten, Vorschläge zu unterbreiten. An den Gesprächen können Ver-

> treter des Betriebsrates teilnehmen. In jedem Fall ist sicherzustellen, dass vor der Durchführung von Einzelgesprächen bzw. der Realisierung der Maßnahmen zur Neugestaltung von Arbeitsabläufen und der Änderung von Aufgabenzuschnitten die betroffenen Beschäftigten Gelegenheit erhalten, hierzu Stellung zu nehmen.“ (Ebd., S. 182)

Mit frühzeitiger Information, mit der Möglichkeit zu Diskussion und Reflexion und mit der Entwicklung eigener Vorschläge und Forderungen auf Basis eines derart abgesicherten Beteiligungsansatzes können sensibilisierende und aktivierende Effekte ausgelöst werden, kann Vereinzelung und Individualisierung entgegengetreten und die Voraussetzung zur Mobilisierung sozialer Unterstützung geschaffen werden. Damit werden zentrale Ressourcen für Gesundheit und salutogene Potenziale gefördert. Abgesehen von diesem gesundheitsfördernden Effekt kann die Mitbestimmung der Beschäftigten den betrieblichen Arbeits- und Gesundheitsschutz auch in Bezug auf psychische Belastungen generell nachhaltig verbessern (vgl. Walters/Frick 2000; Satzer/Langhoff 2009). Mit der oben dargestellten Betriebsvereinbarung schafft der Betriebsrat ein abgesichertes Verfahren, mit dem Regelungen des Arbeitsschutzgesetzes konkretisiert und Beteiligungs- und Mitbestimmungsräume im Sinn von echter Einflussnahme und Mitentscheidung für die unmittelbar betroffenen Beschäftigten geschaffen werden, um in diesem Fall negative gesundheitliche Folgen von Restrukturierungen zu vermeiden. Im Nicht-Einigungsfall mit dem Arbeitgeber müsste eine vom Arbeitsgericht eingesetzte Einigungsstelle über die Streitfrage entscheiden. Es liegt auf der Hand, welche Chancen sich hiermit für Belegschaften eröffnen, auf den oben beschriebenen Prozess der Restrukturierung gerade unter Krisenbedingungen Einfluss zu nehmen. Der an der Vereinbarung beteiligte Betriebsrat schätzt den hier formulierten Ansatz im Rückblick positiv ein, auch wenn es vor allem bei der Umsetzung von substanziellen Gestaltungsmaßnahmen zur Reduzierung psychischer Fehlbelastungen bis heute erhebliche Schwierigkeiten gibt und die weit gesteckten Ziele noch nicht erreicht werden konnten. Praxiserfahrungen mit der Umsetzung von ganzheitlichen und beteiligungsorientierten Gefährdungsbeurteilungen zeigen (vgl. Langhoff et al. 2010), dass dies in aller Regel langwierige Prozesse sind, in denen neben der Gefährdungsermittlung zu einer komplexen Thematik eben auch Verständnis, Beteiligung und innerbetriebliche Qualifizierungsprozesse *entwickelt* werden müssen. Die Einbeziehung und Beteiligung aller betrieblichen Gruppen benötigt Zeit und einen langen Atem. Im Frühjahr 2010 haben sich die betrieblichen Parteien darauf geeinigt, diesen Weg auf Basis der bislang gesammelten Erfahrungen weiterzugehen, die vorliegenden Ermittlungsergebnisse und Erfahrungen zusammenfassend auszuwerten und sich nun auf die schwierigste Aufgabe zu konzentrieren: die gesundheitsgerechte Gestaltung der Arbeitsbedingungen.

Literatur

BAuA (Hg., 2008): Arbeitswelt im Wandel, Zahlen – Daten – Fakten. Dortmund

BAuA (2009): Unternehmensumbau mit sozialem Geleitschutz begleiten. Restrukturierung trifft Gesundheit Entlassener und Beschäftigter. Pressemitteilung vom 10.09.2009 (Internet: http://www.baua.de/de/Presse/Pressemitteilungen/2009/09/pm044-09.html?nn= 681258)

BDP (Hg.) (2008): Psychische Gesundheit am Arbeitsplatz in Deutschland. Berlin

Beermann, B./Brenscheidt, F./Siefer, A. (2007): Arbeitsbedingungen in Deutschland. Belastungen, Anforderungen und Gesundheit. In: BAuA (Hg.): Gesundheitsschutz in Zahlen. Dortmund

BiBB/BAuA (2006): Erwerbstätigenbefragung 2006 (Internet: www.bibb.de/de/26901.htm)

Dragano, N. (2008): Risikofaktoren der krankheitsbedingten Frühberente – Stand der Forschung und offene Fragen. In: Hien, W./Bödeker, W. (Hg.): Frühberentung als Folge gesundheitsgefährdender Arbeitsbedingungen? Beiträge zum Stand der wissenschaftlichen Diskussion. Bremerhaven, S. 131–147

Dragano, N. (2010): Gesunde Arbeit in Zeiten der Wirtschaftskrise. Mögliche Folgen aktueller wirtschaftlicher Trends für die Verbreitung arbeitsbezogener Erkrankungen. In: Schröder, L./Urban, H. (Hg.): Gute Arbeit. Handlungsfelder für Betriebe, Politik und Gewerkschaften. Frankfurt/M., S. 76–86

Gäbert, J./Maschmann-Schulz, B. (2008): Mitbestimmung im Gesundheitsschutz. Köln

GDA (2009): GDA-Arbeitsprogramm Sicherheit und Gesundheitsschutz bei der Zeitarbeit (Internet: http://www.gda-portal.de/gdaportal/de/Arbeitsprogramme/Zeitarbeit.html)

GRAziL (2009): Projektrundbrief 02. Gestaltung, Umsetzung und Transfer von Instrumenten zum Ressourcenmanagement und zum Arbeitsschutz im Rahmen eines zielgruppenbezogenen Ansatzes für Leiharbeitnehmer in Entleihunternehmen (Internet: http://www.grazil.net/extensions/bibliothek/Dokumente/Projektrundbriefe/Projektrundbrief_GRAzil.pdf)

Gute Arbeit (2008): Themendossier in Heft 9/2008

Haubl, G./Voß, G. (2009): Psychosoziale Kosten turbulenter Veränderungen. Arbeit und Leben in Organisationen 2008. Positionen – Beiträge zur Beratung in der Arbeitswelt, Heft 1. Frankfurt/M.

Jaspers, U. (2009): Das Betriebsklima und die Grenzen der Belastbarkeit – Studie zu Folgen des ökonomischen Drucks. Pressemitteilung im Informationsdienst Wissenschaft, 18.05. 2009. (Internet: http://idw-online.de/pages/de/news315808)

Kieselbach, T. (Hg., 2009): Gesundheit und Restrukturierung: Innovative Ansätze und Politikempfehlungen. München, Mering

Koch, S./Schulz, H. (2008): DGB-Index Gute Arbeit zeigt: Gefährdungsbeurteilungen kommen zu wenig bei Beschäftigten an. In: Gute Arbeit 2008, S. 27–28

Kuhn, K. (2009): Prevalence of restructuring and effects on health in Germany. In: Kieselbach 2009, S. 131–133

Langhoff, T./Wildförster, R./Lang, K.-H. (2001): Bewertung der Qualität betrieblichen Arbeitsschutzmanagements. In: Landesanstalt für Arbeitsschutz NRW (Hg.): Arbeitsschutzmanagement – Gesünder arbeiten mit System. Düsseldorf, S. 227

Langhoff, T./Satzer, R. (2010): Erfahrungen zur Umsetzung der Gefährdungsbeurteilung bei psychischen Belastungen. In: Arbeit, Jg. 19/Heft 4, S. 267–282

Lenhardt, U. (2007): Arbeitsbedingungen in Deutschland: Nichts für schwache Nerven. In: Gute Arbeit, Heft 3, S. 36–39

Lersmacher, M./Satzer, R. (2010): Vom klassischen Arbeitsschutz zum ganzheitlichen Arbeits- und Gesundheitsschutz im Betrieb: 20 Jahre Tatort Betrieb der IG Metall Baden-Württemberg. In: Schröder, L./Urban, H. (Hg.): Gute Arbeit. Handlungsfelder für Betriebe, Politik und Gewerkschaften. Frankfurt/M., S. 230–241

Müller, M. (2008): Psychosoziale Belastung am Arbeitsplatz. In: Arbeitsrecht im Betrieb, Jg. 29/Heft 9, S. 464

Pickshaus, K./Urban, H. (2010): Krisenopfer Gute Arbeit? Gewerkschaftliche Arbeitspolitik in der Krise des Finanzmarkt-Kapitalismus. In: Schröder, L./Urban, H. (Hg.): Gute Arbeit. Handlungsfelder für Betriebe, Politik und Gewerkschaften. Frankfurt/M., S. 39–53

Pröll, U./Gude, D. (2003): Gesundheitliche Auswirkungen flexibler Arbeitsformen. Schriftenreihe der Bundesanstalt für Arbeitsschutz und Arbeitsmedizin, FB 986. Dortmund, Berlin, Dresden

Satzer, R. (2010): Das zu entwickelnde Instrument einer vorausschauenden, ganzheitlichen Gefährdungsbeurteilung. In: WSI-Mitteilungen, Jg. 63/Heft 7, S. 377–380

Satzer, R./Geray, M. (2008): Stress – Psyche – Gesundheit. Das START-Verfahren zur Gefährdungsbeurteilung von Arbeitsbelastungen. Frankfurt/M.

Siegrist, J./Dragano, N. (2008): Psychosoziale Belastungen und Erkrankungsrisiken im Erwerbsleben. Befunde aus internationalen Studien zum Anforderungs-Kontroll-Modell und zum Modell beruflicher Gratifikationskrisen. In: Bundesgesundheitsblatt – Gesundheitsforschung, Gesundheitsschutz, Jg. 51/Heft 3, S. 305–312

Sonnentag, S./Frese, M. (2003): Stress in organizations. In: Borman, W./Ilgen, D./Klimoski, R. (Hg.): Handbook of Psychology. Band 12: Industrial and organizational psychology. Hoboken, S. 453–491

TK (Hg., 2008): Gesundheit in KMU. Hamburg

Walters, D./Frick, K. (2000): Worker Participation and the Management of Occupational Health and Safety: Reinforcing or conflicting strategies? In: Frick, K./Jensen, P. L./ Quinlan, M./Wilthagen, T. (Hg.): Systematic Occupational Health and Safety Management. Perspectives on an international development. Amsterdam, S. 43–66

Zapf, D./Semmer, N. K. (2004): Stress und Gesundheit in Organisationen. In: Schuler, H. (Hg.): Enzyklopädie der Psychologie, Themenbereich D, Serie III, Band 3: Organisationspsychologie (2. Aufl.). Göttingen, S. 1007–1112

Verzeichnis der Autorinnen und Autoren

Elke Ahlers, Dipl.-Soz.wiss., Doktorandin der Hans-Böckler-Stiftung (HBS) mit dem Thema „Arbeitsbedingungen, psychosoziale Belastungen und Gesundheit“, zuvor Wissenschaftliche Mitarbeiterin am Wirtschafts- und Sozialwissenschaftlichen Institut (WSI) in der HBS

Carolina Bahamondes Pavez, Dipl.-Psych., Arbeitsgruppe Arbeits- und Organisationspsychologie der Albert-Ludwigs-Universität Freiburg. Arbeitsschwerpunkte u.a.: Zielgeführte Arbeitssysteme, Betriebliche Gesundheitsförderung, Flexibilität und Stabilität in der Arbeit

Karina Becker, Dr. phil., Friedrich-Schiller-Universität Jena, Lehrstuhl für Arbeits-, Industrie- und Wirtschaftssoziologie. Forschungsschwerpunkte: Finanzmarktkapitalismus, KMU, Gesundheit & Markt, Beteiligung

Ulrich Brinkmann, Dr. rer. pol., Professor für Wirtschaftssoziologie an der Universität Trier. Arbeitsschwerpunkte u.a.: Soziologie der Arbeit, Organisationssoziologie, Verbändeforschung, Beteiligungsforschung, Gesundheitssoziologie

Wolfgang Dunkel, Dr. phil., Institut für Sozialwissenschaftliche Forschung e.V. – ISF München. Arbeitsschwerpunkte u.a.: Interaktive Dienstleistungsarbeit, Arbeit und Gesundheit, Work-Life-Balance

Thomas Engel, M.A., Institut für Soziologie der Friedrich-Schiller-Universität Jena, Promotionsstipendiat der Heinrich-Böll-Stiftung, Arbeitsschwerpunkte: Arbeits- und Gesundheitsschutz, Mitbestimmung, demografischer Wandel, prekäre Beschäftigung

Stephan Hinrichs, Dr. phil., IAQ – Institut Arbeit und Qualifikation an der Universität Duisburg-Essen (bis 2010 Albert-Ludwigs-Universität Freiburg, Institut für Psychologie). Arbeitsschwerpunkte u.a.: Gesundheitsförderung und -management, Arbeitsgestaltung und -organisation, Partizipation und Führung, Personal- und Organisationsentwicklung, Rationalisierungsstrategien und demografischer Wandel

Nick Kratzer, Dr. rer. pol., Institut für Sozialwissenschaftliche Forschung e.V. – ISF München. Arbeitsschwerpunkte u.a.: Rationalisierungsstrategien, Betriebliche Leistungspolitik, Leistungsorientierte Vergütung, Gesundheitsschutz, Work-Life-Balance

Wolfgang Menz, Dr. phil., Institut für Sozialwissenschaftliche Forschung e.V. – ISF München. Arbeitsschwerpunkte u.a.: Betriebliche Leistungspolitik, Gesundheitspolitik, Interessenhandeln

Barbara Pangert (geb. Wilde), Dipl.-Psych., Arbeitsgruppe Arbeits- und Organisationspsychologie der Albert-Ludwigs-Universität Freiburg. Arbeitsschwerpunkte u.a.: Gesundheitsförderliches Führungshandeln, Betriebliche Gesundheitsförderung, Work-Life-Balance

Klaus Peters, Dr. phil., COGITO – Institut für Autonomieforschung, Berlin. Arbeitsschwerpunkt: Logik neuer Steuerungsformen in Unternehmen und ihre Folgen für Betriebs- und Personalratsarbeit sowie für den Arbeits- und Gesundheitsschutz. Entwicklung und Gestaltung betrieblicher Selbstverständigungsprozesse (Denkwerkstätten)

Klaus Pickshaus, Leiter des Bereichs Arbeitsgestaltung und Qualifizierungspolitik beim Vorstand der IG Metall, Mitglied des Fachbeirats des DGB-Index Gute Arbeit. Arbeitsschwerpunkte u.a.: Arbeitsgestaltung, Arbeits- und Gesundheitsschutz, gewerkschaftliche Strategiedebatte

Rolf Satzer (forschung – beratung – umsetzung/fbu Köln), Dipl.-Psych. Arbeitsschwerpunkte u.a.: Umsetzungsorientierte Forschungsprojekte zu den Themen Arbeitsbedingungen und Gesundheit, Qualifizierung und Technologie, Gefährdungsbeurteilung zu psychischen Belastungen

Heinz Schüpbach, Professor Dr. phil. habil., Direktor der Hochschule für Angewandte Psychologie (APS) an der Fachhochschule Nordwestschweiz (FHNW) (seit September 2009), zuvor Professor für Arbeits- und Organisationspsychologie an der Universität Freiburg i. Brsg., jetzt Honorarprofessor

Zeitfracht Medien GmbH
Ferdinand-Jühlke-Straße 7
99095 Erfurt, Deutschland
produktsicherheit@kolibri360.de